物流法律实务

编著 李雪松

南京大学出版社

内容简介

本书内容涉及物流法律实务概述、物流企业初创期、物流合伙企业、物流公司内部治理、物流公司外部交易、货物运输、货物仓储、包装与装卸搬运、流通加工与配送、物流保险等法律实务。本书以现代物流业涉及的法律知识，采取近年来较典型的物流法律咨询案例，立足于物流法律基础知识的讲解，着眼于相关法律实务的操作，以培养学生应用能力为主线，结合实际讲解理论知识，力求加强教材的实用性。

本书按照应用型物流人才培养方案的要求，注重对学生实践能力的培养，力争做到理论联系实际，内容翔实、案例丰富、实用性强，不仅可作为高等院校相关专业的教学用书，也可作为物流行业从业人员的培训教材。

图书在版编目(CIP)数据

物流法律实务 / 李雪松编著. — 南京：南京大学出版社，2024.7. — ISBN 978-7-305-28189-1

Ⅰ. D922.294.1

中国国家版本馆 CIP 数据核字第 2024E3J875 号

出版发行	南京大学出版社
社　　址	南京市汉口路 22 号　　邮　编　210093
书　　名	**物流法律实务** WULIU FALV SHIWU
编　　著	李雪松
责任编辑	武　坦　　　　　　　　编辑热线　025-83592315
照　　排	南京开卷文化传媒有限公司
印　　刷	江苏苏中印刷有限公司
开　　本	787mm×1092mm　1/16　印张 17.25　字数 420 千
版　　次	2024 年 7 月第 1 版　　2024 年 7 月第 1 次印刷
ISBN	978-7-305-28189-1
定　　价	56.00 元

网　　址：http://www.njupco.com
官方微博：http://weibo.com/njupco
微信服务号：njuyuexue
销售咨询热线：(025)83594756

* 版权所有，侵权必究
* 凡购买南大版图书，如有印装质量问题，请与所购
　图书销售部门联系调换

前　言

　　物流是国家经济发展的重要基础设施。物流不仅是企业生产的前提，也是企业运作的保证，是中国制造动脉系统。从企业利润结构来看，在大多数中小型企业的经营成本结构中物流成本占到30％左右，所以物流也被称为"第三利润源泉"，并且具有全面性及优化企业组织模式的作用。建立高效物流系统，可以为生产过程中的每一个环节带来较好效益。

　　随着物流行业快速发展，物流企业也常涉入各类法律纠纷中，诸如较为常见的物流运输合同纠纷、物流仓储保管合同纠纷等，但与此相对应的现实问题是，物流管理者、物流人员对解决上述纠纷的法律知识没有任何了解和储备，即便是物流企业专门聘用的法务人员，对这类纠纷也少有全面了解的，从而导致物流企业在面对此类纠纷时处于被动地位。

　　业务第一线的高级管理人员，理应对自己的业务比较了解，对相关的法律风险和防范有适当的了解。另外，应清楚自己所处的法律地位，根据自己的实际情况来选择适当的保护方式，在合适的时机提出适当的要求。

　　由上述可见，从政策背景和物流企业的实际需求来看，物流管理人员和工作人员亟须通过各种途径学习、掌握与物流相关的各项法律法规及裁判实务。这是编写本书的重要动因。

　　法律和业务在实践中存在一个矛盾，从律师的角度看，合同越完备越详细，越对自己的当事人有利越好。但是，如果真正按照律师的意见去签订合同或者在实践中进行操作，除了大公司或一方当事的法律地位特别好之外，可能大部分的买卖都做不成。"法律不是万能的，没有法律是万万不能的。"如果当事人只顾做生意，对于保护自己的利益一点都不注意，则可能是活干了不少，但钱却没赚到。在当前大部分物流业务还是比较低端、利润水平不高的情况下，一笔较大的费用收不回来，就可能给企业的生存带来巨大的困难。或者牵涉到一场旷日持久的官司中，给企业的正常生效经营带来巨大的困难。

　　鉴于上述情况，编者认为，作为律师，我们既要保护当事人的权益，又要使生意能够做成，在商业风险和法律风险中寻找一个平衡点。这就需要律师对业务和相关的法律规定清楚和了解。

编者有幸成为物流行业的律师,既懂物流专业,是物流管理"江苏省一流专业建设点"负责人、江苏省物流品牌专业负责人,又是江苏泰和律师事务所执业律师。

编者作为一名法律研究者,一直在从事与物流法律实务相关的研究,并多次作为主讲嘉宾被邀请到物流企业进行法律培训讲座。同时,作为一名执业律师,编者长期致力于物流法律实务工作,在为客户单位——物流企业提供法律服务的过程中,全面、深刻地了解物流相关法律实务现状。总之,在从事法律实务和进行学术讲座的过程中,编者近距离接触了大量的物流管理者,了解到了他们对于物流法律实务知识的需求,故而深刻地认识到物流法律实务这一研究方向的重要性。本书涉及物流本科专业很多核心课程,比如"港口管理""物流保险""物流经济地理""物流采购实务""集装箱与多式联运""物流仓储与管理""物流配送与实务"等。

编者选择案例分析与研究的方式进行指导的原因在于:法律以社会现实为基础,并为社会现实服务,在学习相关法律时,案例是最接近社会现实的学习资料和素材。所以,编写法律案例书籍,是一项有意义的工作,但编写出与已有同类书籍相比更具有鲜明特色,既能满足法律学习、法律实践需要,又具有普法实用价值的案例书籍,是非常具有挑战性的。

本书编写紧紧围绕现实生活中物流业务经常出现的法律纠纷,以裁判要旨、案情介绍、争论焦点、法律风险防范及评析等为主要内容进行编写,以期达到通过对大量与物流相关的典型案例的分析、讨论和思考,为物流企业的管理者、物流人员、法务人员等提供专门的了解、学习物流法律实务的渠道,从而起到指导实际工作的目的。

根据物流发展的新特点、结合物流法律法规体系构建,系统介绍物流企业初创期、物流合伙企业、物流公司内部治理、物流公司外部交易、货物运输、货物仓储、包装与装卸搬运、流通加工与配送、物流保险等法律实务。本书运用现代物流业涉及的法律知识对近年来较典型的物流法律咨询案例进行讲解,着眼于相关法律实务的操作,以培养学生应用能力为主线,结合实际讲解理论知识,力求加强教材的实用性。

综合来看,本书具有以下三个特点:

第一,法条与时俱进,案例典型真实。

本书法条采用《中华人民共和国民法典》和新《中华人民共和国公司法》(2024年7月1日正式施行),目前市面上物流法律方面的书籍,鲜有采用《中华人民共和国民法典》和新《中华人民共和国公司法》进行编写的。本书的案例都来自各级司法机关公布的真实案例,经过精挑细选,去除冗余、留其精要,使各案例具有典型代表性和实用参考价值,能给读者带来直观有效的法律实践借鉴指导。

第二,内容实时性强,讲解紧扣实践。

本书特别注重案例与法律的时效性，尽量选取与现行有效的法律规定紧密结合的新近案例，以期获得更好的现实指导效果。物流行业的管理以及物流业所涉及的法律法规体系非常庞杂，本书从物流活动实际出发，遵循物流活动过程和规律，对物流法律法规进行较为系统和全面介绍，选择并突出与物流主体密切相关的物流法律法规中的重点内容，详略适当。在具体法律知识层面，注重物流相关法律知识的系统性，法律概念的准确性，逻辑结构的严谨性，内容的丰富性。针对各案例的分析讲解，力求焦点明确、观点客观、语言简洁，充分体现现实与法律的结合。特别关注实践中物流中可能出现、经常出现的法律问题或法律纠纷，希望能够帮助读者了解现实中法律的实际运用情况，为读者尤其是物流管理者、法务人员提供有益启示。

第三，突出法律实务，防范法律风险。

本书相关章节设置了大量法律实务案例和法律咨询问题，旨在帮助大家在物流活动中防范法律风险，为从事物流活动保驾护航。

物流法律涉及面太广，本书重在国内物流部分，国际物流部分涉及较少，比如国际货运代理、跨国运输、海上货物运输等领域用墨较少，这也是编者后继编著的方向。对于书中的错漏之处，恳请读者予以批评指正。可来函至邮箱：18762336138@163.com，以便沟通交流。

泰　州　学　院
江苏泰和律师事务所
2024 年 6 月 16 日

目录 MU LU

第一章　物流法律实务概述 ⋯⋯⋯⋯⋯⋯⋯⋯⋯⋯⋯⋯⋯⋯⋯⋯⋯⋯⋯⋯⋯⋯ 001

　　第一节　物流的定义与分类 ⋯⋯⋯⋯⋯⋯⋯⋯⋯⋯⋯⋯⋯⋯⋯⋯⋯⋯⋯⋯⋯ 001
　　第二节　物流法律制度 ⋯⋯⋯⋯⋯⋯⋯⋯⋯⋯⋯⋯⋯⋯⋯⋯⋯⋯⋯⋯⋯⋯⋯ 002
　　第三节　物流法律关系 ⋯⋯⋯⋯⋯⋯⋯⋯⋯⋯⋯⋯⋯⋯⋯⋯⋯⋯⋯⋯⋯⋯⋯ 003

第二章　物流企业设立阶段法律实务 ⋯⋯⋯⋯⋯⋯⋯⋯⋯⋯⋯⋯⋯⋯⋯⋯⋯ 006

　　第一节　物流企业设立前准备 ⋯⋯⋯⋯⋯⋯⋯⋯⋯⋯⋯⋯⋯⋯⋯⋯⋯⋯⋯⋯ 006
　　第二节　物流公司初创期法律风险 ⋯⋯⋯⋯⋯⋯⋯⋯⋯⋯⋯⋯⋯⋯⋯⋯⋯⋯ 014

第三章　物流合伙企业法律实务 ⋯⋯⋯⋯⋯⋯⋯⋯⋯⋯⋯⋯⋯⋯⋯⋯⋯⋯⋯ 019

　　第一节　物流合伙企业成立阶段 ⋯⋯⋯⋯⋯⋯⋯⋯⋯⋯⋯⋯⋯⋯⋯⋯⋯⋯⋯ 019
　　第二节　物流合伙企业成长阶段 ⋯⋯⋯⋯⋯⋯⋯⋯⋯⋯⋯⋯⋯⋯⋯⋯⋯⋯⋯ 021

第四章　物流公司内部治理法律实务 ⋯⋯⋯⋯⋯⋯⋯⋯⋯⋯⋯⋯⋯⋯⋯⋯⋯ 028

　　第一节　法定代表人的确定及责任承担 ⋯⋯⋯⋯⋯⋯⋯⋯⋯⋯⋯⋯⋯⋯⋯⋯ 028
　　第二节　物流公司权力机构和执行机构的设立 ⋯⋯⋯⋯⋯⋯⋯⋯⋯⋯⋯⋯⋯ 030
　　第三节　物流公司内部治理法律风险 ⋯⋯⋯⋯⋯⋯⋯⋯⋯⋯⋯⋯⋯⋯⋯⋯⋯ 033

第五章　物流公司外部交易法律实务 ⋯⋯⋯⋯⋯⋯⋯⋯⋯⋯⋯⋯⋯⋯⋯⋯⋯ 038

　　第一节　物流公司合同管理 ⋯⋯⋯⋯⋯⋯⋯⋯⋯⋯⋯⋯⋯⋯⋯⋯⋯⋯⋯⋯⋯ 038
　　第二节　物流公司印章管理 ⋯⋯⋯⋯⋯⋯⋯⋯⋯⋯⋯⋯⋯⋯⋯⋯⋯⋯⋯⋯⋯ 044

第六章　货物运输法律实务 ⋯⋯⋯⋯⋯⋯⋯⋯⋯⋯⋯⋯⋯⋯⋯⋯⋯⋯⋯⋯⋯ 049

　　第一节　货物运输概述 ⋯⋯⋯⋯⋯⋯⋯⋯⋯⋯⋯⋯⋯⋯⋯⋯⋯⋯⋯⋯⋯⋯⋯ 049
　　第二节　货运合同法条及注释 ⋯⋯⋯⋯⋯⋯⋯⋯⋯⋯⋯⋯⋯⋯⋯⋯⋯⋯⋯⋯ 052
　　第三节　公路货物运输法律实务 ⋯⋯⋯⋯⋯⋯⋯⋯⋯⋯⋯⋯⋯⋯⋯⋯⋯⋯⋯ 057
　　第四节　机动车交通事故责任法条及释义 ⋯⋯⋯⋯⋯⋯⋯⋯⋯⋯⋯⋯⋯⋯⋯ 063
　　第五节　铁路货物运输法律实务 ⋯⋯⋯⋯⋯⋯⋯⋯⋯⋯⋯⋯⋯⋯⋯⋯⋯⋯⋯ 068

第六节　水路货物运输法律实务 …………………………………… 071
　　第七节　航空货物运输法律实务 …………………………………… 075
　　第八节　多式联运法律实务 ………………………………………… 078

第七章　货物仓储法律实务 …………………………………………… 090
　　第一节　保管合同 …………………………………………………… 090
　　第二节　保管合同的主要内容 ……………………………………… 103
　　第三节　保管合同法条及注释 ……………………………………… 109
　　第四节　仓储合同 …………………………………………………… 113
　　第五节　仓储合同法条及注释 ……………………………………… 119

第八章　包装与装卸搬运法律实务 …………………………………… 126
　　第一节　物流包装概述 ……………………………………………… 126
　　第二节　货物装卸搬运概述 ………………………………………… 130
　　第三节　港站经营人的法律地位和责任 …………………………… 131
　　第四节　港口搬运装卸作业的法律法规 …………………………… 132
　　第五节　铁路、公路搬运装卸作业法律法规 ……………………… 133
　　第六节　集装箱码头搬运装卸作业法律法规 ……………………… 134

第九章　流通加工与配送法律实务 …………………………………… 142
　　第一节　流通加工概述 ……………………………………………… 142
　　第二节　承揽合同法条及释义 ……………………………………… 143
　　第三节　物流配送法律概述 ………………………………………… 154

第十章　物流保险法律实务 …………………………………………… 160
　　第一节　物流风险 …………………………………………………… 160
　　第二节　物流风险管理 ……………………………………………… 165
　　第三节　保险定义与基本原则 ……………………………………… 166
　　第四节　保险合同 …………………………………………………… 169
　　第五节　货物运输保险 ……………………………………………… 181

第十一章　其他物流法律实务 ………………………………………… 186
　　第一节　代理法条及释义 …………………………………………… 186
　　第二节　委托合同法条及释义 ……………………………………… 193
　　第三节　行纪合同法条及释义 ……………………………………… 200
　　第四节　中介合同法条及释义 ……………………………………… 205

第五节　买卖合同法条及释义 …………………………………………… 207

第六节　借款合同法条及释义 …………………………………………… 225

第七节　租赁合同法条及释义 …………………………………………… 231

第八节　融资租赁合同法条及释义 ……………………………………… 243

第九节　保证合同法条及释义 …………………………………………… 253

参考文献 ………………………………………………………………………… 265

第一章 物流法律实务概述

第一节 物流的定义与分类

一、物流的定义

物流是依据客户需求,将商品从供给地向需求地转移的过程。它包括七个基本环节,简称物流"七要素",即运输、储存(保管)、装卸搬运、包装、流通加工、配送和信息处理。

二、物流的分类

根据物流服务主体不同,从物流活动组织者视角,可把物流分为自主物流、第三方物流和第四方物流等三类。

(一)自主物流(第一方物流和第二方物流)

自主物流,是指生产企业或者货主企业为满足自身的需要,自己提供人工、机械设备和场所,安排全部物流计划、亲自从事整个货物流程的物流活动。

它可分为第一方物流和第二方物流两种情况。第一方物流,是由卖方(生产者或供应方)组织的物流活动。卖方的核心业务是生产和供应商品,主要是为了自身生产和销售业务需要而进行自身物流网络、物流设施设备、物流业务的投资、经营与管理。第二方物流,是由买方(销售者)组织的物流活动。买方的核心业务是采购并销售商品,但为了销售业务需要投资建设自身的物流网络、物流设施和设备,并进行具体的物流业务运作组织和管理。

(二)第三方物流

第三方物流,就是提供货物交易双方的部分或全部物流活动的外部服务提供者,是由第三方去完成物流服务的运作模式,它是企业物流业务外包的产物。

第三方物流具有以下四个方面的特征:一是,由独立的第三方提供的物流服务。第三方物流是第一方和第二方(商品提供者和消费者等)将本企业的物流活动委托给独立的第三方负责的一种物流管理模式,是专业化分工带来的将物流的非核心业务从企业生产经营活动中分离出来的结果。二是,以长期稳定的合同关系为基础。通常第三方物流服务提供者与需求者之间存在一个长期稳定的物流服务合同,并提供多功能甚至全方位的物流服务。三是,以现代电子信息技术为基础。信息技术的发展是第三方物流出现的必要条件,只有电子信息技术实现了数据的快速、准确传递,使得物流活动的成本可以从企业运作的总成本中精确地分离出来,企业才有可能把物流作业交由专业物流服务公司进行。四是,个性化的物流服务。第三方物流是站在企业的角度提供物流服务的,因为每个企业的业务流程各不相同,故而第三方物流必须针对不同的服务对象提供个性化的物流服务。

(三) 第四方物流

第四方物流,是专门为第一方、第二方和第三方提供物流规划、咨询、物流信息系统、供应链管理等活动。第四方并不实际承担具体的物流运作活动,但第四方物流有能力提供一整套完善的供应链解决方案,是集成管理咨询和第三方物流服务的集成商。

综上所述,自主物流具有全过程性,第三方物流具有代理性和专业性,第四方物流具有全局协调性特点。

第二节　物流法律制度

一、物流法律制度的定义

物流法律制度,是指在物流活动中产生的,以及与物流活动有关的社会关系的法律规范的总称。我国目前没有专门的物流法律部门,物流法律规范散见于各个部门之中,未形成"物流法"这样一个独立的法律规范,我国现今的物流法律制度只能是一个基本的行业法律规范集合。

有关物流方面的规定散见于其他的法律法规中,主要包含以下几个方面:

(1) 与物流相关的国内法律法规。主要包括《中华人民共和国海商法》(简称《海商法》)、《中华人民共和国对外贸易法》《中华人民共和国产品质量法》《中华人民共和国进出口商品检验法》《中华人民共和国铁路法》(简称《铁路法》)、《中华人民共和国航空法》(简称《航空法》)、《中华人民共和国民法典》(简称《民法典》)、《中华人民共和国保险法》《中华人民共和国公路货物运输合同实施细则》(简称《公路货物运输合同实施细则》)、《中华人民共和国水路货物运输合同实施细则》(简称《水路货物运输合同实施细则》)、《中华人民共和国航空货物运输合同实施细则》(简称《航空货物运输合同实施细则》)等。

(2) 与物流相关的国际法律法规。主要包括《联合国国际货物买卖合同公约》《海牙规则》《维斯比规则》《汉堡规则》《华沙公约》《铁路货物运输国际公约》《国际公路货物运输合同公约》《国际贸易术语解释通则》《跟单信用证统一惯例》等。

(3) 与物流有关的技术规范。是国家和行业主管机关就物流活动中的运输、仓储、加工、装卸等进行的规定,主要包括国家的技术标准和行业标准。

二、物流法律制度渊源

法的渊源,又称法的形式,是法的各种具体表现形式,它是由不同国家机关制定和认可的,具有不同法律效力或法律地位的各种类别的规范性法律文件的总称。

目前,我国物流法律法规的表现形式大致包括下列几个层次:

(1) 法律。由拥有立法权的国家机关(全国人民代表大会及其常务委员会)按照立法程序制定和颁布的规范性文件。在有关物流立法的各种表现形式中,法律具有最重要的地位,如《中华人民共和国民法典》《中华人民共和国海商法》等。

(2) 行政法规。由国家最高行政机关(国务院)根据宪法和有关法律,在自己职权范围内制定的规范性文件,其法律地位和法律效力仅次于宪法和法律。有关物流方面的行政法规有海上、陆地和航空运输管理,消费者保护以及企业管理等方面的法规。

(3) 规章。由国务院所属各部委根据法律、行政法规,在本部门的权限范围内制定的规范性文件。比如由交通运输部所颁布的条例、办法、规定和通知等涉及物流方面内容的。

(4) 地方性法规。由地方人民代表大会及其常务委员会制定的规范性文件。其法律效力低于法律和行政法规,只在地方政府管辖范围内有效,且受地域范围的限制。比如,江苏省颁布执行的与物流活动有关的法律规范等。

(5) 国际条约。由国家及其他国际法主体间所缔结的以国际法为基础,确定其相互关系中的权利和义务的一种国际书面协议,也是国际法主体间互相交往的一种最普遍的法律形式。涉及物流法律关系的国际条约有很多,但并不是所有国际条约都可以无条件地在任何一个国家内生效。根据国际法和国家主权原则,只有经一国政府签署、批准或加入的有关物流的国际条约,才对该国具有法律约束力,成为该国物流法律的表现形式。

(6) 国际惯例。在国际上因对同一性质的问题所采取的类似行为,经过长期反复实践逐渐形成的,为大多数国家所接受的、具有法律约束力的不成文的行为规则。国际惯例的成立必须具备两个要件:一是实质要件,即一种行为必须是相同或类似的重复行为,并为多数国家或地区所持续采用;二是心理要件,要求行为人在采取或进行该项行为时,在心理上认为在履行法律义务。国际惯例多体现为任意性惯例,即只有当事人通过协商方式在有关协议中明确表示采用该规则时,才对当事人具有法律约束力。

(7) 技术标准。与物流相关的法律法规还有一种特殊渊源,即技术标准,可分为国家标准和国际标准。国家标准是由国家质量技术监督管理部门组织制定、批准和颁布的。其中有一些强制性标准属于国家的技术法规,其他标准本身虽不具有强制性,但因标准的某些条文由法律赋予强制力而具有技术法规的性质。国际标准是由国际组织制定的,本身没有强制力,一般均为推荐性标准。但是,国家公约常将一些国家标准作为公约的附件,从而使其对缔约国产生约束力。例如,国际标准化委员会(ISO)、国际电工委员会(IEC)等制定的针对产品和服务的质量及技术要求的标准等。

第三节 物流法律关系

物流法律关系是调整物流活动过程中形成的具体的权利和义务关系。实践中,物流法律关系就是民事法律关系,是指民事法律规范所确认的平等主体之间的以民事权利和民事义务为内容的社会关系,包括物流民事主体、物流民事内容和物流民事客体三要素。

一、物流民事主体

物流民事主体,是指在物流民事法律关系中享有民事权利并承担民事义务的人。以是否具有自然生命属性为标准,物流民事主体可分为自然人和非自然人(即社会组织)。其中,社会组织按其法人资格的有无可划分为法人组织(如公司)和非法人组织。

物流民事主体,实践中通常包括自然人(包括中国公民、在我国境内的外国人和无国籍人)、法人和非法人组织。

二、物流民事内容

物流民事法律关系的内容,是指民事主体所享有的民事权利和承担的民事义务。不履行民事义务,则承担民事责任。

(1) 民事权利。它是指民事主体为实现某种利益而依法为或不为某种行为的自由。民事权利可能由当事人约定而产生,如债权(孟某和王某签订货物买卖合同产生的合同之债,由物流当事人自主设立)。民事权利也可以由法律直接规定而产生,如物权(国家对城市土地享有所有权,由法律直接规定)。

(2) 民事义务。它是指义务人为满足权利人利益而应当为或不为某种行为的约束。一是义务人须依据法律规定或者合同约定为或不为一定行为,以满足民事主体的权利请求;二是义务体现为一种负担,以满足权利人的需要为目的;三是义务受法律或合同的约束,具有强制性。民事义务人必须履行相应义务,不可以拒绝、延误、抛弃。如果义务人不履行义务,将依法承担民事责任。

(3) 民事责任。它是指民事主体因违反民事法律、违约或因法律规定的其他事由而应当依法承担的法定不利后果,包括侵权责任、违约责任和缔约过失性责任等。补偿性是民事责任的显著特征。民事责任的主要目的是给受害人补偿损失、恢复权利。民事主体因同一行为应当承担民事责任、行政责任和刑事责任的,承担行政责任或刑事责任不影响其承担民事责任;民事主体的财产不足以支付的,优先用于承担民事责任,即民事责任优先原则。

三、物流民事客体

物流民事客体,是指民事权利和民事义务指向的对象。它包括物、智力成果和行为。民商事物流法律关系,大多为债的法律关系,权利主体要求义务主体为一定行为或不为一定行为,包括进行物的交付、智力成果的交付,或提供一定的劳务。

【思考题01】 案件事实(客观事实)、证据事实与法律事实的联系和区别是什么?

律师答疑:

长期以来,不只是当事人,就是学界和司法界也没有厘清三者之间的区别和联系,以至于把证据事实当作案件事实,造成法官在裁判思维中的许多困惑,以及律师与当事人实务中的思维混乱。

案件事实就是与民事诉讼案件相关的客观事实。这个事实是不以人的主观意志为转移的客观存在,它存在于一定的时空中。

如果当事人不以某种方式加以收集、保存,这个客观事实就会稍纵即逝,而这个保存下来的事实就是诉讼中的证据事实。(律师帮着做证据)证据事实就是用来证明案件事实的,在证据事实与案件事实之间并不能画等号,证据事实在诉讼中是不断变化的。一开始当事人向法院提交的证据事实很多并不是都与待证的案件事实相关,法官会经过法庭质证,对那些不能证明待证事实、与诉讼请求不相关的证据事实剔除掉,只留下高度相关的证据事实。最后,只有那些符合合法性、真实性与关联性的证据事实才是法官要写进裁判文书的法律事实。这时的法律事实只是尽可能地还原客观事实,但不见得完全就是客观事实。一是时间不能倒流,无论是当事人还是法官,都不会重回案件现场,去见证当时事件的发生、发展。法官只能结合当事人提交的案件证据事实尽其可能还原当时的客观事实。二是由于种种原因,包括当事人故意混淆事实,增加法官判断案件证据真伪与还原客观事实的难度等因素,加上法官认识水平的限制,真正要做到将案件证据还原为客观事实是有一定难度的。

打官司就是打证据,比如,借款人明明已经还款,却没有对方收到还款的收据或者银行还款的流水或者当时还款时第三人在场的证人证言等。尽管法官内心也许相信他的陈述是真实的,但由于没有相应证据支持,最后还是不得不裁决其败诉。

第二章　物流企业设立阶段法律实务

第一节　物流企业设立前准备

一、物流企业在选择组织形式方面的法律风险防控

在物流创业过程中,有多种企业形式可供选择,不同的企业类型其业务模式、税务管理方式、风险各不相同,对企业今后的经营活动也有所影响。出资人在出资成立物流企业之前,要充分认识不同企业形式中出资人的不同责任,并综合考量其出资目的、经营预期和管理能力等因素,根据实际情况选择适当的企业组织形式开展生产经营活动。

(一) 正确认识和选择物流企业的组织形式

目前我国物流企业组织形式可分为个人独资企业、合伙企业(普通合伙企业和有限合伙企业)、公司(有限责任公司和股份有限公司)。不同的企业组织形式,出资人承担的法律风险和责任不同,个人独资企业的出资人、合伙企业的普通合伙人对企业债务承担无限连带责任;合伙企业的有限合伙人、有限责任公司的股东、股份有限公司的股东以其认缴的出资或认购的股份为限对企业承担责任。

1. 个人独资企业

个人独资企业,是依照法律规定在中国境内设立,由一个自然人投资,财产为投资人个人所有,投资人以其个人财产对企业债务承担无限责任的经营实体。

个人独资企业财产为投资人个人所有,投资人以其个人财产对企业债务承担无限责任。个人独资企业解散后,原投资人对个人独资企业存续期间的债务仍应承担偿还责任,但债权人在五年内未向债务人提出偿债请求的,该责任消灭。

单独的自然人即可设立个人独资企业,且设立条件和设立程序简单。较公司而言,不需准备公司章程,也不要求设立相应的组织机构。

个人独资企业规模较小,设立条件较宽松,设立程序较简便,进入或退出市场较灵活,只需要缴纳个人所得税;在责任承担方面,因个人独资企业不具备法人资格,投资者对企业债务承担连带责任加重了投资人的风险。

2. 合伙企业

合伙企业,是由全体合伙人订立合伙协议,共同出资、合伙经营、共享收益、共担风险,并对合伙企业债务承担无限连带责任的营利性组织,合伙企业作为人合企业,它完全建立在合伙人相互信赖的基础上,所以很多投资者会选择和同学朋友一起开设合伙企业。

合伙企业的资本来源比个人独资企业广泛,可以充分发挥企业和合伙人的力量。由于

合伙人共同承担经营风险和责任,合伙企业的风险和责任相对个人独资企业分散一些。法律对于合伙企业不作为一个统一的纳税单位征收所得税,因此合伙人只需将从合伙企业分得的利润与其他个人收入汇缴一次所得税即可。由于法律对合伙关系的限制较少,在经营管理上具有较大的自主性和灵活性,每个合伙人都有权参与企业的经营管理工作,这与股东对公司的管理权利不同。相对于公司而言,合伙企业的资金来源和企业信用能力有限,不能发行股票和债券,这使得合伙企业的规模不可能太大,合伙人的责任比股东的责任要大得多。合伙人之间的连带责任加重了合伙人的风险,合伙企业具有浓重的人合性,任何一个合伙人破产、死亡或退伙都有可能导致合伙企业解散,因而其存续期间不可能太长。

合伙企业分为普通合伙企业和有限合伙企业两种。

普通合伙企业,是由自然人、法人和其他组织签订合伙协议,共同出资、共同经营、共享收益、共担风险的营利性组织。它由普通合伙人组成,合伙人对合伙企业债务承担无限连带责任。因合伙企业具有较强的人合性质,各合伙人之间协作性较强,当合伙企业对外负担债务时,可先以合伙企业财产抵偿,在抵偿不足时,才由合伙人以其个人财产承担无限连带责任。

有限合伙企业,是由普通合伙人和有限合伙人组成。其中自然人、法人和其他组织均可作为普通合伙人或有限合伙人,但国有独资公司、国有企业、上市公司以及公益性的事业单位、社会团体只能作为有限合伙人而不能成为普通合伙人。有限合伙企业中,普通合伙人对合伙企业的债务承担无限连带责任,有限合伙人以其认缴的出资额为限对合伙企业债务承担责任。

3. 有限责任公司

有限责任公司分为一人有限责任公司和非一人有限责任公司两种。

一人有限责任公司,是公司股东仅为一个自然人或法人的有限责任公司。当公司对外发生债务时,原则上以公司财产对外承担责任。但由于一人有限责任公司的股东和公司之间的财产关系相对比较紧密,如公司未在每一会计年度终了时编制财务会计报告,股东不能证明公司财产独立于股东个人财产的,股东应当对公司债务承担连带责任。

非一人有限责任公司,是由 2 个以上、50 个以下的股东出资设立的有限责任公司。当公司对外发生债务时,公司以其全部财产对公司的债务承担责任,而股东则以其认缴的出资额为限对公司承担责任。

由于有限责任公司以外的组织形式(如个体工商户、个人独资企业等)需要以个人财产对企业债务承担连带责任,而创业者在创业初期投入成本比较高,回报甚微,对企业对外责任的风险承担能力不高,因此,在创业初期,采用非一人有限责任公司的形式对于创业者来说是相对稳妥的选择。

4. 股份有限公司

股份有限公司,是指公司资本为股份所组成的公司,其全部资本分为等额股份,公司以其全部财产对公司的债务承担责任,而股东则以其认购的股份为限对公司承担责任。对于这种组织形式,资金的组合往往大于股东个人之间的组合。

股份有限公司的设立,可以采取发起设立或者募集设立的方式。发起设立,是指由发起人认购公司应发行的全部股份而设立公司。募集设立,是指由发起人认购公司应发行股份的一部分,其余股份向社会公开募集或者向特定对象募集而设立公司。设立股份有限公司,应当有2人以上200人以下为发起人,其中须有半数以上的发起人在中国境内有住所。

(二) 各种组织形式的优劣对比

以上四种组织形式的优劣对比如表2-1所示。

表2-1 各种组织形式的优劣对比

	优 点	缺 点
个人独资企业	① 创立容易,结构简单; ② 不需要缴纳企业所得税,投资者只需按照盈余缴纳个人所得税	① 投资者需要对企业债务承担无限责任,责任非常重大; ② 企业存续的年限受限于投资者的寿命,若投资者死亡且无继承人或继承人放弃继承,则企业必须注销,难以实现企业的延续发展; ③ 由于规模一般较小,很难从外部获得融资发展企业
合伙企业	① 创办成本低; ② 合伙人人数没有限制,可从众多的合伙人处筹集资本; ③ 合伙人对企业盈亏负有完全责任,有助于提高企业的信誉和能力; ④ 出资形式较灵活; ⑤ 无须缴纳企业所得税,由其合伙人缴纳个人所得税。税负明显低于投资公司制企业	① 普通合伙人对企业债务负有无限连带责任,责任非常重大; ② 普通合伙企业权力比较分散,决策效率较低,如果合伙人之间在决策方面发生矛盾,非常容易影响企业经营; ③ 有限合伙人不具有执行合伙事务的权利,不得对外代表有限合伙企业; ④ 外部筹资比较困难
有限责任公司	① 设立程序简便; ② 便于股东对公司的监控,公司秘密不易泄漏; ③ 股权相对集中,有利于增强股东的责任心	① 只有发起人集资方式筹集资金,且人数有限,不利于资本大量集中; ② 股东股权的转让受到严格限制,资本流动性差,不利于用股权转让的方式防范风险; ③ 股东之间产生矛盾时,容易陷入公司僵局
股份有限公司	① 可迅速聚集大量资本,可广泛聚集社会闲散资金形成资本,有利于公司的成长; ② 有利于分散投资者的风险; ③ 有利于接受社会监督	① 设立的程序严格、复杂; ② 公司抗风险能力不强,大多数股东缺乏责任感,更关注分红而非企业运营; ③ 大股东持有较多股权,不利于小股东的利益维护; ④ 公司的商业秘密知晓面广,容易暴露

综上所述,非法人组织(个人独资企业、合伙企业)形式的优缺点如下:从优点来看,非法人组织形式由于设立简便,结构简单,且经营十分灵活,非常适合于初创期创业的个人或小团队,且仅需要缴纳个人所得税,而无须缴纳企业所得税,税收负担相对较低。非法人组织形式创业的缺点也比较明显,其需要对企业债务承担无限连带责任,企业股权转让受限,不易流动,更不利于融资,规模扩张容易受到限制。

法人制组织(有限责任公司、股份有限公司)形式的优缺点如下:从优点来看,法人制企业的股东承担有限责任,仅以出资额为限对公司债务承担责任;同时,公司易于存续,即使最初的股东和经营者退出，公司依然可以继续存在，股权转让也相对容易，方便吸收新股东。其缺点主要体现在公司的设立相对复杂，管理成本高；面临双重扣税的负担，需要缴纳企业所得税和个人所得税，税负率可能较重。

（三）法律风险视角

企业设立时面临的法律风险主要体现为出资的瑕疵及企业面临债务追索时的责任承担。

若设立的是非法人制企业，企业所有权人由于需要对企业的经营承担无限连带责任，切不可盲目扩张以及负债经营，否则可能因承担连带责任而加大自身风险。

若设立的是公司制企业，可能存在出资瑕疵的问题，如出资不实或抽逃出资的情况较为常见。对于出资不实问题，通常表现为错误估计实物出资的价值，导致出资的实物明显低于出资者认缴的出资金额；对于抽逃出资问题，主要是由于公众在法律意识上并未十分清晰，认为公司都是老板个人的，老板从公司取钱是天经地义的事情，但其实这么做，是忽略了公司作为法人主体的存在意义。因此，对于设立的公司制企业，需要注意将公司财产与个人财产做严格区分，不可将公司财产与个人财产相混同。特别是当公司发生资不抵债时，所有股东需要在瑕疵出资股东出资不足的范围内对公司的债务承担连带责任，瑕疵出资股东不但要在出资不实的范围内对公司债务承担责任，还可能需要对其他股东承担违约责任。对于抽逃出资的股东而言，情节严重的，还可能会被追究刑事责任。

因此，针对上述情况，设立公司制企业时应当对实物出资寻找专业的评估机构对实物价值进行如实评估；同时，针对注入公司的资金，应当严格区分个人账户和公司账户，严格执行公司经营性往来款项只汇入公司账户绝不汇入个人账户，保证个人日常生活用度绝不从公司账户支出，从而有效避免财产混同的法律风险。

【法律实务01】 *如何正确区分个人独资企业与一人有限责任公司？*

个人独资企业和一人有限责任公司都可以由一个自然人投资，但两者在投资主体、法律形式、投资者责任承担等方面都有区别。

个人独资企业的投资主体只能是自然人，而一人有限责任公司的投资主体可以是自然人，也可以是法人。个人独资企业属于非法人组织，不具有法人资格，而一人有限责任公司具有法人资格。个人独资企业的投资人以其个人财产对企业债务承担无限责任，投资人在申请企业设立登记时明确以其家庭共有财产作为个人出资的，应当依法以其家庭共同财产对企业债务承担无限责任。而一人有限责任公司的股东以其认缴的出资额为限承担有限责任，仅在股东不能证明公司财产独立于股东个人财产的情况下对公司债务承担连带责任。

【法律实务02】 *如何正确区分子公司与分公司？*

子公司是其一定数额的股份被其他公司持有并由该公司控制的公司，持有其公司股份并能控股的是母公司，子公司具有法人资格，能够独立承担民事责任；而分公司是总公司的分支机构，不具有法人资格，其民事责任由总公司承担。子公司有自己的经营范围，能够独立开展业务；而分公司不能脱离总公司的经营范围开展业务活动。子公司与分公司在纳税方面也存在较大区别，因此企业设立下属分支机构时要统筹考虑、正确筹划。

【法律实务03】 子公司运营法律风险的防范。

物流民营企业大多是由小到大,规模不断扩张,有的民营企业家在观念上将子公司财产与母公司财产混同,容易造成母公司与下属子公司之间存在大量借款往来、人员身份混同等情形,可能会导致母公司与子公司之间承担连带责任,增加母公司经营风险。

【法律实务04】 公司财产不独立的法律风险。

独立的财产和经费是法人承担责任的基础。公司的财产要清晰,财务要独立,账目要规范。要确保公司财产与股东财产相互独立,不能产生混同。否则,有限责任公司的股东可能会对公司的债务承担连带责任。

二、股东出资方式的选择和注意事项

(一) 股东的出资方式

股东的出资形式分为:货币出资和非货币出资。

1. 货币出资

货币出资是股东出资方式中最常见的,货币出资并不必须出具验资报告,但货币应按公司章程约定足额存入公司在银行开设的账户。

2. 非货币出资

股东使用非货币出资主要应具备三性:合法性、可转让性、可评估性。

(1) 合法性。因出资资产所有权需转让至被投资公司,故要求出资股东必须对资产享有完全的所有权,不能是设定有抵押权或质押权的财产。

(2) 可转让性。因需要将出资资产转至被投资公司名下,因此,该类资产必须是可以转让所有权的财产。

(3) 可评估性。用于出资的非货币性资产必须可以用货币来衡量其价值,即价值是可以确定的。确定的方式一般采取有资质的评估机构出具资产评估报告,也可以是股东协商一致确认,但建议通过评估机构评估的方式确定,以避免资产的公允价值低于出资额而造成的股东纠纷、税务纠纷以及其他民商事诉讼纠纷。

(二) 常见的非货币性资产

(1) 动产。例如,货物、车辆、设备、船舶等。

(2) 不动产。主要指房屋及附属设施等。

(3) 土地使用权。可以作为出资财产的土地使用权包括建设用地使用权、部分土地承包经营权。出资的前提是出资股东已取得相关权利证书。

(4) 知识产权。一是专利权。专利权出资必须变更登记手续。专利权转让应当订立书面合同,并向国务院专利行政部门申请变更登记。国务院专利行政部门公告后,将专利权变更登记至受让人名下。二是商标权。转让商标权,转让方与受让方应签署协议,并共同向商标局申请,商标局核准后向受让人发放证明并公告,公司自公告之日起享有商标专用权。出资人以注册商标出资,须对注册商标进行评估作价,并将注册商标专用权变更至公司名下。三是著作权。以著作权出资,须将著作权项下作品交付给公司。出资股东办理了著作权登记手续的,应将著作权登记变更至公司名下。

(5) 股权出资。股权出资,是股东依据法律和公司章程的规定,用其持有的在其他公司的股权作价出资,设立新公司的行为。新公司设立后,股东将其在其他公司的股东权益转让给新公司,使其成为新设公司财产的一部分。

(6) 其他可以用货币估价并可以依法转让的非货币财产作价出资。例如,债权、采矿权、探矿权等其他用益物权。

(三) 股东不履行出资义务的法律责任承担

股东签署投资协议或公司章程并认缴出资后,其不履行出资义务或存在出资瑕疵,存在以下后果:

(1) 公司和其他股东有权要求未履行或未全面履行出资义务的股东补足出资,其他股东还有权要求其承担相应违约责任。

(2) 公司可以通过公司章程或者股东会决议对未履行或未全面履行出资义务的股东之股东权利(利润分配权、新股认购权、剩余财产分配权)进行合理限制。对全部未出资股东可以依法进行除名。

(3) 公司的债权人对于公司不能清偿的债务可以主张未出资股东在其未出资本息范围内承担补充赔偿责任。

三、认缴制下注册资本与出资期限的选择

(一) 注册资本多少合适

现行《中华人民共和国公司法》(简称《公司法》)规定,注册资本实行认缴登记制。理论上,"一元钱"也可以开办公司;首次出资比例也可由公司股东自行确定,理论上可以"零首付"。公司股东还可以自由决定出资方式、出资期限以及货币出资比例。公司设立的门槛不高,创业者面临的困惑是:公司的注册资本到底如何确定?

(1) 注册资本实行认缴登记制,但"认缴"不等同于"不缴"。

公司股东(发起人)以其认缴的出资额对公司承担责任,公司股东(发起人)认缴数额实质上对应的是其对公司的"负债"。股东(发起人)如果没有按照约定缴付出资,则公司或者其他已经缴足出资的股东(发起人),可以追究该股东的出资责任。如果公司因债务问题或其他原因破产解散,未缴付出资的股东仍然要在认缴的范围内缴足出资。

(2) 注册资本数额越大,股东承担的责任越大。

有限责任公司的股东以其认缴的出资额为限对公司承担责任;股份有限公司的股东以其认购的股份为限对公司承担责任。故公司的注册资本越多,股东对公司承担的责任越重;如果公司认缴的注册资本严重超出股东的投资能力,那么有限公司的"有限"二字将失去现实意义。另外,如果公司需要融资,则一般会被要求将前期注册资本实缴到位,此时,如股东因注册资本数额过大无法按时实缴,则必然影响公司的公信度,从而影响成功融资。

(3) 注册资本过低,影响公司的对外合作。

注册资本过低,意味着公司的资本实力弱,无法保障债权人的利益,拟合作的企业在合作前会对此类公司做风险评估,一般都被评估为合作风险大,从而放弃合作。

(4) 根据实际情况选择合适的注册资本数额。

根据公司所属的行业,合理选择注册资本规模。充分考虑自身的经济状况,理性做出

认缴承诺。

(5)根据公司发展,适时判断是否增资或减资。

公司的注册资本并非固定不变,随着公司发展状况的不同,公司可以召开股东会,并经由 2/3 以上有表决权的股东决议通过便可启动公司的增资、减资程序。

(二)出资期限多久合适

股东应按约定的时间向公司全面履行出资义务,如果迟延履行或者拒绝履行将带来诸多不利的法律后果,如向公司承担补足责任、向其他已经缴纳出资的股东承担违约责任、在未出资的本息范围内对公司债务不能清偿的部分承担补充赔偿责任,同时该股东的利润分配请求权、新股优先认购权、剩余财产分配请求权等自益权可能会被限制;更为严重的是,公司可能会做出股东会决议将其除名。对股东来说,股东应对出资的时间予以明确,只要在规定的时间内完成出资义务,就会避免不利的法律后果。

四、股权代持的注意事项

在商事安排中,因受股东人数的限制、资格的限制、关联交易和竞业禁止等规定的限制,股权代持现象比较常见。股权代持是指实际出资人与他人约定,以他人名义代实际出资人履行股东权利义务的一种持股方式。

(一)股权代持合同的效力

(1)法律依据。

《公司法解释三》第 24 条规定,有限责任公司的实际出资人与名义出资人订立合同,约定由实际出资人出资并享有投资权益,以名义出资人为名义股东,实际出资人与名义股东对该合同效力发生争议的,如无法律规定的无效情形,人民法院应当认定该合同有效。前款规定的实际出资人与名义股东因投资权益的归属发生争议,实际出资人以其实际履行了出资义务为由向名义股东主张权利的,人民法院应予支持。

名义股东以公司股东名册记载、公司登记机关登记为由否认实际出资人权利的,人民法院不予支持。实际出资人未经公司其他股东半数以上同意,请求公司变更股东、签发出资证明书、记载于股东名册、记载于公司章程并办理公司登记机关登记的,人民法院不予支持。

(2)如无法律规定的无效情形,该合同有效。

(3)法律层面上,认定有限责任公司名义股东和实际出资人之间的代持股关系,合法有效。

(4)实际出资人享有的投资权益应当支持,名义股东对此不得否认。

(5)实际出资人要求变更为显名股东的,未经其他股东过半数同意,不予支持。

(6)如果实际出资人能够提供证据证明有限责任公司过半数的其他股东知道其实际出资的事实,且对其实际行使股东权利未曾提出异议的,对实际出资人提出的登记为公司股东的请求,人民法院应当依法予以支持。

(二)股权代持主要法律风险

(1)股权代持协议无效,实际出资人无法取得股东地位。

(2)未经其他股东半数以上同意,实际出资人无法成为显名股东。

(3)当名义股东因自身债务等各种原因导致财产被法院强制执行的,登记在其名下的股权有被法院强制执行的法律风险。

（4）名义股东违反代持协议约定，擅自处置登记在其名下的股权，实际出资人将面临无法向善意取得人追回的法律风险。

（5）名义股东被要求履行出资义务、补充清偿公司债务的风险。

（三）律师建议

（1）实际出资人（即隐名股东）可以在协议中约定代持人在行使其股东表决权、选任公司管理人员权、请求分配股息红利权、新股认购权、分配剩余财产权等权利时，应当遵照隐名股东的意愿来确定。

（2）明确显名股东享有的股东权利，并约定上述权利必须经隐名股东书面授权方能行使，如有可能，将上述书面授权告知股东会，强化隐名股东监督权。

（3）明确将显名股东的股权财产权排除在外，避免显名股东死亡、离婚、股权被执行等事由发生时，隐名股东陷入财产追索的泥潭中难以抽身。

（4）约定违约责任。显名股东和隐名股东受契约约束，可设定严格的违约责任，对显名股东和隐名股东均起到一定的警示作用，避免任何一方滥用权利给对方造成损害。

五、股东合作协议相关条款提示

人与人之间的合作起步于"情"，但是最后一定长久于"利"。在股东争议中，股东之间没有合作的先期约定，没有完善的议事规则和公司治理方式，是导致后续企业发展中遇到的很多问题找不到解决的依据，出现争议甚至纠纷的根本原因。

（一）注册资本条款

根据最新修订的公司法，注册资本可以认缴出资，一般也没有最低限额的强制性规定。但是，针对有限公司，股东仍应在认缴出资的范围内承担有限责任。建议创始股东在设立公司时，仍应理性、客观地协商确定注册资本及出资期限。

（二）出资和股权比例条款

股东的出资方式是多样的，股东的出资比例与公司成立后的表决权比例、分红比例可能会不一致。建议可拟定动态股权条款，以根据公司的发展阶段确定不同的表决权和分红比例。

（三）股权预留条款

很多创业者在刚开始创业时往往无法一下子凑齐所有的"班子成员"，核心合伙团队可能缺乏相应人才，这时可以考虑预留部分股权，以解决日后可能出现的诸如新股东加入、管理人员入股等问题。

（四）议事规则条款

议事规则的先期约定是很有必要的，如设立公司时没有规定具体的议事规则，则股东间发生争议时，往往会凸显很多问题，比如会议通知以何种形式发出，是书面的还是口头的；通知发往的地址，是股东的法定地址还是实际地址；地址变更如何处理；如果某股东将通知退回，是认定其未收到通知还是拒绝参加会议；未收到通知但参加了会议，事后却提出异议，那么应认定股东会召集瑕疵，需要重新召集，还是认定有效。因此，就可能发生的争议事先设定规则，可有效避免产生不必要的纠纷。

(五) 离婚股权怎么分

离婚股权的分割,主要是针对股东离婚分割财产的情形。对此,一般建议分家分钱不分权,就是股东在先期就与配偶进行约定,离婚仅能分割婚姻存续期间股权的财产性权益,对于股东资格无权分割。

(六) 股权继承条款

股东资格是可以被继承的,除非公司章程另行规定。股东之间,尤其是创业之初的有限公司首先是人和。因此,一般可以考虑在创始股东合作协议中同步做出约定,发生继承情形,权利人只能取得股权中的财产权利,无权继承股东资格。

(七) 竞业禁止条款

实践中,股东间由于利益分配等问题易产生争议,从而一方股东从公司退出后另起炉灶或直接带走一个团队去从事竞争业务。对此,可通过在股东之间约定竞业禁止条款予以解决,而且,股东间的竞业禁止条例无须约定补偿,并可以约定比较大的违约责任去约束。

第二节 物流公司初创期法律风险

为使初创期下的企业尽快迈入正轨、良好运转,首先要做的就是建章立制、注入原始资本,让企业在制度与资金的双向发力中茁壮成长。

一、公司章程应当载明的事项

【基本要求】

公司章程是对公司基本事实的确认和记载,也有股东之间根据法律授权或提示而设立的内部规则。公司章程是设立公司的必备条件,是关于公司组织结构、内部关系和开展公司业务活动的基本规则和依据,亦是股东自治意思规则的载体,体现了公司自治。章程对公司、股东和董事、监事、高管均具有法律上的约束力。

① 公司章程应当采用书面形式。② 有限责任公司章程应当有股东的签名、盖章,股份有限公司章程无此要求。③ 公司设立时,需要将公司章程报登记机关进行审查、备案。

【风险提示】

(1) 公司章程所约定的事项应当符合法律规定,违反法律、行政法规强制性规定的内容无效。

(2) 公司章程欠缺注册资本、股东姓名、出资额等法定事项内容,虽然不会导致公司章程无效,但可能会出现无法在登记机关登记的问题,也可能会引发其他纠纷,因此公司章程应尽可能做全面约定。

【法律实务05】 一个公司两份章程,那份是无效章程呢?

A公司在企业改制过程中存在甲、乙两份章程。甲章程经过股东大会一致通过,但是在注册资本及股东姓名、出资额及出资比例部分均为空白,且未在公司登记机关备案。乙章程在公司登记机关备案,但未经股东代表会议表决。甲章程约定职工"在职持股,退职退股",但是乙章程中没有该内容。A公司根据甲章程中有关"在职持股,退职退股"的规定,向与公司解除劳动关系的董某发出退股通知。董某认为甲章程未记载注册资本、股东姓名、出资额及出资比例等事项,为无效章程,起诉请求确认A公司退股通知无效。

法院经审理认为,甲章程是经过股东大会一致通过的法律条件,是全体股东的真实意思表示,虽然没有记载注册资本、股东姓名、出资额及出资比例,但并未违反法律强制性规定,不能否认其效力,应当作为处理公司与职工股东之间权利义务关系的依据。

【一次性告知单】

(1) 有限责任公司章程"应当载明"下列事项:

① 公司名称和住所;② 公司经营范围;③ 公司注册资本;④ 股东的姓名或者名称;⑤ 股东的出资方式、出资额和出资时间;⑥ 公司的机构及其产生办法、职权、议事规则;⑦ 公司法定代表人;⑧ 股东会会议认为需要规定的其他事项。

(2) 股份有限公司章程"应当载明"下列事项:

① 公司名称和住所;② 公司经营范围;③ 公司设立方式;④ 公司股份总数、每股金额和注册资本;⑤ 发起人的姓名或者名称、认购的股份数、出资方式和出资时间;⑥ 董事会的组成、职权和议事规则;⑦ 公司法定代表人;⑧ 监事会的组成、职权和议事规则;⑨ 公司利润分配办法;⑩ 公司的解散事由与清算办法;⑪ 公司的通知和公告办法;⑫ 股东大会会议认为需要规定的其他事项。

二、章程中的个性化条款

【基本要求】

除上述必须在公司章程中记载的事项,对于《公司法》规定"章程另有规定除外"的,公司章程均可根据本公司的组织机构及治理规则等实际情况另做约定,制定符合自身特点的条款,避免公司僵局的出现。

(1)《公司法》对公司章程的规定是法律允许范围内的最低标准,公司章程应当遵守《公司法》的相关规定,也可以制定高于《公司法》标准的内容。

(2) 公司章程对有关事项未作特别约定的,依照《公司法》的有关规定。

(3)《公司法》留给有限责任公司章程的自主空间大于股份有限公司。

【风险提示】

违反《公司法》的强制性规定或者低于《公司法》设定的条件,该章程内容无效。

【法律实务06】 公司章程规定与《公司法》强制性规定不符,是否仍然有效?

A有限公司召开股东会,经出席会议的股东所持表决权的2/3以上通过了修改公司章程的决议,修改后的章程规定:股东会议做出有关公司增加注册资本或者减少注册资本、分立、合并、解散或者变更公司形式及修改章程的决议,必须经出席会议的股东所持表决权的2/3以上通过。股东童某认为修改后的公司章程中上述内容违法,故向法院提起诉讼要求确认修改公司章程的决议无效。

法院经审理认为,根据《公司法》第43条,有限责任公司股东会会议做出修改公司章程、增加或者减少注册资本的决议以及公司合并、分立、解散或者变更公司形式的决议,必须经代表 2/3 以上表决权的股东通过,而非出席会议的股东所持表决权的 2/3 以上通过,A 公司章程的规定与公司法的强制性规定不符,应为无效。

【一次性告知单】

(1) 有限责任公司章程可以约定的个性化条款:公司对外担保的上限、股东利润分配比例、股权的优先认购比例、股东会会议的通知时间、股东会及董事会的议事方式和表决程序、股东是否按照出资比例行使表决权、经理的具体职权、股权转让、股东资格继承、聘用审计机构等。

(2) 股份有限公司章程可以约定的个性化条款:公司对外担保的上限、监事会的议事方式和表决程序、聘用审计机构等。

(3) 修改公司章程、增加或者减少注册资本等须经代表 2/3 以上表决权的股东通过、股东会选举非职工代表担任董事和监事、董事每届任期不得超过 3 年等,应当符合《公司法》的有关规定,公司章程不得另行做出低于《公司法》规定标准的约定,也不得做出严重减损或者实质剥夺股东知情权、股权转让等权利的约定。

三、修改公司章程的程序性流程

【基本要求】

(1) 公司在经营范围、经营期限、股权比例、股东构成等方面发生变化时,应当及时修改公司章程。

(2) 修改公司章程应当召开股东会或股东大会,召集和通知程序应当符合《公司法》的规定,由董事、监事或符合条件的股东召集和主持。

(3) 公司章程未约定生效时间或约定不明的,股东达成修改章程的合意,公司章程即发生法律效力。

【风险提示】

(1) 修改公司章程应当按照《公司法》规定,通知、召集股东会会议,违反法定程序制定和修改的公司章程无效。

(2) 公司章程的修改涉及公司股东的变更、股权比例、经营范围、经营期限,应依法向公司登记机关办理变更登记,否则应承担由此产生的民事及行政责任。

【法律实务07】 修改公司章程,B 公司是否享有召集权,召集程序是否合法?

王某系 A 公司股东之一及法定代表人、执行董事。B 公司系 A 公司工商登记的股东之一。王某作为执行董事行使召集权,于 2024 年 3 月 27 日向 A 公司三个股东分别发出《召开临时股东会的通知》,并召开了临时股东会会议,但 B 公司没有派人出席临时股东会。同时,B 公司虚构了 A 公司股东会会议,并形成《临时股东会决议》,通过了 A 公司章程修正案。王某得知后,诉请确认 B 公司以 A 公司名义做出的《临时股东会决议》和章程修正案不成立。

法院经审理认为,在王某已经依法履行召集职责的情况下,依据《公司法》及公司章程,B 公司并不享有临时股东会的召集权,召集程序并不符合法律规定,且 B 公司的现有证据不足以认定其实际召开了股东会,因此该《临时股东会决议》属于公司未召开会议的法定不成立情形,其通过的章程修正案无效。

【一次性告知单】
修改公司章程的流程主要包括以下四点：① 提出章程修改草案。② 股东会对拟修改的章程条款进行表决，有限责任公司须经代表全体股东 2/3 以上的表决权通过，股份有限公司须经出席会议的股东所持表决权的 2/3 以上通过。③ 拟修改的章程内容涉及需要审批、登记等事项时，报主管机关批准或核准；拟修改内容需要公告的，依法公告。④ 修改后的公司章程报公司登记机关备案。

四、以非货币财产出资

【基本要求】

股东可以货币出资，也可以非货币财产作价出资。

（1）非货币财产须可转让、可估价，主要包括实物、知识产权、土地使用权、股权、债权等。

（2）以其他公司股权出资的，出资的股权应当符合以下条件：由出资人合法持有并依法可以转让、无权利瑕疵或者权利负担、出资人已履行关于股权转让的法定手续、已依法进行了价值评估。

（3）以债权出资的，应当按照债权转让的规定，将拟出资债权转让给接受出资的公司，并将出资事宜通知债务人。

（4）行政法规规定不得作为出资财产的，主要包括劳务、信用、自然人姓名、商誉、特许经营权或者设定担保的财产。

【风险提示】

（1）股东以非货币财产出资的实际价额低于公司章程所定金额的、股份有限公司的发起人不缴足出资的，公司设立时的其他股东、发起人、出资人还应承担连带补缴责任。

（2）公司没有实际使用非货币财产和办理权属转移手续的，应认定为股东出资不实，该股东应就出资不实部分向债权人承担补充赔偿责任。

【法律实务08】 以房产等非货币性财产出资，未办理过户手续，是否构成出资不实？

A 公司对 B 公司享有 190 万元债权，在强制执行过程中，A 公司以 B 公司增资时，股东李某以房产、汽车作价 300 万元，但未将财产交付公司使用并办理过户手续为由，申请追加李某为被执行人。

法院经审理认为：李某以房产、机动车等非货币性财产进行出资，但未办理过户手续，应认定为出资不实。由于股东李某存在出资不实情形，且被执行人 B 公司已无清偿能力，故追加李某为被执行人，李某应在 300 万元出资不实范围内对 A 公司承担补充赔偿责任。

【一次性告知单】

以非货币财产出资的，主要履行下列程序：

（1）以非货币财产出资的，应当进行评估作价，聘请有资质的专门资产评估机构确定财产价值并签订作价认可协议。

（2）及时办理产权转移手续、交付给公司使用。

五、公司设立失败的责任承担

【基本要求】

只有以设立中的公司的名义从事活动，或者虽以发起人个人名义从事活动但实际上是为了设立公司而从事活动,才构成设立公司的活动。

【风险提示】

公司设立失败的,因设立公司所产生的债务,发起人或出资人应当对债权人承担连带清偿责任。发起人或出资人承担责任后,对于内部责任分担比例,发起人或出资人有约定的,按照约定分担责任;没有约定的,按照约定的出资比例分担责任;没有约定出资比例的,按照均等份额分担责任。对于因部分发起人或出资人的过错而导致公司未成立的,应当由其承担相应的责任。

【法律实务09】 公司设立失败,责任承担有哪些?

谢某、袁某、刘某签订《A公司股东合作决议书》,约定:谢某、袁某及刘某共同开办公司,总投资150万元,三人各占33.3%股份。该协议上载明袁某前期已投入20万元,但实际上袁某未投入到位。合同订立后,袁某向谢某缴纳了6万元股金。刘某投资11万元为公司购买机械设备一台。后由于谢某未取得专利许可和生产许可、谢某资金未到位等多种原因,公司未注册成立。后谢某向袁某出具收条一张,承诺退还股金6万元。该款经袁某多次催讨,谢某拖欠至今未付,袁某遂提起诉讼。

法院经审理认为:公司未能成立,因设立公司行为所产生的费用、债务以及返还投资款等民事责任,适用的是有约定从约定,无约定按过错责任承担的原则。因此判决谢某退还袁某股金6万元。

【思考题01】 被禁止的出资方式有哪些?

律师答疑:

出资方式应当符合法律、行政法规的规定。不得出资的方式主要包括劳务、信用、商誉、自然人姓名、特许经营权、设定担保的财产。

【思考题02】 非货币出资方式必须经过评估吗?

律师答疑:

否。股东非货币财产未经评估出资后,如产生争议,法院应委托具有合法资格的评估机构对该财产进行评估作价,如价格确实显著低于公司章程的定价额,出资股东会被认定为未依法全面履行出资义务。

第三章　物流合伙企业法律实务

第一节　物流合伙企业成立阶段

一、物流合伙企业类型选择

合伙企业根据其责任承担形式和经营内容，分为普通合伙企业和有限合伙企业。不同类型的合伙企业，合伙人之间对内参与合伙事务的程度不同，对外承担责任的方式不同。

【基本要求】

（1）普通合伙企业由普通合伙人组成，合伙人对合伙企业债务承担无限连带责任。

（2）有限合伙企业由普通合伙人和有限合伙人组成，普通合伙人对合伙企业债务承担无限连带责任，有限合伙人以其认缴的出资额为限对合伙企业债务承担责任。

【风险提示】

（1）合伙人应事先协商确定合伙企业的经营范围、各合伙人之间的合伙模式、风险承担方式，从而选择相对应的合伙企业类型。

（2）国有独资公司、国有企业、上市公司以及公益性的事业单位、社会团体不得成为普通合伙人。

（3）合伙类型应与合伙企业的实际经营形式一致，合伙企业类型实质改变的，应及时修改合伙协议并办理变更登记。

二、物流合伙协议应载明的事项

合伙协议是约定合伙人之间权利义务的协议，也是合伙企业设立登记的必备申请条件之一。合伙协议包括企业对外公示信息、企业运行机制、合伙人内部关系等基本内容。

【基本要求】

（1）合伙协议应采用书面形式。

（2）合伙协议经全体合伙人签名、盖章后生效。

（3）合伙协议既要载明企业对外公示的各种信息，也要明确合伙人之间权利义务等内部事项。

（4）有限合伙企业合伙协议中还要对有限合伙人、执行事务合伙人的相关内容进行约定。

（5）合伙人按照合伙协议享有权利，履行义务。

【风险提示】

（1）合伙协议所约定的事项应当符合法律规定，违反法律、行政法规强制性规定的内容无效。

(2) 有些主管机关、行业协会就特定合伙企业的合伙协议必备条款做出要求。

(3) 合伙协议未约定或者约定不明确的事项,由合伙人协商决定;协商不成的,依照《中华人民共和国合伙企业法》(简称《合伙企业法》)和其他有关法律、行政法规的规定处理。

【一次性告知单】

(1) 合伙协议应当载明下列事项:

① 合伙企业的名称和主要经营场所的地点;② 合伙目的和合伙经营范围;③ 合伙人的姓名或者名称、住所;④ 合伙人的出资方式、数额和缴付期限;⑤ 利润分配、亏损分担方式;⑥ 合伙事务的执行;⑦ 入伙与退伙;⑧ 争议解决办法;⑨ 合伙企业的解散与清算;⑩ 违约责任。

(2) 有限合伙企业的合伙协议还要载明下列事项:

① 普通合伙人和有限合伙人的姓名或者名称、住所;② 执行事务合伙人应具备的条件和选择程序;③ 执行事务合伙人权限与违约处理办法;④ 执行事务合伙人的除名条件和更换程序;⑤ 有限合伙人入伙、退伙的条件、程序以及相关责任;⑥ 有限合伙人和普通合伙人相互转变程序。

三、合伙协议中的个性化条款

《合伙企业法》对于合伙协议中约定的事项赋予了合伙人很高的自由度,对于执行合伙事务、行使表决权、利润分配、亏损承担等与合伙人权利义务关系重大的事项,都允许合伙人灵活自由约定。

【基本要求】

(1)《合伙企业法》虽然对合伙企业执行合伙事务、行使表决权、利润分配、亏损承担等方面均进行了规定,但同时也允许合伙协议做出与《合伙企业法》规定不同的约定事项,且允许合伙协议自主约定的事项很多。

(2) 虽然《合伙企业法》给予合伙协议的自由空间要远大于《公司法》给予有限责任公司的自由空间,但合伙协议中的自主约定不能违反法律、行政法规的强制性规定。

【风险提示】

(1)《合伙企业法》为合伙协议的自由约定所留有的余地基本集中在合伙企业内部,主要影响合伙人内部关系及权利义务。因此合伙人在拟定合伙协议时一定要认真审查各条款对自身权利义务的影响。

(2) 合伙协议中的自主约定违反法律、行政法规的强制性规定,会被认定为无效。

四、合伙人出资

【基本要求】

(1) 合伙企业采取认缴登记制,合伙企业在设立登记时无须实际缴付出资。

(2) 合伙人的出资是合伙企业财产的原始取得方式。

(3) 合伙人可以用货币、实物、知识产权、土地使用权或者其他财产权利出资,也可以用劳务出资。

(4) 有限合伙人不能以劳务出资。

(5) 合伙人以实物、知识产权、土地使用权或者其他财产权利出资,需要评估作价的,可以由全体合伙人协商确定,也可以由全体合伙人委托法定评估机构评估。合伙人以劳务出资的,其评估办法由全体合伙人协商确定,并在合伙协议中载明。

(6) 以非货币财产出资的,依照法律、行政法规的规定,需要办理财产权转移手续的,应当依法办理。

【风险提示】

(1) 合伙人成立合伙企业的出资方式比公司股东要灵活多样。公司的股东不得以劳务、信用、自然人姓名、商誉、特许经营权或者设定担保的财产等作价出资,而普通合伙人可以以劳务、财产权利(如特许经营权、房屋的使用权等)作价出资。

(2) 普通合伙人用于出资的财产不受"可以用货币估价并可以依法转让"的限制。

(3) 普通合伙人出资对应的出资额仅须获得其他合伙人认可即可,其出资的实际价额可以远低于合伙协议约定的出资额。

(4) 合伙人出资不得违反法律、行政法规的禁止性规定。

(5)《合伙企业法》对合伙人出资方式的要求不高,但合伙人是要以自己的全部财产为限对外承担无限责任。

(6) 合伙人的出资形式实际影响合伙人内部责任承担,如果合伙人一致同意某一个合伙人将非货币财产以远高于其的价值出资,那么,实际降低了合伙企业财产对外承担债务的能力。一旦合伙企业无法以企业财产偿还债务,就要合伙人以个人财产承担连带责任。

【一次性告知单】

(1) 在办理合伙企业设立登记时,应当提交全体合伙人对各合伙人认缴或者实际缴付出资的确认书。

(2) 以实物、知识产权、土地使用权或者其他财产权利出资,由全体合伙人协商作价的,应当向企业登记机关提交全体合伙人签署的协商作价确认书;由全体合伙人委托法定评估机构评估作价的,应当向企业登记机关提交法定评估机构出具的评估作价证明。

第二节 物流合伙企业成长阶段

一、合伙份额转让

合伙份额转让是指在合伙企业存续期间,合伙人向他人转让其在合伙企业中的全部或部分财产份额。合伙企业财产份额转让包括对内转让和对外转让两种方式。合伙份额的转让,不仅是合伙企业的重要事务,而且还涉及合伙人的变更,直接影响合伙企业的存续。因此,合伙人转让合伙份额时不可任意为之,需要遵守相关法律规定。

【基本要求】

(1) 合伙人对内转让合伙企业份额时,无须经其他合伙人同意,只需通知其他合伙人即可。

(2) 普通合伙人对外转让合伙企业份额时,须经全体合伙人同意,其他合伙人在同等条件下享有优先购买权。有限合伙人对外转让财产份额,提前通知其他合伙人即可,合伙协议另有约定的除外。

(3) 合伙人对外转让合伙企业份额时即使未经全体合伙人同意,转让协议亦有效,但其他合伙人享有撤销权。

(4) 其他合伙人未明确表示反对时,可认定其他合伙人同意转让合伙份额。

【风险提示】

一般情况下,合伙份额受让主体不得是法律、法规禁止从事营利性活动的人,如公务员等。如果合伙协议中对受让主体另外有限制性规定,还需按照合伙协议约定执行。

【法律实务01】 合伙企业份额转让,转让协议是否有效?

王某、张某与曲某、邢某、赵某、姜某、魏某、金某(以下简称"曲某等六人")共同开办A合伙企业。后在王某、张某不知情的情况下,曲某等六人签订内部转让协议将曲某、赵某、姜某、魏某、金某五人的财产份额转让给邢某。后曲某等六人并未照该转让协议实际履行,而是将曲某等六人的全部财产份额以每人175万元出售给非合伙人高某。王某、张某知情后不同意将合伙企业的财产份额出售给高某,愿以同等条件购买曲某等六人的财产份额,但未能与其达成一致意见。后王某、张某诉请法院判令以同等价格受让曲某等六人的合伙企业份额,并要求高某从A合伙企业退出。

法院经审理认为,曲某等六人违反法律规定及合伙协议之约定,在未经王某、张某同意的情况下将案涉A合伙企业份额形式上转让给合伙人邢某,但实质上转让给合伙人之外的高某,系以合法形式掩盖非法目的,转让协议无效。由于案涉合伙协议并未就优先购买权另行做出约定,故当曲某等六人向合伙人以外的人转让其在合伙企业中的份额时,王某、张某有优先购买权。

【一次性告知单】

(1) 除合伙协议另有约定外,合伙人向合伙人以外的人转让其全部或者部分财产份额的,须经其他合伙人一致同意。合伙人之间转让在合伙企业中的全部或者部分财产份额时,应当通知其他合伙人。

(2) 合伙人向合伙人以外的人转让其在合伙企业中的财产份额的,在同等条件下,其他合伙人有优先购买权;但是,合伙协议另有约定的除外。

(3) 合伙人以外的人依法受让合伙人在合伙企业中的财产份额的,经修改合伙协议即成为合伙企业的合伙人,依照《合伙企业法》和修改后的合伙协议享有权利,履行义务。

(4) 有限合伙人可以按照合伙协议的约定向合伙人以外的人转让其在有限合伙企业中的财产份额,但应当提前30日通知其他合伙人。

二、合伙份额出质

【基本要求】

(1) 普通合伙人可以以其在合伙企业中的财产份额作为质物,与他人签订质押合同,但必须经其他合伙人一致同意。

(2) 普通合伙人出质合伙份额未经其他合伙人同意无效,不受法律的保护。

(3) 有限合伙人可以按照担保的相关法律规定将其在有限合伙企业中的财产份额出

质,但有限合伙协议如有特殊约定,应按特殊约定进行。

【风险提示】

(1) 合伙企业财产份额质押应按照合伙企业注册地的相关要求办理出质登记。未办理出质登记,不具有物权效力。

(2) 合伙人违法出质给善意第三人造成损失的,应当依法赔偿损失。

【一次性告知单】

(1) 普通合伙人以其在合伙企业中的财产份额出质的,须经其他合伙人一致同意;未经其他合伙人一致同意,其行为无效,由此给善意第三人造成损失的,由行为人依法承担赔偿责任。

(2) 有限合伙人可以将其在有限合伙企业中的财产份额出质;但合伙协议另有约定的除外。

三、合伙事务执行

【基本要求】

(1) 合伙事务原则上由全体合伙人共同决定、共同执行。

(2) 按照合伙协议的约定或者全体合伙人的决定,可以委托一个或者数个合伙人执行合伙事务。

(3) 执行事务合伙人能够全面代表合伙企业执行合伙事务。

【风险提示】

非执行事务合伙人对外处分合伙企业财产,第三人有理由相信其有代理权的,该处分行为对合伙企业产生效力。

【一次性告知单】

(1) 合伙人就合伙事务做出决定的,除合伙协议另有约定外,应当经全体合伙人一致同意。

(2) 合伙事务由全体合伙人共同执行。按照合伙协议的约定或者全体合伙人的决定,可以委托一个或者数个合伙人执行合伙事务;其他合伙人不再执行合伙事务,但是有权监督执行情况。

(3) 合伙人不得因执行合伙事务而请求支付报酬,但是合伙协议另有约定的除外。

(4) 除合伙协议另有约定外,合伙企业的下列事项应当经全体合伙人一致同意:

一是改变合伙企业的名称;二是改变合伙企业的经营范围、主要经营场所的地点;三是处分合伙企业的不动产;四是转让或者处分合伙企业的知识产权和其他财产权利;五是以合伙企业名义为他人提供担保;六是聘任合伙人以外的人担任合伙企业的经营管理人员。

四、有限合伙企业事务执行

【基本要求】

(1) 有限合伙企业由普通合伙人执行合伙事务。

(2) 有限合伙人不执行合伙事务,不得对外代表有限合伙企业。

(3) 执行事务合伙人可以要求在合伙协议中确定执行事务的报酬及报酬提取方式。

【风险提示】

(1) 有限合伙人违反规定擅自执行合伙事务,第三人有理由相信有限合伙人为普通合伙人并与其交易的,该有限合伙人对该笔交易承担与普通合伙人同样的责任。

(2) 有限合伙人未经授权以有限合伙企业名义与他人进行交易,给有限合伙企业或者其他合伙人造成损失的,该有限合伙人应当承担赔偿责任。

【一次性告知单】

有限合伙人的下列行为,不视为执行合伙事务:① 参与决定普通合伙人入伙、退伙;② 对企业的经营管理提出建议;③ 参与选择承办有限合伙企业审计业务的会计师事务所;④ 获取经审计的有限合伙企业财务会计报告;⑤ 对涉及自身利益的情况,查阅有限合伙企业财务会计账簿等财务资料;⑥ 在有限合伙企业中的利益受到侵害时,向有责任的合伙人主张权利或者提起诉讼;⑦ 执行事务合伙人怠于行使权利时,督促其行使权利或者为了本企业的利益以自己的名义提起诉讼;⑧ 依法为本企业提供担保。

五、非执行事务合伙人的监督权

【基本要求】

(1) 不执行事务的合伙人,对执行事务的合伙人有监督权,执行者应当定期向不执行事务的合伙人报告工作。

(2) 其他合伙人可以通过检查合伙事务执行情况行使监督权。

(3) 在分别执行合伙事务的情况下,各合伙人有权监督其他合伙人的执行行为,也应当接受其他合伙人对自己执行合伙事务的监督。

【风险提示】

(1) 受委托执行合伙事务的合伙人不按照合伙协议或者全体合伙人的决定执行事务的,其他合伙人可以决定撤销该委托。

(2) 执行事务合伙人因故意或者过失造成合伙企业权益受损的,应当承担责任。

【一次性告知单】

(1) 合伙事务由全体合伙人共同执行。按照合伙协议的约定或者全体合伙人的决定,可以委托一个或者数个合伙人执行合伙事务;其他合伙人不再执行合伙事务,但是有权监督执行情况。

(2) 由一个或者数个合伙人执行合伙事务的,执行事务合伙人应当定期向其他合伙人报告事务执行情况以及合伙企业的经营和财务状况,其执行合伙事务所产生的收益归合伙企业,所产生的费用和亏损由合伙企业承担。

(3) 合伙人为了解合伙企业的经营状况和财务状况,有权查阅合伙企业会计账簿等财务资料。

(4) 合伙人分别执行合伙事务的,执行事务合伙人可以对其他合伙人执行的事务提出异议;提出异议后,其他合伙人应当暂停该项事务的执行。

六、合伙人的同业竞争和同本合伙企业交易的规定

【基本要求】

(1) 普通合伙人不得自营或者同他人合作经营与本合伙企业相竞争的业务。

(2) 有限合伙人可以自营或者同他人合作经营与本有限合伙企业相竞争的业务;但是,合伙协议另有约定的除外。

（3）除合伙协议另有约定或者经全体合伙人一致同意外，普通合伙人不得同本合伙企业进行交易。

（4）有限合伙人可以同本有限合伙企业进行交易；但是，合伙协议另有约定的除外。

（5）合伙人不得从事损害本合伙企业利益的活动。

【风险提示】

（1）对于普通合伙人而言，如果其因实施同业竞争行为给合伙企业造成损失的，应当承担赔偿责任，在合伙协议有相关约定的情况下，还可能被合伙企业除名。

（2）合伙人之间可通过合伙协议的特别约定对有限合伙人的竞业禁止做出约定。有限合伙人违反约定，从事与本有限合伙企业相竞争的业务，给有限合伙企业或者其他合伙人造成损失的，依法承担赔偿责任。

七、合伙企业对外担保

【基本要求】

（1）除合伙协议另有约定外，以合伙企业名义为他人提供担保，应当经全体合伙人一致同意。

（2）执行事务合伙人越权以合伙企业名义为他人提供担保，订立合同时债权人是善意的或可以推定全体合伙人真实意思表示的，担保合同有效。

【风险提示】

未经全体合伙人一致同意，擅自以合伙企业名义对外提供担保给合伙企业造成的损失，过错合伙人应当对合伙企业承担赔偿责任。

【法律实务02】　担保未经全体合伙人一致同意是否有效？

A企业系普通合伙企业，合伙人为黄某、肖某和陈某，其中肖某为执行事务合伙人。黄某（借款人）与徐某（出借人）、A企业（担保人）签订《借款合同》，约定若黄某无法按期偿还借款，A企业承担无限连带责任。A企业执行事务合伙人肖某在该合同上签字并加盖A企业公章。因黄某未能按期还款，徐某向法院起诉请求黄某偿还借款和利息，A企业承担连带责任。A企业辩称该担保未经全体合伙人一致同意，应为无效。

法院经审理认为，合伙企业对合伙人执行合伙事务以及对外代表合伙企业权利的限制，不得对抗善意第三人，故判决支持徐某的诉讼请求。

八、利润分配与亏损分担

无论是合伙企业，还是合伙人，利润分配和亏损分担都是最为核心和最为关心的事项，如果盈利，则一荣俱荣；如果亏损，则有可能最终血本无归。不仅如此，对于合伙企业的对外债务来说，合伙人之间内部如何确定清偿比例，往往也与分配和分担的比例密切相关。因此，利润分配与亏损分担的比例如何确定，至关重要。通常来说，合伙人之间可以自行约定分配和分担的比例。

【基本要求】

（1）在协商确定分配、分担比例的情况下，一般来说，合伙人利润分配比例与亏损分担比例是一致的。

（2）在无法协商确定分配、分担比例的情况下，如果合伙人实缴出资与约定出资不一致的,应当按照实缴出资比例确定利润分配和亏损承担。

(3) 对于包含劳务、技术等无法确定各合伙人实缴出资比例的,合伙人应当平均分配、分担。

(4) 合伙人关于亏损分担的约定属于合伙企业内部关系,不得以此对抗第三人。

【风险提示】

(1) 合伙人之间应当收益共享、风险共担,如果合伙协议约定将全部利润分配或全部亏损分担给部分合伙人,该约定无效。

(2) 在有限合伙企业中,合伙协议可以约定将全部利润分配给部分合伙人。

(3) 对经营亏损有过错的合伙人,应当根据其过错程度相应地多承担责任。

【一次性告知单】

(1) 合伙企业的利润分配和亏损分担,首先应当按照合伙协议的约定办理。

(2) 合伙协议没有约定或者约定不明确的,由合伙人协商决定。

(3) 协商不成的,由合伙人按照实缴出资比例分配、分担。

(4) 无法确定出资比例的,由合伙人平均分配、分担。

九、有限合伙与普通合伙的相互转化

基于商业交易安排的考虑,可能需要将普通合伙企业转变为有限合伙企业;或者基于有限合伙企业中所有有限合伙人的退出,需要将有限合伙企业转变为普通合伙企业;或者基于合伙人在企业内部地位的变化,需要从普通合伙人变更为有限合伙人,或从有限合伙人变更为普通合伙人。相关主体属性的变化,会直接导致责任承担方式的变化。

【基本要求】

(1) 有限合伙企业中普通合伙人、有限合伙人的相互转变,原则上应当经全体合伙人一致同意。

(2) 当有限合伙企业仅剩普通合伙人或有限合伙人时,该企业的性质已发生改变,应当转为普通合伙企业或者解散。

【风险提示】

(1) 有限合伙企业中普通合伙人、有限合伙人的相互转变,尤其是普通合伙人转变为有限合伙人,会使负无限责任的主体减少,导致企业资产信用降低。

(2) 合伙企业、合伙人的性质发生变更,应当及时办理变更登记手续。

【一次性告知单】

(1) 除合伙协议另有约定外,普通合伙人转变为有限合伙人,或者有限合伙人转变为普通合伙人,应当经全体合伙人一致同意。

(2) 有限合伙人转变为普通合伙人的,对其作为有限合伙人期间有限合伙企业发生的债务承担无限连带责任。

(3) 普通合伙人转变为有限合伙人的,对其作为普通合伙人期间合伙企业发生的债务承担无限连带责任。

(4) 当有限合伙企业仅剩普通合伙人时,有限合伙企业转为普通合伙企业,并应当进行相应的变更登记。

(5) 当有限合伙企业仅剩有限合伙人时,该企业不再是合伙企业,应当解散。

【法律实务 03】 **合伙经营中收据内容的重要性与法律风险防范**

在合伙经营中,看似不起眼的收据内容,实则暗藏着巨大的法律风险。一个不恰当的表述,可能会引起一系列意想不到的纠纷和麻烦。

示例: 甲与乙合伙从事物流运输,甲投入资金后,乙出具的收据上却写成了借条。后来企业经营不善,双方发生纠纷,对簿公堂时,由于收据写成了借条,导致对这笔资金的性质认定出现了极大争议,给案件的审理和判决带来了很大难度,最终乙方被判决偿还甲方借款及利息并承担诉讼费用,损失惨重。

明明是投资款,却因一时疏忽写成借条,这就为后续可能的官司埋下了隐患。当前对这样的情况,法律的认定可能变得复杂和棘手。在合伙经营中,对于每一笔款项的收据,都应当严谨对待。明确标注是合伙款或投资款至关重要。这样清晰的表述能够准确界定资金的性质和用途,避免日后产生歧义。

如果将投资款误写成借条,可能会导致以下法律风险:① 在法律关系的认定上可能出现混淆,原本的合伙关系可能被误解为借贷关系。② 对于各方的权利义务会产生不同的界定,影响到利润分配、责任承担等核心问题。③ 一旦发生纠纷,证据的呈现和解读可能对己方不利,增加败诉的风险。

为了有效防范此类法律风险,我们应当做到以下几点:一是保持高度的谨慎和细心,在书写收据时认真核对每一个用词和表达。二是确保所有合伙人对收据内容达成一致理解,避免日后出现分歧。三是妥善保存所有相关的收据和文件,以备不时之需。

让我们从每一张准确的收据开始,为合伙事业奠定坚实的法律基础。

第四章 物流公司内部治理法律实务

第一节 法定代表人的确定及责任承担

一、担任法定代表人的资格

担任法定代表人的资格,换言之,哪些人有资格担任法定代表人。其法律依据是《中华人民共和国公司法》(简称《公司法》)第13条规定,公司法定代表人依照公司章程的规定,由董事长、执行董事或者经理担任,并依法登记。公司法定代表人变更,应当办理变更登记。

根据上述规定,担任公司法定代表人一般要满足两方面的条件:① 一是在公司内担任董事长、总经理或执行董事等核心管理职务;② 二是必须依法办理工商登记或变更登记。

二、法定代表人的资格限制

法定代表人的资格限制,即哪些人不可以担任法定代表人。其法律依据是《公司法》第146条规定,有下列情形之一的,不得担任公司的董事、监事、高级管理人员:① 无民事行为能力或者限制民事行为能力;② 因贪污、贿赂、侵占财产、挪用财产或者破坏社会主义市场经济秩序,被判处刑罚,执行期满未逾五年,或者因犯罪被剥夺政治权利,执行期满未逾五年;③ 担任破产清算的公司、企业的董事或者厂长、经理,对该公司、企业的破产负有个人责任的,自该公司、企业破产清算完结之日起未逾三年;④ 担任因违法被吊销营业执照、责令关闭的公司、企业的法定代表人,并负有个人责任的,自该公司、企业被吊销营业执照之日起未逾三年;⑤ 个人所负数额较大的债务到期未清偿。

公司违反前款规定选举、委派董事、监事或者聘任高级管理人员的,该选举、委派或者聘任无效。

三、法定代表人可能承担的法律责任

(一)法定代表人可能承担的刑事责任

通常而言,对于公司从事的犯罪行为,应由公司承担刑事责任,法定代表人并不因此而承担刑事责任。但在《中华人民共和国刑法》(简称《刑法》)规定的某些罪名中,除了对单位进行处罚外,还可能追究"直接负责的主管人员和其他直接责任人"的刑事责任。对于上述"直接负责的主管人员"的具体范围,虽然法律未明确规定,但是司法实践通常均将法定代表人认定属于单位"直接负责的主管人员",并据此判定法定代表人对公司的行为亦应承担刑事责任。

实践中,法定代表人可能触及以下几类刑事犯罪:妨害对公司企业管理秩序罪、破坏金融管理秩序罪、危害税收征管罪、侵犯知识产权罪、扰乱市场秩序罪等。

（二）法定代表人可能承担的行政责任

在申请登记的过程中，公司有隐瞒真实情况、弄虚作假等情况的，或者公司有抽逃、转移资金、隐匿财产逃避债务的，公司会受到行政处罚，法定代表人也需因此承担行政责任。

（三）法定代表人可能承担的民事责任

一般情况下，法定代表人以法人的名义从事的活动由法人来承担相关的权利义务。

法定代表人的民事责任可列举以下几个方面：

（1）法定代表人为企业股东的，滥用公司法人独立地位和股东有限责任，逃避债务，损害债权人利益的，其应对公司债务承担连带责任。

（2）利用其关联关系损害公司利益，给公司造成损失的，应当承担赔偿责任。

（3）越权订立合同，除相对人知道或者应当知道其超越权限外，该代表行为有效，给企业造成损失的，该法定代表人应当向本企业承担民事赔偿责任。

（4）超越权限订立担保合同的，相对人善意的，担保合同对公司发生效力；相对人非善意的，担保合同对公司不发生效力，但视情形承担责任。法定代表人给公司造成损失的，应承担赔偿责任。

（5）以公司名义加入债务的，向债权人在其愿意承担的债务范围内与债务人承担连带债务。

（6）一人有限责任公司的法定代表人作为公司股东，不能证明公司财产独立于自己财产的，对公司债务承担连带责任。

法定代表人以法人名义从事的民事活动，其法律后果由法人承受。法定代表人因执行职务造成他人损害的，由法人承担民事责任。法人承担民事责任后，依照法律或者法人章程的规定，可以向有过错的法定代表人追偿。

四、最小化法定代表人法律风险的建议

（1）不真正参与公司运营的情况下，建议不要担任公司法定代表人。

（2）如被要求担任法定代表人却不真正参与公司经营决策，为避免风险，建议与指派其担任法定代表人的一方（一般为公司实际控制人或者大股东）签订书面协议，约定法定代表人不参与公司经营，对公司经营事务及债务等不承担责任，如因公司事务带来损失，应由对方承担责任等条款。

在发生相关案件或者诉讼的情况下，类似的协议条款虽然不能对抗外部权利主体的诉求，但至少能保证其承担法律责任后，可以找到最终责任承担方。这类协议在某些特定的情况下，如在要求法院解除限高措施时，可以起到辅助证明作用。

（3）不参与公司经营但担任公司法定代表人的，建议法定代表人与公司隔离，不以法定代表人身份签字或参加会议。

作为法定代表人，应对签字的文件负责，保证切实知道文件内容，避免因随意在文件上签字给自己带来麻烦，更不应把自己的法人印章交给他人保管。

（4）保证参与的公司决策合法合规，最大限度避免个人责任。

（5）如果确实参与了公司经营，作为控股股东委派的法定代表人，确需参与某些会议，监督某些情况，应保证自己参与的事务经过了正规程序。正规程序是合规的保证，以

此可以最大限度避免个人责任。

【思考题01】 法人、法定代表人和法人代表如何辨析？

律师答疑：

(1)《民法典》第57条规定："法人是具有民事权利能力和民事行为能力，依法独立享有民事权利和承担民事义务的组织。"不难看出，法人不是生物学意义上的人，即非自然人，而是法律拟制的人，即组织。常见的法人包括有限责任公司、股份有限公司、事业单位、社会团体、基金会等。法人作为一种独立的民事主体，在民事活动中与自然人、非法人组织具有同等的法律地位，独立享有民事权利并承担民事义务。例如，《民法典》第60条规定："法人以其全部财产独立承担民事责任。"

(2) 法定代表人，从法理上讲与法人不是同一概念，法人也并非法定代表人的简称。法定代表人实际是法律规定的代表法人的人，即以法人的名义从事民事活动，且该活动的后果由法人承担的自然人。《民法典》第61条规定："依照法律或者法人章程的规定，代表法人从事民事活动的负责人，为法人的法定代表人。"因此，法定代表人的权利来源必须符合法定程序和法定条件，一般须经主管机关核准登记注册后，才能取得法律确认。此外，为保证法人意志和行为的完整性、统一性，一个法人只能有一个法定代表人。《公司法》规定，公司的法定代表人可以由代表公司执行公司事务的董事或经理担任；事业单位、社会团体、基金会的负责人通常是该法人的法定代表人。

(3) 法人代表，严格意义上并非法律概念，可理解为法人的授权代表人，《民法典》中实质称其为"代理人"。法人代表一般是指按照法人的授权，代表法人对外行使民事权利和履行民事义务的自然人。与法定代表人不同，担任法人代表的自然人并不固定，取决于法人的授权。同时，授权可以采取一事一授权，使得授权事项与权限——对应；也可以采取一揽子事项授权，使得一次授权可以囊括几乎所有事项而无须事事、次次都要授权。常见的法人代表有代表法人参加商务谈判、签订合同、出席新闻发布会发言、从事业务活动以及进行民事或行政诉讼活动的人等。在规模比较大、管理范围较广的政府机关、企事业单位中，上述几类法人代表往往不是一个人，而是各有分工负责，由不同的、较专业的、一定职级的人员被法人授权担任代理人或受托人。

第二节 物流公司权力机构和执行机构的设立

本节以物流公司为有限责任公司为例，分析其权力机构和执行机构设立。

一、物流公司权力机构的设立

股东会由全体股东组成，是公司的最高权力机构，在有限责任公司中称为股东会，在股份有限公司中称为股东大会。

（一）股东会的性质

股东会的性质，主要体现在两个方面：

一是体现股东意志。股东会是由全体股东组成的权力机关，是全体股东参加的全会，而不应是股东代表大会。如有股东不能亲自到会的,应委托他人代为出席,以体现全体股东的意志。

二是公司最高权力机关。股东会是公司经营管理和股东利益的最高决策机关,不仅选举或任免董事会和监事会成员,而且公司的重大经营决策和股东的利益分配等都需得到股东会的批准。

(二) 股东会的职权

股东会行使下列职权:

(1) 选举和更换董事、监事,决定有关董事、监事的报酬事项;

(2) 审议批准董事会的报告;

(3) 审议批准监事会的报告;

(4) 审议批准公司的利润分配方案和弥补亏损方案;

(5) 对公司增加或者减少注册资本作出决议;

(6) 对发行公司债券作出决议;

(7) 对公司合并、分立、解散、清算或者变更公司形式作出决议;

(8) 修改公司章程;

(9) 公司章程规定的其他职权。

股东会可以授权董事会对发行公司债券作出决议。

对本条第一款所列事项股东以书面形式一致表示同意的,可以不召开股东会会议,直接作出决定,并由全体股东在决定文件上签名或者盖章。

(三) 股东会的召开

(1) 召开时间。股东大会应当每年召开一次年会。有下列情形之一的,应当在两个月内召开临时股东大会:① 董事总人数不足本法所规定的人数或者公司章程所定的人数的2/3时;② 公司未弥补的亏损达实收股本总额1/3时;③ 单独或者合计持有公司10%以上股份的股东请求时;④ 董事会认为必要时;⑤ 监事会提议召开时;⑥ 公司章程规定的其他情形。

(2) 召开流程:召集→通知时间、地点→提出临时提案→表决与通过→会议记录。

(四) 股东会决议

股东会依法形成的决议具有法律效力,股东会决议应包含以下内容:

(1) 会议基本情况,包括会议时间、地点、会议性质等。

(2) 会议通知情况及到会股东状况,包括会议通知时间、方式,到会股东情况及股东弃权情况等。如公司章程无特别规定,召开股东会会议,一般应该于会议召开15日前通知全体股东,年度股东大会应当提前20日通知全体股东。

(3) 会议主持状况。首次会议由出资最多的股东召集和主持,一般情况由董事会召集,董事长主持。董事长因特殊缘故不能履行职务时,由董事长指定的副董事长或其他董事主持,副董事长不能履行职务或者不履行职务的,由半数以上董事共同推举一名董事主持。

(4) 会议决议状况。股东会由股东按出资比例行使表决权;股东会对一般事宜采取多数决,但对修改公司章程、公司增加或者减少注册资本、分立、合并、解散或者变更公司形式做出决议,必须经出席会议的股东所持表决权的2/3以上通过。

(5) 签署。股东会决议由股东盖章或签字。

二、公司物流执行机构的设立

董事会是由董事组成的,经股东会选举,对内掌管公司事务、对外代表公司的经营决策和业务执行机构。

(一) 董事会的性质

董事会由全体股东或职工民主选举的董事组成,负责执行股东会决议的常设机构。

(二) 董事会的职权

有限责任公司设董事会,本法第 75 条另有规定的除外。

董事会行使下列职权:

(1) 召集股东会会议,并向股东会报告工作;

(2) 执行股东会的决议;

(3) 决定公司的经营计划和投资方案;

(4) 制订公司的利润分配方案和弥补亏损方案;

(5) 制订公司增加或者减少注册资本以及发行公司债券的方案;

(6) 制订公司合并、分立、解散或者变更公司形式的方案;

(7) 决定公司内部管理机构的设置;

(8) 决定聘任或者解聘公司经理及其报酬事项,并根据经理的提名决定聘任或者解聘公司副经理、财务负责人及其报酬事项;

(9) 制定公司的基本管理制度;

(10) 公司章程规定或者股东会授予的其他职权。

公司章程对董事会职权的限制不得对抗善意相对人。

(三) 董事会的组成

(1) 有限责任公司的董事会由 3~13 人组成,股份有限公司的董事会由 5~19 人组成。股东人数少或者规模小的有限责任公司,可以不设立董事会,只设一名执行董事。董事会设董事长一人,可以设副董事长,也可以不设副董事长。董事由股东选举产生。但是董事长、副董事长的产生办法由公司章程规定。

(2) 董事会成员中可以有公司职工代表。董事会中的职工代表由公司职工通过职工代表大会、职工大会或者其他形式民主选举产生。

(3) 董事的任期由公司章程规定,最长不得超过三年,但是连选可以连任。董事在任期内可以依法由股东会撤换。

(四) 董事会会议

(1) 通知。除公司章程有特别规定外,董事会一般每年度至少召开两次会议,每次会议应当于会议召开 10 日前通知全体董事和监事。代表 1/10 以上表决权的股东、1/3 以上董事或者监事会,可以提议召开董事会临时会议。董事长应当自接到提议后 10 日内,召集和主持董事会会议。董事会召开临时会议,可以另定召集董事会的通知方式和通知时限。

(2) 召集。董事会会议由董事长召集和主持;董事长不能履行职务或者不履行职务的,由副董事长召集和主持;副董事长不能履行职务或者不履行职务的,由半数以上董事共同推举一名董事召集和主持。

(3) 出席。董事会会议应有过半数的董事出席方可举行。董事会做出决议,必须经全体董事的过半数通过。董事会会议,应由董事本人出席;董事因故不能出席,可以书面委托其他董事代为出席,委托书中应载明授权范围。

(4) 表决。董事会决议的表决,实行一人一票。

(5) 董事会决议。董事应当对董事会的决议承担责任。董事会的决议违反法律、行政法规或者公司章程、股东大会决议,致使公司遭受严重损失的,参与决议的董事对公司负赔偿责任。但经证明在表决时曾表明异议并记载于会议记录的,该董事可以免除责任。

(6) 会议记录。董事会应当对所议事项的决定进行会议记录,出席会议的董事应在会议记录上签名。

三、公司其他组织机构

从公司法规定的公司组织机构来看,除了公司的权力机构和执行机构外,公司的监事会在公司的运转机制中也起着重要作用。

(一) 监事会的组成

有限责任公司设监事会,其成员不得少于3人。股东人数较少或者规模较小的有限责任公司,可以设一至两名监事,不设监事会。监事会应当包括股东代表和适当比例的公司职工代表,其中职工代表的比例不得低于1/3,具体比例由公司章程规定。监事会设主席一人,由全体监事过半数选举产生,负责召集和主持监事会会议。

(二) 监事会的职权

监事会行使下列职权:

(1) 检查公司财务;

(2) 对董事、高级管理人员执行职务的行为进行监督,对违反法律、行政法规、公司章程或者股东会决议的董事、高级管理人员提出解任的建议;

(3) 当董事、高级管理人员的行为损害公司的利益时,要求董事、高级管理人员予以纠正;

(4) 提议召开临时股东会会议,在董事会不履行本法规定的召集和主持股东会会议职责时召集和主持股东会会议;

(5) 向股东会会议提出提案;

(6) 依照本法第189条的规定,对董事、高级管理人员提起诉讼;

(7) 公司章程规定的其他职权。

第三节 物流公司内部治理法律风险

处于这一时期的公司,在管理水平、融资能力以及科技创新方面都有了极大的提升,为了使公司能够抓住机遇、注入源源不断的现金流,需要充分发挥管理与科技的"双驾马车"效应,提高公司治理的精细化水平,吸引优质投资者以及高级技术人员的加入。

一、优化公司内部治理结构

【基本要求】

公司内部治理涉及公司各机构的权利配置和实际运作、《公司法》的强制性规范与股东自治的关系、股东及管理层权利义务等。

现代企业制度中,判断公司内部治理优劣的重要标准为公司组织机构的设置是否完善,组织机构之间的关系是否协调,组织机构的运转是否低成本高效率。

优化公司治理结构的目的是通过合理分配公司内部管理运营与监督控制的权力,促进公司良性运转,同时实现公司的经营目标与股东利益的最大化。

(1)《公司法》对公司组织机构的设计:股东选任董事和监事,董事行使管理权、聘任经理人员,监事负责监督董事和经理。

(2) 公司机构分为权力机构(股东会或股东大会)、执行机构(董事会或董事)、监督机构(监事会或监事)。各机构依照《公司法》及公司章程的规定行使职权。

(3) 公司应根据自身行业特点、发展阶段等实际情况,充分、合理利用《公司法》给予公司的意思自治空间,通过公司章程的整体设计,优化内部治理结构,加强股东会、董事会及监事会的建设。

(4) 公司章程中可以明确约定股东会或股东大会、董事会、监事会的召集期限、召集方式、不召集会议的认定标准和期限、提案规则、议事和表决规则、弃权规则等,确保公司能够顺畅地开展经营管理活动,保障公司各类股东权益。

(5) 需要特别说明的一点,对于实践中经常出现的,因有限责任公司部分股东拒不参加股东会、无法做出有效决议而陷入僵局的情形,公司章程可以通过设置构成弃权的情形、弃权产生的法律效果等条款进一步明确。

【风险提示】

(1) 公司治理结构不当、未能按照公司发展调整公司治理结构,都可能导致公司内部矛盾纠纷凸显,严重制约公司的发展壮大。

(2) 公司决议作为公司的意思表示,其本质是通过会议的形式根据多数决议的规则做出,因此,只有公司决议的程序公正和内容合法才能发生法律效力,否则会导致公司决议无效、可撤销或不成立。

无效的适用情形为:公司股东会或者股东大会、董事会的决议内容违反法律、行政法规。

可撤销的适用情形为:股东会或者股东大会、董事会的会议召集程序、表决方式违反法律、行政法规或者公司章程,或者决议内容违反公司章程的。

不成立的适用情形为:① 公司未召开会议,但依据《公司法》第 37 条第 2 款或者公司章程规定可以不召开股东会而直接做出决定,并由全体股东在决定条件上签名、盖章的除外;② 会议未对决议事项进行表决的;③ 出席会议的人数或者股东所持表决权不符合《公司法》或者公司章程规定的;④ 会议的表决结果未达到《公司法》或者公司章程规定的通过比例的;⑤ 导致决议不成立的其他情形。

【法律实务01】 违反公司章程做出的股东会决议是否成立?

A 公司为有限责任公司,其章程规定,召开股东会会议,应当于会议召开 15 日以前通知全体股东,股东会会议由股东按照出资比例行使表决权。A 公司原股东为朱某、韩某、魏某,现登记股东为朱某、王某、魏某,其中韩某与朱某系夫妻关系。工商档案中,A 公司第四届第 2 次股东会决议显示:同意原股东韩某退出股东会,并将其持有的股份转让给朱某,签字处分别有全体股东手写签名字样。韩某以股东会决议上其签字非其本人签署为由,主张该股东会决议不成立。A 公司认可未实际召开股东会,且股东会决议非韩某本人签字,但主张决议签署得到韩某的同意和授权,应属合法有效。

因 A 公司未实际召开股东会,且没有证据证明韩某曾同意该股东会决议,且韩某事后未对该决议予以追认,未按照法律或者公司章程规定的议事方式和表决程序做出的公司决议不成立,故该股东会决议不成立。

【一次性告知单】

(1) 股东会、股东大会行使的法定职权;

(2) 董事会对股东会或股东大会负责,行使的法定职权;

(3) 监事会和不设监事会的公司的监事行使的法定职权。

二、有限责任公司可探索建立双重股权结构下的公司治理模式

【基本要求】

股东会会议由股东按照出资比例行使表决权;但是,公司章程另有规定的除外。司法实践中,公司章程关于有限责任公司的股东出资比例与表决权比例不一致,或者出现股东放弃表决权,只保留所有权和分配权的特别约定都是合法有效的。

【风险提示】

股东表决权是股东最基本的权利之一。股东按照出资比例行使表决权,但也规定允许公司章程规定另外的表决方式。若经全体股东一致同意采取另外的表决方式,应做出明确的约定,否则应依《公司法》的规定按照出资比例行使表决权。

【法律实务02】 股东行使表决权约定不明确的法律风险。

A 公司注册资本为人民币 100 万元,股东董某、刘某和辛某持股比例分别为 51%、25% 和 24%。公司章程第 18 条第 3 项规定,股东会会议应对所议事项做出决议,决议应由代表半数以上股东表决通过。后在关于公司董事事项的选举过程中,刘某、辛某表决通过,形成股东会决议,董某对此不服,起诉认为股东会决议违反《公司法》和公司章程,损害了董某基于股东权产生的选择公司管理者的权利,应予以撤销。

法院经审理认为:股东在公司章程第 18 条第 3 项规定"股东会会议应对所议事项做出决议,决议应由代表半数以上股东表决通过",该规定意思表示模糊,条意不明确,不能明确确定是股东人数的半数即人数决,还是代表半数以上表决权的股东即资本决,A 公司也未提交其他有效证据印证其有关"人数决"的主张,应按照《公司法》对此规定的一般原则确定公司股东会会议按照出资比例行使表决权,故判决撤销该股东会决议。

三、公司可根据发展情况,适时调整利益分配结构

【基本要求】

公司可以根据岗位重要性和贡献多少改变期权比例,运用股权激励手段,将管理人员、研发人员的个人利益与企业的效益直接关联,根据公司成长发展阶段的不同采取合伙

人机制、股份制机制,增强员工的归属感、忠诚度,降低人才流失成本,激发创新创造活力。

【风险提示】

实践中普遍存在公司通过股权激励计划,由员工免费获得本公司或关联公司股权的情况,该计划的实质是通过给予员工除工资薪酬以外的报酬来换取员工服务,不属于赠与性质。

【法律实务03】 股份转让协议性质属于股权转让还是赠与?

王某与张某签订股份转让协议,约定王某自愿并无偿将其在A公司1%股份转让给张某。后王某通知张某因股份转让协议为赠与协议,其将撤销该协议。张某起诉至法院,主张其受让股份是基于股权奖励的无偿受让,并非赠与,王某无权撤销,请求确认张某与王某签订的股份转让协议有效,且因王某擅自将股份转让第三人,其应赔偿张某相应损失。

法院经审理认为:双方签订合同注明"转让",同时对生效时间、违约责任做出了明确约定,并无任何"赠与"的表述,而且张某在与A公司存在关联关系的B公司任职,其主张基于股权奖励无偿受让股权具有事实基础,最终法院认定股份转让协议性质应为股权转让,并非赠与。

四、建立健全公司内部各项配套规章制度

【基本要求】

公司应建立健全包括企业财务制度、流程管理制度、决策审批制度、人事管理制度、档案保管制度、证照印章保管使用制度等各项配套规章制度。

【风险提示】

公司内部各项配套规章制度对于规范企业和员工的行为,树立企业的形象,实现企业的正常运营,促进企业的长远发展具有重大的作用。若没有健全的内部各项配套规章制度,不利于企业实现科学管理,提高经济效益。

五、建立健全董监高的培训、惩戒机制

【基本要求】

公司应建立健全公司董监高等管理人员的长效培训机制和严肃惩戒机制,加强对管理能力、合规运营能力、公关能力、法律素养的培训工作。

【风险提示】

公司董事、监事、高级管理人员违反忠实勤勉义务所得的收入应当归公司所有;执行公司职务时违反法律、行政法规或者公司章程的规定,给公司造成损失的,应当承担赔偿责任。

【法律实务04】 公司董监高未履行忠实勤勉义务的法律风险。

A公司作为B公司的股东,以同一虚假账户的名义两次对B公司虚假增资,郭某系B公司的法定代表人和董事,明知上述虚假增资行为,但未予监督。B公司主张郭某未尽忠实勤勉义务,应对A公司的虚假增资承担相应赔偿责任。

法院经审理认为,郭某未履行忠实勤勉义务,存在过错,B公司主张郭某未尽忠实勤勉义务,应对A公司的虚假增资承担相应赔偿责任理据充分,故判决郭某对A公司未出资本息承担补充清偿责任。

【一次性告知单】

(1)《公司法》列举的董事、监事、高管违反忠实义务的行为主要包括以下几个方面：

① 利用职权收受贿赂或者其他非法收入；

② 侵占公司财产；

③ 挪用公司资金；

④ 将公司资金以其个人名义或者以其他个人名义开立账户存储；

⑤ 违反公司章程的规定，未经股东会、股东大会或者董事会同意，将公司资金借贷给他人或者以公司财产为他人提供担保；

⑥ 违反公司章程的规定或者未经股东会、股东大会同意，与本公司订立合同或者进行交易；

⑦ 未经股东会或者股东大会同意，利用职务便利为自己或者他人谋取属于公司的商业机会，自营或者为他人经营与所任职公司同类的业务；

⑧ 把他人与公司交易的佣金归为己有；

⑨ 擅自披露公司秘密；

⑩ 违反对公司忠实义务的其他行为。

其中，①②项的义务主体是董事、监事和高管，③至⑩项的义务主体是董事和高管，不包括监事。

(2) 有限责任公司的董事、高级管理人员等应依法履行职责，确保公司依法制作或保存公司章程、股东会会议记录、董事会会议决议、监事会会议决议、财务会计报告、会计账簿。

股份有限公司的董事、高级管理人员等应依法履行职责，确保公司依法制作或保存公司章程、股东名册、公司债券存根、股东大会会议记录、董事会会议记录、监事会会议记录、财务会计报告。

公司董事、高级管理人员等未依法履行职责，导致公司未依法制作或保存上述条件材料，给股东造成损失的，股东可依法请求负有相应责任的公司董事、高级管理人员承担民事赔偿责任。

第五章　物流公司外部交易法律实务

第一节　物流公司合同管理

一、合同的订立流程

【基本要求】

合同订立一般采取要约和承诺的方式，要约方向受要约方发出希望订立合同的意思表示，受要约方做出同意对方要约的意思表示即为承诺，承诺生效时合同成立。

【风险提示】

要约和承诺原则上均可以撤回，但要约与承诺一旦达成契合的状态，合同即成立，双方受到合同的约束。因此，合同订立过程中，要约与承诺做出及撤回的时间点是人民法院判断合同是否成立、处理各方权利义务关系的重要依据。

【法律实务01】　B公司做出承诺后，A公司能否撤销要约，双方买卖合同是否生效？

2024年2月14日，A公司向B公司询问医用口罩、防护服等物品的价格，B公司接到询价后将上述物品的价格清单发送给A公司。

当日，A公司通过电子邮件向B公司发送要约，希望向B公司采购医用口罩10 000个、防护服400套，价格以B公司提供的价格清单为准，自B公司做出承诺后2日内发货，付款方式为货到付款。次日，B公司通过邮件回复表示同意，会在2日内发货并提供了收款账号，A公司于当日知悉并提供了收货地址。2024年2月16日，A公司获悉C公司有同样物品销售，且价格比B公司低，便通知B公司撤销要约。B公司依约将货物发出，A公司拒绝收货，并称合同未成立，后B公司诉至法院。

法院经审理认为，A公司发出要约后，B公司做出承诺，在B公司做出承诺后，A公司无权撤销要约，双方买卖合同已经成立并生效，故B公司有权要求A公司继续履行合同并支付货款。

【一次性告知单】

(1) 当事人订立合同，可以采用书面形式、口头形式或者其他形式。以电子数据交换、电子邮件等方式能够有形地表现所载内容，并可以随时调取查用的数据电条，视为书面形式。

(2) 要约是希望与他人订立合同的意思表示，该意思表示应当符合下列条件：内容具体确定；表明经受要约人承诺，要约人即受该意思表示约束。承诺是受要约人同意要约的意思表示，一般应当以通知的形式做出。

(3) 要约可以撤销，但是撤销要约的通知应当在对方承诺之前到达对方，对方一旦做出承诺,双方合同即成立。

二、合同效力的认定

【基本要求】

(1) 依法成立的合同,除法律另有规定或者当事人另有约定外,自成立时生效。

(2) 合同无效的情形主要有:行为人与相对人以虚假的意思表示实施的民事法律行为;违反法律、行政法规的强制性规定的民事法律行为;违背公序良俗的民事法律行为;行为人与相对人恶意串通,损害他人合法权益的民事法律行为等。

(3) 合同无效的后果为:一方有权要求行为人返还因该行为取得的财产;行为人不能返还或者没有必要返还的,一方有权要求行为人折价补偿;有过错的一方应当赔偿对方由此所受到的损失,各方都有过错的,应当各自承担相应的责任。

【风险提示】

合同效力是人民法院应主动审查事项,合同不得存在违反法律、行政法规强制性规定的情形,否则,人民法院会给予该合同以否定性评价,确认合同无效。在合同被确认无效后,当事人签订合同的目的不但无法实现,还可能对合同无效的后果承担赔偿责任。

【法律实务02】 A公司将其从银行取得的贷款转贷给B公司是否有效?

B公司基于生产经营需要向A公司借款1 000万元,双方约定借款期限为一年,利息按年利率24%计算,A公司的款项来源为其从银行取得的贷款。借款到期后,B公司未偿还A公司本金及利息,A公司将B公司诉至法院,请求B公司按照双方的约定返还本金并支付利息。

法院经审理认为,A公司将其从银行取得的贷款转贷给B公司,属于相关法律规定的套取金融机构贷款转贷无效的情形,A公司与B公司签订的案涉民间借贷合同无效。基于合同无效的法律后果,B公司应向A公司返还本金1 000万元及资金占用损失(利息按照同期全国银行间同业拆借中心公布的贷款市场报价利率标准计算),A公司主张按年利率24%计算利息缺乏依据。

三、合同解除的情形及后果

【基本要求】

解除合同的方式包括三种:约定解除、合意解除、法定解除。

(1) 约定解除。当事人可以在合同条款中约定一方解除合同的事由,在合同约定的解除事由发生时,一方享有解除权,并通过行使解除权使合同权利义务关系终止。

(2) 合意解除。合同成立并生效后,合同当事人可以通过协商解除合同,使合同权利义务关系终止。

(3) 法定解除。合同在解除条件成就时不会自动解除,需要做出相应的解除意思表示及解除行为,一般有两种方式:一是,通知解除合同,对方对解除合同有异议的,任何一方当事人均可以请求人民法院或者仲裁机构确认解除行为的效力。二是,诉讼或仲裁解除合同,人民法院或者仲裁机构确认该主张的,合同自起诉状副本或者仲裁申请书副本送达对方时解除。

合同解除的后果为:尚未履行的,终止履行;已经履行的,根据履行情况和合同性质,当事人可以请求恢复原状或者采取其他补救措施,并有权请求赔偿损失。

【风险提示】

(1) 订立合同时,合同条款应准确清晰,尤其是关于合同解除的约定。如果合同没有约定解除的情形,双方也未就合同解除达成合意,守约方一般只能依据《民法典》第 563 条规定的法定解除的条款主张解除合同,此时守约方需要提供充分的证据证明违约方符合法定解除的情形,否则,守约方将承担不利后果。

(2) 解除权为形成权,在法律没有规定或者合同没有约定解除权行使期间的情形下,自解除权人知道或应当知道解除事由之日起一年内不行使,或者经过对方催告后的合理期限内不行使的,将会导致解除权消灭。

(3) 通过通知的方式行使解除权,建议一般采用书面的形式,口头通知往往会产生争议,同时,应当妥善保管通知的相应证据,采用电子邮件、短信、微信等方式的,注意留存原始载体。

【法律实务03】 公司作为违约方,是否有权解除合同?

2024 年 4 月 4 日,A 公司与 B 公司签订《产品购销合同书》,A 公司向 B 公司购买某型号板卡,共计 144 000 元,付款方式为 A 公司预付 50%,B 公司完成备货后通知 A 公司,A 公司支付剩余 50% 货款,B 公司收到款项后 3 天内发货。2024 年 4 月 15 日,A 公司向 B 公司付款 72 000 元。后 B 公司告知 A 公司已经备货完成并就 A 公司支付剩余 50% 款项问题进行多次催促,但 A 公司始终未支付该剩余 50% 款项。2024 年 8 月 16 日,A 公司向 B 公司发出《公函》,以 B 公司未进行备货安排,涉案产品已经更新换代,合同的目的无法实现为由,要求解除合同。B 公司于 2024 年 8 月 24 日回函表示不同意 A 公司解除合同,并诉至法院。

法院经审理认为,B 公司提交的证据足以证明其已完成备货并多次通知 A 公司,但 A 公司拒绝付款,B 公司不存在违约行为,A 公司未依约支付剩余 50% 货款构成违约。A 公司作为违约方,无权解除合同,故 B 公司要求 A 公司支付尾款的诉讼请求,于法有据,法院予以支持。

【一次性告知单】

具有下列情形之一的,当事人有权主张解除合同:

(1) 因不可抗力致使不能实现合同目的;

(2) 在履行期限届满前,当事人一方明确表示或者以自己的行为表明不履行主要债务;

(3) 当事人一方迟延履行主要债务,经催告后在合理期限内仍未履行;

(4) 当事人一方迟延履行债务或者有其他违约行为致使不能实现合同目的;

(5) 法律规定的其他情形;

(6) 以持续履行的债务为内容的不定期合同,当事人可以随时解除合同,但是应当在合理期限之前通知对方。

四、违约责任的认定

【基本要求】

(1) 当事人一方不履行合同义务或者履行合同义务不符合约定的,对方有权要求其承担继续履行、采取补救措施或者赔偿损失等违约责任。在履行义务或者采取补救措施后,对方还有其他损失的,有权要求赔偿损失。

(2) 当事人可以约定违约金条款,该条款可以是一定数额的违约金,也可以是因违约产生的损失赔偿额的计算方法。当事人可以就约定的违约金请求人民法院或者仲裁机构予以调整,当约定的违约金低于造成的损失的,当事人可以请求人民法院或者仲裁机构予以增加;当约定的违约金过分高于造成的损失的,当事人可以请求人民法院或者仲裁机构予以适当减少。

【风险提示】

(1) 如果合同没有约定违约金条款,守约方直接向违约方主张违约金的,因没有合同依据,其请求将不会被支持。守约方向违约方主张赔偿损失的,应提交相应证据,否则,将承担败诉风险。

(2) 守约方主张违约方赔偿资金占用损失时,需要考虑利率标准的变化。自2019年8月20日起,中国人民银行已经授权全国银行间同业拆借中心于每月20日(遇节假日顺延)9时30分公布贷款市场报价利率(LPR),中国人民银行贷款基准利率已经取消,主张2019年8月20日及之后资金占用损失的,应按照同期全国银行间同业拆借中心公布的贷款市场报价利率计算。

【法律实务04】 支付拖欠的部分货款本金及违约金。

A公司与B公司签订《买卖合同》,约定B公司为A公司提供11种交换机,含税总价为1 600万元。A公司在宽限期后仍逾期支付货款的,A公司对逾期付款部分从宽限期满的次日起,向B公司支付违约金,违约金按中国人民银行同期活期存款利率计算,计算的基数以A公司最后一笔付款时剩余欠款金额为准,不包括前期逾期但现已支付部分的货款,违约金最高不得超过本合同项下双方结算价款的1%。除此之外,A公司不再承担其他任何违约责任。合同签订后,B公司向A公司提供了交换机,但A公司拖延付款。B公司诉至法院,要求A公司向其支付拖欠的部分货款本金及违约金,并主张《买卖合同》约定的违约金标准过低,请求予以增加,参照一年期LPR的利息计算方式进行调整。

法院经审理认为,A公司自2021年10月1日起陷于支付迟延,其应当承担继续履行及支付迟延违约金的付款责任。鉴于合同中约定的违约金按中国人民银行同期活期存款利率计算及违约金最高不得超过本合同项下双方结算价款的1%的标准过低,无法填补B公司的实际损失,现B公司请求法院予以适当调高于法有据,予以支持。

【法律实务05】 合同签署前要防范的法律风险

(1) 审查合同对方主体资信情况:

第一,合同对方为法人时,可核查其营业执照等企业证照;对方为非法人组织时,可核查是否登记取得营业执照或其所从属的法人单位的资格及其授权。必要时,可要求对方到工商部门、税务部门、银行等开具其企业的最新档案信用信息。

第二,核查对方是否具有将要开展合作业务的相应资质或许可。例如,要委托对方进行建设施工,则要核查是否具有相关施工资质;要加盟对方的连锁项目,则要核查对方是否具有特许经营资质等。

第三,调查对方是否涉及诉讼或者投诉、行政处罚等。

第四,在签署重大合同时,企业应聘请独立财务、法律服务团队进行专业的尽职调查。

(2) 审查对方企业相关资信情况的常用网站:

① 国家企业信用信息公示系统,http://www.gsxt.gov.cn/index.html;

② 天眼查,https://www.tianyancha.com;

③ 爱企查,https://aiqicha.baidu.com;

④ 中国裁判文书网,https://wenshu.court.gov.cn;

⑤ 国家税务总局江苏省电子税务局,https://etax.jiangsu.chinatax.gov.cn。

【法律实务06】 合同签署时要防范的法律风险

(1) 确定相关负责人。确定谈判负责人、合同文本审查负责人以及确定专人负责跟踪合同签订、执行的全流程。

(2) 签订合同时明确相对方。根据合同相对性原则,通常情况下,合同只能约束签约双方,对合同之外的第三人不产生约束力,如果签约主体和履行主体不一致,在合同履行过程中往往容易产生纠纷,合同双方均有可能存在维权障碍。实践中,有部分公司缺少警惕意识,在对方负责人出席签订合同时,未要求对方公司加盖公章,导致双方对合同关系的主体是个人还是单位产生争议,从而发生不必要的纠纷。或者未要求对方代表出具授权委托书并签字,一旦加盖的公章存在瑕疵,将为合同效力认定带来难以预见的风险。

(3) 加强对员工授权委托的管理。

在委托企业员工对外签约时,应在有关介绍信、授权委托书、合同等文件上尽可能明确详细地列举授权范围;业务完成后应尽快收回尚未使用的介绍信、授权委托书、合同等文件;企业员工离职后,在与其办理交接手续的同时,应向该员工负责联系的客户发送书面通知,明确告知客户该员工已离职,从而防止企业员工离职后仍以公司名义与客户联系业务,避免构成表见代理等情形给企业造成损失。

(4) 合同文本确定。

第一,为避免日后产生纠纷,企业对外的经济行为,应与相对方签订书面合同。内容完备的书面合同有利于确定当事人的权利义务,保证交易安全。合同中应载明当事人的姓名或者名称和住所,标的,数量,质量,价款或者报酬,履行期限、地点和方式,违约责任,解决争议的方法等。合同要一式多份,合同各方均妥善保存。变更合同内容时,注意留存双方洽谈的电子邮件、微信截图等。

第二,合同文本一般由企业指定部门起草及审核,如果有需要,对于重大合同可委托律师等专业人员进行起草和审核;国家或行业有合同示范文本的,可以优先选用,但对涉及权利义务关系的条款应当单独仔细审查,并根据实际情况进行适当修改。

第三,合同文本须报经国家有关主管部门审查或备案的,应当履行相应报批程序。

(5) 合同风险审查。

第一,企业需严格审核合同需求与国家法律法规、产业政策、企业整体战略目标的关系,保证其协调一致,避免合同因违反法律强制性规定而成为无效合同。

第二,审查负责人应以企业利益为第一要义,合同文本是否需要修改,取决于其后果是引发争议还是消除争议。

第三,审查负责人应注重审查以下条款:付款时间节点、发货时间节点、质量验收及违约责任条款等。对于突发事件，如新型冠状病毒感染疫情等，在合同中还要明确注明不可抗力条款。对于争议解决方式，需明确选择诉讼还是仲裁，如选择仲裁，应注明正确的仲裁委名称，否则该仲裁条款可能会被认定为无效；如选择诉讼，建议可将管辖权约定在公司所在地，以获取管辖上的便利。

第四，在合同中是否约定送达地址。企业与合同相对方发生纠纷后，可能存在诉讼过程中无法确定对方送达地址的情形，不但增加了法院送达工作的难度，也给当事人及时维权带来了障碍。《最高人民法院关于进一步推进案件繁简分流优化司法资源配置的若干意见》第三条规定，当事人在纠纷发生之前约定送达地址的，人民法院可以将该地址作为送达诉讼文书的确认地址。根据上述规定，企业可以在签订合同时或事后达成的有关债权、债务结算清理条款中以及诉前达成的解决纠纷的协议中，约定发生诉讼后人民法院的送达地址，人民法院可以将该地址作为确认的诉讼文书送达地址。约定送达地址后，可以提高诉讼文书的送达效率，及时维护企业合法权益。

第五，合同表述应当注意统一性、精确性和可操作性。

（6）合同签署形式完整。

第一，双方均需签署。确保合同主体均按照合同生效条款完备签署，如约定需加盖公章且授权代表签字，则要注意不能忘记核查是否签字。

第二，骑缝签署。合同一般都会在两页以上，要确保除落款页外，每一页都要有清晰的骑缝签署或每一页都有简签。即在签署多页合同时加盖骑缝章并紧邻合同书最末一行文字签字盖章，防止少数缺乏商业道德的客户采取换页、加页等方法改变合同内容，给公司带来风险。对于合同内容有手写修改的地方，需要保证每份合同所修改的内容一致，并且由双方在修改处进行签署确认。

第三，自然人主体的注意内容。合同主体一方为自然人的情况下，尽可能要确保自然人加印指纹，并将自然人身份证件复印件留作合同附件。

第四，当面签署或安排签署见证人。建议最好双方在场条件下同时签署合同，避免其中一方签署完成寄送给对方，而对方却不签署回寄也不说明情况，这时已经签署的一方将会比较被动。另外，由于自然人签字无法辨别真伪，故建议当面签署或安排见证人，以能够当面核实自然人身份防止发生代签的情况。

【法律实务07】 合同履行时要防范的法律风险

（1）签署合同后，应及时将原件交给企业的存档部门存档，并由合同执行的负责人留存合同副本，以便随时查阅合同并按照合同约定内容履行合同。

（2）合同执行负责人督促企业各部门推进合同履行进度。在保证自身如约履行的情况下，也要按照合同约定的节点确认对方是否及时履约；如对方没有按照合同约定履行义务，则要及时行使合同履行的三种抗辩权（同时履行抗辩权、先履行抗辩权及不安履行抗辩权），以保证自身不会因单方继续履行而产生更多的损失。

（3）合同履行过程中若出现履行障碍应及时通知对方，并协商处理方式。合同履行出现障碍及时通知对方，可避免造成严重损失甚至不产生损失，而不及时通知对方则会导致根本违约。如买卖合同的卖方，因自身货源不足无法供货，及时通知对方后，对方可寻找其他卖家，但若临近交货期再通知，则对方没有时间再更换卖家，最终影响买家使用造成严重违约后果。

（4）合同履行过程中注意使用约定的联系方式,对于对方的通知、变更要求等要核实是否由约定人员从约定地址通过约定方式发出。

（5）合同履行过程中若对方出现违约行为,应及时采取救济手段,进行催促或提起法律救济程序,以免超过诉讼时效,并注意即时收集、留存相关证据材料。

【法律实务08】 合同履行后要防范的法律风险

合同履行后,应对合同进行妥善的归档、保管并对合同进行登记、分析。

（1）合同应交由企业档案管理部门进行归档,档案管理一般为法务部门或行政部门。为保稳妥,建议企业每个合同至少应留存两份原件,并分别放置两个地方独立留存。

（2）合同登记的项目应由企业的业务部门与归档部门一同汇总,共同完成登记工作。有些企业仅登记合同中的收、付款信息,这是远远不够的,登记应至少包括对方主体信息、主要项目内容、本企业合同负责人、对方合同负责人、主要权利义务履行期限、付款节点、收款节点,涉及资产购买的还应进行资产登记。

（3）合同归档之前进行扫描,留存合同电子版,做到纸质文件与电子文件的统一。日后非必须使用原件时,查询电子版本即可。

（4）建立客户档案信息。对通过签署合同得知的客户信息进行汇总,方便日后查询。汇总的信息应包括客户主体信息、联系方式、业务成交过程中的重点注意事项等,为日后客户回访及老客户维护提供信息支持。

（5）建立客户评价系统。每签署一份并执行完毕的合同,请客户对本企业进行评价,以收集自身企业在合作过程中的不足,并进行对应的完善改进工作。

（6）定期对合同进行汇总、整理,从不同的角度对合同进行分类、分析。

第二节　物流公司印章管理

印章是体现公司意志的法定形式工具,保证用印安全,防范印章法律风险,是保障公司安全生产的必要条件。

一、公司印章的种类

① 公章。公司按法定程序经工商行政管理部门注册登记后,进行刻制并在所在地公安部门备案,对外具有法定效力的公司正式印章。② 公司业务专用章。代表和行使某项专业内容和权力的印章,包括合同专用章、财务专用章、发票专用章等。③ 法人代表章。公司法定代表人的签名印章。④ 部门印章。刻有公司各部门或机构的名称,仅限公司内部使用的印章。

二、不同类型公司印章的效力范围

通过探讨不同种类印章的效力范围,可以明晰民商事交易中相对人的审查义务,促使公司加强对印章的管理与风险防范。① 行政印章。有公司法定名称（与工商登记一致）

且代表公司的印章,刻制必须符合法定的审批、备案程序。实践中,加盖公章的合同、介绍信、证明文件的持有者,一般会被视为公司的法定代表人或者代理人(即经授权的代理人),从而由公司承担相应的法律后果。② 合同专用章。在签订合同时使用。在商事活动和司法实践中,加盖公司行政章或者合同专用章对合同、协议等而言具有同等的法律效力。③ 公司财务专用章。主要用于办理公司会计核算和银行结算等业务,在财务的收支结算方面可以代表行政印章。在设有财务专用章的公司,用加盖行政印章代替财务专用章,存在逃避本单位财务部门监督的嫌疑。但是在票据领域,财务专用章不能被公司行政印章代替,若行政印章代替财务专用章使用,则应由签章人等承担票据责任。④ 公司部门印章。它是在履行部门内部职责时使用的。签订合同时,原则上加盖职能部门章是无效的,对外时也只代表其部门意志而不能代表公司的意志。但也存在特例,即在具体交易中形成的习惯也予以认可。实践中,交易双方由于长期合作等原因造成职能部门章行使合同专用章甚至行政章的职能,特别在一些机构庞杂、经营范围广的大型集团企业,其职能部门也能代表公司签订合同。⑤ 公司分支机构印章。公司分支机构不具有法人资格,公司分支机构印章是刻有公司法定名称且刻明分支机构名称的印章,它不能代表公司,仅代表公司的分支机构,效力上相当于分支机构"公章",但此类印章仍需经行政管理机关的登记。⑥ 公司党工团及协会印章。公司党务、工会、团委及协会印章在所属职责范围内使用有效。⑦ 公司电子印章是指以电子形式存在,可以用来以辨识电子文件收发文单位及表示同意电子文件内容的印章。实践中,往往与数字证书、电子签名、电子签章混合使用,目前应用范围较为有限。

三、公司印章使用中的风险

2020年6月底引起社会广泛关注的腾讯与老干妈广告费争议案件中,快速反转的原因就是与腾讯签订合同中加盖的公章为伪造。如果加盖的印章确定为伪造的,伪造印章行为人是要被追究刑事责任的,而据此签订的合同也是无效的。

(一)引发公司印章使用风险的形式

公司印章使用中蕴藏着风险,在实践中由公司印章使用引起纠纷的案件数量非常多。在这些案件中,我们可以发现不仅仅有使用假印章,也有使用真实在公章。公司印章违法使用形式主要有伪造、越权使用、盗用、借用等形式。

(1)伪造公司印章。伪造印章行为实际包含两项行为,伪造和使用,行为人违背诚实信用的原则伪造公司印章并使用,损害被伪造公司的努力经营的商业信誉。我国对伪造公司印章的行为打击力度较大,已经入刑,符合有罪认定条件的须追究刑事责任;而民事意义上,对于合同的效力处理也相对比较简单,因为伪造的公司印章不能代表被伪造公司的真实意思,其为无效合同。

(2)越权使用公司印章。加盖的公司印章是真实的,合同并非一定有效,实践中无权代理人加盖的印章是争议中常见类型。无权代理人加盖公司印章签订的合同的效力是不稳定的,其法律后果也不尽相同。对于该情况,决定性因素是是否构成表见代理。

不构成表见代理的越权加盖公章,如果所签合同不被被代理人追认,那么合同将会无效,而相应的法律责任由越权行为人承担。构成表见代理的越权加盖公章,即便不是公司所有人的真实意思签订的合同,仍然为有效合同,由其承担相应的法律责任。

(3) 借用公司印章。在实践中,还有一些公司将其印章借给他人使用,借用人使用借来的公司印章签订的合同并不能代表公司的真实意思,因此一些出借人主张合同无效。为了交易的稳定,也有学者主张该合同应认定为有效,因为出借印章应能预知其行为的后果,对借用人的行为已经默认。

(4) 盗用公司印章。印章被盗用的情况也时有发生,印章所有人在不知情时被人盗用。虽然从理论上讲公司印章被盗用,不能体现公司的意思,该合同应为无效,但是公司印章持有人负有诸多的举证义务,不能举证时就要承担法律后果。

(二) 公司印章使用风险的损害对象

公司印章的违法违规使用,使得合同效力不稳定甚至会无效,首先破坏的是交易安全和交易稳定,从而影响正常的社会经济秩序。同时也会对合同当事人及相关人员带来不利的影响。

(1) 合同相对人。伪造印章签订的合同和其他印章瑕疵原因被认定为无效合同中,被伪造的公司或印章所有人无须承担合同中约定的义务。如果合同相对人已经履行完毕,那么其损失难以得到补偿。即使在一些情况下没有认定为无效,相对人如果主张合同有效,需要承担相应的举证责任,除了要付出大量的人力物力的成本,还有举证不能要承担不利后果的风险。

(2) 公司。对于构成表见代理的合同,即便违背被代理人意思表示仍为有效,由其承担相应的法律责任。虽然法律规定被代理人在承担责任后可以向表见代理人追偿而弥补损失,但完全实现追偿有很大的难度,也有不能追偿所有损失的风险,还有较大的诉讼成本。当被代理公司主张合同无效进行诉讼时,付出的成本也是巨大的。

(3) 法定代表人。在法律中明确了法定代表人可以对外代表公司,同时也规定了相应的责任。公司印章证明公司的行为,后果由公司承担相应的法律责任,但同时也规定了公司的一些违法行为须追究法定代表人的法律责任,严重时还可能会被追究刑事责任。例如,南京某大学生受雇做法定代表人,公司印章实际持有人实施诈骗后,受雇法定代表人被刑拘。

四、公司印章管理不善的法律责任

(1) 企业若长期未发现印章被盗或被偷盖,可视为企业对于公章管理不规范,公章被私自使用造成他人经济损失的,应当由企业承担赔偿责任。

行为人私刻单位公章或者擅自使用单位公章、业务介绍信、盖有公章的空白合同书以签订经济合同的方法进行的犯罪行为,单位有明显过错,且该过错行为与被害人的经济损失之间具有因果关系的,单位对该犯罪行为所造成的经济损失,依法应当承担赔偿责任。

(2) 伪造企业印章的人员因客观上具有权利外观而构成表见代理的,企业需对盖章行为承担责任。

法定代表人以法人名义从事的民事活动,其法律后果由法人承受。法人章程或者法人权力机构对法定代表人代表权的限制,不得对抗善意相对人。

行为人没有代理权、超越代理权或者代理权终止后，仍然实施代理行为，相对人有理由相信行为人有代理权的，代理行为有效。

五、公司印章刻制备案时的注意事项

（1）公章刻制完成，备案使用前，可进行适当的加密，使印章具有个性化特质。例如，加一些小图案等独特的暗记标识。

（2）对加密暗记进行保密，除办理加密的人员及企业的控制人外，控制知情范围。

六、公司印章专人专柜保管制度

明确印章管理人和印章保管专柜，建立印章使用台账，制定印章使用管理制度。

七、印章丢失后措施采取

印章如有丢失，应及时向公安机关报案，并及时书面告知相关合作方，同时应在当地登报发表印章丢失情况，以便对印章丢失留痕，有效降低责任承担风险。

八、空白文件的用印问题

（1）严格控制或禁止在空白文件上盖印章。

印章使用过程中，印章管理者一定要确保使用者不能在空白文件，如空白纸张、空白单据、空白介绍信等上面加盖公司印章。如遇特殊情况，必须经过公司核心管理者的同意，如果加盖印章的空白文件无用后，使用者也要将该空白文件退回印章管理人或管理部门（如行政部、办公室），将其妥善处理，从而确保用章安全。

（2）在空白文件上盖章的安全隐患及责任承担。

个人借用单位的业务介绍信、合同专用章或者盖有公章的空白合同书，以出借单位名义签订经济合同，骗取财物归个人占有、使用、处分或者进行其他犯罪活动，给对方造成经济损失构成犯罪的，除依法追究借用人的刑事责任外，出借业务介绍信、合同专用章或者盖有公章的空白合同书的单位，依法应当承担赔偿责任。但是，有证据证明被害人明知签订合同对方当事人是借用行为，仍与之签订合同的除外。

行为人私刻单位公章或者擅自使用单位公章、业务介绍信、盖有公章的空白合同书以签订经济合同的方法进行的犯罪行为，单位有明显过错，且该过错行为与被害人的经济损失之间具有因果关系的，单位对该犯罪行为所造成的经济损失，依法应当承担赔偿责任。

企业承包、租赁经营合同期满后，企业按规定办理了企业法定代表人的变更登记，而企业法人未采取有效措施收回其公章、业务介绍信、盖有公章的空白合同书，或者没有及时采取措施通知相对人，致原企业承包人、租赁人得以用原承包、租赁企业的名义签订经济合同，骗取财物占为己有构成犯罪的，该企业对被害人的经济损失，依法应当承担赔偿责任。但是，原承包人、承租人利用擅自保留的公章、业务介绍信、盖有公章的空白合同书以原承包、租赁企业的名义签订经济合同，骗取财物占为己有构成犯罪的，企业一般不承担民事责任。

单位聘用的人员被解聘后，或者受单位委托保管公章的人员被解除委托后，单位未及时收回其公章，行为人擅自利用保留的原单位公章签订经济合同，骗取财物占为己有构成犯罪，如给被害人造成经济损失的，单位应当承担赔偿责任。

九、公司印章外出携带问题

（1）公章外出携带易产生的风险：用印的文件内容无法管控；盖章的次数不受监督；印章被偷用、滥用的情况无法防范。

（2）风险防控措施：建立用印审批制度。配备外出用印监管人员。规定外出用印盖章前将文本发送企业审核，如未发送视为个人行为，企业在承担相应责任后向员工追偿。灵活使用市场上存在的智能盖章机。

【法律实务09】 现场招聘，仅有负责人签名而未加盖公司印章有效吗？

一家物流公司在其办公楼前举办大型招聘会时，与王某签订了书面劳动合同。事后该公司以合同只有现场负责人签名而没有加盖公司印章、现场负责人不能代表公司签约为由，宣称合同无效。请问：公司的理由成立吗？

律师答疑：

公司的理由不能成立，即劳动合同有效。《最高人民法院关于适用〈中华人民共和国民法典〉合同编通则若干问题的解释》第22条规定："法定代表人、负责人或者工作人员以法人、非法人组织的名义订立合同且未超越权限，法人、非法人组织仅以合同加盖的印章不是备案印章或者系伪造的印章为由主张该合同对其不发生效力的，人民法院不予支持。合同系以法人、非法人组织的名义订立，但是仅有法定代表人、负责人或者工作人员签名或者按指印而未加盖法人、非法人组织的印章，相对人能够证明法定代表人、负责人或者工作人员在订立合同时未超越权限的，人民法院应当认定合同对法人、非法人组织发生效力。

但是，当事人约定以加盖印章作为合同成立条件的除外。合同仅加盖法人、非法人组织的印章而无人员签名或者按指印，相对人能够证明合同系法定代表人、负责人或者工作人员在其权限范围内订立的，人民法院应当认定该合同对法人、非法人组织发生效力。在前三款规定的情形下，法定代表人、负责人或者工作人员在订立合同时虽然超越代表或者代理权限，但是依据民法典第504条的规定构成表见代表，或者依据民法典第172条的规定构成表见代理的，人民法院应当认定合同对法人、非法人组织发生效力。"而《民法典》第172条、第504条分别规定："行为人没有代理权、超越代理权或者代理权终止后，仍然实施代理行为，相对人有理由相信行为人有代理权的，代理行为有效。""法人的法定代表人或者非法人组织的负责人超越权限订立的合同，除相对人知道或者应当知道其超越权限外，该代表行为有效，订立的合同对法人或者非法人组织发生效力。"简而言之，在合同仅有法定代表人、负责人或者工作人员签名，没有加盖公司印章时，只有在相对人能够证明法定代表人、负责人或者工作人员在订立合同时未超越权限，有理由相信法定代表人、负责人、工作人员有代理权，不知道或者不应当知道法定代表人、负责人、工作人员超越权限等三种情形下，合同才能生效。与之对应，公司由负责人在其办公楼前举办大型招聘会，意味着负责人存在有代理权的外观，而王某并不知道负责人签约时没有代理权，对此没有过错。

第六章　货物运输法律实务

第一节　货物运输概述

在物流系统的各个环节中,运输是非常关键的环节,它关系到物流占用多少时间、增加多少费用,决定着企业的经济效益,是物流企业的"第三利润源泉"。物流企业的工作人员,在货物运输中要认真负责,做好每一项工作,了解和掌握运输合同,认真执行合同,履行物流人员的责任。物流企业能否获得"第三利润",做好物流货物运输是关键,因此每一个物流工作人员都要尽到自己的义务和责任。

运输是指物品借助运力在空间内所发生的位置移动。具体地说,运输就是通过火车、汽车、轮船、飞机等交通运输工具将货物从一处运送到另一处的活动。运输实现了物品空间位置的物理转移,实现了物流的空间效用。

一、物流货物运输方式

以运输设备及运输工具划分有5种运输方式,即公路、铁路、水路、航空及管道运输。以运输的协作程度划分有一般运输、联合运输及多式联运。

二、货物运输主体

主体是运输法律关系中三个要素之一,下述主体即运输关系中的当事人:① 托运人是指与承运人订立货物运输合同的人,是货物运输合同的一方当事人,是把货物交给承运人运输的人。② 承运人是指与托运人订立货物运输合同的人,是货物运输合同的另一方当事人,负责用约定的运输方式把货物运送到指定的目的地。③ 收货人是指在货物运输合同中指定的有权领取货物的人,虽然不是签订运输合同的人,但他有权提取货物,并在一定条件下受运输合同的约束。④ 出租人是指因货物运输而与承租人订立租用交通运输工具合同的人。就运输来说,他是把车、船、飞机等运输工具出租给承租人使用的人。⑤ 承租人是指与出租人订立租用合同的人。在运输方面,承租人是从出租人处租用车、船、飞机等运输工具的人。⑥ 多式联运经营人是指与托运人订立多式联运合同的人,是多式联运合同的当事人,负责组织货物运输,相当于承运人。

【案例实务01】

老王是一个服装经销商,在上海、济南、武汉、鞍山、大连分别开设了老王服装经销店。2024年9月2日,他到广州进了一批服装,共50包,预计分别向这五个城市发货。为了节省费用,老王计划经上海港、大连港走水路和陆路结合的方式,将30包货物运往上海、大连和鞍山,再将15包货物由快递公司直接发往济南,然后租赁一辆汽车,自己开车将剩下的5包货物送往武汉。老王计划好以后,与广州九阳物流公司签订了联运合同,将

30 包货物运往上海、大连和鞍山；又与嘉铭快递公司签订了运输合同,将 15 包货物运往济南;最后他向维达运输公司租赁了一辆货车,装好 5 包货物直奔武汉。不久,老王的货物陆续到达了他的五个服装经销店,顺利完成了进货任务。

在这次进货过程中共涉及六种角色:托运人、承运人、收货人、出租人、承租人、多式联运经营人。你能分清他们吗?

分析:案例中运输中的主体如下:

(1) 托运人是指与承运人订立货物运输合同的人,是把货物交给承运人运输的人。案例中,老王将货物交给他人运输,老王为托运人。

(2) 承运人是指与托运人订立货物运输合同的人,负责把货物运送到指定的目的地。案例中,广州九阳物流公司和嘉铭快递公司都与老王签订了运输合同,负责运输,这两个公司是承运人。

(3) 收货人是指在货物运输合同中指定的有权领取货物的人。案例中,收货人为上海、济南、武汉、鞍山、大连的老王服装经销店。

(4) 出租人是指因货物运输而与承租人订立租用交通运输工具合同的人,将运输工具出租给承租人使用。案例中,出租给老张汽车的维达运输公司是出租人。

(5) 承租人是指与出租人订立租用合同的人,从出租人处租用运输工具。案例中,老张向维达运输公司租赁了一辆货车,自己驾驶,因此,老王是承租人。

(6) 多式联运经营人是指与托运人订立多式联运合同的人,负责组织货物运输。物流企业在运输中具有合同中受托人的法律地位,需要承担受托人的义务和责任;具有合同中承租人的法律地位,需要承担承租人的义务和责任;具有合同中托运人的法律地位,需要承担托运人的义务和责任。案例中,广州九阳物流公司与老王签订运输合同,负责将货物运输到上海、大连和鞍山,要经过水路和陆路,属于多式联运。广州九阳物流公司是承运人,属于多式联运经营人。

三、货物运输合同的概念和法律特征

(一) 货物运输合同的概念

货物运输合同,又称货物运送合同,即货运合同,是指承运人将货物从起运地点运输到约定地点,托运人或者收货人支付票款或者运输费用的合同(《民法典》第 809 条)。

运输合同的定义包含以下两个方面的内容:

(1) 货物运输合同的主体是承运人和托运人。货物运输合同的主体是运输合同权利义务的承担者,即运输合同的当事人,即有承运人和托运人两方当事人,在实际中通常还有收货人参加的法律关系。

(2) 运输合同中的托运人有时就是收货人,但在多数情况下,另有收货人,此时收货人不是运输合同的一方当事人。

货物运输合同按照合同的对象的不同,分为普通货物运输合同、特种货物运输合同和危险货物运输合同;按照运输工具的不同,分为铁路货物运输合同、公路货物运输合同、水路货物运输合同、航空货物运输合同、管道货物运输合同;按照运输方式的不同,分为单一货物运输合同和联合货物运输合同。

《民法典》合同编对货运合同做了一般规定,《海商法》《航空法》作为特别法则对海上运输合同、航空运输合同做了专门规定。

(二) 货物运输合同的法律特征

(1) 货物运输合同的内容是承运人将货物运输到约定地点。由此可见,货物运输合同的客体是承运人的运送行为,而不是被运送的货物本身。货物运输合同属于提供劳务的合同,以货物交付给收货人为履行终点。货物运输合同的承运人不仅须将货物运送到指定地点,还须将货物交付给收货人,其义务才算履行完成。

(2) 货物运输合同是双务有偿合同。承运人和托运人双方均负有义务。在货物运输合同中,承运人的义务是将货物运输到约定地点,权利是收取票款或者运费;而托运人的权利是要求承运人将其货物运输到约定地点,义务是向承运人支付票款或者运费。

(3) 货物运输合同属于为第三人利益订立的合同。货物运输合同往往有第三人参加,即以承运人、托运人之外的第三人为收货人。虽然收货人并非签订合同的当事人,但他可以独立享有合同约定的权利,并承担相应的义务。

(4) 货物运输合同大多是诺成合同。大宗货物的长期运输合同一般为诺成合同,双方在协议上签字,合同即告成立;零担货物或集装箱货物运输合同一般为实践合同,以货物的交付验收为成立要件,承运人在运单上加盖承运日期戳之时合同成立。

(5) 货物运输合同可以采用留置的方式担保。

(6) 货物运输合同的内容大多是格式条款。这些条款都是国家授权交通运输部门以法规的形式统一规定的,双方当事人无权自行变更,如《铁路货物运输合同实施细则》《公路货物运输合同实施细则》《航空货物运输合同实施细则》《水路货物运输合同实施细则》等。合同、提单等都是统一印制的,运费率是国家统一规定的。

四、物流企业在货物运输合同中的法律责任

物流企业在货物运输中可以作为物流服务合同的受托人,也可以作为交通运输工具租赁合同的承租人,还可以作为货物运输合同的托运人。但无论以什么样的身份出现,对委托人都要履行自己的义务、承担自己的责任。物流企业在运输过程中,要使用约定的运输方式运输货物,保证货物运输的安全,保证货物按时送达。

[思考题 01]物流企业运输押运员在运输中要承担哪些责任?

五、货物运输合同的效力

(一) 托运人的义务

(1) 提供货物、支付费用(实践中也可能是收货人支付费用)。

(2) 填写合同或托运单。

(3) 提交相关文件。

(4) 按照约定的方法包装货物。

(5) 托运易燃、易爆、有毒、有腐蚀性、有放射性等危险品时,应对危险物妥善包装,做出危险物标志和标签,并将其名称、性质和防范措施的书面材料提交承运人,按照有关危险物的运输规定办理。

(二) 承运人的义务

(1) 按照合同约定配备运输工具,按期将货物送达目的地。

(2) 货物运到后,承运人及时通知收货人。

(三) 收货人的义务

(1) 接到收货通知后,应及时提货。

(2) 接到货物后,发现货物有毁损、灭失的,应在 3 日内通知承运人;对不能立即发现的毁损或者部分灭失,应在接受货物之日起 15 日内通知承运人。

【案例实务02】

2024 年 8 月 1 日,兰州某水果批发商,向长春市某水果公司出售 10 吨哈密瓜。由于气温高,约定 8 月 3 日之前货物必须运到长春站,否则拒绝接货。兰州某水果批发商委托志远物流公司托运,并签订合同,约定 8 月 3 日之前货物必须运到长春站。由于运输途中汽车发生故障,8 月 4 日,货物才到达长春站。长春市该水果公司,在 8 月 4 日接到货物到长春站的通知后,由于库房问题,于次日(即 8 月 5 日)才去接货,致使部分哈密瓜已经变质。于是长春市该水果公司拒绝接货。问:这个损失应该由谁承担?

分析:① 托运人为兰州某水果批发商,他按照要求及时提供货物办理了相应托运手续,在此事件中无责任。② 承运人为志远物流公司,没有按期将货物送达目的地,应负全责。③ 收货人为长春市某水果公司,由于货物没有按期到货,完全有理由不去接货。

第二节 货运合同法条及注释

货运合同特别关注点如下:

(1) 货物到达前,托运人享有任意解除或变更权,但赔偿损失(《民法典》第 829 条);

(2) 同式联运,区段承运人和全部承运人负连带责任,突破相对性(《民法典》第 834 条);

(3) 收货人提货:

① 逾期提货,向承运人支付保管费:无因管理(《民法典》第 830 条);

② 收货人不明或无正当理由拒收货物,承运人可提存货物(《民法典》第 837 条);

③ 验货义务,提货时未有异议,视为货物合格的初步证据:不真正义务(《民法典》第 831 条);

(4) 托运人或收货人不付运费,承运人有留置权(《民法典》第 836 条);

(5) 承运人对货损负无过错责任,法定免责事由有三项:天灾、人祸和货品(《民法典》第 836 条);

(6) 运送货物因不可抗力发生毁损灭失的,运费风险由承运人承担:实质上是托运人货物没了,承运人也白干了,双输局面。① 已收运费,退;② 未收运费,不收;③ 货物部分灭失,按比例收相应运费(《民法典》第 835 条)。

关于货运合同,《民法典》相关法条及注释如下:

第 825 条 【托运人如实申报义务/托运人告知义务】 托运人办理货物运输,应当向承运人准确表明收货人的姓名、名称或者凭指示的收货人,货物的名称、性质、重量、数量、收货地点等有关货物运输的必要情况。因托运人申报不实或者遗漏重要情况,造成承运人损失的,托运人应当承担赔偿责任。

条文注释

货运合同,是指将特定的货物运送至约定地点,由托运人或者收货人支付费用的合同。

根据本条第 1 款的规定,托运人办理货物运输,一般应当向承运人准确表明以下内容:① 收货人的姓名、名称或者凭指示的收货人。② 货物的名称、性质、重量、数量等内容。这些因素都涉及货物本身的情况。③ 收货地点。这对承运人的正确运输非常重要。④ 有关货物运输的其他必要情况。

托运人应当向承运人准确表明以上内容,如果托运人所提供的情况与实际情况不符合,或者托运人遗漏重要的情况,往往会造成两种结果:一是致使承运人按照托运人申报的情况进行运输,结果给托运人造成损失的,理应由托运人自己承担损失,承运人可以不负任何责任。二是因托运人申报不实或者遗漏重要情况,造成承运人损失的,托运人应当承担赔偿责任。

第 826 条 【托运人办理审批、检验等手续的义务/托运人提交文件义务】 货物运输需要办理审批、检验等手续的,托运人应当将办理完有关手续的文件提交承运人。

条文注释

本条对托运人应当办理的手续列举了审批、检验两种,但是托运人在货物运输前应当办理的手续不限于这两种,一般还包括检疫、港口准入等;在运输危险品时,还包括危险品运输的许可手续。

托运人一般应当在承运人进行货物运输前向承运人及时提供这些手续,如果不及时向承运人提供这些手续,就有可能造成运输的迟延,或者对承运人造成损失。由此给承运人造成损失的,托运人应当赔偿。

第 827 条 【托运人包装货物义务/托运人的包装义务】 托运人应当按照约定的方式包装货物。对包装方式没有约定或者约定不明确的,适用本法第 619 条的规定。

托运人违反前款规定的,承运人可以拒绝运输。

条文注释

在当事人对包装约定的标准不违反国家规定的强制性标准的情况下,托运人应当按照约定的包装标准对货物进行包装。对包装方式没有约定或者约定不明确的,适用本法第 619 条的规定,"出卖人应当按照约定的包装方式交付标的物。对包装方式没有约定或者约定不明确,依据本法第 510 条的规定仍不能确定的,应当按照通用的方式包装;没有通用方式的,应当采取足以保护标的物且有利于节约资源、保护生态环境的包装方式"。该条中的"足以保护标的物"的包装方式,在运输合同中是指托运人根据货物的性质与重量、运输方式、运输距离、气候条件及运输工具的装载条件,使用符合运输要求,便于装卸和保证货物安全的包装。

如果按照规定货物需要包装,而托运人没有进行包装或者包装不符合约定及运输安全需要的,承运人可以拒绝运输。对于因此给托运人造成的损失,承运人不负赔偿责任;对于因此给承运人造成损失的,托运人应当赔偿。

第 828 条 【运输危险货物/托运人运送危险货物时的义务】 托运人托运易燃、易爆、有毒、有腐蚀性、有放射性等危险物品的,应当按照国家有关危险物品运输的规定对危险物品妥善包装,做出危险物品标志和标签,并将有关危险物品的名称、性质和防范措施的书面材料提交承运人。

托运人违反前款规定的,承运人可以拒绝运输,也可以采取相应措施以避免损失的发生,因此产生的费用由托运人负担。

条文注释

本条第 1 款针对危险货物的运输对托运人规定了三项义务:① 对危险物品进行妥善包装。这里的妥善包装应当按照有关危险物品运输的规定进行,这些规定在国务院的行政法规或者运输主管部门的规章中都有规定。② 托运人应当在危险物品上做出标志和标签。③ 托运人应当将有关危险物品的名称、性质和防范措施的书面材料提交承运人。

本条第 2 款规定,如果托运人没有对危险物品进行妥善包装,或者没有对危险物品做出标志和标签,或者没有将有关危险物品的名称、性质和防范措施的书面材料及时提交承运人的,承运人可以拒绝进行运输;如果是在运输过程中发现了托运人托运的是危险物品的,承运人也可以采取各种措施避免损失的发生。如果因为承运人采取的措施对托运人造成损失的,承运人可以不负赔偿责任。但如果因此而给承运人造成损失的,托运人应当向承运人负赔偿责任;因此而产生的各种费用也应当由托运人承担。

第 829 条 【托运人变更或者解除运输合同权利/托运人请求变更的权利】 在承运人将货物交付收货人之前,托运人可以要求承运人中止运输、返还货物、变更到达地或者将货物交给其他收货人,但是应当赔偿承运人因此受到的损失。

条文注释

所谓托运人的变更或者解除权,是指货物运输合同成立后,托运人有权变更或者解除合同而无须经过承运人同意。

在承运人将货物交付收货人之前,托运人享有以下权利:一是中止运输、返还货物。二是改变原来约定的到达地,对此承运人不得拒绝变更。三是变更收货人。

理解本条还需要注意以下几点:① 如果托运人或者提单持有人的指示不能执行,承运人应当立即通知托运人或者提单持有人。② 托运人或者提单持有人这种单方变更或者解除权只能在货物交付收货人之前行使。但是收货人拒绝接收货物的,或者承运人无法同收货人联系的,托运人或者提单持有人可以恢复行使这种权利。③ 本条的单方变更或者解除权只能由托运人或者提单持有人享有。承运人在运输合同成立后,不得单方变更或者解除合同,除非对方严重违约或者发生不可抗力。④ 托运人变更或解除运输合同给承运人造成损失的,应予以赔偿。

第 830 条 【提货/承运人的通知义务及收货人及时提货义务】 货物运输到达后,承运人知道收货人的,应当及时通知收货人,收货人应当及时提货。收货人逾期提货的,应当向承运人支付保管费等费用。

条文注释

承运人将货物安全运到目的地后,还应当按照约定将货物交付给收货人,这是承运人的一项主要义务。承运人将货物安全运到目的地后,如果知道收货人的,应当及时通知收货人;不知道收货人是谁时,承运人应当通知托运人在合理期限内就运输的货物的处分做出指示。

如果收货人在收到承运人提货通知后的规定时间内,没有提取货物的,其应当向承运人支付逾期的保管费用;如果因为逾期提货给承运人造成损失的,收货人应当承担损失。如果在逾期期间,货物因发生不可抗力而毁损灭失的,承运人不负赔偿责任。

第 831 条 【收货人检验货物/收货人对货物的检验】 收货人提货时应当按照约定的期限检验货物。对检验货物的期限没有约定或者约定不明确,依据本法第 510 条的规定仍不能确定的,应当在合理期限内检验货物。收货人在约定的期限或者合理期限内对货物的数量、毁损等未提出异议的,视为承运人已经按照运输单证的记载交付的初步证据。

条文注释

收货人在提货时应当及时对货物进行检验,这既是收货人的权利,也是其义务。

关于收货人的检验时间:① 运输合同对检验时间有约定的,收货人应当在约定的期限内对货物进行检验。② 运输合同对检验货物的时间没有约定或者约定不明确的,应当依据本法第 510 条的规定来确定,即"合同生效后,当事人就质量、价款或者报酬、履行地点等内容没有约定或者约定不明确的,可以协议补充;不能达成补充协议的,按照合同相关条款或者交易习惯确定"。③ 如果依据第 510 条的规定仍不能确定的,则应当在合理期限内检验货物。

收货人未在约定的期限或者合理的期限内对货物的数量、毁损等提出异议的,只能视为承运人已经按照运输单证的记载交付的初步证据。

收货人即使未在约定或者合理的期限内提出异议,但其以后仍可以提出据以进行异议和索赔的相反的证据,一旦有证据证明货物的毁损、灭失是发生在运输期间的,承运人仍应当赔偿。

第 832 条 【承运人对货损的赔偿责任/承运人的赔偿责任及免责事由】 承运人对运输过程中货物的毁损、灭失承担赔偿责任。但是,承运人证明货物的毁损、灭失是因不可抗力、货物本身的自然性质或者合理损耗以及托运人、收货人的过错造成的,不承担赔偿责任。

条文注释

在货物运输中,承运人应当对自接收货物时起至交付货物时止所发生的货物的毁损、灭失承担无过错赔偿责任,即该赔偿责任的成立不以承运人在运输过程中存在过错为前提条件。

根据本条规定,承运人可以免除赔偿责任的三种情况是:① 不可抗力。② 货物本身的自然性质或者合理损耗。例如,承运人运输的货物是气体,而气体的自然性质就是易挥发,如果由于挥发造成损失,承运人就不承担责任。③ 托运人、收货人的过错。承运人要求免除赔偿责任的,应当负举证责任。如果承运人自己不能证明存在以上三种情形之一的,就要承担损害赔偿责任。

第 833 条　【确定货物赔偿额/确定货损额的方法】　货物的毁损、灭失的赔偿额,当事人有约定的,按照其约定;没有约定或者约定不明确,依据本法第 510 条的规定仍不能确定的,按照交付或者应当交付时货物到达地的市场价格计算。法律、行政法规对赔偿额的计算方法和赔偿限额另有规定的,依照其规定。

条文注释

实践中,根据以下规则来确定货物的损害赔偿额:① 当事人对货物毁损、灭失的赔偿额有约定的,按约定数额进行赔偿。② 当事人对赔偿额没有约定或者约定不明确的,则承运人赔偿的数额应当依照本法第 510 条的规定进行确定。③ 如果依照本法第 510 条的规定仍不能确定的,则按照交付或者应当交付时货物到达地的市场价格计算。④ 法律、行政法规对赔偿额的计算方法和赔偿限额另有规定的,应当依照其规定进行赔偿。

如果托运人在托运货物时自愿办理了货物运输保险,在发生货物的毁损、灭失等保险事故时,可根据保险合同向保险人索赔。但保险人给付保险赔偿金后取得对承运人的赔偿金的代位求偿权。

第 834 条　【相继运输责任承担】　两个以上承运人以同一运输方式联运的,与托运人订立合同的承运人应当对全程运输承担责任;损失发生在某一运输区段的,与托运人订立合同的承运人和该区段的承运人承担连带责任。

条文注释

所谓相继运输,又称连续运输,就是多个承运人以同一种运输方式共同完成货物运输的一种运输方式,如转车、转机、转船。在相继运输中,托运人只与数个承运人中的某一个承运人签订运输合同,在实践中,主要是与第一承运人签订运输合同。相继运输中,一方面,以同一运输方式、由不同运输区段的承运人完成;另一方面,运输关系要求特定的货物运输从起点到终点具有连续性,不能中断,不可分割。

本条规定包括两方面的内容:一是订约的第一承运人应当对货物安全、及时送达目的地负责;如果货物因为其他承运人的原因而未能安全、及时送达目的地,订约的第一承运人应当就此对托运人或者收货人负责。二是如果查明货物的毁损、灭失是发生在某一具体运输区段的,由该区段的承运人和订约的第一承运人承担连带责任。

第 835 条　【货物因不可抗力灭失的运费处理/货物的灭失与运费的处理】　货物在运输过程中因不可抗力灭失,未收取运费的,承运人不得请求支付运费;已经收取运费的,托运人可以请求返还。法律另有规定的,依照其规定。

条文注释

货物因不可抗力灭失,托运人已经因货物的灭失而遭受了极大的损失,如果其还要负担运费,就意味着要承担双重损失。从公平和诚信的角度来讲,法律应当允许托运人请求承运人返还已支付的运费,使风险得以合理分担。

第 836 条　【承运人留置权/运送物的留置】　托运人或者收货人不支付运费、保管费或者其他费用的,承运人对相应的运输货物享有留置权,但是当事人另有约定的除外。

条文注释

承运人在行使留置权时,应当注意下列事项:

(1) 除法律另有规定外,承运人可以自行留置货物,不必通过法定程序。

(2) 本条所指的对"相应的运输货物"享有留置权包括两层含义:一是对于可分的货物,承运人留置的货物应当合理和适当,其价值应包括未支付的运费、保管费或者其他费用加上可能因诉讼产生的费用,而不能留置过多的货物。二是对于不可分的货物,承运人可以对全部货物进行留置,即使承运人已取得了大部分运费、保管费以及其他费用。

(3) "当事人另有约定的除外",包含两层意思:第一,如果当事人在合同中约定,即使在运费、保管费或者其他费用没有付清的情况下,承运人也不能留置货物的,承运人就不能留置货物。第二,如果托运人或者收货人提供了适当的担保,则承运人也不能留置货物。

第 837 条 【承运人提存货物/货物的提存】 收货人不明或者收货人无正当理由拒绝受领货物的,承运人依法可以提存货物。

条文注释

理解本条应当注意以下几点:① 如果运输的货物不适于提存(如货物是易腐烂的食品)或者提存费用过高,承运人应当可以依法拍卖或者变卖货物,然后提存所得的价款。② 在货物被提存后,承运人应当及时通知托运人;在收货人明确的情况下,应当及时通知收货人。③ 如果货物在提存后毁损、灭失的,承运人不承担该货物毁损、灭失的风险。④ 如果承运人应得的运费、保管费以及其他费用加上提存的费用没有付清的,承运人可以依照规定留置该货物,将该货物拍卖或者折价,从中扣除运费和其他各种费用后,再提存剩余的价款或者没有被留置的相应货物。

第三节 公路货物运输法律实务

一、公路货物运输的定义及分类

(一) 公路货物运输的定义

"公路货物运输"简称"公路货运",是指主要以载货汽车为主要运输工具,通过公路使得货物产生空间位移的过程,是一种机动灵活、较为方便的运输方式,在短途货物集散与转运上比铁路与航空运输具有更大优势,并且在实现"门到门"的运输业务中发挥着重要的作用。狭义上而言,公路货运即汽车运输。

(二) 公路货物运输的分类

公路货运有较多的分类方式,根据托运质量与包装方式划分,可分为整批运输、零担运输和集装箱运输;按照货物是否保险(保价)划分,可分为保险(保价)运输和不保险(保价)运输;按车辆所有权划分可分为自有车辆运输、运输企业车辆运输以及个体货运车辆运输;按照货物的运输和保管条件划分,可以分为普通货物运输、特种货物运输以及轻泡货物运输,如表6-1所示。

表6-1 公路货运分类

划分标准	种 类
按托运质量与包装方式划分	① 整批运输;② 零担运输;③ 集装箱运输
按货物是否保险(保价)划分	① 保险(保价)运输;② 不保险(不保价)运输
按车辆所有权划分	① 自有车辆运输;② 运输企业车辆运输;③ 个体货运车辆运输
按货物的运输和保管条件划分	① 普通货物运输:分为一等货物运输(堆积货物,价值较低)、二等货物运输(一般工业产品、农业产品和加工过的矿产品)、三等货物运输(各种价值较高的工业制品和普通鲜活物品);② 特种货物运输(分为大件货物、危险货物、贵重货物和鲜活易腐货物);③ 轻泡货物运输(体积大而自重轻的货物)

二、公路货物运输的特点及组织形式

(一) 公路货物运输的特点

公路货物运输最显著的特点是在技术上和经济上的灵活性。

技术上的灵活性主要表现在以下几个方面:第一是空间上的灵活性,可以实现"门到门"运输。第二是时间上的灵活性。公路货运通常可实现即时运输,即根据货主的需求随时启运。第三是批量上的灵活性。公路运输的启运批量最小。第四是运行条件的灵活性。公路运输的服务范围不仅在等级公路上,还可延伸到等级外的公路,甚至许多乡村便道的辐射范围。普通货物装卸对场地、设备没有专门的要求,客运站点设置灵活,有的只设置一个停靠点即可。第五是服务上的灵活性。具体表现为能够根据货主或旅客的具体要求提供有针对性的服务,最大限度地满足不同性质的货物运送的需求。公路运输技术上的灵活性,决定了其运输生产点多、面广、流动、分散的特点。点多、面广是指其服务对象的分布及服务范围。流动是指其服务过程。分散是指运输服务单位所属的基层单位分散在服务区域各点及运输服务的作业单位分散。

经济上的灵活性主要表现在两个方面:第一,运输投资起点很低,且从业者完全可以根据运输需求和自身的条件灵活选择;第二,运输生产固定结构低,选择空间大,经营者可根据市场环境和自己的风险承受能力选择合适的投资固定结构,属于低风险发展的运输方式。

(二) 公路货物运输的组织形式

公路货运主要组织形式有以下四种。

1. 多(或双)班运输

多班运输,是指在昼夜时间内车辆工作超时一个班以上的货运形式。组织双班运输的基本方法是每辆汽车配备两名左右的驾驶员,分日、夜两班轮流行驶。它也是提高车辆生产率的有效措施之一,但要注意安排好驾驶员的劳动休息和学习时间,同时也考虑到定车、定人和车辆保修安排。在组织双班运输时,由于夜班比日班条件差,因此,除了工作时间长短不同外,在安排日夜班的运行作业计划时,一般应遵循以下原则:难运的安排在日班,好运的安排在夜班。为了开展多班运输,还应特别注意组织好货源,并与收发单位搞好协作关系,创造良好的装卸现场条件,修整现场道路,安排照明设备等,以保证顺利地开展多班运输。

2. 定点运输

定点运输,是指按发货点固定车队、专门完成固定货运任务的运输组织形式。在组织定点运输时,除了根据任务固定车队外,还实行装卸工人、设备固定和调度员固定在该点进行调度等工作。实行定点运输,可以加速车辆周转,可以提高运输和装卸工作效率,可以提高服务质量,并有利于行车安全和节能。定点运输组织形式,既适用于装卸地点比较固定集中的货运任务,也适用于装货地点集中而卸货地点分散的固定性货运任务。

3. 定时运输

定时运输,是指运输车辆按运行作业计划中所拟定的行车时刻表来进行工作。在汽车行车时刻表中规定汽车从车场开出的时间、每个运次到达和开出装卸地点的时间及装卸工作时间等。由于车辆按预先拟定好的时刻表进行工作,也就加强了各环节工作的计划性,提高了工作效率。

4. 甩挂运输

甩挂运输,是指利用汽车列车甩挂挂车的方法,以减少车辆装卸停歇时间。

三、我国公路货物运输物流经济地理

我国公路交通具有覆盖面广的特点,是整个交通运输体系的基础,既具有通道功能,又具有集散功能。铁路、民航、水运都要依靠公路为其集运客货流。

(一) 我国公路网基本分布情况

公路网的分布情况可用公路网密度来衡量,根据公路网的密度不同可将我国分为公路网稠密区域、公路网密集区域、公路网中等区域、公路网疏密区域、公路网稀疏区域等五种空间分布格局。

我国公路网密度分布的基本空间格局为:中东部地区的公路网密度较高,西部地区的公路网密度较低;中东部南北之间也存在空间分布差异,即中东部北方公路网的密度高于南方;全国公路网密集地区主要为京津地区、长三角地区、珠三角地区、武汉都市圈等;此外,部分地区的公路网密度较高,与周边地区的差异相对明显,但尚未完全均质化,主要包括黄淮海平原、山东半岛、闽东南、辽中、成渝城市群、长株潭城市群和关中城市群等地区;部分中心城市具有较为密集的公路网,主要分布在西部和东北地区,如哈尔滨、兰州、长春、昆明等。从公路网与人口、经济发展的空间耦合关系中不难发现,我国公路网密度与各地人口、经济发展水平基本一致。公路网密度低于全国平均水平的地区主要分布在新疆、甘肃、青海、西藏、内蒙古、川西、滇西以及云贵高原和南岭地区。

(二) 我国公路网主干道分布

我国公路运输网形成了以国家干线公路为骨架、由省道和县乡公路组成的四通八达

的网络。干线公路包括国家干线公路(国道)和省级干线公路(省道),其中国道是以首都北京为中心,连接各省、自治区、直辖市,各大军区,重要大中城市,港站枢纽,工农业基地等的主要干线公路。省道是以省会、自治区首府、直辖市为中心,连接本地区主要城市、交通枢纽、工农业基地的公路。县道是连接县城和县内主要乡镇、商品生产和集散地以及不属于国道、省道的县际间的公路。根据地理走向,我国的国道可以分为以北京为中心的放射线国道、南北走向国道及东西走向国道三种。

四、物流企业公路货物运输时的义务和责任

现实中,从事物流服务的企业或个人经常会使用公路运输。物流企业在组织货物运输时,常常要利用公路这种运输方式,既可以使用自有汽车,也可以租用他人汽车,还可以与汽车承运人签订汽车货物运输合同进行运输,无论采取哪种方式进行运输,都要受《民法典》合同编,以及交通部的《汽车货物运输规则》等相关规定的约束。如果采用集装箱运输货物,应遵守交通部的《集装箱汽车运输规则》;如果运输的是危险货物,还应遵守交通部的《汽车危险货物运输规则》。

(一) 使用自有汽车进行运输,物流企业应履行的义务和责任

(1) 根据承运货物的需要,按货物的不同特性,提供技术状况良好、经济适用的车辆。运输特种货物的车辆和集装箱运输车辆,需配备符合运输要求的特殊装置或专用设备。

(2) 根据货物的情况,合理安排运输车辆,货物装载重量以车辆额定吨位为限。轻泡货物以折算重量装载,不得超过车辆额定吨位和有关长、宽、高的装载规定。

(3) 认真核对装车的货物名称、重量、件数是否与单据上记载相符,并检查包装是否完好。

(4) 合理选择运输路线,缩短运输时间,降低运输成本,并将运输路线告知托运人。运输路线发生变化应通知托运人,以便其对运输进行监督。

(5) 尽快运送,在合理的运输期限内将货物运达。

(6) 保证运输安全,对产生的货损货差负责。

(7) 在货物运抵前,应当及时通知收货人做好接货准备,及时将货物交给收货人。

(二) 租用他人汽车进行运输时,物流企业作为承运人应承担的义务和责任

租用他人汽车进行运输时,物流企业作为承运人应承担的义务和责任与使用自有汽车进行运输、作为承运人应履行的义务和责任相同。而租用他人汽车进行运输时,物流企业作为承租人还应独自承担以下义务和责任:

(1) 在接收汽车时,应对租用的汽车进行检查,确认汽车技术状况良好,并要核对行驶证、道路运输证等证件是否齐全、有效。行车中应随车携带上述有关证件。

(2) 按照合同约定使用租用的汽车。租用的汽车只能在约定的地域或道路上载运约定种类的货物。如果物流企业以违背约定的方法使用租来的汽车,致使汽车受到损害时,出租人可以解除合同,并要求物流企业赔偿损失。

(3) 妥善保管租用的汽车。如果因保管不善致使汽车受到损害,物流企业要承担赔偿责任。

（4）按照合同约定承担燃料的费用。

（5）按照约定支付租金。在合理期限内仍不支付的，出租人可以解除合同。

（6）未经出租人同意，不得将租用的汽车转租给他人。否则，出租人可以解除合同。

（7）租用期限届满后，返还所租用的汽车。逾期不及时返还，要承担违约责任。

【案例实务 03】

安泰物流有限公司是一家从事货物运输的物流企业，与吉林生辉制药厂签订了长期物流服务协议。2024 年 9 月 3 日，吉林生辉制药厂委托安泰物流有限公司运送一批药品，此时安泰物流有限公司自有汽车全部在途，只好向汽车租赁公司租赁一台货车为其运送药品。

问：安泰物流有限公司租用他人汽车进行运输时，应承担怎样的义务和责任？

分析：案例中，安泰物流有限公司租用他人汽车进行运输时，就应承担上述义务和责任。

【案例实务 04】

2024 年 8 月 8 日，长春市某商场古木源家具经销商销售出一批家具，并向顾客承诺 10 天以后到货。古木源家具总部在大连，于是长春市该经销商电告总部已销售的家具型号，总部委托中吉物流公司运货。中吉物流公司与辽宁汽车运输公司签订了长期汽车货物运输合同，中吉物流公司将货物委托辽宁汽车运输公司。辽宁汽车运输公司整合各物流公司的货物后，将长春方向货物装车，统一运输，家具按期到达长春市某商场古木源家具经销商手里，顾客按时拿到自己的商品。

问：在此项物流活动中，中吉物流公司和辽宁汽车运输公司各自承担哪些义务和责任？

分析：答案详见下文分析。

（三）与汽车承运人签订汽车货物运输合同进行运输时，物流企业应履行的义务和责任

在实际操作中，很多物流企业直接向汽车承运人托运货物，把货物运输交给专业的汽车承运人来完成，并作为托运人或托运人的代理人与之签订汽车货物运输合同。此时，物流企业作为托运人或托运人的代理人，托运货物的专业汽车公司作为承运人，它们各自的责任是不同的。

1. 物流企业应承担的义务和责任

（1）托运货物的名称、性质、件数、质量、体积、包装方式等，应与运单记载的内容相符。

（2）按照国家有关部门的规定需办理准运或审批、检验等手续的货物，托运时应将准运证或审批文件提交承运人，并随货物同行。如果委托承运人向收货人代递有关文件，应在运单中注明文件名称和份数。

（3）在托运的货物中，不得夹带危险货物、贵重货物、鲜活货物和其他易腐货物、易污染货物、货币、有价证券以及政府禁止或限制运输的货物。

（4）托运货物应按约定的方式进行包装。没有约定或者约定不明确的，可以协议补充；不能达成补充协议的，按照通用的方式包装；没有通用方式的，应在足以保证运输、搬运装卸作业安全和货物完好的原则下进行包装。依法应当执行特殊包装标准的，按照规定执行。

（5）应根据货物性质和运输要求，按照国家规定，正确使用运输标志和包装储运图示标志。

（6）托运特种货物（如冷藏货物、鲜活货物等）时，应按要求在运单中注明运输条件和特约事项。

（7）货物包含需要照料的生物、植物、尖端精密产品、稀有珍贵物品、文物、军械弹药、有价证券、重要票证和货币时，必须派人押运。并且，应在运单上注明押运人员姓名及必要的情况。押运人员必须遵守运输和安全规定，并在运输过程中负责货物的照料、保管和交接；如发现货物出现异常情况，应及时做出处理，并告知车辆驾驶人。

（8）托运人应该按照合同的约定支付运费。

【案例实名04】中的中吉物流公司应承担上述义务和责任。

2. 汽车承运人应承担的义务和责任

（1）承运人应根据货物的需要和特性，提供适宜的车辆。要求提供的车辆应当技术状况良好、经济适用；对特种货物运输的，还应为特种货物提供配备了符合运输要求的特殊装置或专用设备的车辆。

（2）承运人应按运送货物的情况，合理安排运输车辆。货物装载重量以车辆额定吨位为限，轻泡货物以折算重量装载，不得超过车辆额定吨位和有关长、宽、高的装载规定。

（3）按照约定的运输路线进行运输。如果在起运前要改变运输路线，承运人应将此情况通知托运人，并按最终的路线运输。

（4）在约定的运输期限内将货物运达。零担货物应按批准的班期时限运达，快件货物应按规定的期限运达。

（5）对货物的运输安全负责，保证货物在运输过程中不受损害。

【案例实名04】中的辽宁汽车运输公司应承担上述义务和责任。

（四）物流企业进行公路货物运输时，违约应负的责任

1. 作为托运人的物流企业违约时应负的责任

（1）托运人未按合同规定的时间和要求备好货物以及货物运达后无人收货或拒绝收货，使得承运人车辆放空、延滞或造成其他损失的，托运人应负赔偿责任。

（2）由于托运人的下列过错，造成承运人、站场经营人、搬运装卸经营人的车辆、机械、设备等损坏、污染或人身伤亡以及因此而引起的第三方的损失，托运人应负赔偿责任。具体过错有：一是托运的货物中故意夹带危险货物或其他易腐蚀、易污染货物以及禁、限运货物等；二是错报、匿报货物的重量、规格、性质；三是货物包装不符合标准，包装、容器不良，而从外部无法发现；四是错用包装、储运图示标志。

（3）不如实填写运单，错报、误填货物名称或装卸地点，造成承运人错送、装货落空以及由此而引起的其他损失，托运人应负赔偿责任。

2. 作为承运人的运输部门违约时应负的责任

（1）如果承运人未按运输期限将货物运达，应当承担违约责任；因承运人责任将货物错送或错交,可以要求其将货物无偿运到指定的地点交给指定的收货人。运输期限,是由双方共同约定的货物起运、到达目的地的具体时间。

(2) 如果承运人未遵守双方商定的运输条件或特约事项,由此造成托运人的损失,可要求其负赔偿责任。

(3) 货物在承运责任期间,发生毁损或灭失,承运人应当负赔偿责任。承运责任期间是承运人自接受货物起至将货物交付收货人止,货物处于承运人掌管之下的全部时间。托运人还可以与承运人就货物在装车前和卸车后承担的责任另外达成协议。

如果有下列情况之一,承运人举证后可不负赔偿责任(即免责事项):① 不可抗力。② 货物本身的自然性质变化或者合理损耗。③ 包装的内在缺陷造成货物受损。④ 包装体外表面完好,而内装货物毁损或灭失。⑤ 托运人违反国家有关法令,致使货物被有关部门查扣、弃置或作其他处理。⑥ 由于押运人员的责任造成货物毁损或灭失。⑦ 由于托运人或收货人过错造成货物毁损或灭失。

[思考题02]当物流企业与汽车承运人签订汽车货物运输合同后违约时应负什么责任?

第四节　机动车交通事故责任法条及释义

一、机动车交通事故责任体系

(一) 交强险

(1) 有责任限额:比如12.2万元,那么其中死亡伤残限额11万元,医疗费用限额1万元,财产限额2 000元;

(2) 无责限额:比如1.11万元,那么其中死亡伤残限额1万元,医疗费用限额1 000元,财产限额100元;

(3) 脱保责任:① 脱保一方全部责任,无论实际交通事故责任如何配置;② 车主脱保,与车辆使用人负连带责任。

(二) 事故分类

(1) 车车事故:过错责任。

(2) 车人事故:过错责任(车方商业三者险,保险范围外车方自负):① 无过错责任(不超过10%);② 双方过错分责;③ 人故意"碰瓷",则车方免责。

(3) 车内人事故:① 合同责任,客运合同无过错责任;② 侵权责任:过错责任。

二、责任主体之"车方"

责任主体:实际使用人、控制人属于"车方"=运行支配人、运行利益享有人。

(1) 共有车辆,共有人之一使用车辆,则共有人为"车方",连带责任人。

(2) 连环购车,最后受让并交付的受让人为"车方"。

(3) 分期付款购车,占有使用车辆的买方为"车方"。

(4) 借用身份证购车,实际使用和控制机动车的人为"车方"。

(5) 转让拼装或已达到报废标准的机动车,转让人与受让人负连带责任:共同侵权。

(6) 租赁、借用车辆致人损害,使用人为"车方"。所有人负过错责任。所有人的过错包括:① 知道或者应当知道机动车存在缺陷,且该缺陷是交通事故发生原因之一的;② 知道或者应当知道驾驶人无驾驶资格或者未取得相应驾驶资格的;③ 知道或者应当知道驾驶人因饮酒、服用国家管制的精神药品或者麻醉药品,或者患有妨碍安全驾驶机动车的疾病等依法不能驾驶机动车的。

(7) 挂靠车辆致人损害,挂靠人与被挂靠人负连带责任。

(8) 套牌机动车致人损害,套牌车实际使用人为"车方"。但同意套牌则连带责任。

(9) 未经允许驾驶他人机动车致人损害,使用人为"车方",所有人或管理人有过错承担相应责任:与出租、出借同样处理。

(10) 盗抢机动车,盗抢者为"车方"。

(11) 试乘致试乘人损害,提供试乘服务者为"车方"。

(12) 试驾致人损害,驾驶人承担责任,提供试驾服务一方有过错,承担相应责任。类推适用租赁、借用等情形。

(13) 驾校学员驾驶培训致人损害,驾校是"车方"。

三、"车方"责任承担

(1) 交强险最优。① 精神损害赔偿。② 本车人员不是"第三者"。③ 酒驾、毒驾、故意交通肇事,交强险赔付后向侵权人追偿(对比记忆:盗抢,交强险垫付抢救费用;逃逸,交强险赔偿)。④ 脱保者,全部责任;车主脱保与侵权人负连带责任。⑤ 多车致人损害,各车交强险限额全部动用。⑥ 致多人损害,各人分享交强险限额。⑦ 交强险"从物"主义,附随于车。⑧ 交强险人身伤亡限额不得转让:人身属性。⑨ 交强险对撞死无名氏的处理:经法律授权机关或组织启动才动用交强险限额。

(2) 商业三者险。

(3) "车方"自负责任。

关于机动车交通事故责任,《民法典》相关法条及释义如下:

第1208条 【机动车交通事故责任的法律适用】 机动车发生交通事故造成损害的,依照道路交通安全法律和本法的有关规定承担赔偿责任。

条文注释

本条主要有以下几层含义:① 首先由保险公司在机动车第三者责任强制保险责任限额范围内予以赔偿。② 在强制保险责任限额范围内赔偿后不足部分的责任承担。一是机动车之间发生交通事故的赔偿责任。机动车之间发生交通事故的赔偿责任,由有过错的一方承担赔偿责任;双方都有过错的,按照各自过错的比例分担责任。二是机动车与非机动车驾驶人、行人之间发生交通事故的赔偿责任。在归责原则上,机动车与非机动车驾驶人、行人之间发生交通事故,主要适用过错推定原则;同时,机动车一方还要承担一部分无过错责任。③ 机动车一方不承担责任的情形。机动车与非机动车驾驶人、行人之间发生交通事故,如果交通事故的损失是因非机动车驾驶人、行人自杀、自伤、有意冲撞("碰瓷")等行为故意造成的,则机动车一方不承担赔偿责任。

第 1209 条 【租赁、借用机动车交通事故责任】 因租赁、借用等情形机动车所有人、管理人与使用人不是同一人时,发生交通事故造成损害,属于该机动车一方责任的,由机动车使用人承担赔偿责任;机动车所有人、管理人对损害的发生有过错的,承担相应的赔偿责任。

条文注释

根据本条的规定,因租赁、借用等情形机动车所有人、管理人与使用人不是同一人时,发生交通事故后属于该机动车一方责任的,关于如何确定责任承担,需要把握以下几点:

(1)机动车发生交通事故造成损害,属于该机动车一方责任的,仍然先由承保机动车强制保险的保险人在强制保险责任限额范围内予以赔偿;不足部分,机动车一方购买了商业保险的,由承保机动车商业保险的保险人按照保险合同的约定予以赔偿;仍然不足或者没有投保机动车商业保险的,由侵权人赔偿。

(2)本条中的"使用人"不仅包括承租人、管理人、借用人,还包括机动车出质期间的质权人、维修期间的维修人、由他人保管期间的保管人等。

(3)机动车所有人、管理人对损害的发生有过错的,承担相应的赔偿责任。

第 1210 条 【买卖机动车未过户交通事故责任】 当事人之间已经以买卖或者其他方式转让并交付机动车但是未办理登记,发生交通事故造成损害,属于该机动车一方责任的,由受让人承担赔偿责任。

条文注释

本条在理解和适用上需要把握以下三点:

(1)根据本法的规定,当事人之间已经以买卖、赠与等方式转让并交付机动车但未办理登记的,原机动车所有人已经不是真正的所有人,赔偿义务应当由买受人、受赠人等对机动车运行有实质影响力和支配力的机动车的实际所有人、占有人来承担。

(2)本条中的"交付"与本法物权编中的"交付"不应完全等同。物权理论中的拟制交付有简易交付、指示交付和占有改定等方式的区分,简易交付可以适用本条的规则。本条的"交付"主要是指"实际交付"。

(3)受让人指权利的接收方;买受人又称买方,是指买卖合同中约定支付价金的人。简单来说,"买受人"就是花钱买东西的人。

第 1211 条 【挂靠机动车交通事故责任】 以挂靠形式从事道路运输经营活动的机动车,发生交通事故造成损害,属于该机动车一方责任的,由挂靠人和被挂靠人承担连带责任。

条文注释

机动车挂靠从事运输经营活动,是指为了交通营运的方便,将车辆登记在某个具有运输经营权资质的经营主体名下,以该主体的名义进行运营,并由挂靠者向被挂靠主体支付一定费用的形式。以挂靠形式从事道路运输经营活动一般有三个特点:① 四证统一。即车辆行驶证、道路运输证、驾驶证、营业性道路运输驾驶员从业资格证上记载的车主、业户、单位、服务单位均为被挂靠主体。② 挂靠机动车向被挂靠主体缴纳费用。③ 具有隐蔽性,虽然挂靠双方之间存在关于运输经营的合同或内部协议,但发生交通事故造成损害时,被侵权人无法从外观上判断挂靠机动车是否属于被挂靠主体。

第1212条 【擅自驾驶他人机动车交通事故责任】 未经允许驾驶他人机动车,发生交通事故造成损害,属于该机动车一方责任的,由机动车使用人承担赔偿责任;机动车所有人、管理人对损害的发生有过错的,承担相应的赔偿责任,但是本章另有规定的除外。

条文注释

理解本条需要把握以下三点:① 未经允许驾驶他人机动车,发生交通事故造成损害,属于该机动车一方责任的,由机动车使用人承担赔偿责任。② 机动车所有人、管理人对损害的发生有过错的,承担相应的赔偿责任。此处的"对损害的发生有过错"可理解为机动车所有人、管理人没有履行一般人应有的谨慎注意义务。③ 本条规定了"但是",而且是仅限于"本章"另有规定的除外。该"但是"仅指一种情形,即本法第1215条第1款中规定的"盗窃人、抢劫人或者抢夺人与机动车使用人不是同一人,发生交通事故造成损害,属于该机动车一方责任的,由盗窃人、抢劫人或者抢夺人与机动车使用人承担连带责任"。

第1213条 【交通事故责任承担主体赔偿顺序】 机动车发生交通事故造成损害,属于该机动车一方责任的,先由承保机动车强制保险的保险人在强制保险责任限额范围内予以赔偿;不足部分,由承保机动车商业保险的保险人按照保险合同的约定予以赔偿;仍然不足或者没有投保机动车商业保险的,由侵权人赔偿。

条文注释

本条区分三个层次对赔偿做了规定:① 先由承保机动车强制保险的保险人在强制保险责任限额范围内予以赔偿;② 机动车强制保险赔偿不足部分,由承保机动车商业保险的保险人按照保险合同的约定予以赔偿;③ 机动车商业保险赔偿仍然不足或者没有投保机动车商业保险的,由侵权人赔偿。这种保险前置、侵权人托底的规定,充分体现了保险的作用和及时救济受害人、分散机动车使用人风险的目的,符合强制保险的赔偿替代性和商业保险的补充性的性质,也最大限度地平衡了强制保险、商业保险和侵权人的责任与义务。

第1214条 【拼装车或报废车交通事故责任】 以买卖或者其他方式转让拼装或者已经达到报废标准的机动车,发生交通事故造成损害的,由转让人和受让人承担连带责任。

条文注释

根据《道路交通安全法》第14条的规定,国家实行机动车强制报废制度,达到报废标准的机动车不得上道路行驶。根据该法第100条的规定,驾驶拼装的机动车或者已达到报废标准的机动车上道路行驶的,公安机关交通管理部门应当予以收缴,强制报废,对驾驶人处200元以上2 000元以下罚款,并吊销机动车驾驶证。

拼装和已经达到报废标准的机动车,由于其不能达到机动车上路行驶的安全标准,上路行驶后极易造成其他机动车、非机动车驾驶人和行人的损害。转让拼装的或者已经达到报废标准的机动车,该行为本身即具有违法性,此种机动车上路行驶又具有更大的危险性。因此,对以买卖、赠与等方式转让拼装的或者已经达到报废标准的机动车,由买卖、赠与等的转让人和受让人、赠与人和受赠人等承担连带责任。

第1215条 【盗抢机动车交通事故责任】 盗窃、抢劫或者抢夺的机动车发生交通事故造成损害的,由盗窃人、抢劫人或者抢夺人承担赔偿责任。盗窃人、抢劫人或者抢夺人与机动车使用人不是同一人,发生交通事故造成损害,属于该机动车一方责任的,由盗窃人、抢劫人或者抢夺人与机动车使用人承担连带责任。

保险人在机动车强制保险责任限额范围内垫付抢救费用的,有权向交通事故责任人追偿。

条文注释

盗窃、抢劫或者抢夺的机动车发生交通事故造成损害的,由盗窃人、抢劫人或抢夺人承担赔偿责任。本法第1212条关于未经允许驾驶他人机动车侵权责任的规定中,对"机动车所有人、管理人对损害的发生有过错的,承担相应的赔偿责任"做了"本章另有规定的除外"这一明确的排除规定,该排除规定即是指本条规定的情形。也就是说,未经允许驾驶他人机动车发生交通事故造成损害时,属于该机动车一方责任的,如果机动车所有人、管理人对损害的发生有过错,则应承担相应的赔偿责任。但是本条下的机动车所有人、管理人不承担责任。

盗窃人、抢劫人或者抢夺人与机动车使用人不是同一人,发生交通事故造成损害,属于该机动车一方责任的,由盗窃人、抢劫人或者抢夺人与机动车使用人承担连带责任。这里规定的"机动车使用人",指的是盗窃人、抢劫人或者抢夺人将机动车出售、出租、借用、赠送,从而实际使用该机动车的人。

机动车被盗抢后发生交通事故造成损害,保险人在机动车强制保险责任限额范围内垫付抢救费用的,有权向交通事故责任人追偿。

第1216条 【肇事后逃逸责任及受害人救济】 机动车驾驶人发生交通事故后逃逸,该机动车参加强制保险的,由保险人在机动车强制保险责任限额范围内予以赔偿;机动车不明、该机动车未参加强制保险或者抢救费用超过机动车强制保险责任限额,需要支付被侵权人人身伤亡的抢救、丧葬等费用的,由道路交通事故社会救助基金垫付。道路交通事故社会救助基金垫付后,其管理机构有权向交通事故责任人追偿。

条文注释

本条针对机动车驾驶人发生交通事故后逃逸的,在驾驶人应当承担赔偿责任的前提下,如何通过机动车强制保险和道路交通事故社会救助基金救济受害人等问题做了如下规定:

(1)机动车驾驶人发生交通事故后逃逸,该机动车参加强制保险的,由保险人在机动车强制保险责任限额范围内予以赔偿。

(2)机动车不明、该机动车未参加强制保险或者抢救费用超过机动车强制保险责任限额,需要支付被侵权人人身伤亡的抢救、丧葬等费用的,由道路交通事故社会救助基金垫付。需要明确的是:第一,法律规定的是"机动车不明",而不是驾驶人不明。第二,机动车未参加强制保险,因此,无法通过强制保险赔偿被侵权人的损失,只能由道路交通事故社会救助基金垫付费用。第三,抢救费用超过机动车强制责任保险责任限额。

(3)道路交通事故社会救助基金垫付后,其管理机构有权向交通事故责任人追偿。

第1217条 【好意同乘的责任承担】 非营运机动车发生交通事故造成无偿搭乘人

损害,属于该机动车一方责任的,应当减轻其赔偿责任,但是机动车使用人有故意或者重大过失的除外。

条文注释

好意同乘,主要是指非营运机动车的驾驶人基于亲情或者友情在上下班、出游途中无偿搭载自己的亲朋好友、邻居同事的情形,亦即"搭便车"。好意同乘不适用于营运机动车。但是,出租汽车在上班前或者下班后等非营运的时间,免费搭乘邻居、朋友的,应当适用本条规定,即"非营运机动车"包括"处于非营运状态的营运机动车"这一情形。

好意同乘中,机动车使用人的责任适用过错责任原则。好意同乘中发生交通事故造成无偿搭乘人损害,属于该机动车一方责任的,应当减轻其赔偿责任,却不可以完全免除。同时,也应明确区分,好意同乘不同于网络顺风车。网络顺风车的合乘者分摊部分合乘出行成本属于共享出行方式,是有偿的、营运性的。

第五节　铁路货物运输法律实务

一、铁路货物运输的定义及优缺点

(一) 铁路货物运输的定义

铁路货物运输是运量起点较高的、大宗长途运输主力的线上运输方式,是干线网络框架和大通道的骨干,是现代运输主要方式之一,也是构成陆上货物运输的两个基本运输方式之一。作为我国国民经济的大动脉和国家重要的基础设施,铁路在国家综合交通运输体系中占据骨干和中枢的地位,是保障国民经济正常运行的重要行业。

(二) 铁路货物运输的优缺点

铁路运输由于受气候和自然条件影响较小,且运输能力及单车装载量大大,在运输的经常性和低成本性方面占据了优势,再加上有多种类型的车辆,使它几乎能承运任何商品,几乎可以不受重量和容积的限制,而这些都是其他运输方式所不能比拟的。具体如表6-2所示。

表6-2　铁路货物运输的优缺点

对比	相关介绍
优点	运输能力大,这使它适合于大批量低值产品的长距离运输
	单车装载量大,加上有很多类型的车辆,使它几乎能承运任何商品,几乎可以不受重量和容积的限制
	车速较高,平均车速在五种基本运输方式中排在第二位,仅次于航空运输
	铁路货物运输受气候和自然条件影响较小,在运输的经常性方面占优势
	可以方便地实现驮背运输、集装箱运输及多式联运

续表

对比	相关介绍
缺点	铁路线路是专用的,固定成本较高,原始投资较大,建设周期较长
	铁路按列车组织运行,在运输过程中需要有列车的编组、解体和中转改编等作业环节,占用时间较长,因而增加了货物在途中的时间
	铁路运输中货损率较高,而且由于装卸次数多,货物损毁或丢失事故通常比其他运输方式多
	不能实现"门对门"的运输,通常要依靠其他运输方式的配合,才能完成运输任务,除非托运人和收货人均有铁路支线

二、我国铁路货物运输物流经济地理

我国已成为世界上高速铁路发展最快、系统技术最全、集成能力最强、运营里程最长、运营速度最高、在建规模最大的国家。我国铁路网布局如下:

铁路大通道是连接区域中心或大城市间的能力强大的铁路线路,是由一条或多条功能相近的主要铁路干线构成的有机集合,是铁路运输网乃至整个综合运输网的主骨架。

其基本特征是:一是运输强度大;二是里程较长;三是汇集和辐射范围广。

"八纵八横"铁路大通道具有运输能力大、线路里程长、连接大城市、连接铁路多、辐射范围广等特点,对中国的经济发展、资源调度、西部大开发,以及国家生产力布局和产业结构调整具有重要影响,16条大通道均由一条或多条功能相近的主要铁路干线所构成。

三、物流企业铁路货物运输时的义务和责任

物流企业在组织货物运输时,常常要利用铁路这种运输方式,与铁路部门订立货物运输合同委托铁路部门进行运输。物流企业作为托运人和铁路部门作为承运人各自的责任和义务是不同的。

(一)物流企业作为托运人,应履行的义务和责任

(1) 应当按照合同约定向铁路承运人提供运输的货物。

(2) 要如实申报货物的品名、重量和性质。

(3) 对货物进行包装,以适应运输安全的需要。对于包装不良的,铁路承运人有权要求其加以改善。对于拒不改善,或者改善后仍不符合运输包装要求的,承运人有权拒绝承运。

(4) 托运零担货物,应在每一件货物两端各粘贴或钉固一个用坚韧材料制作的清晰明显的标记(货签),还应该根据货物的性质,按照国家标准,在货物包装上做好储运图示标志。

(5) 要按照规定支付运费。双方可以约定由托运人在货物发运前支付运费,也可以约定在到站后由收货人支付运费。但铁路运费通常都是由托运人在发运站承运货物当日支付。如果托运人不支付运费,铁路承运人可以不予承运。

(二)铁路部门作为承运人,应承担的义务和责任

(1) 及时运送货物。铁路承运人应当按照铁路运输的要求,及时组织调度车辆,做到

列车正点到达,并且承运人应当按照全国约定的期限或者国务院铁路主管部门规定的期限将货物运到目的站。

(2) 保证货物运输的安全,对承运的货物妥善处理。铁路承运人对于承运的容易腐烂的货物和活物,应当按照国务院铁路主管部门的规定和双方的约定,采取有效的保护措施。

(3) 货物运抵到站后,及时通知收货人领取货物,并将货物交付收货人。

(三) 铁路运输,物流企业和铁路部门违约时应负的责任

1. 作为托运人的物流企业违约时应负的责任

(1) 由于物流企业错报或匿报货物的品名、重量、数量、性质而导致承运人的财产损失的,托运人要承担赔偿责任。

(2) 由于物流企业对货物的真实情况申报不实,而使承运人少收取了运费,托运人要补齐运费,并按规定另行支付一定的费用。

(3) 托运人承担由于从外表无法发现货物包装上的缺陷,或者由于未按规定标明储运图示标志而造成的损失。

(4) 在物流企业负责装车的情况下,由于加固材料的不合格或在交接时无法发现的、由于违反装载规定而造成的损失,由物流企业承担责任。

(5) 由于押运人的过错而造成的损失,由作为托运人的物流企业承担责任。

2. 作为承运人的铁路部门违约时应负的责任

(1) 货损责任:铁路承运人应当对承运的货物自接受承运时起到交付时止发生的灭失、减少、变质、污染或者损坏,承担赔偿责任。如果物流企业办理了保价运输,按照实际损失赔偿,但最高不超过保价额;如果未办理保价运输,按照实际损失赔偿,但最高不得超过国务院铁路主管部门规定的赔偿限额;如果损失是由于承运人的故意或者重大过失造成的,则不适用赔偿限额的规定,而是按照实际损失赔偿。

(2) 迟延交付的责任:承运人应当按照合同约定的期限或者国务院铁路主管部门规定的期限,将货物运到目的站;逾期运到的,承运人应当支付违约金。违约金的计算以运费为基础,按比例退还。对于超限货物、限速运行的货物、免费运输的货物以及货物全部灭失的情况,承运人不支付违约金。迟延交付货物造成收货人或托运人经济损失的,承运人应当支付违约金。违约金的计算以运费为基础,按比例退还。对于超限货物、限速运行的货物、免费运输的货物以及货物全部灭失的情况,承运人不支付违约金。迟延交付货物造成收货人或托运人经济损失的,承运人应当赔偿所造成的经济损失。承运人逾期30日仍未将货物交付收货人的,托运人、收货人有权按货物灭失向承运人要求赔偿。

如果有下列情况之一,铁路承运人举证后可不负赔偿责任(即免责事项):① 不可抗力;② 货物本身的自然属性,或者合理损耗;③ 托运人或者收货人的过错。

第六节　水路货物运输法律实务

一、水路货物运输的定义及形式

（一）水路货物运输的定义

水路运输是以船舶为主要运输工具、以港口或港站为运输基地、以水域包括海洋、河流和湖泊为运输活动范围的一种运输方式。水运仍是世界许多国家最重要的运输方式之一。

（二）水路货物运输的形式

水路货物运输的形式有四种：① 沿海运输，是使用船舶通过大陆附近沿海航道运送客货的一种方式，一般使用中、小型船舶。② 近海运输，是使用船舶通过大陆邻近国家海上航道运送客货的一种运输形式，视航程可使用中型船舶，也可使用小型船舶。③ 远洋运输，是使用船舶跨大洋的长途运输形式，主要依靠运量大的大型船舶。④ 内河运输，是使用船舶在陆地内的江、河、湖、川等水道进行运输的一种方式，主要使用中、小型船舶。

二、水路货物运输优缺点

与其他运输方式相比，水运具有运量大、成本低、耗能小、投资少等优越性。因此，在我国大宗物资的长途运输中，水运占有仅次于铁路的地位，特别是远洋运输，成本更低，是我国对外贸易的主要运输力量。由于水运的突出特点是载运量大，故用来运输石油、煤炭、木材、矿石、粮食等大宗货物，具有显著的经济效益。

三、我国水路货物运输物流经济地理

水运分河运和海运两种。它们是以大自然赐予的海洋和河流作交通线的。但是，并不是所有的河流湖泊都可以成为现成的水路。如果需要通航吨位较高的船舶，窄的河道要加宽，浅的要挖深，有时还得开挖沟通河流与河流之间的运河，才能为大型内河船舶提供四通八达的航道网。

水路运输是利用海洋、河流、湖泊或人工水道作为运输线路的一种运输方式，包括内河运输和海上运输两部分。

（一）内河运输

内河运输简称"河运"。使用船舶和其他水运工具，在国内的江、河、湖泊、水库等天然或人工水道运送货物和旅客的一种运输方式。它具有成本低、耗能少、投资省、少占或不占农田等优点，但其受自然条件限制较大，速度较慢，连续性差。

我国河湖众多，水量丰富。在内河水系中，长江、黄河、淮河横贯东西，大运河、岷江、嘉陵江、汉水、湘水、赣江等支流连接南北，东北有松花江水系，华南有珠江水系等，构成纵横交错的内河水道运输网。在我国现有的内河航运中，起重要作用的是"三江两河"（即长江、珠江、黑龙江、淮河和京杭大运河），其中又以长江水系最为重要。

(二) 海上运输

1. 沿海运输

沿海运输是我国整个运输网中的一个重要组成部分，它的特点是：船舶在海上可以选择最短的航路，自由航行并且载重量大。特别是在我国大江大河多呈东西流向，而南北大运河现时还只能分段通航的情况下，沿海航线就成为当前我国唯一的南北水运大道。利用廉价的海运，不仅能节省大量运费，还能大大减轻纵贯我国南北交通大动脉——京广、京沪等铁路客、货运输日益增长的负担。它不仅承担着沿海各地区的物资流通，同时也承担着各生产部门之间的联系，这对地域分工的发展和加快我国社会主义经济建设，均起着重大的作用。

我国沿海运输航线分为两个航区，即以上海为中心的北方沿海航区和以广州为中心的南方沿海航区。每个航区都开辟了若干条航线，在两个航区之间组成若干条跨区航线。

(1) 北方沿海航区。

北方沿海航区的航线以上海、大连为中心，开辟的航线有：

① 上海—大连、天津、青岛、烟台、秦皇岛、连云港、福州、泉州、温州、宁波、海门、香港、广州、湛江、北海、防城、海口等。

② 大连—上海、青岛、天津、烟台、龙口、秦皇岛、连云港、广州、湛江等。

北方沿海航线的航运主要是煤、矿砂、石油、钢铁、盐、粮食、木材、日用百货和五金器材。其中以煤运量最大，其次则为石油、金属矿石、粮食、木材与钢铁。

北方沿海航区：位于渤海沿岸的主要港口有天津、秦皇岛、龙口、营口等；位于黄海沿岸的有大连、烟台、青岛、连云港、威海、石岛等港口；位于东海沿岸的有上海、宁波、温州等港口。

(2) 南方沿海航区。

南方沿海航区的航线以广州为中心，开辟的航线有：广州—汕头、海口、湛江、三亚、八所、北海、香港、大连、上海、青岛、连云港等。此外，还有湛江—大连、秦皇岛、青岛、连云港，厦门—香港等航线。

南方沿海航线主要运输杂货、盐、矿石、煤炭和集装箱等，南方沿海航区的主要港口有泉州、厦门、福州、汕头、广州、深圳、湛江、北海、防城、海口、香港和澳门等。

2. 远洋运输

我国远洋运输航线已通达100多个国家和地区的400多个港口。除经营不定期航线外，还开辟有若干条直达班轮航线和集装箱班轮航线。

直达班轮航线有：从中国到朝鲜、日本、东南亚、波斯湾、红海、非洲、地中海、欧洲、美洲、大洋洲地区以及美国和加拿大等国家和地区之间的航线。

集装箱班轮航线有：从中国到澳大利亚、新西兰、日本、美国、加拿大和波斯湾、欧洲等一些国家和地区之间的航线。

我国远洋航线以沿海港口为起点，分为东、西、南、北4个主要方向。

(1) 东行线方向由我国沿海各港出发东行至日本，经日本横渡太平洋抵达北美和拉丁美洲等国。

(2) 西行线方向由我国沿海各港南行到新加坡,然后西行,穿过马六甲海峡进入印度洋,后分为两条航线,一条经非洲南端好望角进入大西洋;另一条经苏伊士运河、地中海、直布罗陀海峡进入大西洋。西行可达南亚、西亚、非洲和欧洲各国。

(3) 南行线方向由我国沿海各港南行可通往东南亚、澳洲等国的港口。

(4) 北行线方向由我国沿海各港北行,可到朝鲜、俄罗斯东部的海参崴港等。

四、物流企业水路货物运输时的义务和责任

物流企业在组织货物运输时,也经常采用水路运输,水路运输是一种重要的运输方式。

通常情况下,物流企业与水路承运人签订运输合同进行运输。物流企业作为托运人和水路承运人各自的责任和义务是不同的。

(一) 物流企业作为托运人的义务和责任

(1) 及时办理港口、海关、检疫、公安和其他货物运输所需的各项手续,并将已办理各项手续的单证送交承运人。

(2) 所托运货物的名称、件数、重量、体积、包装方式、识别标志,应当与运输合同的约定相符。

(3) 妥善包装货物,保证货物的包装符合国家规定的包装标准;没有包装标准的,货物的包装应当保证运输安全和货物质量。需要随附备用包装的货物,应当提供足够数量的备用包装,交给承运人随货免费运输。

(4) 在货物的外包装或者表面上正确制作识别标志和储运指示标志。识别标志和储运指示标志应当字迹清楚、牢固。

(5) 除另有约定外,应当预付运费。

(6) 当托运危险货物时,应当按照有关危险货物运输的规定,妥善包装,制作危险品标志和标签,并将其正式名称和危险性质以及必要时应当采取的预防措施书面通知承运人。未通知承运人或者通知有误的,承运人可以在任何时间、任何地点根据情况需要将危险货物卸下、销毁或者使之不能为害,而不承担赔偿责任。承运人知道危险货物的性质并已同意装运的,仍然可以在该项货物对于船舶、人员或者其他货物构成实际危险时,将货物卸下、销毁或者使之不能为害,而不承担赔偿责任。但是,这不影响共同海损的分摊。

(7) 除另有约定外,在运输过程中需要饲养、照料的活动物、植物,以及尖端保密物品、稀有珍贵物品和文物、有价证券、货币等,托运人需要申报并随船押运,并在运单内注明押运人员的姓名和证件。但是,押运其他货物须经承运人同意。

(8) 负责笨重、长大货物和舱面货物所需要的特殊加固、捆扎、烧焊、衬垫、苫盖物料和人工,卸船时要拆除和收回相关物料;需要改变船上装置的,货物卸船后应当负责恢复原状。

(9) 托运易腐货物和活动物、植物时,应当与承运人约定运到期限和运输要求;使用冷藏船(舱)装运易腐货物的,应当在订立运输合同时确定冷藏温度。

(10) 托运木(竹)排应当按照与承运人约定的数量、规格和技术要求进行编扎。在船舶或者其他水上浮物上加载货物,应当经承运人同意,并支付运输费用。在航行中,木

(竹)排、船舶或者其他水上浮物上的人员(包括船员、排工及押运人员)应当听从承运人的指挥,配合承运人保证航行安全。

(11) 承担由于下列原因发生的洗舱费用:① 提出变更合同约定的液体货物品种。② 装运特殊液体货物(如航空汽油、煤油、变压器油、植物油等)需要的特殊洗舱。③ 装运特殊污秽油类(如煤焦油等)卸后需要的洗刷船舱。在承运人已履行船舶运货义务的情况下,因货物的性质或者携带虫害等情况,需要对船舱或者货物进行检疫、洗刷、熏蒸、消毒的,应当由托运人或者收货人负责,并承担船舶滞期费等有关费用。

(二) 水路承运人的义务和责任

(1) 使船舶处于适航状态,妥善配备船员、装备船舶和配备供应品,并使干货舱、冷藏舱、冷气舱和其他载货处所适于并能安全收受、载运和保管货物。

(2) 按照运输合同的约定接收货物。

(3) 妥善地装载、搬移、积载、运输、保管、照料和卸载所运货物。

(4) 按照约定、习惯或者地理上的航线将货物运送到约定的目的港。承运人为救助或者企图救助人命或者财产而发生的绕航或者其他合理绕航,不属于违反上述规定的行为。

(5) 在约定期间或者在没有这种约定时在合理期间内将货物安全运送到指定地点。

(6) 在货物运抵目的港后,向收货人发出到货通知,并将货物交给指定的收货人。

五、作为托运人的物流企业和作为承运人的水路部门违约时应负的责任

(一) 作为托运人的物流企业违约时应负的责任

(1) 未按合同约定提供货物,应承担违约责任。

(2) 因办理各项手续和有关单证不及时、不完备或者不正确,造成承运人损失的,应当承担赔偿责任。

(3) 因托运货物的名称、件数、重量、体积、包装方式、识别标志与运输合同的约定不相符,造成承运人损失的,应当承担赔偿责任。

(4) 因未按约定托运危险货物给承运人造成损失的,应当承担赔偿责任。物流企业因不可抗力不能履行合同的,根据不可抗力的影响,部分或者全部免除责任。迟延履行后发生不可抗力的,不能免除责任。

(二) 作为承运人的水路部门违约时应负的责任

承运人对运输合同履行过程中货物的损坏、灭失或者迟延交付承担损害赔偿责任。如果物流企业在托运货物时办理了保价运输,货物发生损坏、灭失,承运人应当按照货物的声明价值进行赔偿。但是,如果承运人证明货物的实际价值低于声明价值,则按照货物的实际价值赔偿。货物未能在约定或者合理期间在约定地点交付的,为迟延交付。对由此造成的损失,承运人应当承担赔偿责任。承运人未能在上述期间届满的次日起 60 日内交付货物,可以认定货物已经灭失,承运人应承担损害赔偿责任。

如果有下列情况之一,承运人举证后可不负赔偿责任(即免责事项):① 不可抗力。② 货物的自然属性和潜在缺陷。③ 货物的自然减量和合理损耗。④ 包装不符合要求。

⑤ 包装完好,但货物与运单记载内容不符。⑥ 识别标志、储运指示标志不符合规则的规定。⑦ 托运人申报的货物重量不准确。⑧ 托运人押运过程中的过错。⑨ 普通货物中夹带危险、流质、易腐货物。⑩ 托运人、收货人的其他过错。

货物在运输过程中因不可抗力灭失,未收取运费的,承运人不得要求支付运费;已收取运费的,物流企业可以要求返还。货物在运输过程中因不可抗力部分灭失的,承运人按照实际交付的货物比例收取运费。

[思考题03] 当物流企业与水路承运人签订运输合同后违约时应负什么责任?

第七节 航空货物运输法律实务

一、航空货物运输的定义及方式

(一) 航空货物运输的定义

航空货物运输是指一地的货物通过航空器运往另外一地的运输,这种运输包括市区与机场的地面运输。

(二) 航空货物运输的方式

航空货物运输方式分为国内货物运输和国际货物运输两种。① 国内货物运输是指货物运输的始发、经停和目的站都在同一国境内的运输。本书所论述的国内货物运输是指货物的始发、经停和目的站都在中华人民共和国国境内的运输。② 国际货物运输是指货物运输的始发、经停和目的站中至少有一地不在同一国境内的运输。

重点介绍一下国内航空货物运输的方式,如表6-3所示。

表6-3 国内航空货物运输方式

划分标准	相关介绍
从货物本身需要划分	① 普通货物运输:是指除急件运输和特种货物运输之外的货物运输。② 急件货物运输,是指托运人要求以最早航班或限定时间运达目的地,并经承运人同意受理的一种运输形式;③ 特种货物运输,是指根据货物的特殊属性,承运人采取某种特殊的运输方式运输,其中包括动物运输、鲜活易腐物品运输、贵重物品运输、化学危险品运输等;④ 货主押运,是根据货物的性质,在运输过程中需要专人照料监护的货物,承运人允许或要求托运人派人随机押运的一种运输形式
从托运人对运输工具的使用情况划分	① 包机运输,是指托运人出于某种目的而包用航空运输企业的飞机载运货物的一种运输形式;② 包舱运输,是指托运人所托运的货物在一定时间内需要单独占用飞机部分货舱,承运人需要采用专门措施给予保证的一种运输方式;③ 包板(箱)运输,即托运人承包承运人某航线航班飞机上一定数量的集装板,承运人给予托运人一定的优惠价格的运输方式

二、我国航空货物运输市场现状及特点

(一) 国内航空货运市场现状

航空货物运输市场是在特定的时间和地点对货物运输产品的供给和需要的关系总

和,是市场经济体系的基础和重要组成部分。构成货物运输市场的基本因素:市场的主体是货物运输产品的生产者(各种运输方式的生产企业)和货物运输产品的消费者(货主);市场的客体是各类货物运输产品,并且其生产与消费同时进行。货主通过(购买)签订合同(货运单),只获得享有货运产品的权利,只有货物被装上运输工具,才能真正享受产品的效用(即位移服务)。

(二) 我国航空货运市场的现状具有的特点

(1) 区域性的运输市场正在形成。

在某些地区或某些线路上表现得比较活跃,如华东、东南等沿海地区。但有些运输市场发育不足,如西北等地区。

(2) 货运运力以客机腹舱为主。

目前,国内航空货运的运输形式主要是腹舱载货,腹舱载货的运输周转量和运输量分别占货运总量的86%和94%。

(3) 航空货运呈现很强的单向性。

由于我国的经济发展水平很不平衡,航空货运具有很强的单向性。去程航班的运载率往往很高,而回程航班的空载现象也很严重。

(4) 季节性比较明显。

每年的1、2月份为运输淡季;9、10月份为运输旺季。在运输淡季,运力浪费现象严重;而运输旺季,又会出现需求不能满足的现象。

(5) 产品的替代性越来越明显。

目前,其他方式的运输已成为航空运输的强有力的竞争对手。民航在多年的持续、快速增长之后,面临一种新的竞争局面。铁路列车提速;公路运输的货车由原来的分散型、临时性运输改成集中性正点班次运输。例如,从福州至成都,运输一批服装,铁路运输只要三天,运价是空运的一半,抢走了空运的大部分货源。公路也已在各大城市间形成了四通八达的公路运输网络,在很大程度上分流了中短程航线的货源。这给国内航空运输业造成了巨大压力。

因此,航空运输业特别是国内航空运输业所面临的市场竞争日趋激烈,需要航空运输企业尽快提高自身管理水平,改善服务意识,增强业务能力。只有这样,才能适应激烈的市场竞争形势。

三、物流企业航空货物运输时的义务和责任

对物流企业来说,航空运输也是一种重要的运输方式。在实践中,物流企业大多通过与航空公司签订包机合同或航空货物运输合同来完成货物运输。在我国,航空货物运输要受《中华人民共和国民用航空法》《中国民用航空货物国内运输规则》和《民法典》的约束。

(一) 物流企业与航空公司签订包机合同进行运输时应履行的义务和责任

1. 物流企业作为包机人应履行的义务和责任

(1) 提供包机合同中约定的货物,并对货物进行妥善的包装。

(2) 按照约定支付费用。

2. 航空公司作为出租人应承担的义务和责任

（1）按照合同约定提供适合货物运输的飞机或舱位。

（2）按照合同约定的期限将货物运到目的地。

（3）保证货物运输的安全。

（二）物流企业通过签订航空货物运输合同进行运输时应履行的义务和责任

1. 物流企业作为托运人应承担的义务和责任

（1）应当按照航空货物运输合同的约定提供货物。

（2）应对货物按照国家主管部门规定的包装标准进行包装，如果没有上述包装标准，则应按照货物的性质和承载飞机的条件，根据保证运输安全的原则，对货物进行包装。如果不符合上述包装要求，承运人有权拒绝承运。托运人必须在托运的货件上标明出发站、到达站以及托运人、收货人的单位、姓名和地址，并按照国家规定标明包装储运指示标志。

（3）要及时支付运费。除非托运人与承运人有不同的约定，运费应当在承运人开具航空货运单时一次付清。

（4）如实申报货物的品名、重量和数量。

（5）要遵守国家有关货运安全的规定，妥善托运危险货物，并按国家关于危险货物的规定对其进行包装。不得以普通货物的名义托运危险货物，也不得在普通货物中夹带危险品。

（6）应当提供必需的资料和文件，以便在货物交付收货人前完成法律、行政法规规定的有关手续。

2. 航空公司作为承运人应承担的义务和责任

（1）按照航空货运单上填明的地点，在约定的期限内将货物运抵目的地。

（2）按照合理或经济的原则选择运输路线，避免货物的迂回运输。

（3）对承运的货物应当精心组织装卸作业，轻拿轻放，严格按照货物包装上的储运指示标志作业，防止货物损坏。

（4）保证货物运输安全。

（5）按货运单向收货人交付货物。

（三）物流企业和航空部门违约时应负的责任

【案例实务05】

2024年9月6日，大连某水产公司委托中铁物流快递公司向哈尔滨运输10箱海鲜产品。当日，中铁物流快递公司委托北方航空公司当日航班，将货物按期运到哈尔滨。

问：在此活动中，中铁物流快递公司和北方航空公司应履行什么义务和责任？

分析：答案详见下一文分析。

1. 作为托运人的物流企业违约时应负的责任

（1）因在托运货物内夹带、匿报危险物品，错报笨重货物重量或违反包装标准和规定而造成承运人或第三人损失的，须承担赔偿责任。

（2）因没有提供必需的资料、文件，或者提供的资料、文件不充足或者不符合规定而造成的损失。除由于承运人或者其受雇人、代理人的过错造成的外，应当对承运人承担责任。

(3) 未按时缴纳运输费用的,应承担违约责任。

【案例实务 05】中的中铁物流快递公司违约时应负的责任如上。

2. 作为承运人的航空部门违约时应负的责任

(1) 因发生在航空运输期间的事件,造成货物毁灭、遗失或者损坏的,承运人应当承担责任。

(2) 在货物运输中,经承运人证明,损失是由索赔人或者代行权利人的过错造成或者促成的,应当根据造成或者促成此种损失的过错程度,相应免除或者减轻承运人的责任。

(3) 货物在航空运输中因延误造成的损失,承运人应当承担责任;但是,承运人证明本人或者其受雇人、代理人为了避免损失的发生,已经采取一切必要措施或者不可能采取任何措施的,不承担责任。

如果有下列情况之一,承运人举证后可不负赔偿责任(即免责事项):

(1) 货物本身的自然属性、质量或者缺陷。

(2) 承运人或者其受雇人、代理人以外的人负责包装货物,货物包装不良的。

(3) 战争或者武装冲突。

(4) 政府有关部门实施的与货物入境、出境或者过境有关的行为。

【案例实务 05】中的北方航空公司违约时应负的责任如上。

第八节　多式联运法律实务

集装箱运输是指以集装箱这种大型容器为载体,将货物集合组装成集装单元,以便在现代流通领域内运用大型装卸机械和大型载运车辆进行装卸、搬运作业和完成运输任务,从而更好地实现货物"门到门"运输的一种新型、高效率和高效益的运输方式。

一、多式联运的定义、特点及优点

(一) 多式联运的定义

多式联运是多种运输方式参与的联合运输组织形式,按联合运输的地域范围划分,可划分为国内多式联运和国际多式联运两种。集装箱多式联运是利用集装箱装载货物进行多式联运的运输组织方式,可划分为国内集装箱多式联运和国际集装箱多式联运。

在一些与多式联运相关的文献中,与多式联运相关而又常被相互替代使用的概念有四个:多式联运、国际多式联运、集装箱多式联运和国际集装箱多式联运,其原因是四个概念所定义的内容在实际操作中常是相同的。一般情况下为国际集装箱多式联运。

国际货物多式联运是指按照多式联运合同,以至少两种不同的运输方式,由多式联运经营人将货物从一国境内接管货物的地点运至另一国境内指定交付货物的地点。为履行单一方式运输合同而进行的该合同所规定的货物接送业务,不应视为国际多式联运。

国际集装箱多式联运(以下简称多式联运),是指按照国际集装箱多式联运合同,以至少两种不同的运输方式,由多式联运经营人将国际集装箱从一国境内接管的地点运至另一国境内指定交付的地点。两个定义的区别:前者是针对货物运输;后者是针对集装箱运输。后者常被简写为前者,是因为目前国际货物多式联运的实施是以集装箱为装载体的。由上述两个定义,可给出集装箱多式联运的一般含义。

(二) 多式联运的特点

多式联运的突出特点是由多式联运经营人与托运人签订一个运输合同,统一组织全程运输,实现运输全程的一次托运、一单到底、一次收费、统一理赔和全程负责。

(1) 根据多式联运的合同进行操作,运输全程中至少使用两种运输方式,而且是不同方式的连续运输。

(2) 多式联运的货物主要是集装箱货物,具有集装箱运输的特点。

(3) 多式联运是一票到底,实行单一费率的运输。发货人只要订立一份合同一次付费,一次保险,通过一张单证即可完成全程运输。

(4) 多式联运是不同方式的综合组织,全程运输均是由多式联运经营人完成或组织完成的,无论涉及几种运输方式,分为几个运输区段,多式联运经营人要对全程负责。

(5) 货物全程运输是通过多式联运经营人与各种运输方式、各区段的实际承运人订立分运(或分包)合同来完成的,各区段承运人对自己承担区段的货物运输负责。

(6) 在起运地接管货物,在最终目的地交付货物及全程运输中各区段的衔接工作,由多式联运经营人的分支机构(或代表)或委托的代理人完成。这些代理人及承担各项业务的第三者对自己承担的业务负责。

(7) 多式联运经营人可以在全世界运输网中选择适当的运输路线、运输方式和各区段的实际承运人,以降低运输成本,提高运达速度,实现合理运输。

(三) 多式联运的优点

随着集装箱运输的发展,以多式联运形式运输的货物越来越多。到目前为止,发达国家大部分国际贸易的货物运输已采用多式联运的形式,发展中国家采用多式联运的形式运输货物的比例也以较快的速度增长。可以说集装箱货物多式联运已成为国际货物运输的主流。

多式联运之所以能如此迅速发展,是由于它与传统运输相比较具有许多优点,这些优点主要体现在如下几个方面:

(1) 统一化、简单化。

多式联运的统一化和简单化主要表现在不论运输全程有多远,不论由几种方式共同完成货物运输,也不论全程分为几个运输区段,经过多少次转换,所有一切运输事项均由多式联运经营人负责办理,货主只需办理一次托运、订立一份运输合同、一次保险。一旦在运输过程中发生货物的灭失和损害时,由多式联运经营人处理就可以了。多式联运通过一张单证,采用单一费率,因而也大大简化了运输与结算手续。

(2) 减少中间环节,提高运输质量。

多式联运以集装箱为运输单元,可以实现"门到门"运输,尽管运输途中可能有多次换装、过关,但由于不需掏箱、装箱、逐件理货,只要保证集装箱外表状况良好,铅封完整即可免检放行,从而减少了中间环节;尽管货物运输全程中要进行多次装卸作业,但由于使用专用机械设备,且又不直接涉及箱内货物,货损、货差事故、货物被盗的可能性减少;由于全程运输由专业人员组织,可做到各环节与各种运输工具之间衔接紧凑、中转及时、停留时间短,从而使货物的运达速度大大加快,有效地提高了运输质量,保证了货物安全、迅速、准确、及时地运抵目的地。

(3) 降低运输成本,节约运杂费用。

多式联运全程运输中各区段运输和各区段的衔接,是由多式联运经营人与各实际承运人订立分运合同和与各代理人订立委托合同(包括其他有关人与有关合同)来完成的。多式联运经营人一般与这些人都订有长期的协议。这类协议一般规定多式联运经营人保证托运一定数量的货物或委托一定量的业务,而对方则给予优惠的运价或较低的佣金。通过对运输路线的合理选择和运输方式的合理使用,都可以降低全程运输成本,提高利润。对于货主来讲,一来可以得到优惠的运价;二来在多式联运下,一般将货物交给第一(实际)承运人后即可取得运输单证,并可据此结汇(结算货款),结汇时间比分段运输有所提前,有利于货物占有资金的周转;三则由于采用集装箱运输,从某种意义上讲可以节省货物的运输费用和保险费用。

此外,由于多式联运全程运输采用一张单证,实行单一费率,从而简化了制单和结算的手续,节约了货方的人力、物力。

(4) 扩大运输经营人业务范围,提高运输组织水平,实现合理运输。

在多式联运开展以前,各种运输方式的经营人都是自成体系、独立运输的,因而其经营业务的范围(特别是空间地域范围)受到很大限制,只能经营自己运输工具能够(指技术和经济方面)抵达范围的运输业务,货运量也因此受到限制。一旦发展成为多式联运经营人或作为多式联运的参加者(实际承运人),其经营的业务范围即可大大扩展。从理论上讲可以扩大到全世界。除运输经营人外,其他与运输有关的行业及机构(如仓储、港口、代理、保险、金融等)都可通过参加多式联运得到好处、扩大业务。

在国际多式联运中是由专业人员组织全程运输的,这些人对世界的运输网、各类承运人、代理人、相关行业和机构及有关业务都有较深的了解和较为密切的关系,可以选择最佳的运输路线,使用合理的运输方式,选择合适的承运人,实现最佳的运输衔接与配合,从而提高运输组织水平,充分发挥现有设施的作用,实现合理运输。

由于多式联运的上述优点逐渐被各方面认识,自其产生以来,不仅得到货方和多式联运经营人的认可,同时也得到了所涉及的各种人、各方面的共同认可,从而得到迅速发展。

二、多式联运经营人相关问题

(一) 多式联运经营人的定义

开展集装箱多式联运往往涉及海、陆、空等运输区段的运输业务,必须有人对集装箱的全程运输进行组织、安排与协调,此人就是多式联运经营人或称契约承运人,即与货物托运人订有运输合同的人。通常,多式联运经营人既可由参与某一运输区段的实际承运人担任,也可由不参加实际运输的经营人来充当。

多式联运的形成和发展离不开多式联运经营人,他是多式联运的组织者或主要承担人。

多式联运经营人是指其本人或通过其代表订立多式联运合同的任何人,他是事主,而不是发货人的代理人或代表或参加多式联运的承运人的代理人或代表,并且负有履行合同的责任。多式联运经营人是一个独立的法律实体,他的身份是一个对货主(托运人)负有履行合同责任的承运人。

(二) 多式联运经营人的类型

按是否拥有运输工具并实际完成多式联运货物全程运输或部分运输,多式联运经营人可分为两种类型:承运人型和无船承运人型。

(1) 承运人型的多式联运经营人。

这类多式联运经营人拥有(或掌握)一种或一种以上的运输工具,直接承担并完成全程运输中一个或一个以上的货物运输区段。因此,他不仅是多式联运的契约承运人,对货物全程运输负责,同时也是实际承运人,对自己承担区段货物运输负责。这类经营人一般是由各种单一运输方式的承运人发展而来。

(2) 无船承运人型的多式联运经营人。

该类经营人不拥有(或掌握)任何一种运输工具,而只是组织完成合同规定货物的全程运输,仅是多式联运的契约承运人,对货物全程运输负责。这类经营人一般由传统意义上的运输代理人或无船承运人或其他行业企业或机构发展而成。

我国规定,运输企业开展多式联运业务时,经营的多式联运部分应从原企业中分离出来成为独立法人。因此,我国的多式联运经营人均属于第二类。

(三) 多式联运经营人应具备的条件

(1) 必须具有经营管理的组织机构、业务章程和具有企业法人资格的负责人,能够与发货人或其代表订立多式联运合同。且该合同至少要使用两种运输方式完成全程运输。

(2) 从发货人或其代表手中接收货物后,即能签发自己的多式联运单据以证明合同的订立并开始对货物负责。为确保该单据作为有价证券的流通性,多式联运经营人必须在国际运输中具有一定的资信或令人信服的担保。

(3) 必须具有与经营业务相适应的自有资金。多式联运经营人要完成或组织完成全程运输,并对运输全过程中的货物灭失、损害和延误运输负责,因此必须具有开展业务所需的流动资金和足够的赔偿能力。

(4) 必须能承担多式联运合同中规定的与运输和其他服务有关的责任。因此,必须具备与合同要求相适应的,能承担上述责任的技术能力,包括建立自己的多式联运线路,要有一支具有国际运输知识、经验和能力的专业队伍,要有完整的服务网络,要能够制定各线路的多式联运单一费率,要有必要的设备和设施,要做好宣传普及、咨询服务等工作。

(四) 多式联运企业经营的基本方式

多式联运经营人的经营方式通常有以下三种:

(1) 独立经营方式。

多式联运过程中的所有工作(除各区段实际运输外)全部由自己的办事处或分支机构

承担并完成。承运人型的多式联运经营人多是这种形式。

(2) 两企业间联营方式。

联营企业由分别位于多式联运线路两端国家的两个(或几个)类似的多式联运经营人联合组成,联营的双方互为合作人,分别在各自的国家内开展业务活动,揽到货物后,按货物的流向及运输区段划分双方应承担的工作。

(3) 代理方式。

即在线路的两端和中间各衔接地点委托国外(内)同行业作为多式联运代理,这种代理关系可以是相互的,也可是单方面的。在这种情况下,一般由多式联运经营人向代理人支付代理费用。

第一种方式一般适用于货源数量较大、较为稳定的线路,一般要求企业具有较强的经济实力和业务基础。第二种和第三种(特别是第三种)方式多适用于公司的经济实力不足以设立众多的海外办事处和分支机构,或线路的货源不够大,不太稳定,设立分支机构在经济上不合理,或企业开展多式联运业务的初期等情况。大多数无船承运人型的多式联运经营人均采用后两种形式。在实际经营过程中,各多式联运经营人并不只按上述三种方式的某一种经营,而是三种方式结合运用。

三、多式联运合同的特点与订立

(一) 多式联运合同的特点

具体特点表现在:① 为双务合同,合同双方均负有义务和享有权利。② 为有偿合同。③ 为不要式的合同,尽管可用多式联运单据证明,但多式联运单据不是运输合同,没有具体体现形式。④ 有约束第三者性质,收货人不参加合同订立,但可直接获得合同规定的利益并自动受合同约束。⑤ 合同有时包括接受委托、提供服务等内容,这些内容由双方议定。

(二) 多式联运合同的订立

订立多式联运合同是处于平等法律地位的多式联运经营人与发货人双方的民事法律行为,只有在双方表示一致时才能成立。合同是双方的协议,其订立过程是双方协商的过程。

发货人或他的代理人需向多式联运经营人或其营业所或代理机构提出货物(一般是集装箱货)运输申请(或填写定舱单),说明货物的品种、数量、起运地、目的地、运输期限要求等内容,多式联运经营人根据申请的内容,并结合自己的营运路线、所能使用的运输工具及其班期等情况,决定是否接受托运。如果认为可以接受,则在双方商定运费及支付形式,货物交接方式、形态、时间,集装箱提取地点、时间等情况后,由多式联运经营人在交给发货人(或代理)的场站收据的副本联上签章,以证明接受委托。这时多式联运合同即告成立。发货人与多式联运经营人的合同关系已确定并开始执行。

四、多式联运合同法条及注释

多式联运合同特别关注点:

(1) 多式联运合同的特殊效力:一个运输合同,而不是数个运输合同的组合(《民法典》838 条);

(2) 合同主体：多式联运经营人与托运人（或旅客）；

(3) 一次托运，一次收费，一票到底，一次保险，全程负责：一条龙服务；

(4) 对内按区段，对外多式联运经营人负全程责任（《民法典》839 条）；

(5) 托运人过错赔偿责任，不随托运单据转移而消失：单据转移，责任不转移（《民法典》841 条）。

关于多式联运合同，《民法典》相关法条及注释如下：

第 838 条　【多式联运经营人的权利义务】　多式联运经营人负责履行或者组织履行多式联运合同，对全程运输享有承运人的权利，承担承运人的义务。

条文注释

本法所称的多式联运合同，是指多式联运经营人以两种以上的不同运输方式，负责将货物从接收地运至目的地交付收货人，并收取全程运费的合同。

多式联运经营人要根据多式联运合同履行运输义务或者组织承运人履行运输义务，承担全程运输所发生的责任和风险，享有向托运人或者收货人收取运输费用的权利等。

第 839 条　【多式联运经营人责任承担】　多式联运经营人可以与参加多式联运的各区段承运人就多式联运合同的各区段运输约定相互之间的责任；但是，该约定不影响多式联运经营人对全程运输承担的义务。

条文注释

多式联运经营人就全程运输中所发生的责任对托运人或者收货人负全责，但是多式联运经营人可以与参加多式联运的各区段承运人约定相互之间的责任。例如，在一个海陆空的多式联运合同中，多式联运经营人与海上运输区段的承运人、陆路运输区段的承运人、航空运输区段的承运人分别对每一段的运输责任约定，在多式联运经营人对托运人或者收货人负全程的运输责任后，可以依据其与每一区段的运输承运人签订的合同，向其他承运人追偿。

第 840 条　【联运单据的转让】　多式联运经营人收到托运人交付的货物时，应当签发多式联运单据。按照托运人的要求，多式联运单据可以是可转让单据，也可以是不可转让单据。

条文注释

所谓多式联运单据，就是证明多式联运合同存在及多式联运经营人接管货物并按合同条款提交货物的证据。多式联运单据应当由多式联运经营人或者经他授权的人签字，这种签字可以是手签、盖章、符号或者用任何其他机械、电子仪器打出。

根据本条的规定，多式联运单据依托运人的要求，可以是可转让的单据，也可以是不可转让的单据。

第 841 条　【托运人承担过错责任】　因托运人托运货物时的过错造成多式联运经营人损失的，即使托运人已经转让多式联运单据，托运人仍然应当承担赔偿责任。

条文注释

在多式联运中，托运人一般应当承担以下三个方面的责任：

（1）保证责任。在多式联运经营人接管货物时，应视为托运人已经向多式联运经营人保证其在多式联运单据中所提供的货物品类、标志、件数、重量、数量及危险特性的陈述准确无误,并应对违反这项保证造成的损失负赔偿责任。

(2) 对于凡是因为托运人或者其受雇人、代理人在受雇范围内行事时的过失或者大意而给多式联运经营人造成的损失,托运人应当向多式联运经营人赔偿责任。

(3) 运送危险物品的特殊责任。托运人将危险品交付多式联运经营人时,应当告知多式联运经营人危险物品的危险特性,必要时应告知需采取的预防措施,否则其要对多式联运经营人因运送这类货物所遭受的损失负赔偿责任。

因托运人的过错造成多式联运经营人损失的,不管多式联运单据在谁手中,多式联运经营人都可向托运人要求赔偿,而不能向持票人或者收货人要求赔偿。

第842条 【多式联运经营人赔偿责任的法律适用】 货物的毁损、灭失发生于多式联运的某一运输区段的,多式联运经营人的赔偿责任和责任限额,适用调整该区段运输方式的有关法律规定;货物毁损、灭失发生的运输区段不能确定的,依照本章规定承担赔偿责任。

条文注释

本条确立了两个规则:

(1) 如果货物发生毁损、灭失的运输区段是确定的,多式联运经营人的赔偿责任和责任限额,适用调整该区段运输方式的有关法律规定。

(2) 对于货物发生毁损、灭失的运输区段不能确定的,多式联运经营人应当依照本章的规定承担损害赔偿责任。

【法律实务01】 货物运单能代替书面运输合同吗?

风险解读:

在现实货物运输中,承运人与托运人双方或者某一方为了交易简便,往往不签订书面货物运输合同,而由承运人直接向托运人出具货物运单,甚至有当事人认为货物运单能代替书面运输合同。此种做法往往容易造成承运人的风险隐患。

防范措施:

书面货物运输合同是证明当事人权利和义务的直接证据,是最佳证据,也是解决当事人纠纷的确定性依据。

但是在现实货物运输中,承运人与托运人双方或者某一方为了交易简便,往往不签订此合同,而由承运人直接向托运人出具货物运单。此种做法往往容易造成承运人的风险隐患:一方面,没有书面货物运输合同就没有明确双方当事人权利和义务的具体内容,一旦双方发生争议时难以确定各自的权利和义务;另一方面,虽然实践中货物运单可以被认定为运输合同,但其效力要弱于书面货物运输合同,而且运单一般容易被法院认定为承运人提供的格式合同,一旦双方对运单内容出现不同理解,法院往往做出不利于承运人的判断。

承运人与托运人签订书面货物运输合同是首选,尤其是运输贵重货物或运输方式复杂的情形,尽量签订书面货物运输合同。

为了有效约束托运人或承运人,书面货物运输合同或运单要体现出双方当事人的充分参与,尽量涵盖双方所约定的所有事项。

如果该合同、运单是由某一方提供,该方要合理提示对方其中不利于对方的条款,并让对方确认。承运人提供的运单,建议尽量由托运人填写。合同或运单如果是由当事人代理人或者员工代表签订,一定要有合同当事人本人的签章或符合法定形式的《授权委托书》。

【法律实务02】 承运人采用格式条款订立合同时,我们应该注意什么?
风险解读:

使用格式条款订立合同,有利有弊。有利在于简捷、省时、方便、降低交易成本,弊端在于提供商品或者服务的一方往往利用其优势地位,制定有利于自己而不利于交易对方的固定条款,因此,必须在立法上予以限制。首先,法律规定制定格式条款时应当遵循公平的原则确定双方的权利和义务,不能利用自己的优势地位制定不公平的条款损害对方当事人利益。其次,提供格式条款的一方应当采取合理的方式提请对方注意免除或者限制其责任的条款,并按照对方提出的要求,对该类条款予以说明。否则,免除或者限制其责任的条款将面临无效风险,一旦被法院认定为无效,承运人权利将难以得到保护。

防范措施:

承运人自己一方提出的格式合同或格式条款是否生效,关键取决于是否采取合理的方式提请对方注意免除或者限制承运人责任的条款,以及按照合同对方的要求,对该条款予以了说明。如果承运人做到了上述两点,即可保证格式条款的有效性。在实践中,承运人与托运人在签订运输合同时应当在合同的结尾处让托运人亲笔书写以下内容:"本合同全部内容已经承运人充分说明,本人已对合同条款的真实含义和法律后果充分了解,并同意合同全部内容。"此后,双方再加盖公章并经授权签字人签署。经过以上签署程序,格式条款的内容将成为合同约束内容对双方产生法律效力。

【法律实务03】 托运人托运不明或者违法货物会导致承运人哪些法律风险?
风险解读:

在货物运输合同关系中,托运人有义务事先向承运人说明货物的名称、性质、重量、数量,收货地点等有关货物运输的必要情况;托运危险物品的,应当按照有关规定对危险物品妥善包装,标识,向承运人提交有关书面材料,否则,承运人可以拒绝运输,产生的费用由托运人承担。因此,承运人在托运货物不明的情形下,有许多主动性权利,可以要求托运人说明、提交材料,甚至拒绝运输,要求赔偿。

防范措施:

承运人为了避免托运人的不明货物甚至违法货物对其造成损失,首先在缔约之时就应当要求托运人说明货物的名称、性质、重量、数量等有关必要情况。如果条件允许,承运人还应检验货物是否与托运人声明的一致。承运人应当尽量做到货物不明不缔约、不提货、不运输。如果缔约时因托运人隐瞒或提供虚假货物情况致使合同不能订立或造成承运人损失的,承运人可以主张其缔约过失责任。

货物运输合同已经订立,承运人发现货物与托运人声明不一致,是危险或者违法货物的,应当首先采取恰当措施,避免损失产生或者扩大,同时应及时通知托运人以及有关部门,并依照其指示采取行动。承运人事后可以追究托运人的违约或侵权责任,或者主张合同无效或解除合同,并请求托运人赔偿实际损失。当然,如果货物是普通货物只是与托运人声明的不一致,承运人可以及时与托运人协商变更合同,已经履行完毕的可以向托运人主张违约或者侵权责任。

【法律实务04】 承运人承运危险品时需要承担的法律风险有哪些?

风险解读:

承运人在从事危险品的运输时,托运人应当办理危险品运输的许可手续。托运人一般应当在承运人进行货物运输前向承运人及时提供这些手续,对于托运人没有及时提供这些手续或者提供的手续不完备,给承运人造成损失的,托运人应当赔偿。如果托运人没有对危险物品进行妥善包装、做出标志或标签,或者没有将有关危险物品名称、性质和防范措施的书面材料及时提交承运人的,承运人可以拒绝进行运输;如果是在运输过程中发现托运人托运的是危险物品的,承运人也可以采取各种措施避免损失的发生。即使托运人办理了合法手续,承运人也知道危险物品的性质并且同意运输的,但在运输过程中该危险货物对于运输工具、人员的安全和其他货物造成危险时,承运人仍可以采取各种相应的措施以避免损失的发生。在这种情况下即使给托运人造成损失,承运人也可以不承担损害赔偿责任。但如果因此而给承运人造成损失,托运人应当向承运人负赔偿责任。

防范措施:

承运人在运输危险物品时,应当以可记载的方式告知托运人负有按照国家有关危险物品运输的规定对危险物品妥善包装,做出标志和标签,并将有关危险物品的名称、性质和防范措施的书面材料提交承运人的法定义务,该义务应当在双方签订的合同中予以明示。此外,应当在合同中进一步约定,一旦托运人违反约定义务,托运人承担赔偿责任的范围。该赔偿范围应当包括承运人因承运该货物导致的直接和间接损失,以及为了获得损害赔偿而做出的全部支出。

【法律实务05】 货物冒领导致误交付,承运人承担的法律风险有哪些?

风险解读:

在运输合同纠纷中,误交付是指承运人没有按照合同约定或者托运人的后来指定将承运的货物交给收货人,而是将货物错误地交给了合同以外的第三人,致使收货人没有收到货物的情形。在交付货物时,承运人有义务审查提货人是否是承运人指定的收货人,而法院则审查承运人是否正确履行该义务来判定承运人是否按照托运人的指定交付了货物,是否构成误交付。

其法律依据是《民法典》第811条规定,承运人应当在约定期间或者合理期间将旅客、货物安全运输到约定地点。

防范措施:

承运人在交付货物时,应注意以下几点:① 收货人为单位时,提货人员应提交提货凭证,然后在货票上盖上收货人的公章,并由提货人员签字。如提货人员未带公章,则其应提供收货人委托其提货的证明文件和本人身份证明(包括身份证、户口簿或者工作证),然后在货票上签字。如果是单位委托单位领取货物的,提货人员还应提供收货人的委托证明和受托单位的公章,没有公章的,则应提交受托单位委托其提货的证明文件和本人身份证明。② 如果收货人是个人时,提货人员应首先提交提货凭证,再提交本人(即提货人)

的身份证明,然后在货票上签字。如果收货人委托他人领取货物时,提货人不仅要提交本人身份证明,还要提交收货人的身份证明及收货人的授权委托书。③ 如果提货凭证被盗或者丢失,提货人员不仅要提供上述①②项所需证明,还应提交收货人或者托运人关于提货凭证的证明。如果是个人委托他人领取货物的,提货人员还应提供相应的担保。这是因为,个人的证明文件比较容易伪造。承运人只有尽到以上审查义务,才能最大限度地避免误交付的发生。当然有时承运人也尽到了审查义务,但由于第三人伪造的证明文件十分逼真,导致承运人没有发现破绽,货物被冒领的,也构成误交付,承运人也应承担责任,但其可在承担责任后向第三人追偿。

【法律实务06】 实际承运人向托运人承担连带责任的法律风险有哪些?

风险解读:

实际承运人是实际进行货物运输的承运人,通常不与托运人签订书面货物运输合同,也不向托运人签发运单,而是受承运人(直接与托运人订立合同的承运人)委托运输货物,托运人有时甚至不知道货物运输中存在实际承运人。依据合同关系相对性,托运人只能向作为合同当事人的承运人主张违约责任,然而,依据《民法典》第834条规定,损失发生在某一运输区段的,与托运人订立合同的承运人和该区段的承运人承担连带责任,这就容易将该条解读为实际承运人应与承运人一起对托运人承担连带责任。如此解读该条便会对实际承运人非常不利,因为实际承运人没有参与货物运输合同的订立,直接相对人也本应只是委托实际承运人运输货物的承运人,却可能要与承运人一起对托运人承担严格责任。其实,此条只明确了存在实际承运人时,承运人与实际承运人负连带责任,并没有明确规定实际承运人的责任。实际承运人应采取必要措施,避免与承运人一起向托运人承担连带责任。

其法律依据《民法典》第834条规定,两个以上承运人以同一运输方式联运的,与托运人订立合同的承运人应当对全程运输承担责任。损失发生在某一运输区段的,与托运人订立合同的承运人和该区段的承运人承担连带责任。

防范措施:

实际承运人不是货物运输合同的当事人,对托运人不负违约责任。只有当实际承运人对货损的发生有过错时,才对托运人负赔偿责任,即实际承运人对托运人只负侵权赔偿责任。实际承运人应负连带责任的前提是实际承运人对货损的发生具有过错,否则不向托运人承担连带责任。

所以,实际承运人为了避免自己向托运人承担连带责任,应证明自己对于货损没有过错。具体而言,实际承运人可以证明该货损不是发生在自己负责的运输区段,不用对发生在该区段的货损负责。为此实际承运人在接收货物和交付货物的时候,应依据合同、法律法规或行业习惯对货物进行检验,将已经发现的货损详细记录作为证据妥善保存。

如果实际承运人不能证明货损不是发生在自己的责任区段,实际承运人应证明货损不是自己的过错行为导致。实际承运人可以通过证明货损是由不可抗力、托运人、收货人、其他第三人的过错行为,货物本身的自然性质或者合理损耗,或其他法定免责情形造成,证明自己对于货损没有过错。实际承运人对货损无过错的证明类似行为人对自己侵权行为无过错的证明,难度相对较小。

【法律实务07】 多式联运中承运人无法证明货物毁损区段的法律风险。

风险解读：

多式联运货物毁损、灭失发生的运输区段不同，承运人的赔偿责任也会不同。此外，货物毁损、灭失发生于某一运输区段的证明责任由实际承运人承担。由于全程承运人未参与运输或未参与全部运输，故无法举证证明，实际承运人要证明损失不是发生在本区段或证明发生于其他区段。

因此，多式联运中发生了货损，如果托运人或收货人主张货损发生在对承运人不利的运输区段，或者主张按货物到达地的市场价格计算货损赔偿额，而实际承运人不能证明货损非发生于该责任区段，就会承担无法举证的不利后果。

其法律依据是《民法典》第842条规定，货物的毁损、灭失发生于多式联运的某一运输区段的，多式联运经营人的赔偿责任和责任限额，适用调整该区段运输方式的有关法律规定。货物毁损、灭失发生的运输区段不能确定的，依照本章规定承担损害赔偿责任。

防范措施：

多式联运中承运人无法证明货物毁损区段造成法律风险，主要是因为诉讼中承运人会承担该证明责任，以及货损区段不明可能会适用对承运人不利的法律法规。所以，承运人可以通过以下方式避免该法律风险：

首先，承运人在订立多式联运货物运输合同时，应尽量明确自己的责任区段。承运人可以在运输合同中约定自己的责任期间以明确自己的责任时点。承运人还应明确在与他人交接或转交货物时，自己责任期间起算和结束的标志。实际承运人与全程承运人之间应约定好各自的责任分配方式，并且可以通过特别约定，均衡可以享受免责的区段承运人与不能享受免责的区段承运人以及全程承运人之间的责任。

其次，承运人在履行多式联运货物运输合同时，应注意收集有关货物状况的证据。虽然货物包装外表面完好不能证明其内部货物就一定完好，但是包装外表面完好通常可以作为内部货物毁损承运人免责的情形，因此承运人应尽量保证货物包装外表面完好。在自己责任期间起始和结束的时点，承运人应注意验货，检查货物包装外表面情况，如发现包装缺损，及时通知收货人、托运人或全程承运人，做好记录并保留有关证据。

【思考题04】 托运人未申报货物价值或申报过低，货物毁损时承运人有哪些法律风险？

参考答案：

物流企业可以采用以下方式预防或降低该法律风险：

首先，货物运输合同或运输单证中应具有以下内容：① 货物的名称、性质；② 货物的包装情况；③ 货物的价值；④ 保价及保险；⑤ 免责条款。上述内容全应被标明，其中，①②项应要求托运人必须填写，第③④项应要求托运人填写，货物运输合同或运输单证中应有对托运人的特别提示，提示其第④⑤项会对其权利有重大影响。

其次，在接受货物时，承运人应注意检查货物状态是否与托运人声明的一致，货物是否适于运输，事先有没有包装。如果货物已被托运人包装，承运人还应检查包装，看其有无破损，包装是否紧密。如有包装不当，应要求托运人妥善包装或自行包装。如自行包装，应确保内装货物与托运时的一致。

在运输过程中,承运人不能擅自开启、变更托运人的自行包装。货物运到后,一定要注意让收货人实际签收(签收时间应根据不同情况精确到不同程度)。但是,承运人如果明知货物已经毁损的,不能要求收货人签收。如此,发生货损时承运人可以依据货物价值,保价或保险,免责条款等行使抗辩。

第七章　货物仓储法律实务

第一节　保管合同

一、保管合同的定义和特征

(一) 保管合同的定义

保管合同,又称寄托合同或寄存合同,是指保管人有偿或者无偿地为寄存人保管物品,并按约定期限或者应寄存人的请求返还保管物的合同。替他人保管物品的一方,被称为保管人或受寄人;而交付保管物品的一方,被称为寄存人或寄托人,其所保管的物品是保管物。

保管合同是《民法典》中列出的有名合同。它包括一般保管合同和特殊保管合同。

特殊保管合同在《民法典》上是指仓储保管合同,对此,将在下节单独论述。

(二) 保管合同的特征

第一,保管合同既可以是有偿合同,也可以是无偿合同,由保管人和寄存人自行约定。

第二,保管合同为单务合同(无偿的保管合同)或者双务合同(有偿的保管合同)。无偿保管合同,减轻保管人的责任;有偿保管合同,保管人以善良管理人的注意进行保管。

第三,保管合同原则上为要物合同。保管合同的成立须交付保管物。即保管合同属于实践性合同。保管合同在寄存人将物品交付给保管人时成立。寄存人没有交付标的物,只是提出要保管或者保管人同意保管,合同不能成立。

第四,订立保管合同既可以是口头形式,也可以是书面形式,为不要式合同。

第五,保管合同为继续性合同。在保管合同中,保管人要持续地履行其保管义务,并不是一次履行即告完结,具有继续性的特点。作为继续性合同的保管合同解除的效果不同于非继续性合同,保管合同的解除仅向将来发生效力。

第六,保管合同以物品的保管为目的。保管合同的客体是保管人为保管物提供保管劳务,故保管合同属于提供劳务的合同。

第七,保管合同中交付保管人保管的物品只是临时转移占有权。尽管保管物处于保管人的临时占有或控制下,保管人只能保持物品原状,非依合同约定,不得使用保管物品,或利用保管物品获取收益。

第八,保管合同的任意解除权。① 寄存人可随时解除,无论是定期保管还是不定期保管;② 保管人可随时解除,限于不定期保管。

二、保管合同的订立

保管合同的订立是指两个或两个以上的当事人,依法就保管合同的内容经过协商一致而达成协议的法律行为。订立保管合同至少是双方法律行为,也就是在保管人和寄存人之间达成的协议,在有担保的情况下还包括合同的担保方。保管合同的订立是保管合同法律关系确立的前提,一项保管合同只有成立后,才谈得上进一步衡量其是否有效的问题。因此,我们要了解保管合同,首先就要了解保管合同的订立。

(一) 订立保管合同的主体

"订立保管合同的主体"与"保管合同的主体"是两个既相互联系又相互区别的概念。"订立保管合同的主体"是指以其意思表示订立合同之人,而"保管合同的主体"则是指保管合同的权利义务承担者,这种合同义务的实际承担者有时并不是订立合同之人。在通常情况下,合同的当事人亲自做出意思表示为自己订立合同。在这种情况下,该主体既是通过意思表示订立合同之人,也是合同权利义务的实际承担者,也即订立合同的主体与合同的主体是同一的。

然而,在由代理人代为订立合同时的情况下就不同了。代理人独立地做出意思表示,以被代理人的名义订立合同,代理人是订立合同的主体,而合同权利义务的实际承担者是被代理人,被代理人即为合同的主体,在这种情况下订立合同的主体与合同的主体就不相同了。

1. 保管合同的主体

保管合同的主体就是保管合同的当事人,即保管人和寄存人。在保管合同当事人亲自订立保管合同时,他们也就是订立保管合同的主体。根据《民法典》规定,当事人订立合同,应当具有相应的民事权利能力和民事行为能力。这也就是说,订立保管合同的主体要有合法的资格,只有符合法律规定的条件和要求,才能成为合格的主体,订立的保管合同才具有法律效力。依照《民法典》规定,保管合同的主体一般有以下几类:法人、合伙企业、非法人组织、个体工商户、农村承包经营户以及自然人,国家在特殊情况下也可以是保管合同的主体。

2. 保管合同的代理人

随着市场经济的发展,市场主体的交易活动将更加迅速和频繁,在这种形势下,法人的法定代表人和非法人经济组织的主要负责人不可能亲自订立每一份合同,大量的合同是委托他人代订。这样代理问题就会大量发生,代理也就成了合同订立过程中不容忽略的问题,因此,代理人也是保管合同订立的主体。《民法典》规定当事人依法可以委托代理人订立合同。

代理是指代理人在法律规定的或合同约定的代理权限内,以被代理人的名义实施民事法律行为,由此产生的法律后果由被代理人承担的法律制度。在代理关系中,代为他人实施民事行为的人称为代理人,由他人代替自己实施民事法律行为的人称为被代理人(即本人),与代理人实施民事法律行为的人称为第三人。在保管合同中,代理行为也同样大量存在,如某甲委托某乙将自己的行李寄存在车站,后来某乙将寄存凭证交付给某甲。在这里,某乙实质是订立保管合同的代理人,而某甲才是保管合同的主体。

对于代理,我们可以将其分为委托代理、法定代理和指定代理三种。所谓委托代理是指代理人的代理行为是根据被代理人的授权进行的。委托代理通常以授权委托书的形式进行,特别是在法人、非法人组织之间委托代订保管合同时,应当采用书面委托书的形式。当然,在实践中,对于公民之间的代订简单保管合同也是可以以口头的形式进行。书面委托的,根据《民法典》第165条规定,委托代理授权用书面形式的,授权委托书应当载明代理人的姓名或者名称、代理事项、权限和期限,并由被代理人签名或盖章。如果委托书授权不明的,被代理人应当向第三人承担民事责任,代理人负连带责任。在实践中应避免使用如全权代理、一般代理、部分代理等措辞。

法定代理是指由法律所设立的代理,如法定代理人所进行的代理行为。设立法定代理的目的在于让所有的具有民事权利的人都能够行使民事行为,成为民事关系的主体,因为在实际中,不具民事行为能力的人参与民事关系是存在的。指定代理是由人民法院或者指定单位的指定所产生的代理。法定代理和指定代理主要是为无行为能力和限制行为能力人所设定的代理方式,在代理签订保管合同时适用的范围很小,而普遍存在的只有委托代理。

代理人转委托的行为在法律上称为再代理或复代理。但再代理必须具备以下条件:① 必须是为了被代理人的利益;② 必须征得被代理人的同意,或者得到被代理人的事后追认,但在紧急情况下是可以未经被代理人同意而转委托的。其法律依据是《民法典》第169条规定,代理人需要转委托第三人代理的,应当取得被代理人的同意或者追认。转委托代理经被代理人同意或者追认的,被代理人可以就代理事务直接指示转委托的第三人,代理人仅就第三人的选任以及对第三人的指示承担责任。转委托代理未经被代理人同意或者追认的,代理人应当对转委托的第三人的行为承担责任;但是,在紧急情况下代理人为了维护被代理人的利益需要转委托第三人代理的除外。

在代理人没有代理权、超越代理权或者终止代理权后进行代理订立合同的行为属于无权代理。无权代理既没有法律上的根据,又没有被代理人的委托,因此,对于此情况下的代理行为,法律规定了只有经过被代理人的追认,被代理人才承担民事责任;未经追认的行为由行为人自己承担民事责任;本人知道他人以自己的名义实施民事行为而不做否认表示的视为同意;第三人知道行为人没有代理权、超越代理权或者代理权终止还与行为人实施民事行为给他人造成了损害,由第三人和行为人负连带责任。在这种无权代理问题上,我们应当注意一种特殊情形,即表见代理。所谓表见代理是指行为人无权代理,但与本人有一定关系,足以使第三人相信其有代理权并与其订立保管合同,合同权利义务应由本人承担的法律制度。表见代理虽在性质上属于无权代理,但它又与一般的无权代理不同。一般的无权代理,本人原则上不承担行为后果,而表见代理中,本人却应承担行为后果。确认表见代理的关键在于:① 行为人与本人有一定的关系,存在代理行为的表面特征并足以使第三人认为其有代理权。如已退休的业务部负责人所订立的合同就是如此,因为在这种情况下,对方当事人有充分的理由相信该位曾经和他们打交道的业务部负责人是有权代理订立合同的,对方当事人没有义务调查该业务部负责人是否已经退休。② 当事人(即第三人)善意且无过失。因为一旦有过失且非善意,第三人与行为人订立的合同只约束第三人和行为人,而不约束"被代理人"。

其法律依据是《民法典》第171条规定,行为人没有代理权、超越代理权或者代理权终止后,仍然实施代理行为,未经被代理人追认的,对被代理人不发生效力。

相对人可以催告被代理人自收到通知之日起 30 日内予以追认。被代理人未做表示的,视为拒绝追认。行为人实施的行为被追认前,善意相对人有撤销的权利。撤销应当以通知的方式做出。

行为人实施的行为未被追认的,善意相对人有权请求行为人履行债务或者就其受到的损害请求行为人赔偿,但是,赔偿的范围不得超过被代理人追认时相对人所能获得的利益。

相对人知道或者应当知道行为人无权代理的,相对人和行为人按照各自的过错承担责任。

《民法典》第 172 条规定,行为人没有代理权、超越代理权或者代理权终止后,仍然实施代理行为,相对人有理由相信行为人有代理权的,代理行为有效。

通过上述分析,我们知道,订立保管合同的主体是两种,一种是保管合同的主体,一种是保管合同的代理人。这两种主体的关系又可表现为三个方面:第一,订立合同主体与合同主体合一。这是简单商品经济中订立合同主体的基本形态,但这种基本形态会影响交易的成本、质量和速度。第二,订立合同主体与合同主体积极分离,也即合同主体常常积极寻求代理人为其代订合同,这种做法反映了社会主义市场经济体制的必然要求。第三,订立合同主体与合同主体的消极分离。这种情况出现在表见代理情形之下,即表见代理人在此是订立合同的主体,本人才是合同的主体。这种分离不是基于表见代理人和本人的意愿,而是基于法律为保护第三人的利益,体现了法律的意愿。

总之,保管合同订立的首要问题就是订立保管合同主体的适格问题,只有订立合同的主体适格才谈得上保管合同的成立,但是这种适格在实务操作中又必须根据具体情况进行分析,只有这样,才能准确把握订立合同的主体是否适格。

【法律实务 01】 法定代表人并没有亲自为之签订的保管合同是否有效?

原告:某商业储运公司。

被告:某肉类联合加工厂。

2024 年 2 月,被告某肉类联合加工厂的业务人员王某因公出差到某市。在该市停留期间,王某发现牛肉制品在该市极为畅销,有利可图,经与肉联厂厂长联系,该厂决定在该市打开市场,发展业务。为解决商品的储存保管问题,王某找到该市商业储运公司。

经协商,王某用其随身携带的盖有肉联厂公章的空白合同书与商业储运公司签订了一份保管合同。合同约定:商业储运公司为肉联厂提供冷藏库一间,为其储存牛肉制品100 吨,期限 3 个月(自 2024 年 3 月 1 日起至 2024 年 6 月 1 日止),每月储存费 8 000 元,并规定了保管要求及违约责任等。合同签订后,商业储运公司即依约为肉联厂准备了冷库一间,并对相关的制冷设备进行了全面的检修。但直到 3 月中旬,被告仍无履行合同的意思表示。原告遂于 3 月 20 日向被告发电称:我公司已备好冷库一间,望按合同约定履行。同时寄去了合同复印件一份。被告直到 4 月中旬才复电称:我厂从未委托王某与贵公司订立仓储合同,望贵公司自行处理。双方多次交涉未果,致使原告仓库闲置达 3 个月之久,造成了很大的经济损失。为此,原告诉至法院,要求被告履行合同,偿付违约金并赔偿损失。

试问:

(1) 王某是否有权与商业储运公司订立保管合同？

(2) 肉联厂应否承担违约责任？

在该案中，王某有权与商业储运公司订立保管合同，因为虽然在订立合同时肉联厂的法定代表人并没有亲自为之，但是王某作为肉联厂的业务员，并且他还随身携带了盖有肉联厂公章的空白合同书，其行为可以被看作是肉联厂的授权行为，或者对法定代表人的代理行为，因此王某作为订立保管合同的主体是适格的，王某与商业储运公司订立的保管合同是有效的。其法律依据是《民法典》第172条规定，行为人没有代理权、超越代理权或者代理权终止后，仍然实施代理行为，相对人有理由相信行为人有代理权的，代理行为有效。

虽然我们讨论的一般保管合同是一种实践性合同，但在本案中，该保管合同是特殊的保管合同即仓储合同，而仓储合同是一种诺成性合同，合同在订立时就已生效。因此，肉联厂应承担违约责任。

（二）订立保管合同的原则和规则

保管合同的双方当事人为了订立合同而进行磋商，通常会产生三种可能的结果：一是合同未订立，二是合同订立但无效，三是合同有效订立。其中的合同有效成立是当事人所追求的结果，也是《民法典》所肯定的。但保管合同的有效成立受多方面因素的影响，其中缔约主体的法律意识水平最为重要，也就是说缔约双方在订立保管合同时必须遵循订立合同的一些基本原则和规则。

1. 订立保管合同的原则

所谓订立保管合同的原则其实就是《民法典》所规定的原则。这些原则包括守法和公序良俗、平等、自愿、公平原则和诚实信用原则等。这些原则不仅是订立合同的原则，也是指导合同全过程的原则，不仅指导合同当事人，同时也指导合同管理机关、仲裁机关和审判机关。

守法和公序良俗原则：保管合同的合法性使其能够获得国家的承认从而得到法律的保护。保管合同的当事人在订立保管合同时，应当在遵守法律和行政法规的前提下，设置合同的内容，确定当事人的权利和义务。违背了合法性原则的保管合同，即使是出于双方当事人的自愿，也是不具有法律效力的。合法性原则还意味着遵守传统民法上的"公序良俗"原则。合同虽是社会主义市场经济的有效法律形式，但是当事人在订立合同时，不能借订立合同之名，损害国家利益和社会公共利益，否则就违背了"公序良俗"原则，从而有违合法原则。

平等互利、等价有偿原则：所谓平等是指保管合同的双方当事人的法律地位平等，任何一方不得享有高于对方的法律地位。所谓互利是指保管合同的双方当事人在经济活动中都有利益可得，彼此的经济权利义务应当基本平等。平等互利原则是合同基本原则在保管合同中的具体体现。它要求双方当事人在保管合同关系中享有的经济权利和承担的经济义务都基本平等，都能通过保管合同关系的运行获取自己的经济利益。根据法律的规定订立合同。任何在以上压下、以大欺小情况下所订立的合同都为法律所禁止。在保管合同中，等价有偿只限于有偿的保管合同中，无偿的保管合同只是一种单务合同，不会存在等价有偿问题。保管合同的等价有偿意味着一方享有的权利就是对方当事人应承担的义务,而一方承担的义务也就是对方当事人所享有的权利。

自愿原则:合同之精髓就是当事人自由意志的汇合,只要不违反法律、道德和公共秩序,每个人享有完全的合同自由。一个人是否缔结合同关系、同谁缔结合同关系以及合同关系的内容如何做出规定,都有赖于双方的协商。契约自由作为合同的特征性原则,当然也运用于保管合同中。按照契约自由原则,国家听任当事人自己决定相互间的法律关系。合同一旦生效成立,即具有约束力,法律的职责仅在于通过法庭以保障合同的执行。按照契约自由原则,一切合同权利义务关系的产生,都必须是基于当事人的合意,这种合意不仅在当事人间有相当于法律的效力,而且有排除法律适用的效力。因此,在法律规定只是任意性规定的情形时,这种法律规定,只起补充当事人意思的作用。当事人的约定具有优先效力,凡当事人有约定的,应优先适用当事人约定;只有在当事人无约定的时候,才适用法律的规定,甚至法律的规定也被说成是当事人意思的"推定"。

诚实信用原则:诚实信用原则和公平原则一样,都是市场活动的重要道德规范,也是道德标准的法律表现。合同领域中的诚实信用原则,一方面要求从法律上消除欺诈、诱骗等行为,而另一方面要求合同当事人基于公平观念的利益均衡和协调,保证合同主体利益上的统一。诚实信用原则适用于合同订立阶段时,要求当事人应当如实陈述实际情况,不得有任何的隐瞒和欺诈。这种诚实信用原则在订立合同阶段的具体表现是,当事人在合同尚未成立时,负有下列附随义务:① 忠实的义务。当事人应如实向对方陈述商品的瑕疵、质量情况,同时应如实向对方陈述一些重要情事,如财产状况、履行能力等,总之要忠于事实真相,不得做虚伪陈述。② 诚实守信,不得欺诈他人。③ 相互照顾和协助的义务。任何一方都不得滥用经济上的优势地位和其他手段牟取不正当利益,并致他人损害。依照诚实信用原则产生的订约过程中的附随义务,使得当事人一方不履行这些义务而给另一方造成信赖利益的损失,应当承担缔约过失责任。

2. 订立保管合同的规则

订立保管合同除了应遵守上述几项原则外,订约当事人还应遵守几个具体的规则,这些具体规则也是订立保管合同所必不可少的:

(1) 审慎规则。

审慎规则要求当事人在订立保管合同时,认真审查对方的有关情况,慎重约束自己的行为。如果当事人在订立合同时不认真审查对方的主体资格、履行能力等,草率地订立合同,其结果必然会导致上当受骗,遭受损失,达不到签订合同的预期目的;而另一方面,当事人订立合同时不考虑自己的履行能力,不善意尽到缔约阶段的先合同义务,在导致合同不有效成立时,同样要承担法律责任。因此,审慎规则是合同订立阶段最基础的规则,对合同的有效成立,达到订立合同的预期目的是非常重要的。

(2) 完备规则。

完备规则要求在订立合同时尽量使合同条款齐全、完备、意思表示清楚。在实践中,许多合同纠纷都是由于条款不齐全,意思表示不清晰或欠缺所造成的,因此,为了减少甚至避免合同纠纷,在订立合同时应把条款订得完备,使合同内容严密,这是完备规则的当然要求。

(3) 交付规则。

交付规则要求当事人在订立保管合同后还必须将物品进行实际交付,因为我们通常所说的保管合同(仓储合同例外)是实践性合同,只有在交付物品时,合同才成立,在物品未交付的前提下,一纸空文的合同是得不到法院支持的,合同的预期目的是不能达到的。

总之,我们在订立保管合同时,除了遵守几项基本原则之外,还必须恪守审慎、完备、交付的规则,才能使保管合同得以有效成立,当事人的预期目的才能成功实现。

【法律实务 02】 保管合同成立的前提是要有双方当事人的意思表示。

2024 年 8 月 28 日晚 9 时许,原告易某骑着一辆铃木摩托车到郴州晶阳大酒店与朋友聚会。当其骑车进入酒店停车坪时,因停车坪内已摆满了车辆,酒店保管员指挥易某将车摆到酒店入口处——国庆北路人行道上的停放点,易某将摩托车上好防盗锁后即进入酒店。当晚 10 时许,原告发现摩托车丢失,即报告酒店并向公安机关报案。次日,原告向酒店索赔未果,随之发生纠纷。郴州晶阳大酒店对车辆保管明确告示:"进场车辆需听从保安员指挥停靠。代为保管,需办理保管手续,按规定缴纳停车占地费。"

法院经审理认为,原告与被告之间尚未形成保管合同的法律关系,依照《民法典》的有关规定,驳回原告要求酒店赔偿损失的请求,被盗摩托车的损失由原告自负。

在本案中,争议的焦点在于原、被告之间的保管合同是否成立。根据《民法典》第 890 条规定,保管合同自保管物交付之时成立,但是当事人另有约定的除外。因此,保管合同原则上是实践性合同,只有在当事人另有约定的情况下,保管合同才为诺成性合同。

在本案中,法院认为酒店已明确告知顾客车辆需要保管时应办理保管手续,并缴纳保管费,而原告将摩托车停在酒店指定的停车地点,既未说明交酒店保管,也没办理保管手续和缴纳停车保管费,因此原、被告之间并未形成车辆保管合同关系。

在本案中,原、被告之间并未形成保管合同关系,其理由是:保管合同首先要有双方当事人的意思表示,也即原告要提出保管要求,被告予以允诺,若缺少双方的共同意思表示,保管合同不可能发生,这是保管合同成立的先决条件。《民法典》第 890 条规定,保管合同在保管物交付时成立,也就是应具备就保管合同双方做出意思表示的前提,我们不应认为只要有交付行为保管合同就成立,这种理解是值得讨论的。从本案的情况看,被告的保安人员在停车坪已摆满了车辆的情况下,要求原告将车停在人行道上的停放点,这时原告也没有做出要求保管的意思表示,因此就根本谈不上保管合同成立的问题。如果原告希望被告能提供保管的话,原告应提出保管的要求,缴纳保管费,获取保管凭证,只有在这样的情况下,保管合同才成立。从本案所反映的情况来看,自愿是订立合同的基本原则。

(三) 订立保管合同的程序

当事人订立合同,采取要约、承诺方式。因此要约和承诺是合同成立的基本规则,也是合同成立必须经过的两个阶段。如果合同没有经过承诺,而只是停留在要约阶段,则合同根本未成立。作为合同的一种基本类型的保管合同的订立,也必然经过这两个基本程序。

我们要注意的是,要约和承诺只是合同订立的两个实质性阶段,除此之外,在合同订立前还存在预备性阶段,有些合同还涉及交付货物。因此,我们为了理解的方便,将保管合同的订立程序分为预备、要约、承诺和交付四个阶段,但预备并不是合同订立的必要条件。

1. 预备阶段

每当订立一个合同前,总要经过一些先期性活动,这些先期性活动通常包括接触、预约和要约邀请。这些先期性活动,便于双方当事人相互了解,设定缔约义务及引诱要约,为双方进入实质的缔约阶段,创造条件,扫除障碍。

(1) 接触。

有的国家的法律特别强调合同订立前的接触,甚至有的国家还把合同接触作为订立合同的必经程序。对于合同接触,我国法律并没有明确的规定。但是合同的接触对于合同实务意义是很大的,它可以使双方就合同订立做出决定。合同的接触一般有两种形式:一是双方通过会谈、实际调查及实地考察等活动进行单独接触;二是通过向开户银行、公证机关、登记主管机关及业务主管机关进行咨询,了解对方当事人的资信情况、履约能力等。充分的接触可以提高订立合同的成功率,进而减少合同纠纷,防止合同订立中的欺诈行为。

(2) 预约。

预约又称为预备合同、意向书、意向协议等,其内容是双方约定将来订立合同。预约是本约(正式合同)产生的前提和依据,本约都是预约的必然结果。实践中预约合同经常被采用。其依据是《民法典》第495条的规定,当事人约定在将来一定期限内订立合同的认购书、订购书、预定书等,构成预约合同。当事人一方不履行预约合同约定的订立合同义务的,对方可以请求其承担预约合同的违约责任。

在理论上,合同的预约性是合同的重要特征之一,特别是作为实践性合同的保管合同,更有必要订立保管合同的预约合同。在实践中,通常以保管人作为预约义务人,而寄存人作为预约权利人,因此,寄存人有交付标的物而请求保管人承诺的债权。但在不得已的情况下,保管人仍然可以拒绝订立保管合同。也就是说,保管人进行保管行为后,如有不得已的情况时,也可以拒绝订立保管合同。

(3) 邀约邀请。

要约邀请又称为邀请要约、要约引诱,是指向不特定的人发出的,以呼唤要约为直接目的的意思表示。要约邀请与预约不同在于,要约邀请通常是指向不特定的多数人,而预约通常有明确的目标,只不过它们都是订立合同的预备阶段。要约邀请的特征是:① 要约邀请仅是订立合同的提议,并不包含合同内容的主要条款,因此对要约邀请的承诺并不导致合同的成立。② 要约邀请的对象是非特定的某些人。③ 要约邀请的目的是希望对方向自己发出要约,也就是说其目的在于引出要约而不是承诺,但其最终目的仍是为了订立合同。要约邀请便于邀请者从众多的响应者中选择理想的合同伙伴,并与之订立合同。要约邀请虽然不是导致订立合同的实质阶段,但是它作为预备阶段,仍应遵守诚实信用原则,履行基于诚信原则所产生的附带义务。违反此种义务,给对方造成损害的,自然应承担赔偿义务,其责任称为缔约过失责任。

2. 要约阶段

(1) 要约的概念及其理解。

合同能否成立,其关键在于当事人是否具有缔结合同的内在意思,并且最终达成意思表示一致。当事人这种相互间交换意思表示的过程,法律上称之为要约和承诺。正是因为要约和承诺直接关系到合同的订立,进而影响当事人的利益,因此许多国家在民法或合同法中对要约和承诺做了明确的规定,其依据是《民法典》第 471 条规定,当事人订立合同,可以采取要约、承诺方式或者其他方式。《民法典》第 472 条规定,要约是希望与他人订立合同的意思表示,该意思表示应当符合下列条件:① 内容具体确定;② 表明经受要约人承诺,要约人即受该意思表示约束。《民法典》第 479 条规定,承诺是受要约人同意要约的意思表示。

要约又称为发盘、出盘、发价、出价或报价,是指向特定人做出的订立合同的意思表示。发出要约的人称为要约人,接受要约人的则称为受要约人、相对人或者承诺人。为了更好地理解要约的概念,我们应把握构成要约的有效条件。要约的有效条件通常有以下几个:

第一,要约必须是向特定人的意思表示。

提出要约的目的是要与他人订立合同,并唤起相对人的承诺,所以要约人一定是订立合同的一方当事人。例如,一项买卖合同的订立,要约人可以是出卖人也可以是买受人,但必须是准备订立合同的当事人或者订约当事人的代理人,但是在代理人的情况下,需要有本人的授权,否则其代理发出的要约对他人不能发生拘束力。

需要注意的是,订立合同的要约人作为订立合同的主体应当具备一定的民事行为能力,在不具备民事行为能力的情况下,要约人发出的要约是不能产生效力的,因而合同也不可能成立。

第二,要约必须具有订立合同的意图。

要约人发出要约的目的在于订立合同,而这种订约的意图一定要由要约人通过其发出的要约充分表达出来,才能在受要约人承诺的情况下成立。要约意味着已经决定订约,而不是"打算""准备"和"正在考虑"订约。例如,在当事人说"我正在考虑卖掉家中的一幅国画,价值 15 万元"时,该人显然没有决定订立合同;若他说"我愿卖掉家中的一幅国画,价值 15 万元",则表明他已决定订立合同。正因为要约应具有订立合同的意图,所以要约不包括预备阶段的要约邀请或初步磋商行为。

由于要约具有订约的意图,因此一经承诺就可以产生合同。在这里,只要要约人表明了订约的意图,并不一定要表明要约一经承诺即受束的意图。其实,如果要约人表明了订约的意图就已经意味着他要接受承诺的后果,因此不必在要约中另行声明要接受承诺的后果。

第三,要约必须向要约人希望与之缔结合同的受要约人发出。

要约的相对人通常应当是特定的人,但是特定的人并不限于一人,而可以是若干个特定的人。向不特定的人发出的要约,一般应看作是一项要约邀请,如旅店、车站、码头等公共场所设立的小件寄存处在其橱窗上所陈列的各类物品的储存价目表等。这些表示只能认为是一种要约邀请,它希望对方根据告示向自己发出要约,然后再由保管人做出承诺。

第四,要约的内容必须确定和完整。

"要约的内容必须确定"是指要约的内容必须明确,而不能含糊不清,因为受要约人如果不能理解要约人的真实含义,就无法做出承诺。

所谓"完整"是指要约的内容必须具有足以使合同成立的主要条件,也即要约中必须包含未来合同的主要条款。如果不包含合同的主要条款，承诺人就难以做出承诺。即使做出了承诺也会因为这种含意不具备合同的主要条款，而使合同不能成立。就一般的保管合同而言，要约的内容至少应包括以下条款：保管物品的种类、数量和质量，保管费用，保管的期限，保管的地点和方式以及其他必须注意的事项。

第五，要约必须送达到受要约人。

要约只有在送达到受要约人以后才能为受要约人所知悉，才能对受要约人产生实际的拘束力。当然对话要约则不存在送达问题，只要求要约人（包括其代理人）应当将要约的内容告知受要约人，使其了解其内容。而对于非对话要约，则应将要约的信件送到受要约人能够支配的地方。

（2）要约的形式。

根据《民法典》的理论与实践，要约的形式一般有口头形式或者书面形式。口头形式是指要约人以直接对话或电话等方式向受要约人进行的要约。它适用于公民为满足日常生活而订立的保管合同。在实践中有大量的小件寄存合同其要约和承诺都是采用口头形式。书面形式是指采取交换信函、电报、电传等文字形式所进行的要约。它一般广泛应用于法人之间数额较大以及远距离进行交易时所订立的保管合同。因此，一般保管合同作为不要式合同，当事人既可采用口头形式也可采用书面形式进行要约，订立合同。

（3）要约的效力。

要约的效力又称要约的拘束力。要约的效力何时发生及其效力的范围有多大都是我们所要探讨的。

要约的生效时间因要约的形式不同而有所差别。口头形式的要约，从相对人开始了解要约时发生。而对于以书面形式发出的要约，对其生效时间有不同的观点。一种是发信主义，也即要约一经发出就产生拘束力，当然这时只能约束要约人；另一种是受信主义，又称到达主义，也即要约必须于到达受要约人时生效。当然，要约到达受要约人并不要求一定需交付到受要约人或其代理人的手中，而只要要约送到受要约人所能控制，并应当能了解的地方即可，如送达到受要约人的住所或信箱。《民法典》第474条规定，要约生效的时间适用本法第137条的规定。《民法典》第137条规定，以对话方式做出的意思表示，相对人知道其内容时生效。以非对话方式做出的意思表示，到达相对人时生效。以非对话方式做出的采用数据电文形式的意思表示，相对人指定特定系统接收数据电文的，该数据电文进入该特定系统时生效；未指定特定系统的，相对人知道或者应当知道该数据电文进入其系统时生效。当事人对采用数据电文形式的意思表示的生效时间另有约定的，按照其约定。

要约到达受要约人时生效，采用数据电文形式订立合同，收件人指定特定系统接收数据电文的，该数据电文进入该特定系统的时间，视为到达时间，未指定特定系统的，该数据电文进入收件人的任何系统的首次时间，视为到达时间。

至于要约效力的范围，它包括两个方面：一是对要约人的拘束力，二是对受要约人的拘束力。

要约对要约人的拘束力是指要约一经生效，要约人即受到要约的拘束，不得撤回、撤销或对要约加以限制、变更和扩张。若要约人在要约中声明自己不受要约约束，在此情况下,要约实质是要约邀请。但为了适应商业活动的实际需要,法律也赋予要约人可在一定条件下在承诺之前有限度地撤回或撤销。

要约对受要约人的拘束力是指受要约人在要约发生时取得依其承诺而成立合同的法律地位。这种所谓的拘束力实质上不是受要约人必须对要约做出承诺的义务,而是一项可以对要约做出承诺的权利。既然受要约人没有必须表示承诺或者拒绝的义务,那么即使要约人在要约中规定了受要约人应当通知是否承诺,受要约人若不打算承诺也可以不通知。

(4) 要约的撤回和撤销。

要约的撤回是指要约在发生法律效力之前,要约人欲使其丧失法律效力的意思表示。要约的撤销是指要约在发生法律效力之后,要约人欲使其丧失法律效力的意思表示。要约的撤回和撤销,其目的都在于使要约作废,或取消要约,并且都只能在承诺做出之前实施,但两者存在一定的区别,表现于:撤回发生在要约生效之前,而撤销发生在要约已经到达并生效之后,但受要约人尚未做出承诺的期限之内。

因为承认要约人享有撤回要约的权利对于充分尊重要约人的意志、保护要约人的利益十分必要,所以各国立法都承认撤回权。而对于撤销权,英美法系和大陆法系有不同的规定。《民法典》对要约的撤回和撤销都做了规定。《民法典》第475条规定:"要约可以撤回。"撤回要约的通知应当在要约到达受要约人之前或者与要约同时到达受要约人。而《民法典》第476条规定:"要约可以撤销"。撤销要约的通知应当在受要约人发出承诺之前到达受要约人。但是《民法典》第476条又做出对要约撤销的限制性规定:"有下列情形之一的,要约不得撤销:(一)要约人以确定承诺期限或者其他形式明示要约不可撤销;(二)受要约人有理由认为要约是不可撤销的,并已经为履行合同做了合理准备工作。"这样规定的目的在于平衡要约人和受要约人之间的权利和义务。

(5) 要约的消灭。

所谓要约的消灭是指要约丧失了法律拘束力,不再对要约人和受要约人产生拘束。要约的消灭必然导致受要约人丧失其承诺的能力,即使受要约人对要约做出了承诺,合同也不能成立,因为承诺产生的原因不存在了。要约的消灭通常有几种情况:① 要约的承诺期限已过。承诺必须在要约明确规定的承诺期限内做出,超过所规定的承诺期限,要约的效力消灭。② 受要约人拒绝要约。拒绝是指受要约人没有接受要约所规定的条件。拒绝可以是明确表示拒绝要约的条件,也可以是在规定的时间内不做答复而默示拒绝。拒绝还可以通过对要约的实质内容做出限制、扩张或变更而形成一种新的要约,从而达到拒绝要约的效果,使要约的效力消灭。③ 要约人依法撤回或撤销要约而使要约效力消灭。④ 要约的消灭还可以因为要约人或者受要约人死亡。要约因当事人死亡而消灭,一般应符合一些条件,如合同具有人身履行的性质,要约中含有明显的反对意见,要约人知悉受要约人死亡或者丧失行为能力的事实。

3. 承诺阶段

(1) 承诺的概念及其理解。

承诺是指受要约人同意接受要约的全部条件以缔结合同的意思表示。承诺又称为接

受或收盘。承诺的法律效力在于一经承诺并送达于要约人,合同便宣告成立。对于承诺的概念,我们应做如下理解:

第一,承诺必须由受要约人或其代理人做出。也就是说,只有受要约人才能做出承诺。但是应区别要约所发出的对象,如果要约是向某个特定人做出的,该特定人具有承诺的资格;如果要约是向数人发出的,则数人为特定人,他们都可成为承诺人。任何第三人是不能做出承诺的,即使其做出承诺通常也被视为发出要约,但该第三人在得到受要约人授权时,可作为代理人做出承诺。

第二,承诺必须在合理期限内向要约人做出。对于规定了承诺期限的要约,承诺应该在该规定的期限内做出;而对于没有规定承诺期限的,则应该在合理的期限内做出承诺。对于已经失效的要约做出前承诺,应视为向要约人发出的新的要约,不产生承诺的效力。而对于超过规定的期限做出的承诺,则视为承诺迟到,又称逾期承诺。各种逾期的承诺也视为一项新的要约,不产生承诺的效力。对于在承诺期限内发出的承诺,按照通常情形能够及时到达要约人,但因其他原因承诺到达要约人时超过承诺期限的,除要约人及时通知受要约人因承诺超过期限不接受该承诺的以外,该承诺有效。因此,通常的情况是承诺须在合理期限内向要约人做出。

第三,承诺的内容必须与要约的内容相一致。因为承诺是受要约人愿意按照要约的全部内容与要约人订立合同的意思表示,因此,承诺同意的内容应与要约的内容完全一致才能使合同成立。承诺的内容与要约的内容一致意味着承诺必须是无条件的承诺,不得限制、扩张或变更要约的内容,这称之为"镜像规则"。但是,要求承诺与要约内容的绝对一致时不利于许多合同的成立,进而不利于经济的发展。因此,美国的合同法对于镜像规则做了一定的修改,认为承诺只要确定并且及时,即使与原要约或原同意的条款有所不同或对其有所补充,仍具有承诺的效力,除非承诺中明确规定要以要约人同意这些不同的或者补充的条款作为承诺的生效条件。《民法典》第489条也规定了相同的内容:"承诺对要约的内容做出非实质性变更的,除要约人及时表示反对或者要约表明承诺不得对要约的内容做出任何变更外,该承诺有效,合同的内容以承诺的内容为准。"

尽管对于要约的非实质性内容做出更改不妨碍承诺的生效,但是,如果要约人事先声明,其要约不许做任何的更改,那么这时的非实质更改也会导致承诺不能生效。

第四,承诺必须表明受要约人决定与要约人订立合同。这一点很重要,正如要约人必须具有与受要约人订立合同的意思表示一样,承诺中受要约人也必须明确地表明自己将与要约人订立合同,才会导致承诺生效。这也就是要求受要约人的承诺必须清楚明确,不能含糊不清。像"我们愿考虑您提出的条件"或"原则上赞成你们提出的条件"等表述都不具有明确的订约表示,不能产生承诺的效力。

要约中包括的合同主要条款如果可以分开的话,若只对部分条款承诺,不会妨碍合同的成立。例如,在保管合同中,寄存人提出寄存100件货物,并要求保管人尽量想办法来保管这100件货物,但保管人的保管能力目前只能保管80件货物,那么保管人保管80件货物的情况就说明该合同条款是可以分开的,这时承诺仍然有效,合同成立。

(2)承诺的方式。

承诺的方式是指受要约人通过何种方式,将承诺通知送达给要约人。承诺的方式通常也分明示和默示两种。明示的承诺是以通知的方式做出。这种通知的方式又分为口头或书面形式。一般说来,如果法律或要约中没有明确规定必须用书面形式承诺,那么当事人可以用口头形式表示承诺。默示的承诺是指受要约人没有通过书面或口头方式明确表达其意思,但是通过一定的行为或其他形式做出了承诺。例如,某学校向某计算机生产商去函订购100台某种型号的电脑,并要求在半个月内予以答复,但在10天后,该计算机生产商向该学校发送了学校所要求型号的计算机100台。在这里,计算机生产商的发送行为本身就构成默示的承诺,因此,该买卖合同成立,学校不能因为厂商"没有回函"而认为承诺无效。当然,在保管合同中情况也是如此。在此,我们要理解默示并不同于单纯的缄默或不行为。缄默和不行为没有任何承诺的效力。

《民法典》第484条规定:"以通知方式做出的承诺,生效的时间适用本法第137条的规定。"《民法典》第137条规定,以对话方式做出的意思表示,相对人知道其内容时生效。以非对话方式做出的意思表示,到达相对人时生效。以非对话方式做出的采用数据电文形式的意思表示,相对人指定特定系统接收数据电文的,该数据电文进入该特定系统时生效;未指定特定系统的,相对人知道或者应当知道该数据电文进入其系统时生效。当事人对采用数据电文形式的意思表示的生效时间另有约定的,按照其约定。

根据该条规定,承诺既然是以通知的方式做出,那么就当然包含口头和书面两种形式。同时,《民法典》也认可了以行为所做的默示承诺。

(3)承诺的效力。

承诺何时生效,关系到的合同成立,因为承诺的生效,本身就意味着合同的成立。通常认为,承诺需要通知的,在通知到达要约人时承诺生效;承诺不需要通知的,根据要约或交易的性质、习惯,在发生了承诺的事实时生效。但有时候承诺的生效并不意味着合同的成立。例如,通过信件、电报、电传和传真,一方当事人在要约或承诺中要求签订确认书的,承诺本身不会导致合同成立,只有在签订确认书时合同才成立。对于采用书面形式订立合同的,双方当事人签字或盖章时合同成立;没有签字或者盖章的,当事人已经履行了合同主要义务的,该合同成立。我国关于承诺生效的规定跟大多数大陆法系国家所采用的受信主义原则是相一致的。

(4)承诺的消灭。

承诺的消灭是指承诺不具有效力。承诺的消灭一般因承诺的撤回或迟到而引起。承诺的撤回是指承诺尚未到达时,发出了撤回承诺的通知,并且该通知先于承诺到达或与承诺同时到达要约人,从而导致承诺效力消灭。《民法典》第485条对此做了规定,即"承诺可以撤回,承诺的撤回适用本法第141条的规定。"《民法典》第141条规定,行为人可以撤回意思表示。撤回意思表示的通知应当在意思表示到达相对人前或者与意思表示同时到达相对人。

承诺的迟到是指承诺没有在要约规定的期限内到达要约人。承诺的迟到一般被视为一项新的要约,从而消灭了其承诺的效力。但是,如果要约人及时通知受要约人表明该承诺有效时,该承诺效力仍不会消灭。受要约人在承诺期限内发出的承诺,按照通常情况能够及时到达要约人,但因其他原因承诺到达要约人时超过了承诺期限,这时迟到的承诺仍有承诺的效力。但若要约人通知受要约人不接受承诺的,承诺效力消灭。

4. 交付阶段

通常情况下,合同经过要约和承诺两个阶段,当事人双方意思表示一致,合同即告成立。但是一般保管合同属于要物合同(实践合同),而实践合同必须以交付货物为其成立要件,因此,对于保管合同而言,其成立除了要经过要约和承诺两个阶段以外,还必须有保管标的物交付的事实的发生,合同才能成立。例如,在车站的小件寄存合同,寄存人必须将寄存的物品交给保管人,合同才能成立。

三、保管合同成立的其他方式

保管合同的成立通常会经过除交付之外的要约和承诺两个实质阶段,但在实践中,合同的成立并非必须以要约承诺的方式进行,当事人也可以采取其他方式。

(一) 要约交叉

要约交叉又称要约的吻合,是指当事人虽然互为要约,而内容却完全一致的情形,如A公司向B公司发出要约称,我公司有货100吨,打算储存于你公司,期限为3个月,费用5 000元;而与此同时,B公司向A公司发出要约称,我公司有仓库一间,可为你公司储存货物100吨,期限3个月,费用5 000元。在这种情形下,由于双方不仅有缔约的相同意愿,而且要约内容完全一致,因此,这种交叉要约可以成立合同。

(二) 意思实现

意思实现是指依照习惯或文件的性质,要约无须有承诺通知或者要约人预先声明要约无须有承诺通知,那么如果相对人在一定的相当时期内有可推断其承诺意思的客观事实,合同就可以成立。例如,保管方开始其保管行为,存货方开始发运寄存物品等。通常以这种意思实现的方式而成立的合同,承诺事实必须在要约的有效期间做出,合同成立的时间以该承诺事实出现之时为准。

总之,保管合同一般具有合同成立的要约和承诺两大实质要件。但是,保管合同是一种实践性合同,因此在保管合同中货物的交付成了合同成立的必需要件。当然也有货物交付在先,而后发生要约或承诺的合同行为。但是不管怎么说,要约、承诺和交付是所有保管合同必备的三个成立条件。

第二节 保管合同的主要内容

合同的内容是因当事人意思表示一致而在合同法律关系主体之间形成具体的权利义务,即合同债权和债务。离开特定的权利和义务,任何法律关系都不可能存在。合同的债权债务主要是通过当事人约定的合同条款加以确定,当然还有些是由法律直接加以规定的。合同的条款,通常分为主要条款和普通条款两种,有些合同还有免责条款。

一、保管合同的主要条款

合同的主要条款是指合同依法应当具备的条款。也就是合同的主要内容或主要事项,是合同得以成立的法定条款或有效条款,是合同各当事人一致同意的合同权利和合同义务,也是合同得以履行的主要根据。根据《民法典》的规定,保管合同应当具备以下主要条款。

(一) 当事人的名称或姓名和住所

当事人的名称或姓名是指对单位要求提供单位全称,对个人要求提供个人姓名,或者法人、其他组织的法定代表人、代理人的姓名。住所包括个人住所、单位地址、主营业地以及涉外合同当事人的国籍等。这个条款主要涉及合同当事人的自然情况,要求详细和准确。

(二) 货物的品名或品类

储存货物的品名、品种规格要书写清楚,如果存放的是易燃、易爆、易渗漏、有毒等危险货物或是易腐、超限等特殊货物的话,还必须将这些货物的特殊情况在合同中加以注明。没有注明的通常按一般货物处理。如果这些特殊货物对保管人造成损害的话,寄存人还应承担法律责任。

(三) 货物的数量、质量及包装

对于货物的数量、质量的规定是每个合同的必备条款,在保管合同中也不例外,保管合同应明确列出货物的数量、质量。对于数量,必须包括计量单位、计量方法,也应包括误差度及正负尾数和自然损耗数,还有毛重和净重。对于质量,还应详细列明保管货物的内在素质和外观形态,如性能、稳定性、效用、外观形态、耗能指标、工艺要求等。对于货物的包装,有国家或专业标准的,要按国家或专业标准执行;没有国家或专业标准的,由合同双方当事人议定,但这种议定必须符合运输和储存安全的要求。

(四) 货物的验收

货物的验收由保管方负责进行。货物的验收包括验收的内容、验收的标准、验收的方法和验收的时间几个方面。

保管合同中,合同的主要条款是保管合同的主要内容和核心部分,它具体规定了双方当事人的权利和义务,是双方当事人履行保管合同的主要依据。所以,在订立保管合同的时候,对合同的主要条款应当一一明确列出,并明确地加以详述,以免产生歧义。

二、保管合同当事人的权利义务

(一) 保管人的主要义务

(1) 妥善保管的义务。保管人对保管物应当按照约定的场所和方法予以保管,除紧急情况或者为了维护寄存人的利益外,不得擅自改变保管场所或者方法;如无约定,则应依标的物的性质、合同的目的及诚实信用原则确定保管的场所和方法。

(2) 亲自保管的义务。除另有约定或者保管人因患病等特殊事由不能亲自履行保管行为外,保管人必须亲自保管,不得将该义务委托他人。保管人擅自将保管物交给第三人保管对保管物造成损失的,应负赔偿责任。

(3) 注意保管的义务。保管人对保管标的物应尽相当的注意义务。对于无偿保管合同,保管人应尽与保管自己所有物同样的注意;对于有偿保管合同,保管人则应尽善良管理人的注意。

(4) 不使用保管物的义务。保管人负有不使用保管物的义务,除当事人另有约定外,保管人不得使用或者许可第三人使用保管物。

(5) 通知寄存人的义务。如果第三人对保管物主张权利,提起诉讼或进行扣押时,保管人应从速将事实通知寄存人。此外,如果保管物受到意外毁损灭失或保管物的危险程度增大时,保管人也应该将有关情况迅速通知寄存人。

(6) 返还保管物的义务。保管期满或者寄存人提前领取保管物的,保管人应当将原物及其孳息归还寄存人。但在保管期未满前,保管人无特别事由,不得要求寄存人提前领取保管物。返还的地点一般为保管地,保管人无送达义务,但合同另有约定者不在此限。

(7) 承担风险责任的义务。保管物在保管期间因保管不善造成毁损、灭失的风险,由保管人承担责任。但无偿保管合同中,保管人只对故意或重大过失负责,承担赔偿责任。如果损害不是因保管人的过错而是由第三人的过错引起的,则应由有过错的第三人承担责任。如果损害是因不可抗力引起的,则应由寄存人自己承担。

(二) 寄存人的主要义务

(1) 支付保管费的义务。如果保管合同为有偿的,寄存人应当按照约定向保管人支付保管费。如果有关部门对保管费的标准有规定,当事人则应遵循;如果无此类标准,当事人可对保管费的数额、支付时间、支付方式通过协商达成协议。寄存人不履行支付保管费的义务,保管人可对保管物行使留置权。如保管合同是无偿的,寄存人则无此义务。当事人对保管费没有约定或约定不明确,又未达成补充协议的,推定保管合同为无偿保管合同。

(2) 负担必要费用的义务。无论保管合同为无偿的或有偿的,除合同另有约定外,寄存人都有负担必要费用的义务。必要费用以维持保管物原状为准,如重新包装、防腐防虫等事项的费用。寄存人拒绝偿付必要费用,保管人也可就保管物行使留置权。

(3) 申报保管物品有关情况的义务。寄存人交付的保管物有瑕疵或者按照保管物的性质需要采取特殊保管措施的,寄存人应当将有关情况告知保管人。寄存人因过错未告知保管物瑕疵或者特殊保管要求,致使保管物受损害的,保管人不承担责任;保管人因此受到损害的,除保管人知道或应当知道并未采取补救措施的以外,寄存人应当承担责任。

(4) 按期提取保管物品的义务。有期限的保管合同,寄存人应在期限届满时取回保管物。

(5) 负担风险的义务。如保管物的毁损、灭失是由于不可抗力引起的,此项风险则应由寄存人自己承担。

三、保管合同的担保

合同担保是促使债务人履行其债务,保障债权人的债权得以实现的法律措施。合同的担保虽然是在债务人不履行债务而债权人要求实现债权时发生法律作用,但是合同担保却常常是在合同的订立阶段就确认的措施。

合同担保有一般担保和特别担保之分。合同的一般担保是指债务人必须以其全部财产作为履行其债务的总担保。而所谓的特殊担保是指我们通常所言的担保,在现代法上包括人的担保、物的担保和金钱担保。人的担保是指在债务人的全部财产之外,又附加了其他有关人的一般财产作为债权实现的总担保,其担保的形式主要有保证人、连带债务人和并存的债务承担。

物的担保是指以债务人或其他人的特定财务作为抵偿债权的标的,在债务人不履行其债务时,债权人可以将财产变卖并从中优先受偿。其担保的方式有抵押、质押、留置。

金钱担保是指要求债务人在其债务以外又交付一定数量的金钱,金钱的得失与债务履行与否联系在一起,使当事人产生心理压力,从而促使其履行债务,保障债权实现的制度。其主要方式有定金、押金。

这里我们要注意的是,合同担保作为一种保障措施,首先具有从属性,也即合同担保从属于主债,以主债的存在或将来存在为前提,随主债的消灭而消灭。其次,合同担保具有补充性。合同的补充性是指合同担保一经有效成立,就在主债关系的基础上补充了某种权利义务关系,如保证法律关系、抵押法律关系、质押法律关系、定金法律关系等。

人的担保、物的担保、金钱担保分属于债权制度和物权制度中,其中债权制度中的担保分为保证和定金,而在物权制度中担保有质押、抵押、留置。

(一) 保证

保证是指第三人和债权人约定,当债务人不履行或不能履行债务时,由第三人按照约定履行债务或者承担责任的担保方式。该第三人就被称作保证人,第三人的责任叫作保证责任。在这种保证关系中,当事人应是保证人和债权人。

1. 保证类型

保证合同一般分两种:一般保证和连带保证。根据《民法典》的规定,一般保证是担保保证人在主合同纠纷未经审判或者仲裁,并就债务人的财产依法强制执行仍不能履行债务前对债权人可以拒绝承担保证责任的保证。也就是说,保证人只有在债务人经审判并强制执行其财产仍不能履行债务后才承担保证责任。而连带保证是指只要债务人违约,保证人就应承担保证责任。保证人在此不享有先诉抗辩权。因此在订立保管合同中的保证条款时,应对保证的方式,即是一般保证还是连带保证做出明确的规定,因为根据《民法典》的规定:当事人对保证方式没有约定或者约定不明确的,按连带保证承担保证责任。这是我们在订立保管合同时应当注意的。

2. 保证人的条件

保证合同的保证人是指与债权人签订保证合同,表示当债务人不履行或不能履行债务时,自己愿按照约定履行债务或承担责任的主合同当事人以外的第三人。根据《民法典》的规定,保证人通常应当具备以下条件:

(1) 保证人必须有民事权利能力和民事行为能力。这也就意味着没有民事行为能力的公民和组织不具有保证人资格,不能签订保证合同,如未成年人和法人的分支机构就不能作为保证人。但法人的分支机构得到了法人授权的除外。

(2) 保证人必须具有代偿能力,也即保证人具有相当于或超过其所保证履行的债务的财产。保证人之所以要具有代偿能力是因为保证合同是具有很强的信用性的合同,而这种信用是建立在其拥有的财产基础上的,如果保证人没有能够代为履行债务的财产,那么他的信用就没了,保证合同也就形同虚设。但是,并非所有具有上述条件的人或组织都可以充当保证人。《民法典》规定："国家机关不得作为保证人，但经国务院批准为使用外国政府或者国际经济组织贷款进行转贷的除外。""学校、幼儿园、医院等以公益为目的的事业单位、社会团体不得作为保证人。"这就是说我们在订立保管合同的担保条款时，必须注意这些相关的例外规定，否则这种保证也同样起不到担保的作用。

3. 保证的效力

保证效力是指保证在什么期间、多大范围内对保证人和主债务人有约束力。根据《民法典》规定，保证合同所涉及的债务范围包括以下 5 个方面：① 主债务的全部，即在保管合同的保证中，如无数额规定的话，应认为是担保全部主债务；② 利息；③ 违约金；④ 损害赔偿金；⑤ 实现债权的费用。实现债权的费用包括债权人为了实现债权而提请仲裁、提起诉讼所支付的必要费用。对于保证的期间，通常应以保证合同的约定为准，若保证合同未做约定的，应按《民法典》的规定执行。保证对保证人和主债务人的约束力在于保证被看作是保证人与主债务人之间的合同关系。在该合同中，主债务人享有保证债权，而保证人承担保证责任。

4. 保证人的抗辩权

根据担保法，保证人在保证合同中享有两类抗辩权：

（1）享有主债务人的抗辩权。《民法典》规定："一般保证和连带责任保证的保证人享有债务人的抗辩权。"这就是说保证人行使此类抗辩是以自己的名义进行的，即使债务人放弃对债务的抗辩权，保证人仍然享有抗辩权。

（2）先诉抗辩权。先诉抗辩权是指保证人有权要求债权人先就债务人的财产诉请强制执行，只有在债权人已就主债务人所有财产诉请强制执行后仍不能实现债权时，保证人才履行保证债务。也就是说，保证人的抗辩理由是债权人必须首先提起诉讼或申请仲裁并在强制执行债务人的财产后仍不能实现其全部债权的情况下，保证人才承担保证责任。这种先诉抗辩权发生在一般保证中。

（二）定金

定金是一种金钱担保，也就是说债务人首先交付一笔金钱，以此来作为其履行合同义务的一种担保方式。定金的成立，不仅须有双方当事人的合意，还必须有定金的现实交付，具有实践性。因此，仅有定金的合意，而没有定金的现实交付，不会产生定金合同，定金合同之债不成立。定金通常分为成约定金、证约定金、违约定金、解约定金和立约定金五大类。在担保保管合同履行的情形下，定金应是违约定金的性质。也就是说，交付定金的当事人若不履行债务，接受定金的当事人可以没收定金。正是在这种责任的约束下，债务人通常会保证履行债务，以收回定金。

（三）抵押

抵押是指债务人或第三人不转移占有地提供一定的财产为债权担保，在债务人不履行债务时，债权人有权以主要财产折价或者以拍卖、变卖该财产的价款优先受偿的法律行为。抵押是一种不同于质押的行为，其根本区别在于不转移占有。这里提供财产的债务人或第三人为抵押人，债权人为抵押权人，提供担保的财产为抵押物。在保管合同中，抵押的目的主要在于担保保管费的履行。

1. 保管合同抵押的类型

按照学理分类,抵押分为普通抵押和特殊抵押。普通抵押就是通常所说的不动产抵押,它是指法律上未做特殊规定的抵押。而相对地,特殊抵押就是法律做了特殊规定的抵押,它适用法律对抵押所做的特殊规定。它主要包括动产抵押、权利抵押、共同抵押和最高额抵押。

动产抵押是指以动产作为抵押权标的物的法律行为。动产抵押不同于普通抵押。不动产抵押必须进行登记才能产生法律效力,而对于动产抵押,在是否登记上的要求就不那么严格。《民法典》规定:对以林木、航空器、车辆、船舶以及企业的设备和其他财产抵押的抵押合同应从登记之日生效,而以其他动产抵押的,抵押合同自签订之日起生效,登记与否不影响抵押合同的成立生效。

关于权利抵押,我国的法律做了明确规定。可以进行抵押的权利在《民法典》上主要有以下两种:一是抵押人依法有权处分的国有土地使用权;二是抵押人依法承包并经发包方同意抵押的荒山、荒沟、荒丘、荒滩等荒地的土地使用权。

共同抵押又叫连带抵押,是指以数个财产共同担保同一债权。其特点在于抵押权的标的物不是一个而是数个,但设定抵押权的目的是担保同一个债权。《民法典》规定的抵押人可以将前款所列财产一并抵押,就是对共同抵押的法律规定。但这一款的规定并没有对抵押物行使抵押权的先后顺序如何确定,这样笼统的规定必定会给司法实践带来麻烦。有鉴于此,我们在订立抵押合同时,对于以数个财产进行共同抵押的应列明对该财产行使抵押权的先后顺序,否则按照法理,就可以对这些财产按连带责任形式行使抵押权。

最高额抵押是指抵押人与抵押权人协议,在最高债权额限度内,以抵押物对一定期间连续发生的债权作担保。这实际上是为未来债权担保而设定的一种抵押权,它对于一范围内连续发生的法律关系将能发生的不特定之债,预定一定最高限度,以抵押物进行担保的特殊抵押制度。最高额抵押的特点在于:① 它的成立不以主债权的存在和确定为前提。最高额抵押权在设定时,其所担保的债权尚未发生或虽已部分发生但数额尚不确定。② 最高额抵押权所担保的债权数额虽不确定,但其最高额度却是确定的,对于超过预定度的债权,抵押人不承担担保责任。

2. 保管合同下的抵押合同的订立

在我国,抵押权的产生是依当事人的约定即抵押合同而产生的,因此,我们必须注意抵押合同订立的有关问题。其中包括以下几个方面:

(1) 抵押合同的形式。《民法典》规定:"抵押人和抵押权人应当以书面形式订立抵押合同。"但何为书面形式,根据《民法典》规定:"本法所称保证合同、抵押合同、质押合同、定金合同可以是单独订立的书面合同,包括当事人之间的具有担保性质的信函、传真等,也可以是主合同中的担保条款。"这也就是说,具有担保性质的信函、传真和主合同中的担保条款等都可以看作是抵押合同的书面形式。抵押合同虽然原则上经当事人书面订立而生效,但法律法规规定或当事人有特殊约定须办理其他手续的,还应办理其他手续,否则抵押合同也无效。例如,《民法典》规定的土地使用权、建筑物、林木、航空器、船舶、车辆及企业的设备等都必须到相关部门办理登记手续后,抵押合同才生效。

(2)抵押合同的当事人。抵押合同的当事人分为抵押权人和抵押人。对于抵押权人,法律未规定其特定条件。一般而言,凡是具备民事权利能力和行为能力的自然人、法人和非法人组织都可充当抵押权人。但对于抵押人却规定了抵押人必须对抵押物具有处分权,以自己不享有处分权的财产为债权人担保,应认定抵押行为无效。但是,这里我们应注意和《民法典》上的善意取得进行衔接。在共有关系存续期间,部分共有人擅自处分共有财产的,一般应认定无效。若第三人善意、有偿取得该项财产的,应当维护第三人的合法权益;对其他共有人的损失,由擅自处分共有财产的人赔偿。也就是说,在签订抵押合同时,若抵押权人是善意的,抵押合同应认定为有效,该财产抵押权人可取得该项财产,造成的损失由抵押人赔偿。例如,李某将自己和朋友黄某共有的一台高级摄影机抵押给对其财产进行保管的丁某,如果丁某并不知道李某没有处分权,就应该认定丁某可取得该项抵押权。在实现其债权时,可以将该摄影机变卖受偿,李某对此赔偿黄某所受的损失。

第三节　保管合同法条及注释

关于保管合同,《民法典》相关法条及注释如下:

第888条　【保管合同的定义】　保管合同是保管人保管寄存人交付的保管物,并返还该物的合同。

寄存人到保管人处从事购物、就餐、住宿等活动,将物品存放在指定场所的,视为保管,但是当事人另有约定或者另有交易习惯的除外。

条文注释

保管物品的一方称为保管人,或者称为受寄人;其所保管的物品称为保管物,或者称为寄托物;交付物品保管的一方称为寄存人,或者称为寄托人。

本条规定的视为保管的情形需要具备两个条件:一是需要到购物中心、饭店、宾馆等场所从事购物、就餐、住宿等活动;二是需要将物品存放在指定的场所。

第889条　【保管费】　寄存人应当按照约定向保管人支付保管费。

当事人对保管费没有约定或者约定不明确,依据本法第510条的规定仍不能确定的,视为无偿保管。

条文注释

寄存人和保管人可以约定保管是有偿的,也可以约定保管是无偿的。寄存人和保管人没有就是否支付报酬做出约定,或者约定不明确的,双方可以协议补充;不能达成补充协议的,按照合同相关条款或者交易习惯确定。在没有约定的情况下,依合同有关条款或者交易习惯仍不能确定的,则视为保管合同是无偿的。

第890条　【保管合同成立时间】　保管合同自保管物交付时成立,但是当事人另有约定的除外。

条文注释

保管合同原则上为要物合同,即实践合同。保管合同的成立,不仅须有当事人双方意思表示一致,而且须有寄存人将保管物交付给保管人,即寄存人交付保管物是保管合同成立的要件。

如果当事人有特别约定,自双方当事人达成合意时合同成立并生效,则该合同可以成为诺成合同。此时,保管物的交付就成为合同规定的义务。

第891条 【保管人出具保管凭证义务】 寄存人向保管人交付保管物的,保管人应当出具保管凭证,但是另有交易习惯的除外。

条文注释

寄存人向保管人交付保管物后,保管合同成立。保管人应当向寄存人出具保管凭证。出具保管凭证不是保管合同成立的形式要件,如果当事人另有约定或者依交易习惯无须出具保管凭证的,也可以不出具保管凭证,不影响保管合同的成立。

第892条 【保管人妥善保管义务】 保管人应当妥善保管保管物。

当事人可以约定保管场所或者方法。除紧急情况或者为维护寄存人利益外,不得擅自改变保管场所或者方法。

条文注释

妥善保管保管物是保管人应负的主要义务之一。当事人可以约定保管场所或者保管方法。当事人已经约定的,应当从其约定,不得擅自改变保管场所或者方法;但保管物因第三人的原因或者因自然原因,可能发生毁损、灭失的危险时,保管人除应当及时通知寄存人外,为了维护寄存人的利益,可以改变原来约定的保管场所或者保管方法。当事人无约定的,保管人应当依保管物的性质、合同目的以及诚信原则,妥善保管保管物。

第893条 【寄存人如实告知义务】 寄存人交付的保管物有瑕疵或者根据保管物的性质需要采取特殊保管措施的,寄存人应当将有关情况告知保管人。寄存人未告知,致使保管物受损失的,保管人不承担赔偿责任;保管人因此受损失的,除保管人知道或者应当知道且未采取补救措施外,寄存人应当承担赔偿责任。

条文注释

寄存人对保管人负有告知的义务,包括以下两种情况:一是如果保管物有瑕疵的,应当将真实情况如实告知保管人。此处所说的"瑕疵",不同于买卖合同中的瑕疵,主要是指保管物自身存在的、可能造成保管物自身或者其他物品毁损、灭失的缺陷。二是按照保管物的性质需要采取特殊保管措施的,寄存人应当告知保管人。所谓"保管物的性质",如保管物属于易燃、易爆、有毒、有腐蚀性、有放射性等危险物品或者易变质物品。

寄存人未履行相应的告知义务的,将使保管人免责;使保管人的人身、财产遭受损失的,寄存人应当承担赔偿责任。但保管人知道或者应当知道并且未采取补救措施的,寄存人不承担损害赔偿责任。

第894条 【保管人亲自保管义务及赔偿责任】 保管人不得将保管物转交第三人保管,但是当事人另有约定的除外。

保管人违反前款规定,将保管物转交第三人保管,造成保管物损失的,应当承担赔偿责任。

条文注释

保管人亲自保管保管物是保管人的一项义务。亲自保管义务包括两个方面的内容:

一方面,保管人应当按照合同的约定,为实现合同目的而亲自保管保管物。另一方面,未经寄存人的同意,保管人不得将保管物交给第三人保管。基于保管人转保管的过错造成的损害,保管人应当承担损害赔偿责任。

第 895 条　【保管人不得使用或者许可第三人使用保管物的义务】　保管人不得使用或者许可第三人使用保管物,但是当事人另有约定的除外。

条文注释

保管合同的目的是为寄存人保管保管物,一般要求维持保管物的现状。当事人没有在合同中预先约定保管人可以使用保管物,或者保管人未经寄存人同意而擅自使用或者许可第三人使用保管物,造成保管物损坏的,保管人应当承担赔偿责任。

第 896 条　【第三人主张权利时保管人对寄存人的返还义务和通知义务】　第三人对保管物主张权利的,除依法对保管物采取保全或者执行措施外,保管人应当履行向寄存人返还保管物的义务。

第三人对保管人提起诉讼或者对保管物申请扣押的,保管人应当及时通知寄存人。

条文注释

第三人对保管物主张权利时,保管人应当将保管物返还给寄存人而不是第三人。保管人保管货币的,应当返还相同种类、数量的货币。保管其他可替代物的,应当按照约定返还相同种类、品质、数量的物品。但由于第三人的原因而使履行返还义务发生危险时,保管人应当及时通知寄存人。

第 897 条　【保管物毁损灭失责任】　保管期内,因保管人保管不善造成保管物毁损、灭失的,保管人应当承担赔偿责任。但是,无偿保管人证明自己没有故意或者重大过失的,不承担赔偿责任。

条文注释

保管期间,因保管人保管不善造成保管物毁损、灭失的,原则上保管人都应当承担赔偿责任。在保管有偿与无偿的情况下,保管人责任的大小有所区别:在有偿的情况下,无论保管人是故意还是过失,保管人都应对保管物的毁损、灭失负责;在无偿的情况下,保管人只对故意或者重大过失造成保管物毁损、灭失的后果负责,一般轻微过失不负责。另外,凡是因不可归责于保管人的事由造成保管物毁损、灭失的,保管人都不承担赔偿责任。

第 898 条　【寄存货币、有价证券或其他贵重物品的声明义务】　寄存人寄存货币、有价证券或者其他贵重物品的,应当向保管人声明,由保管人验收或者封存;寄存人未声明的,该物品毁损、灭失后,保管人可以按照一般物品予以赔偿。

条文注释

寄存人单就货币、有价证券或者如珠宝等贵重物品进行寄存的,应当向保管人声明(通常以明示的方法声明),声明的内容是保管物的性质及数量;保管人在验收后进行保管,或者以封存的方式进行保管。这主要是因为:第一,对寄存贵重物品收取的保管费可能不同。第二,保管人对其承担的风险和责任有合理预期。第三,妥当保管贵重物品的需要。

第 899 条　【保管物的领取时间】　寄存人可以随时领取保管物。

当事人对保管期限没有约定或者约定不明确的,保管人可以随时请求寄存人领取保管物;约定保管期限的,保管人无特别事由,不得请求寄存人提前领取保管物。

条文注释

寄存人可以随时领取保管物。这是寄存人的权利,同时又是保管人的义务,即保管人得应寄存人的请求,随时返还保管物。

当事人未约定保管期限的,根据本法第 510 条的规定,当事人不能达成补充协议,且按照合同相关条款或者交易习惯仍不能确定的,保管合同自然可以随时终止。不但寄存人可以随时领取保管物而终止合同,保管人也可以随时请求寄存人领取保管物而终止合同,但是保管人应当给予寄存人必要的准备时间。当事人约定保管期限的,即便是无偿保管的保管人,基于诚信原则,如果保管人没有特别事由,亦不得请求寄存人提前领取保管物。

第 900 条 【返还保管物及其孳息】 保管期限届满或者寄存人提前领取保管物的,保管人应当将原物及其孳息归还寄存人。

条文注释

在一般的保管合同中,保管物仅是转移了占有,保管人并不享有保管物的所有权,所有权仍归寄存人享有,保管期间保管物所生孳息的所有权亦归属于寄存人。因此,保管人除返还保管物外,如果保管物有孳息的,还应一并返还孳息。当然,本条规定是任意性规定,如果当事人对保管期间保管物孳息的归属另有约定的,应当按照其约定。

第 901 条 【消费保管合同/保管可替代物的返还】 保管人保管货币的,可以返还相同种类、数量的货币;保管其他可替代物的,可以按照约定返还相同种类、品质、数量的物品。

条文注释

消费保管也称不规则保管,是指保管物为可替代物时,如约定将保管物的所有权移转给保管人,保管期间届满由保管人以同种类、品质、数量的物品返还的保管。

第 902 条 【保管费支付期限】 有偿的保管合同,寄存人应当按照约定的期限向保管人支付保管费。

当事人对支付期限没有约定或者约定不明确,依据本法第 510 条的规定仍不能确定的,应当在领取保管物的同时支付。

条文注释

在有偿的保管合同中,合同约定了保管费的具体数额的,寄存人就应当按照合同约定进行支付。如果无约定且依据本法第 510 条的规定仍然无法确定保管费支付的期限,则应当在领取保管物的同时支付。

第 903 条 【保管人留置权】 寄存人未按照约定支付保管费或者其他费用的,保管人对保管物享有留置权,但是当事人另有约定的除外。

条文注释

所谓"其他费用",是指保管人为保管保管物而实际支出的必要费用。

必要费用,是保管人为了实现物的保管目的,以维持保管物之原状而支出的费用,如保管人支付的电费、场地费用、交通运输费用等。这些费用即便是在无偿保管的过程中也会产生。

寄存人违反约定不支付保管费或者其他费用的，保管人对保管物享有留置权，即以该财产折价或者以拍卖、变卖该财产的价款优先受偿的权利。

【思考题01】 消费保管合同与一般保管合同有哪些不同？

律师答疑：

第一，消费保管合同的保管物必须为可替代物，即种类物。种类物是相对于特定物而言的，是指以品种、质量、规格或度量衡确定，不需具体指定的转让物，如标号相同的水泥，相同品牌、规格的电视机等。货币是一种特殊的种类物。

第二，并不是所有种类物的寄存都属于消费保管合同。例如，本法第898条规定的寄存货币的情形，就属于需返还原货币的一般保管合同，而不属于消费保管合同。消费保管合同必须是当事人约定将保管物的所有权移转于保管人，保管人在接受保管物后享有占有、使用、收益和处分的权利。

第三，从寄存人交付时起，保管人就享有该物的利益，并承担该物的风险。

第四，消费保管的保管人以同种类、品质、数量的物返还即可。一般保管的保管人须返还原保管物。当保管人不履行返还义务时，一般保管的寄存人可以行使返还原物请求权，而消费保管的寄存人则只能请求保管人承担违约责任。

【思考题02】 保管人享有留置权必须符合哪些要件？

律师答疑：

保管人享有留置权必须符合下列三个要件：第一，寄存人到期未支付保管费及其他费用；第二，保管人占有保管物；第三，寄存人与保管人没有事先约定不得留置保管物。

第四节 仓储合同

一、仓储合同的定义和特征

（一）仓储合同的定义

仓储合同，又称仓储保管合同，是指保管人储存存货人交付的仓储物，存货人支付仓储费的合同。存货人就是仓储服务的需求者，保管人就是仓储服务的提供者，仓储物就是存货人交由保管人进行储存的物品，仓储费是保管人向存货人提供仓储服务取得的对价。

就实质而言，仓储合同属于保管合同，但由于仓库营业的性质，使仓储合同成为一种特殊的保管合同，它属于商事合同的范畴，在合同主体、保管对象、成立条件等方面不同于一般保管合同。

（二）仓储合同的特征

（1）仓储合同的保管方必须是仓储营业人。

仓储合同的保管方必须是仓储营业人，对保管人的资格要进行限定。在仓储合同中，保管人必须经工商行政管理机关核准，依法专门从事仓储保管业务的法人、非法人组织或自然人。而且，仓库保管人必须具有仓储设备，这是对保管人的一项基本要求，也是仓储合同不同于一般保管合同的特征之一。

(2) 仓储合同是双务有偿合同。

仓储合同的双方当事人互负给付义务，保管方提供仓储服务，存货方给付报酬和其他必要费用，一方的义务即是对方的权利。仓储合同是双务有偿合同，是由提供仓储服务的一方为专业的仓库营业人的性质所决定的。一方面，仓储合同所进行的保管，不同于日常生活中的保管，储存量一般很大，而保管人付出的劳动量也很大；另一方面，保管人是以营利为目的的法人、非法人组织和自然人。在保管人依照合同约定履行完合同义务，把仓储物完整归还仓单持有人时，存货人或仓单持有人应当给付规定的保管费用即仓储费。而仓储费不仅指保管人为储存货物而支出的费用，还包括合同约定的与入库及出库有关的一切必要的保管费用。

(3) 仓储合同是诺成合同。

仓储合同自成立时起生效，即双方根据存货方的委托储存计划及保管方的仓储能力，依法就合同的主要条款协商一致，由双方的法定代表人或授权的经办人签字，单位盖公章，合同即成立。也就是说，并不以存货人实际交付存储的货物为成立和生效条件。当然，如果在合同订立的同时存货人就把货物交付保管人保管，此时保管人应该给付仓单。合同在双方当事人达成合意时已成立和生效，以后的存货人交付货物，保管人给付仓单的行为是履行合同的行为，与合同的成立和生效无关。

(4) 仓储合同中货物的交付与归还以仓单作为凭证。

仓单是提取仓储物的凭证。它是保管人验收仓储物后向存货人签发的、表明已收到一定数量的仓储物的法律文书。仓单记载的事项，直接体现当事人的权利义务，是仓储合同存在以及合同内容的证明。仓单经存货人或仓单持有人背书并经保管人签字或者盖章的，可以转让。仓单持有人享有与存货人相同的权利。

(5) 仓储合同所保管的物品是特定物或特定化的种类物。

仓储合同所保管的物品，一般情况下作为生产资料的动产，不包括不动产和一般零星生活用品。《民法典》规定，储存期限届满，仓单持有人应当凭仓单提取仓储物。由此可以看出，仓储合同的标的物都是特定的，即使原属于种类物的标的物，通过仓单也被特定化了。因此，当储存期限届满后，仓单持有人有权领取原物，仓储经营人不得擅自调换、动用。另外，仓储合同的性质决定，仓储物应是能够放置或储存在仓库等仓储设备内的，只有仓储物能够完整地入库、出库，才能保证仓储人利用仓储设备不断地运入、运出货物，从而不断地开展其他业务。而不动产不能完整地入库、出库，从而不能成为仓储合同的标的物。

(6) 仓储合同一般是格式合同。

经营公共仓库的保管人为了与多数相对人订立仓储合同，通常事先拟订并印刷了大部分条款，如存货单、入库单、仓单等。在实际订立仓储合同时，再由双方把通过协商议定的内容填进去从而形成仓储合同，而不另行签订独立的仓储合同。

二、仓单概述

(一) 仓单的概念

存货人与仓储保管人签订仓储合同后，仓储保管人在收到存货人交付的仓储物时，应向存货人开具仓单。所谓仓单是指仓储保管人在收到仓储物时,向存货人签发的表示已经收到一定数量的仓储物,并以此来代表相应的财产所有权利的法律文书。

在一般仓储合同中,待合同成立后,存货人依据合同的约定将仓储物交付保管人,但仓储物的转移占有并不发生所有权的转移。因此,为了表明存货人对仓储物的所有权,仓储保管人向存货人开具仓单。凭此仓单,存货人表明自己向仓储保管人交付货物,自己是仓储物的所有人,仓储保管人必须返还仓储物。

(二) 仓单的法律性质

(1) 仓单首先是一种有价证券,是在存货人交付仓储物时,保管人应存货人请求所填发的有价证券。

(2) 仓单还具有交付指示证券的性质,即存货人对保管人予以指示,向仓单持有人支付仓储物的全部或一部分的指示证券。基于仓单这一性质,仓单可以通过背书方式进行转让。

(3) 仓单还是一种物权凭证。仓单代表存储物品,仓单的占有即意味着物品本身的占有,仓单的转移即意味着仓储物品占有的转移。

(4) 仓单是一种文义证券,以仓单上文字记载的内容为准。如果仓单上文字记载的内容与实际情况不符,保管人也有义务按仓单上所记载内容履行义务,即仓单上记载有某批货物,而实际仓库中并没有,保管人对仓单持有人也有支付该批货物的义务。

(5) 仓单是要因证券。即仓单上记载的权利以仓储合同为基础,如果没有仓储合同,也就无所谓仓单的存在,这样的仓单只能是一种假仓单。

(6) 仓单是要式证券。根据《民法典》的规定,保管人须在仓单上签字或盖章,仓单上必须有法定的必须记载的事项。没有法定的完备的形式,保管人出具的仓单是无效的。而一般保管合同的成立,有当事人之间的合意即可,不以特别方式为必要。保管合同的形式由当事人自由选择,可以选择口头形式、书面形式、公证形式等。

(7) 仓单是换取证券。即保管人按仓单持有人的要求支付了仓储物以后,可要求仓单持有人缴还仓单,因此,又称为缴还证券。如果仓单持有人拒绝缴还仓单,保管人可拒绝交付仓储物。

三、仓单的效力

(一) 提取仓储物的效力

仓储合同是以仓储物的储存为目的,存货人将仓储物交付给仓储保管人,仓储物的所有权没有发生转移,仍然属于存货人。仓储保管人于存货人交付仓储物时,应向存货人交付仓单。仓单持有人有权根据仓单要求仓储保管人交付仓储物。因此,仓单代表着仓储物,是提取仓储物的凭证。对于仓单持有人而言,持有仓单就可以主张权利,提取仓储物;对于仓储保管人来说,认仓单而不认人,同时收回仓单。也就是说,仓储保管人和仓单持有人之间的法律关系,应以仓单为准。

(二) 转移仓储物所有权的效力

仓单作为一种有价证券,可以自由流通。由于仓单是提取仓储物的凭证,代表着仓储物,所以,仓单的交付就意味着物品所有权的转移,与仓储物的交付发生同一效力。也就是说,仓单的转移就意味着仓单所代表的仓储物所有权的转移。理所当然,仓储物所有权随仓单的转移而转移,仓储物的风险也会随之转移。

(三)出质的效力

仓单还具有出质的效力,即仓单持有人可在仓单上设立质权,由于是以仓单为标的所设的质押,所以它在性质上属于权利质押。仓单质押合同由出质人与质权人以书面形式订立并自仓单移交于质权人占有时生效。仓单设质时,出质人必须在仓单上背书,注明"出质"或"设质"等字样,以此来证明该仓单是用于设质的,还是用于转移仓储物的所有权的。

四、仓储合同与保管合同的联系与区别

(一)仓储合同与保管合同的联系

仓储合同与保管合同都是指保管寄托人交付的保管物,并返还该物的合同。仓储合同是一种特殊的保管合同。虽然《民法典》对保管合同和仓储合同各自设有专门的分则,但保管与仓储这两种活动具有许多相似性。凡仓储合同这一章未做规定的,应适用保管合同的有关规定。

(二)仓储合同与保管合同的区别

(1)仓储合同是双务有偿合同。保管合同可以是有偿的也可以是无偿的,有偿无偿取决于当事人的意愿,在未做约定或约定不明时,应视为无偿。

(2)仓储合同是诺成合同,以当事人双方意思表示一致而告成立。保管合同原则上是实践合同,从保管物交付时成立。

(3)仓储合同的主体有一定的特殊性,即保管人一般为从事仓储保管业务的法人或经依法批准从事仓储保管业务的个体或集体经营者;而保管合同的当事人,现有法律未做限制。

(4)仓储经营者从事仓储经营活动应具备的条件:仓库位置、设施、装卸、搬运、计量等机具应符合行业技术规定;仓库安全设施须符合公安、消防、环保等部门的批准许可;有完整的货物进库、入库、存放等管理制度。

(5)仓储合同的标的物为动产,而保管合同的标的物未做规定。

五、仓储合同当事人的权利和义务

仓储合同当事人是指存货人和保管人。实践中有人把"存货人"称为"存货方","保管人"叫作"保管方"。

(一)存货人的权利与义务

1. 存货人的权利

根据《民法典》的规定,仓储合同中存货人享有以下权利:

(1)提货权。

存货人拥有凭仓单提取仓储物的权利。如果在合同中约定了仓储时间的,存货人有

权提前提取仓储物。如果在合同中没有约定仓储时间,存货人仍有随时提取仓储物的权利。

存货方按合同规定及时提取货物的权利。储存期限届满,仓单持有人应当凭仓单提取仓储物,并向保管人提交仓储验收资料。仓单持有人逾期提取的,应当加收仓储费;提前提取的,不减收仓储费。储存期限届满,仓单持有人不提取仓储物的,保管人可以催告其在合理期限内提取,逾期不提取的,保管人可以提存该物。保管人在储存期限届满后,在仓单持有人不提取仓储物的情况下,可以在通知的期间加收仓储费。

（2）转让权。

物品在储存期间,存货人有权将提取物品的权利转让给他人,但是必须办理仓单的背书手续。

（3）检查权。

物品在储存期间,仓储保管人负责保管存货人交付的仓储物,此时保管人对物品享有占有权,但仓储物的所有权仍然属于存货人,存货人为了防止货物在储存期间变质或发生货损货差,有权随时检查仓储物或提取样品,但在检查时不得妨碍保管人的正常工作。

（4）索偿权。

因保管人的原因造成仓储物损坏、灭失的,存货人有权向其索赔。

2. 存货人的义务

存货人在享有《民法典》规定的权利时,必须承担的义务有:

(1) 如实告知货物情况的义务。

(2) 按约定交付货物的义务。

(3) 支付仓储费和其他必要费用的义务。仓储费是仓储保管人提供仓储服务应得的报酬。一般情况下,仓储费应在存货人交付仓储物前支付,而非提取货物时支付。

(4) 按约定及时提取货物的义务。

仓储合同期限到时,存货人应当凭仓单及时提取储存货物,提取货物后应缴回仓单。储存期限届满,存货人不提取货物的,保管人可以提存该货物。

思考:"提存"何解?

提存是指由于债权人的原因,债务人无法向其支付合同标的物时,债务人将该标的物交给提存部门而消灭合同的制度。

标的物不适于提存或者提存费用过高的,债务人依法可以拍卖或者变卖标的物。

(二) 保管人的权利与义务

1. 保管人的权利

根据《民法典》的规定,仓储合同中保管人享有以下权利:

(1) 有权要求存货方按合同规定及时交付标的物。

合同签署后,保管人有权要求存货人按照合同约定的品种、数量、质量,包装等将货物交付给仓储保管人保管入库,存货人不能按此约定交付储存物的,应担违约责任。

(2) 有权要求存货人对货物进行必要的包装。

(3) 有权要求存货人告知货物情况并提供相关验收资料。

根据法律规定,存货人违反规定或约定,不提交特殊物品的验收资料的,仓管人可以拒收仓储物,也可以采取相应措施以避免损失的发生,由此产生的费用由存货人承担。

(4) 有权要求存货人对变质或损坏的货物进行处理。

(5) 有权要求存货人按期提取货物。

(6) 有权按照约定收取储存管理货物的各项费用和约定的劳务报酬。

2. 保管人的义务

保管人在享有《民法典》规定的权利时,必须承担的义务有:

(1) 给付仓单的义务。

仓单是仓储保管人在收到仓储物时,向存货人签发的表示已经收到一定数量的仓储物,并以此来代表相应的财产所有权利的法律文书。

(2) 妥善保管仓储物的义务。

保管人应当严格按照合同规定提供合理的保管条件妥善地保管仓储物。如果仓储物属易爆、有毒、有放射性等危险物品的话,仓储保管人必须具备相应的仓储条件,条件不具备时,不得接收危险物品作为仓储物。

(3) 验收货物和危险通知义务。

保管人在接受存货人交存的货物时,应当按照合同规定对货物进行验收,包括货物的品名、规格、数量、外包装状态等。如果在验收时发现不良情况、仓储物变质、发生不可抗力损害或其他涉及仓储物所有权的情况,仓储保管人应及时通知存货人或仓单持有人。

【法律实务 03】 保管人应当具备的常识,无须寄存人特别告知。

甲公司到润发仓储公司存储 100 吨布袋装面粉,甲公司提取面粉时,发现面粉已经受潮,遂要求润发仓储公司赔偿。润发仓储公司引用《民法典》第 893 条进行抗辩:寄存人交付的保管物有瑕疵或者根据保管物的性质需要采取特殊保管措施的,寄存人应当将有关情况告知保管人。寄存人未告知,致使保管物受损失的,保管人不承担赔偿责任;保管人因此受损失的,除保管人知道或者应当知道且未采取补救措施外,寄存人应当承担赔偿责任。请问:润发仓储公司的抗辩理由是否能够成立?

律师答疑:

本案中甲、乙之间成立的是仓储合同,依据《民法典》第 904 条的规定,可以适用仓储合同的有关规定。润发仓储公司引用了《民法典》第 918 条和第 893 条关于仓储合同的规定,但按照该条,润发仓储公司仍应承担责任。因为布袋装面粉不能防潮,乃是保管人应当具备的常识,无须寄存人特别告知。

【法律实务 04】 因存货人原因货物不能按约定入库,是否依然要交付仓储费?

个体户 A 在 B 仓库寄存彩电一批 100 台,价值共计 100 万元。双方商定:仓库自 1 月 15 日至 2 月 15 日期间保管,A 分三批取走;2 月 15 日 A 取走最后一批彩电时,支付保管费 2 000 元。

2 月 15 日,A 前来取最后一批彩电时,双方为保管费的多少发生争议。A 认为自己的彩电实际是在 1 月 25 日晚上才入 B 仓库,应当少付保管费 250 元。B 仓库拒绝减少保管费,理由是仓库早已为 A 的彩电的到来准备了地方,至于 A 是不是准时进库是 A 自己的事情,与仓库无关。A 认为 B 仓库位于江边码头,自己又通知了彩电到站的准确时间,B 仓库不可能空着货位。只同意支付 1 750 元保管费。B 仓库于是拒绝赵某提取所剩下的彩电。

请问:个体户 A 要求减少保管费是否合理,为什么?

律师答疑:

不合理。本案当事人签订的是仓储合同,依据《民法典》第 905 条规定:"仓储合同自保管人和存货人意思表示一致时成立。"即仓储合同自成立时生效。这就意味着仓储合同是诺成性合同,而诺成性合同,其成立不以交付标的物为要件,双方当事人就合同主要条款达成一致,合同即成立。若合同签订后,因存货人原因货物不能按约定入库,依然要交付仓储费。

【法律实务 05】 保管人在留置仓储物时,留置价值应该为多少比较合适?

案情同【法律实务 04】。请问:B 仓库在 A 拒绝足额支付保管费的情况下是否可以拒绝其提取货物,为什么?

律师答疑:

可以拒绝。依据《民法典》第 903 条规定:"寄存人未按照约定支付保管费以及其他费用的,保管人对保管物享有留置权,但当事人另有约定的除外。"所以本案虽为仓储合同,但在寄存人不支付仓储费,而双方对留置无相反约定的情况下,保管人可以留置仓储物,拒绝其提取仓储物。

补充说明:本案保管人 B 仓库明显过多留置了赵某的货物,是不妥的。因为在仓储物是可分物时,保管人在留置时仅可留置价值相当于仓储费部分的仓储物。而本案的仓储物恰恰是可分物。所以 B 仓库没有理由留置所剩下的彩电,而只能留置相当于 250 元的货物。

第五节 仓储合同法条及注释

一、仓储合同的构成

(1) 内容:堆置和储藏。① 如仅将仓储设备的全部或一部分,提供给他人置放存储物品,自己不负保管之责,则属于租赁合同。② 如仅对置放存储物负保管责任,但未提供仓储设备,则属于保管合同。

(2) 对象:仓储物只能是动产,不能是不动产。

(3) 性质:诺成合同。

(4) 法律适用:没有规定的,适用保管合同的有关规定。

二、仓单物权效力

(1) 仓单一经填发,仓储物所有权归仓单持有者。

(2) 仓单转让,所有权也转移。

(3) 记名仓单转让的两个条件:仓单持有人背书和保管人签字。

(4) 仓单出质：交付仓单即设立质权。

三、不定期仓储合同双方任意解除权

(1) 存货人或仓单持有人可随时提取仓储物。
(2) 保管人可随时要求对方提取仓储物，但应给予必要准备时间。

四、定期仓储合同

存货人有任意解除权，但不减收仓储费。
(1) 逾期提取，加收仓储费。
(2) 提前提取，不减收仓储费，意味着存货人在定期仓储合同中有任意解除权，后果是不减收仓储费。

关于仓储合同，《民法典》相关法条及注释如下：

第 904 条 【仓储合同的定义】 仓储合同是保管人储存存货人交付的仓储物，存货人支付仓储费的合同。

条文注释
仓储合同，是指当事人双方约定由保管人（又称仓管人或仓库营业人）为存货人保管储存的货物，存货人支付仓储费的合同。
从根本上讲，仓储合同属于保管合同的范畴。但随着仓储业在贸易活动中日益重要，仓储合同具备了不同于保管合同的特征，成为一种独立的有名合同。

第 905 条 【仓储合同成立时间】 仓储合同自保管人和存货人意思表示一致时成立。

条文注释
仓储合同是诺成合同，即双方当事人意思表示一致就可成立的合同。
仓储合同为不要式合同，既可以采用书面形式，又可以采用口头形式。

第 906 条 【危险物品和易变质物品的储存】 储存易燃、易爆、有毒、有腐蚀性、有放射性等危险物品或者易变质物品的，存货人应当说明该物品的性质，提供有关资料。
存货人违反前款规定的，保管人可以拒收仓储物，也可以采取相应措施以避免损失的发生，因此产生的费用由存货人负担。
保管人储存易燃、易爆、有毒、有腐蚀性、有放射性等危险物品的，应当具备相应的保管条件。

条文注释
存货人没有说明所储存的货物是危险物品或易变质物品，也没有提供有关资料，保管人在入库验收时发现是危险物品或易变质物品的，可以拒收仓储物。保管人在接收仓储物后发现是危险物品或易变质物品的，除及时通知存货人外，也可以采取相应措施，以避免损害的发生，因此产生的费用由存货人承担。
如果保管人不具备相应的保管条件，就对储存易燃、易爆、有毒、有腐蚀性、有放射性等危险物品予以储存，对自身造成的损害，存货人不负赔偿责任。

第 907 条 【保管人验收义务以及损害赔偿】 保管人应当按照约定对入库仓储物进行验收。保管人验收时发现入库仓储物与约定不符合的，应当及时通知存货人。保管人验收后，发生仓储物的品种、数量、质量不符合约定的，保管人应当承担赔偿责任。

条文注释

本条确立了保管人入库验收的义务。验收是指保管人对仓储物的数量、规格、品质等进行检验,以确定是否属于合同约定的仓储物。保管人验收时发现入库的仓储物与约定不符合的,由存货人做出解释,可以修改合同,或者将不符合约定的货物予以退回。

验收之后,保管人接收货物,已经实际占有仓储物,开始承担保管义务。如果发生仓储物的品种、数量、质量不符合约定的情况,则可以推定保管人未尽到妥善保管义务,由其承担相应的赔偿责任。

第908条 【保管人出具仓单、入库单义务】 存货人交付仓储物的,保管人应当出具仓单、入库单等凭证。

条文注释

仓单或者入库单是保管人收到仓储物后给存货人开具的表示其收到仓储物的凭证,也是存货人提取仓储物的凭证。保管人向存货人出具仓单或者入库单等凭证,就表明其已经接收了货物。

第909条 【仓单应记载事项】 保管人应当在仓单上签名或者盖章。仓单包括下列事项:

(一)存货人的姓名或者名称和住所;
(二)仓储物的品种、数量、质量、包装及其件数和标记;
(三)仓储物的损耗标准;
(四)储存场所;
(五)储存期限;
(六)仓储费;
(七)仓储物已经办理保险的,其保险金额、期间以及保险人的名称;
(八)填发人、填发地和填发日期。

条文注释

仓单是收取和提取仓储物的凭证,还可以通过背书转让或出质,因此应当具备一定的形式。无论仓单是转让还是出质,受让人和质权人并不了解存货人和保管人之间的合同的具体内容,因此本条规定了仓单应当记载的事项,以便受让人或质权人明确和行使自己的权利。

第910条 【仓单的性质及背书转让】 仓单是提取仓储物的凭证。存货人或者仓单持有人在仓单上背书并经保管人签名或者盖章的,可以转让提取仓储物的权利。

条文注释

仓单是有价证券,可以流通。流通的形式有两种:一是转让仓单,即转让仓单项下仓储物的所有权,仓单持有人即成为所有权人,可以依法提取仓储物。二是以仓单出质,质权人即享有提取仓单项下仓储物的权利。

无论是仓单转让还是仓单出质,都应当通过法定的形式才能生效。仓单的转让或者出质,必须由存货人或者仓单持有人在仓单上背书。

第911条 【存货人或者仓单持有人有权检查仓储物或者提取样品】 保管人根据存货人或者仓单持有人的要求,应当同意其检查仓储物或者提取样品。

条文注释

存货人将货物存置于仓库,有权了解仓库堆藏及保管的安全程度与保管行为。无论是转让仓单还是出质仓单,仓单持有人与存货人一样,都有检查仓储物或者提取样品的权利。存货人或者仓单持有人提出检查仓储物或者提取样品的要求,应当在必要的限度和适当的时间内进行,不宜增加保管人的管理成本。

第 912 条 【保管人的通知义务】 保管人发现入库仓储物有变质或者其他损坏的,应当及时通知存货人或者仓单持有人。

条文注释

本条包括两层含义:

(1) 造成仓储物变质、损坏的,应当及时将此种情况通知存货人或者仓单持有人。如果因保管人保管不善,保管人还应当承担赔偿责任;在符合合同约定的保管条件和保管要求进行保管的情况下,因仓储物的性质、包装不符合约定或者超过有效储存期,保管人不承担责任。

(2) 虽然仓储物没有变质或其他损坏,但有发生变质或其他损坏的危险时,保管人也应当及时通知存货人或者仓单持有人,使其尽快采取相应措施,避免发生更大的损失。

第 913 条 【保管人的催告义务和紧急处置权】 保管人发现入库仓储物有变质或者其他损坏,危及其他仓储物的安全和正常保管的,应当催告存货人或者仓单持有人做出必要的处置。因情况紧急,保管人可以做出必要的处置;但是,事后应当将该情况及时通知存货人或者仓单持有人。

条文注释

保管人承担催告义务的条件:一是保管人发现入库仓储物有变质或者其他损坏;二是仓储物的变质或者其他损坏已经危及其他仓储物的安全和正常保管。催告必须是针对存货人或者仓单持有人,催告的内容是要求存货人或者仓单持有人对仓储物做出必要的处置。

第 914 条 【储存期限不明确时仓储物提取】 当事人对储存期限没有约定或者约定不明确的,存货人或者仓单持有人可以随时提取仓储物,保管人也可以随时请求存货人或者仓单持有人提取仓储物,但是应当给予必要的准备时间。

条文注释

当事人对储存期间没约定或者约定不明确的,存货人或者仓单持有人可以根据自己的意愿确定提取仓储物的时间;保管人也可以根据自己的储存能力和业务需要随时要求存货人或者仓单持有人提取仓储物,但应当给予必要的准备时间。所谓"给予必要的准备时间",是指保管人预先通知提货,然后确定一个合理的期限,以给存货人或者仓单持有人留出必要的准备时间,在期限届至前提货即可,而并不是在通知的当时就必须提取仓储物。

第 915 条 【储存期限届满仓储物提取】 储存期限届满,存货人或者仓单持有人应当凭仓单、入库单等提取仓储物。存货人或者仓单持有人逾期提取的,应当加收仓储费;提前提取的,不减收仓储费。

条文注释

理解本条,需注意以下几点:

（1）当事人在合同中约定储存期限的，存货人或者仓单持有人应当在储存期限届满时凭仓单、入库单等凭证提取仓储物，并按约定支付仓储费。

（2）如果存货人或者仓单持有人要求提前提取仓储物，一般不会造成保管人的损失，可以允许其提前提取。但是，保管人已经做好了约定的储存期限的准备，提前提取不仅不符合当事人之间的约定，还有可能打乱保管人的经营计划，因此，存货人或者仓单持有人提前提取仓储物的，不减收仓储费。

（3）如果存货人或者仓单持有人逾期不提取，将会增加保管人的保管成本，挤占保管人的仓储空间，所以保管人对于逾期不提取仓储物的存货人或者仓单持有人有权加收仓储费。

第 916 条　【逾期提取仓储物/保管人的催告权、提存权】　储存期限届满，存货人或者仓单持有人不提取仓储物的，保管人可以催告其在合理期限内提取；逾期不提取的，保管人可以提存仓储物。

条文注释

如果储存期限届满，存货人或者仓单持有人不能或者拒绝提取仓储物，保管人可以确定一个合理的期限，催告存货人或者仓单持有人在此期限内提取。

如果逾期仍不提取的，保管人可以依照本法第 570 条的规定将仓储物提存。保管人将仓储物提存后，如果存货人或者仓单持有人未支付仓储费的，依照本法第 577 条的规定，可以请求其支付仓储费。存货人或者仓单持有人迟延给付的，还可以按照约定要求其给付违约金。没有约定违约金的，可以要求其支付迟延给付的逾期利息。

第 917 条　【保管人的损害赔偿责任/保管不善的责任承担】　储存期内，因保管不善造成仓储物毁损、灭失的，保管人应当承担赔偿责任。因仓储物本身的自然性质、包装不符合约定或者超过有效储存期造成仓储物变质、损坏的，保管人不承担赔偿责任。

条文注释

对于保管人保管不善的行为导致了仓储物的毁损、灭失的情形，需要确认二者之间存在因果关系，保管人才应承担赔偿责任。

保管人在符合合同约定的保管条件和保管要求进行保管的情况下，因仓储物本身的自然性质、包装不符合约定或者超过有效储存期，造成仓储物变质、损坏的，或有发生变质或其他损坏的危险时，尽管保管人不承担责任，但是根据本法第 912 条的规定，保管人应当及时将此种情况通知存货人或者仓单持有人。

第 918 条　【参照适用保管合同的规定】　本章没有规定的，适用保管合同的有关规定。

条文注释

尽管仓储合同与保管合同有几项重要区别，如保管合同是实践合同，而仓储合同为诺成合同；保管合同是否有偿由当事人约定，而仓储合同均为有偿契约等。但仓储合同与保管合同的本质是一样的，即都是为他人保管财物。故本章没有规定的，适用保管合同有关规定。

第 1204 条　【生产者和销售者对有过错第三人的追偿权】　因运输者、仓储者等第三人的过错使产品存在缺陷，造成他人损害的，产品的生产者、销售者赔偿后，有权向第三人追偿。

条文注释

产品在运输流通过程中,运输者、仓储者等应当按照有关规定和产品包装上标明的储藏、运输等标准进行储存、运输。如果运输者、仓储者等不按上述规定运输或者仓储,则可能造成产品缺陷。对此有过错的,行为人应当对因自己的过错产生的损害负赔偿责任。

根据本条的规定,即使是因运输者、仓储者等第三人的过错使产品存在缺陷造成损害,被侵权人仍然可以先找产品的生产者或者销售者请求赔偿。生产者、销售者承担赔偿责任后,可以依据本条的规定,向造成产品缺陷的有过错的运输者、仓储者等第三人行使追偿权,要求其支付赔偿费用。

【法律实务06】 仓储合同关系与其他合同关系发生混淆的法律风险。

风险解读:

仓储合同,是保管人储存存货人交付的仓储物,存货人支付仓储费的合同(《民法典》第904条)。即指当事人双方约定由保管人(又称仓管人或仓库营业人)为存货人保管储存的货物,存货人支付仓储费的合同。

仓储合同具有以下特征:① 保管人必须是具有仓库营业资质的人,即具有仓储设施、仓储设备、专事仓储保管业务的人。这是仓储合同主体上的重要特征。② 仓储合同的对象仅为动产,不动产不能成为仓储的对象。③ 仓储合同自成立时起生效。④ 仓储合同可以是书面形式,也可以是口头形式。⑤ 仓储合同为有偿合同。

保管人履行储存、保管的义务,存货人承担支付仓储费的义务;保管人应出具仓单。但在现实中,当事人常常将仓储合同与租赁合同、委托合同、保管合同相混淆,导致对仓储合同当事人的权利义务认识出现偏差并形成法律风险。

其法律依据是《民法典》第904条规定,仓储合同是保管人储存存货人交付的仓储物,存货人支付仓储费的合同。

防范措施:

在实践中,当事人首先需要明确仓储合同与其他相类似合同的区别,从而根据仓储合同的法律特征明确自身应承担的义务以及可享有的权利。

(1) 仓储合同与委托合同的区别。

若一人委托他人储存其货物,其是委托合同还是仓储合同,涉及委托与仓储之区别。若在合同主体、储存之标的物、合同之有偿无偿、合同之形式等其他方面都无从区别时,一人委托他人储存物品的合同是仓储合同而非委托合同。这是因为委托合同为一种典型的给付劳务的合同,其劳务之内容不得为特定化内容广泛的劳务。

(2) 仓储合同与保管合同的区别。

仓储合同在本质上可视为一种特殊类型的保管合同,从产生和发展的历史来看,也是因为其经营规则中的个性成分越来越多,才逐渐从一般保管中脱离出来的。现在它虽为一类独立的有名合同,但与一般保管合同的共性仍然很多。因此,《民法典》特别规定了对于仓储合同,法律未规定的事项可以适用保管合同的有关规定。仓储合同区别于保管合同的特征主要包括以下几个:① 仓储合同一般是有偿的,而保管合同可以是无偿的;② 仓储合同是合同签订时成立生效,而保管合同是保管物交付保管人时才成立生效;③ 仓储合同的保管人应当签发仓单,而保管合同的保管人没有该法定义务。

(3) 仓储合同与房屋租赁合同的区别。

二者主要区别在于是否将仓储的场地完全交予一方使用,以及合同的对价的性质是租金还是仓储费。

当事人在与对方建立具有保管内容或与之有关的法律关系时,应当与之签订书面合同,明确双方合同关系性质,避免合同书中出现上述与之易混淆的内容,从而避免法律关系混淆,加重当事人的责任或法律风险。

【法律实务07】 保管人未签发仓单的法律风险。

风险解读：

仓单是保管人收到仓储物后给存货人开付的提取仓储物的凭证,以便存货人取回或处分其仓储物。仓单作为保管人已收取仓储物的凭证和仓单持有人提取仓储物的凭证,既可以通过背书方式转让仓单项下货物的所有权,也可以通过设立质权用于担保。

仓单的作用表现在以下几点：① 仓单可以证明保管人已收到仓储物,以及保管人和存货人之间仓储关系的存在；② 仓单是有价证券的一种,其性质为记名的物权证券,存货人可以在仓单上背书并经保管人签字或者盖章,以转让提取仓储物的权利；③ 仓单是提取仓储物的凭证。仓储期届满,存货人或者仓单持有人应当凭仓单提取仓储物。向存货人签发仓单是保管人的一项重要义务。

仓单不同于仓储合同,仓储合同可以口头约定,但是仓单必须书面签发并且交付存货人。如果保管人未向存货人签发仓单,将可能构成违约并被追究违约责任。

其法律依据是《民法典》第908条规定,存货人交付仓储物的,保管人应当出具仓单、入库单等凭证。

防范措施：

仓单是仓储人在验收货物后签发给存货人的,因此,仓储人一定要认真验收,使仓单记载内容与实际状况相符合,仓单上记载了十分重要的信息,是仓储保管合同最重要的一部分内容。存货人在交付仓储物后,应请求仓储人及时正确地填发仓单。如果存货人交付货物后,仓储人填发的仓单不正确或在合理期间未及时正确地填发仓单,当事人可以要求仓储人及时正确地履行此项义务,否则存货人可以解除合同,要求仓储人返还已交付的货物；由于解除合同而遭受的损失,可以请求仓储人予以承担赔偿。

第八章 包装与装卸搬运法律实务

第一节 物流包装概述

一、包装的概念与种类

(一)包装的概念

包装是为在流通过程中保护产品、方便储运、促进销售,按一定技术方法而采用的容器、材料及辅助物的总体名称。包装也指为了在流通过程中保护产品、方便储运、促进销售、而采用容器、材料及辅助物按一定的技术方法加以处理的操作活动。

(二)包装的种类

1. 根据包装目的不同分类

销售包装,是指以促进销售为主要目的的包装,也称为商业包装、内包装。

运输包装,是指以强化输送、保护产品为目的的包装,也称为工业包装。

2. 根据保护技术不同分类

可分为防潮包装、防锈包装、防虫包装、防腐包装、防震包装、危险品包装等。

二、物流包装法律法规简介

物流包装法律法规涉及很多,比如《中华人民共和国固体废物污染环境防治法》《包装资源回收利用暂行管理办法》《中华人民共和国清洁生产促进法》《中华人民共和国食品安全法》《中华人民共和国进出口商品检验法》《危险化学品包装物、容器定点生产管理办法》《铁路货物运输规程》,以及与包装相关的知识产权法。

本书重在介绍《中华人民共和国商标法》(简称《商标法》)和《中华人民共和国专利法》(简称《专利法》)。

《商标法》第48条规定,本法所称商标的使用,是指将商标用于商品、商品包装或者容器以及商品交易文书上,或者将商标用于广告宣传、展览以及其他商业活动中,用于识别商品来源的行为。

《商标法》第10条规定,下列标志不得作为商标使用:

(1)同中华人民共和国的国家名称、国旗、国徽、国歌、军旗、军徽、军歌、勋章等相同或者近似的,以及同中央国家机关的名称、标志、所在地特定地点的名称或者标志性建筑物的名称、图形相同的;

(2)同外国的国家名称、国旗、国徽、军旗等相同或者近似的,但经该国政府同意的除外;

（3）同政府间国际组织的名称、旗帜、徽记等相同或者近似的，但经该组织同意或者不易误导公众的除外；

（4）与表明实施控制、予以保证的官方标志、检验印记相同或者近似的，但经授权的除外；

（5）同"红十字""红新月"的名称、标志相同或者近似的；

（6）带有民族歧视性的；

（7）带有欺骗性，容易使公众对商品的质量等特点或者产地产生误认的；

（8）有害于社会主义道德风尚或者有其他不良影响的。

县级以上行政区划的地名或者公众知晓的外国地名，不得作为商标。但是，地名具有其他含义或者作为集体商标、证明商标组成部分的除外；已经注册的使用地名的商标继续有效。

【法律实务01】 商标使用博眼球？公序良俗要注意！

商标作为市场主体在生产经营活动中用来识别商品或服务来源的标志，是体现品牌价值的重要途径。但是，商标使用不能随心所欲，应当遵守《商标法》相关规定。近年来，一些颇具噱头的商标名称频频引发舆论关注，反映出部分市场主体依法使用商标意识淡薄。近日，松江区知识产权执法部门根据上海市知识产权局的移送线索依法查处一起商标违法使用案件。

案情简介：

2024年2月，上海市市局根据有关报道发现某企业在商品包装上使用"粪豆"作为商标。经初步核查，该商标已被国家知识产权局依据《商标法》第十条第一款第八项"有害于社会主义道德风尚或者有其他不良影响的"为由予以驳回，涉嫌商标违法使用，遂第一时间转送属地松江区知识产权局核实处理。

松江区知识产权执法部门随即立案调查，发现当事人某食品企业生产一款名为"粪豆"的巧克力食品，并通过连锁便利店销售。经查，2023年，当事人关联公司向国家知识产权局提交"粪豆""粪豆""米共豆""给我粪豆"等4件商标注册申请，但均被国家知识产权局以"该标志用作商标易产生不良影响，不得作为商标使用"理由驳回。当事人作为食品生产经营单位，在商标注册申请被驳回后，仍将包含"粪"等不当文字作为商标，使用在食品外包装上，引发公众和媒体热议，造成不良社会影响。

法律分析：

《商标法》第10条对不得作为商标使用的情形有明确规定。当事人在巧克力产品外包装上使用了不得作为商标的标识，属于《商标法》第10条第1款第8项"有害于社会主义道德风尚或者有其他不良影响的"情形。

《商标法》第52条规定，"将未注册商标冒充注册商标使用的，或者使用未注册商标违反本法第十条规定的，由地方工商行政管理部门予以制止，限期改正，并可以予以通报，违法经营额五万元以上的，可以处违法经营额百分之二十以下的罚款，没有违法经营额或者违法经营额不足五万元的，可以处一万元以下的罚款。"

松江区知识产权执法部门根据上述规定，及时制止当事人使用未注册商标违反商标法第十条的行为，并对其处以通报和罚款的行政处罚。

案例警示：

本案中，当事人为"博眼球""搞噱头"，将"粪豆"这类不当文字使用在巧克力食品上，本想利用此类宣传"出圈"，却弄巧成拙受到行政处罚。广大市场主体应当引以为戒，规范使用商标标识，合法合规开展产品推广。

【法律实务02】 快件过度包装也属违法行为吗？

案情概要：

2022年7月22日，苏州市邮政管理局执法人员在对某快递公司网点检查时，现场发现某件快件缠绕胶带超过7米，而该快件箱子的尺寸为32 cm×38 cm×38 cm，涉嫌过度包装。2022年7月25日，苏州市邮政管理局对当事人过度包装的违法行为依法予以立案调查，并对当事人授权委托人进行调查询问。经调查，该快递企业网点员工因为不了解相关操作规范，确实存在过度包装的行为。8月6日，苏州市邮政管理局向当事人送达了《行政处罚意见告知书》，当事人在规定期限内未提出异议，当事人过度包装的事实成立。

查处情况：

当事人违反了《邮件快件包装管理办法》第25条"寄递企业应当按照环保、节约的原则，根据邮件快件内件物品的性质、尺寸、重量，合理进行包装操作，防止过度包装，不得过多缠绕胶带，尽量减少包装层数、空隙率和填充物"，以及《邮件快件限制过度包装要求》（YZ/T 0178-2021）第5.3.2的规定"胶带在封装缠绕过程中应首尾不相接，不重复缠绕"。依据《邮件快件包装管理办法》第44条的规定，"寄递企业违反本办法第二十五条规定，对邮件快件的包装操作明显超出邮件快件内件物品包装需求的，由邮政管理部门责令改正，可以处1 000元以上5 000元以下的罚款。"苏州市邮政管理局责令当事人立即整改，停止过度包装，并对当事人做出罚款人民币2 000元的处罚决定。

典型意义：

（1）包装邮件快件应当坚持实用、安全、环保原则，严格执行快递包装规范，节约使用资源，避免过度包装，防止污染环境。

（2）使用包装物不符合国家规定、使用有毒物质作为填充材料、过度包装等均是违法行为。寄递企业应当依法建立健全包装管理制度，明确包装管理机构和人员，落实包装管理责任，加强从业人员培训。应当严格执行包装物管理制度，采购使用符合国家规定的包装物。

（3）不同的快递类型有不同的快递包装规范，当事人随意包装、过度缠绕胶带不符合生态环保理念。执法人员及时对当事人进行教育、整改和从严查处，对提升辖区快递包装规范水平具有重要意义。

【法律实务03】 "景田桶装水"包装装潢不正当竞争纠纷案。

基本案情：

原告：景田公司。

被告：佟某军、泽正公司等。

景田公司生产、销售的景田、景田百岁山等系列桶装水产品的饮料瓶瓶体、瓶贴设计曾被作为知名商品特有的包装装潢进行保护。景田公司亦通过多种渠道对其产品进行宣传推广，获得多项荣誉，其"景田百岁山饮用天然矿泉水18.9LPC"包装曾被中国饮料工业协会评为"优秀包装设计"奖。佟某军委托泽正公司生产的水桶及委托案外人生产的口封、瓶贴,与景田公司上述桶装水包装装潢构成近似。景田公司请求判令佟某军、泽正公司等停止侵权并赔偿经济损失。

裁判结果:

景田公司桶装水所使用的景田、百岁山商标曾被认定为驰名商标,景田、景田百岁山等系列桶装水产品所使用饮料瓶的瓶体和瓶贴设计曾被作为知名商品特有的包装装潢进行保护,景田公司通过多种渠道对其产品进行了宣传推广,并获得荣誉。上述事实可以证明景田公司的景田、景田百岁山等系列桶装水产品具有一定的知名度,该系列产品的瓶体和瓶贴设计与其他同类产品相比存在明显区别,具有较高的显著性,应认定属于有一定影响的商品包装装潢。被诉侵权产品瓶体和瓶贴设计风格和基本特征与景田公司产品包装装潢高度一致,泽正公司等均构成不正当竞争,应承担停止侵权、赔偿损失的民事责任。

典型意义:

本案是一起有关商品包装、装潢的不正当竞争纠纷案件。景田公司生产、销售的桶装水在行业内具有较高的知名度,其桶装水所使用的包装曾享有外观设计专利权,但至本案被诉侵权行为发生时,该专利权期限已届满。鉴于该包装、装潢具有较高显著性和知名度,为依法保护商业标识权利,法院将其作为有一定影响的商品包装、装潢,依据《中华人民共和国反不正当竞争法》相关规定予以保护。同时,考虑到专利权与商品包装、装潢权利在保护机制上的区别,对于生产和销售行为予以明确区分,仅判令被诉侵权包装、装潢的生产者承担责任,兼顾了保护商业标识权利人合法权益与维护市场竞争秩序的平衡。

【思考题01】 外观设计与包装、装潢的区别是什么?

外观设计与知名商品特有的包装、装潢相比较,两者保护的对象有许多是相同的。尤其是当中国大量的外观设计属于产品的外包装盒、包装罐、包装瓶时,在许多情况下,两者融为一体,成为相同的保护对象。但是,依据法律规定,两者的区别仍是明显的。

(1) 权利的产生不同。外观设计专利权经申请、审批后,由国务院专利行政部门授权。包装、装潢的权利是自然产生的,不用权利人申请、登记。

(2) 保护的对象不同。外观设计指产品本身的新设计,产品外表的形态、形状。包装、装潢指用于产品外表的包装及装饰,不包含产品本身。

【思考题02】 产品包装外观设计需要注意哪些方面?

我们在购买产品之前,首先看到的就是包装外观,那么在产品包装外观设计上需要注意哪些方面呢?

(1) 图案方面。需要注意形式内容的统一。图案设计是非常重要的一部分,想要图案有更好的展示效果,那么就一定要统一形式内容。除了形式内容统一以外,还需要保证商品得到充分展示,我们可以通过直接将商品印在图案中,或者使用色彩照片来表现出产品的特点。

(2) 色彩方面。首先要突出商品的内容。外观设计的颜色选择,需要贴合产品本身的特点,突出产品内容。其次是需要具有辨识度。也就是说,需要保证这款产品在众多产品中能够被消费者认出来。

(3) 造型方面。在包装设计时,需要注意产品包装的形状,我们可以根据产品的特点来制作出一款符合它的形状,比如三角形、圆形、爱心形或其他形状。

第二节 货物装卸搬运概述

一、装卸搬运的定义

装卸是指物品在指定地点以人力或机械装入运输设备或从运输设备卸下的活动。搬运是指在同一场所内将物品进行以水平移动为主的物流作业。

二、装卸搬运的特点

与生产领域和流通领域的其他环节相比,装卸搬运具有如下特点:① 装卸搬运是附属性、伴生性的活动;② 装卸搬运是支持、保障性活动;③ 装卸搬运是衔接性的活动。

三、装卸搬运的分类

(一)按装卸搬运作业的场所分类

根据装卸搬运作业场所的不同,流通领域的装卸搬运基本可分为车船装卸搬运、港站装卸搬运、库场装卸搬运三大类。

(二)按装卸搬运作业的内容分类

根据装卸搬运作业内容的不同,装卸搬运可分为堆放拆垛作业、分拣配货作业和挪动移位作业(即狭义的装卸搬运作业)等形式。① 堆放拆垛作业。堆放(或装上、装入)作业是指把物品移动或举升到装运设备或固定设备的指定位置,再按所要求的状态放置的作业。② 分拣配货作业。分拣是在堆垛作业前后或配送作业之前把物品按品种、出入先后、货流进行分类,再放到指定地点的作业。③ 挪动移位作业。即狭义的装卸搬运作业,包括水平、垂直、斜行搬送,以及几种组合的搬送。

(三)按装卸搬运的机械及其作业方式分类

根据装卸搬运机械及其作业方式的不同,装卸搬运可分成"吊上吊下""叉上叉下""滚上滚下""移上移下"及"散装散卸"等方式。① 吊上吊下方式,是采用各种起重机械从物品上部起吊,依靠起吊装置的垂直移动实现装卸,并在吊车运行的范围内或回转的范围内实现搬运或依靠搬运车辆实现小搬运。② 叉上叉下方式,是采用叉车从物品底部托起物品,并依靠叉车的运动进行物品位移,搬运完全靠叉车本身,物品可不经中途落地直接放置到目的处。③ 滚上滚下方式,是指在港口对船舶物品进行水平装卸运的一种作业方式。④ 移上移下方式,是指在两车之间(如火车及汽车)进行靠接,然后利用各种方式,不使物品垂直运动,而靠水平移动从一个车辆上推移到另一车辆上的一种装卸搬运方式。⑤ 散装散卸方式,是指对散状物品不加包装地直接进行装卸搬运的作业方式。

(四)按装卸搬运的作业特点分类

根据作业特点的不同,装卸搬运可分为连续装卸搬运与间歇装卸搬运两大类。① 连续装卸搬运,是指采用皮带机等连续作业机械,对大批量的同种散状物品或小型件杂货进行不间断输送的作业方式。② 间歇装卸搬运,是指作业过程包括重程和空程两个部分的作业方式。

(五) 按装卸搬运对象分类

根据装卸搬运对象的不同,装卸搬运可分为单件作业法、集装作业法、散装作业法三大类。① 单件作业法,指的是对非集装的、按件计的物品逐个进行装卸搬运操作的作业方法。② 集装作业法,是对集装货载进行装卸搬运的作业方法。③ 散装作业法,指对大批量粉状、粒状物品进行无包装的散装、散卸的装卸搬运方法。

(六) 按被装物的主要运动形式分类

根据被装物的主要运动方式,装卸可分为垂直装卸和水平装卸两大类。① 垂直装卸,采取提升和降落的方式进行装卸,这种装卸需要消耗较大的能量。② 水平装卸,即对装卸物采取平移的方式实现装卸的目的。

四、装卸原则

① 尽量不进行装卸,装卸作业本身并不产生价值。② 装卸的连续性,是指两处以上的装卸作业要配合好。③ 减轻人力装卸,就是把人的体力劳动改为机械化劳动。④ 提高搬运灵活性,物流过程中,常须将暂时存放的物品,再次搬运。⑤ 把商品整理为一定单位,就是把商品汇集成一定单位数量,然后再进行装卸,即可避免损坏、消耗、丢失,又容易查点数量,而且最大的优点在于使装卸、搬运的单位加大,使机械装卸成为可能,使装卸、搬运的灵活性好等。⑥ 从物流整体的角度考虑,在整个物流过程中,要从运输、储存、保管、包装与装卸的关系来考虑。

五、装卸搬运的地位及作用

① 装卸活动的基本动作包括装车(船)、卸车(船)、堆垛、入库、出库以及连结上述各项动作的短程输送,是随运输和保管等活动而产生的必要活动。② 装卸搬运的作用,装卸搬运影响物流质量、物流效率、物流安全和物流成本等。

第三节 港站经营人的法律地位和责任

一、港站经营人的含义

港站经营人指接受货主、承运人或其他有关方的委托,在其控制或者有权使用的场地上,对海上运输的货物提供或安排堆存、仓储、搬运、装卸、积载、平舱和绑扎等与运输有关的服务的人,但不包括货物承运人和多式联运人。

二、港站经营人的法律地位

由于立法上的差异,对于港站经营人的法律地位及应承担的责任,各国都有不同的规定。在我国,因没有针对性的法律,各种观点很不统一,比较主流的看法是:尽管港站经营人与承运人、货主的关系密切,但是他们并不是承运人真正意义上的受雇人或代理人,其行为并不受承运人的约束,所以,港站经营人是独立的合同当事人,作为独立的法律主体存在。

港站经营人的法律地位可以归纳如下：① 既非贸易合同当事人，也非运输合同当事人。由于港站经营人不直接从事货物运输，所以不与托运人、收货人或第三人签订运输合同。② 有权与船舶经营人、货主及其他要求提供服务的人订立服务合同。③ 可以根据委托人授权，充当代理，为委托方进行与港站自身经营活动无关的交易。④ 对责任期间所发生的货物灭失或损害负赔偿责任，根据有关法律法规可以免责的情况除外。⑤ 可能同时受多个服务合同制约。⑥ 港站经营人的行为受各国国内相关法规、行业规范及惯例的制约。

第四节　港口搬运装卸作业的法律法规

一、《港口货物作业规则》的主要内容

（一）规则的适用

规则适用于在我国港口为水路运输货物提供的有关作业。

（1）港口作业一般包括三个方面内容：一是为船舶提供相应的服务；二是为货物的通过提供相应的服务；三是为旅客提供上下船和候船的服务。其中，只有港口货物作业才是规则所调整的内容。

（2）规则所用的"水路运输"应做广义的理解，即不仅包括国内水路货物运输，也包括国际海上货物运输。

（3）港口作业的内容包括装卸、驳运、储存、装拆箱、水上过驳和换装货物的分拣、混合、制作标志、更换包装、拆包、捆绑、加固，以及水路货物运输所需的其他各项服务。

（二）港口货物作业合同的概念

港口货物作业合同是指港口经营人在港口对水路运输的货物进行装卸、驳运、储存、装拆集装箱等作业，作业委托人支付作业费用的合同。

（三）港口货物作业合同的主要内容

根据《港口货物作业规则》的规定，港口货物作业合同的主要内容有以下几点：① 作业委托人、港口经营人和货物接收人名称；② 作业项目，货物名称、件数、重量、体积(长、宽、高)；③ 作业费用及其结算方式；④ 货物交接的地点和时间；⑤ 包装方式及识别标志，船名、航次；⑥ 起运港(站、点)和到达港(站、点)；⑦ 违约责任，解决争议的方法。

（四）港口货物作业合同的形式

港口货物作业合同可以采用口头形式、书面形式或其他方式。

二、物流企业在港口搬运装卸作业中的权利义务

（一）物流企业自行进行港口搬运装卸作业时所应承担的义务

（1）按作业合同约定，根据作业货物的性质、状态，配备适合的机械、设备、工具、库场，并使之处于良好状态。

(2) 在单元滚装装卸作业中,物流企业应当提供适合滚装运输单元候船待运的停泊场所、上下船舶和进出港的专用通道;保证作业场所的有关标志齐全、清晰、照明良好;配备符合规范的运输单元司乘人员及旅客的候船场所。

(3) 按照合同的要求进行搬运装卸作业。

(二) 物流企业委托他人进行港口搬运装卸作业时所应承担的义务

(1) 及时办理港口搬运装卸作业所需的各种手续,因办理各项手续和有关单证不及时、不完备或者不正确,造成港口经营人工作时间延误或其他损失的,物流企业应当承担赔偿责任。

(2) 对有特殊搬运装卸要求的货物,应当与港口经营人约定货物搬运装卸的特殊方式和条件。

(3) 以件为单位进行搬运装卸的货物,港口经营人验收货物时,发现货物的实际重量或者体积与物流企业申报的重量或者体积不符时,物流企业应当按照实际重量或者体积支付费用并向港口经营人支付衡量费用。

(4) 对危险货物的搬运装卸作业,物流企业应当按照有关危险货物运输的规定妥善包装,制作危险品标志和标签,并将其正式名称和危害性质以及必要时应当采取的预防措施书面通知港口经营人。

(5) 物流企业未按照上述第(4)条的规定通知港口经营人或者通知有误的,港口经营人可以在任何时间、任何地点根据情况需要停止搬运装卸作业、销毁货物或者使之不能为害,而不承担赔偿责任。物流企业对港口经营人作业此类货物所受到的损失,应当承担赔偿责任。港口经营人知道危险货物的性质并且已同意作业的,仍然可以在该项货物对港口设施、人员或者其他货物构成实际危险时,停止作业、销毁货物或者使之不能为害,而不承担赔偿责任。

(6) 作业合同约定港口经营人从第三方接收货物进行搬运装卸作业的,物流企业应当保证第三方按照作业合同的约定交付货物。

第五节 铁路、公路搬运装卸作业法律法规

一、铁路搬运装卸作业的法律规定

同其他物流环节涉及的法律法规相同,铁路搬运装卸法律法规也是散布在各个法规中。在法律层次上,《民法典》《铁路法》中的许多规定都适用于铁路搬运装卸。在部门规章中,有《铁路货物运输管理规则》《铁路装卸作业安全技术管理规则》。

(一) 自行进行铁路搬运装卸作业的物流企业应遵循的法律规定

(1) 装车前,应该认真检查车体(包括透光检查)、车门、车窗、盖阀是否完整良好。

(2) 认真核对待装货物品名、件数,检查标志、标签和货物状态;对于集装箱还应检查箱内装载情况,检查箱体、箱号和封印。

(3) 装车后,认真检查车门、车窗、盖、阀关闭及拧固和装载加固情况;需要填制货车

装载清单及标画示意图,应按规定填制;需要施封的货车,按规定施封;对装载货物的敞车,要检查车门插销、底开门搭扣和篷布苫盖、捆绑情况;超载超限、超长、集重货物,应按装载加固定型方案或批准的装载加固方案检查装载加固情况。

(4) 货物装车或卸车,应在保证货物安全的条件下,积极组织快装、快卸,昼夜不间断地作业,以缩短货车停留时间,加速货物运输。

(5) 等待装车或者从机车上卸下的货物存放在装卸场所内时,应距离货物线钢轨外侧 1.5 m 以上,并应堆放整齐、稳固。

(二) 委托他人进行铁路搬运装卸作业的物流企业应遵循的法律规定

(1) 及时办理检验、检疫、公安和其他铁路搬运装卸作业所需的各种手续。

(2) 按照合同提供约定的货物。合同约定铁路搬运装卸作业人从第三方接收货物进行搬运装卸作业时,物流企业应当保证第三方按照作业合同的约定交付货物。

(3) 按照合同支付相应的费用。

二、公路搬运装卸作业的法律规定

公路搬运装卸所涉及的法规,在法律层面上包括《民法典》《公路法》;在部门规章有《公路货物运输合同实施细则》《汽车货物运输规则》等一系列法规。

(一) 自行进行公路搬运装卸作业的物流企业应遵循的法律规定

(1) 应对车厢进行清扫,保证车辆、容器、设备适合装卸货的要求。

(2) 搬运装卸作业应当轻装轻卸,堆码整齐;清点数量;防止混杂、撒漏、破损;严禁有毒、易污染物品与食品混装,危险货物与普通货物混装。

(3) 对性质不相抵触的货物,可以拼装、分卸。

(4) 搬运装卸危险货物,按交通部《汽车危险货物运输、装卸作业堆积》进行作业。

(5) 搬运装卸作业完成后,货物需绑扎牢固,编制有关清单,做好交接记录,并按有关规定施加封志和外贴等有关标志。

(6) 应当认真核对装车的货物名称、重量、件数是否与运单上记载相符,包装是否完好。

(二) 委托他人进行公路搬运装卸作业的物流企业应遵循的法律规定

(1) 及时办理检验、检疫、公安和其他货物运输和公路搬运装卸作业所需的各种手续。

(2) 按照合同提供约定的货物。合同约定公路搬运装卸作业从第三方接收货物进行作业,物流企业应当保证第三方按照作业合同的约定交付货物。

(3) 按照合同支付费用。

第六节 集装箱码头搬运装卸作业法律法规

一、集装箱码头搬运装卸作业的概念

集装箱码头是指包括港池、锚地、进港航道、泊位等水域以及货运站、堆场、码头前沿、

办公生活区域等陆域范围的能够容纳完整的集装箱装卸操作过程的具有明确界限的场所。

二、物流企业在集装箱码头搬运装卸中的义务

与普通港口搬运装卸相比较,物流企业在集装箱码头搬运装卸中有一些特殊的义务,具体包括以下几个方面。

(一) 自行进行集装箱码头搬运装卸作业的物流企业所承担的义务

(1) 应使装卸机械及工具、集装箱场站设施处于良好的技术状态,确保集装箱装卸、运输和堆放安全。

(2) 物流企业在装卸过程中应做到:稳起稳落、定位放箱,不得拖拉、甩关、碰撞;起吊集装箱要使用吊具,使用吊钩起吊时,必须四角同时起吊,起吊后,每条吊索与箱顶的水平夹角应大于45°;随时关好箱门。

(3) 物流企业如发现集装箱货物有碍装卸运输作业安全时,应采取必要的处置措施。

(二) 委托他人进行集装箱码头搬运装卸的物流企业应遵循的法律规定

(1) 物流企业委托他人进行港口集装箱搬运装卸作业应填制"港口集装箱作业委托单"。

(2) 物流企业委托他人进行港口集装箱搬运装卸作业过程中应保证货物的品名、性质、数量、重量、体积、包装、规格与委托作业单记载相符。委托作业的集装箱货物必须符合集装箱装卸运输的要求,标志应当明显、清楚。由于申报不实给港口经营人造成损失的,物流企业应当负责赔偿。

三、物流企业在货物装卸作业中的义务

(一) 装载货物的集装箱应具备的条件

(1) 集装箱应符合国家标准化组织的标准。

(2) 集装箱四柱、六面、八角完好无损。

(3) 集装箱各焊接部位牢固。

(4) 集装箱内部清洁、干燥、无味、无尘;集装箱不漏水、不漏光。

(二) 在货物进行装箱之前应该做的检查

(1) 外部检查,对集装箱进行六面查看,查看外部是否有损伤、变形、破口等异常现象,如果发现这些现象应该及时进行维修。

(2) 内部检查,对集装箱的内侧进行查看,查看是否漏水、漏光,是否有污点、水迹等;检查箱门是否完好,是否能够270°开启。

(3) 查看集装箱是否清洁。

(4) 查看集装箱的附属件,检查附属件是否齐备,是否处于正常工作状态中。

(三) 对集装箱货物进行积载时,一般应该满足的要求

(1) 集装箱内所载的货物不能超过集装箱所能承受的最大重量。

(2) 根据货物的性质、体积、质量、包装强度的不同安排积载。

(3) 集装箱内应当均匀分布重量,根据货物包装的强度决定堆码的层数。

(4) 注意不同货物的物理及化学性能,避免发生污染和串味。

【法律实务04】 在装卸搬运中合同违约风险的防范。

合同违约风险涉及双方在合同中约定的义务和责任没有被履行,可能导致经济损失和法律诉讼。合同违约有多种形式,如延迟交付、货物损坏、服务不符合约定的标准等。

律师建议:

(1) 明确合同条款:最有效的预防措施是在合同谈判和签订阶段确保所有的条款都被清晰地定义和理解。这包括服务的范围、交付时间表、交付的方式(现实交付还是观念交付)、支付条件、违约责任等。

(2) 风险分配:在合同中明确规定各种可能的风险以及这些风险应由哪一方承担。例如,可以通过合同条款将特定风险(如不可抗力事件导致的延迟)的责任分配给特定一方或者双方共同承担。

(3) 使用标准化合同模板:对于常见的服务类型,使用行业标准的合同模板可以减少遗漏重要条款的风险,但必须注意调整标准模板以适应特定交易的特点。

(4) 合法途径解决争议:在合同中明确争议解决机制的条款,包括仲裁、调解或法院诉讼等方式,并指定适用的法律和争议解决的地点,明确指出双方在发生争议时应采取的步骤。

(5) 保持沟通:在服务执行过程中保持开放和定期的沟通,包括对合同执行过程中的任何变更进行及时的记录和确认,可以帮助及时识别并解决可能导致违约的问题。

示例:

某物流公司与一家制造商签订了一项合同,负责将制造商的货物从工厂运输到各个销售点。合同中明确了交付的时间表和货物应保持的条件。然而,由于物流公司未能遵守合同中规定的时间表,导致制造商无法按时向其客户交货,从而遭受了经济损失。制造商随后向物流公司提起诉讼,要求赔偿由于延迟交货造成的损失。

【法律实务05】 在装卸搬运中安全事故风险的防范。

运输业务的本质涉及在公共道路上或通过其他方式移动货物,这自然增加了事故发生的可能性。例如,重型卡车在道路上运输货物时可能会与其他车辆发生碰撞,或者在装卸货物时,不当操作可能会导致货物损坏或人员受伤。此外,不遵守交通法规、车辆维护不当、驾驶员疲劳驾驶等都可能增加发生事故的风险。

律师建议:

(1) 严格遵守安全规章:确保所有操作都严格遵守相关的安全法规和行业标准,包括但不限于交通法规、工作场所安全法规等。

(2) 定期培训员工:对所有员工进行定期的安全培训,包括驾驶安全、货物装卸安全、应急处置等,提高他们的安全意识和操作技能。

(3) 车辆和设备维护:定期对运输工具和相关设备进行维护和检查,确保它们处于良好的工作状态,减少因设备故障导致的事故。

(4) 建立紧急响应计划:制定并实施紧急响应计划,包括紧急联系人员、事故报告程序、紧急疏散计划等,以便在发生安全事故时能够迅速有效地采取行动,减少伤害和损失。

(5) 购买适当的保险:确保公司和员工通过适当的保险覆盖,以应对可能发生的事故和损失。

示例:

一家物流公司的一辆卡车在运输过程中因为驾驶员疲劳驾驶发生了交通事故,导致货物损坏和其他车辆受损。事故发生后,公司立即启动应急响应计划,与所有相关方进行沟通,并积极配合调查处理。由于公司能够证明其有定期的安全培训和维护保养记录,且对事故处理及时有效,因此减轻了对公司声誉的损害,并避免了更严重的法律后果。

【法律实务06】 在装卸搬运中货物损失或损坏风险的防范。

货物损失或损坏风险涉及在运输过程中货物可能遭受的损失或损坏,可能由于各种原因导致,如意外事故、操作不当、天气条件、设备故障等。这种风险不仅可能导致财务损失,还可能损害企业的声誉,影响客户关系。

律师建议:

(1) 货物保险:获取适当的货物运输保险,以保障在运输过程中货物可能遭受的任何形式的损失或损坏,确保在发生意外时可以迅速获得赔偿。

(2) 适当包装和标记:制定严格的包装标准和程序,使用适当的包装材料和技术来保护货物免受损坏,并确保所有包装都明确、正确地标记,以减少装卸和运输过程中的错误。

(3) 质量控制和检查:在装卸前后对货物进行质量检查,确保其在运输过程中保持完好无损。这应该包括记录货物的状态,以便在发生损坏时可以追溯责任,从而减少货物损失或损坏的风险。

(4) 物流管理:使用先进的物流和货物追踪系统,以实时监控货物的位置和状态。这有助于及时发现问题并采取措施防止损失或损害。

(5) 选择可靠的运输方式和合作伙伴:根据货物的性质和需求选择最合适、最可靠的运输方式。与信誉良好、经验丰富的合作伙伴合作,可以减少货物在运输过程中损坏的风险。

示例:

一家国际贸易公司委托运输公司将一批易碎的电子产品长距离跨境运输,在运输过程中,由于包装不足以抵抗长途运输中的震动和冲击,导致部分货物到达目的地时已损坏。结果,贸易公司遭受了经济损失,并向运输公司提出了赔偿要求。

【法律实务07】 在装卸搬运中环境法规遵守风险的防范。

环境法规遵守风险指的是在装卸搬运中,企业可能面临的因未能遵守环境保护法律和规定而产生的法律责任和经济损失。这包括排放污染物、处理危险废物、能源使用和碳排放等方面。不遵守这些环境法规不仅会导致罚款和诉讼,还可能损害企业的公共形象和市场地位。

律师建议:

(1) 了解和遵守法规:企业需要确保完全了解适用的环境法律和规定,并在其运营中严格遵守,必要时可以聘请专业的法律顾问帮助解读和应用相关法律法规。

(2) 环境管理系统:实施环境管理系统(如 ISO 14001),以系统地管理企业的环境影响,帮助企业识别环境风险,实施减轻措施,并持续改进环境绩效。

(3)减少环境影响:采取措施减少运输活动的环境影响,如使用更环保的运输方式、优化路线以减少燃料消耗、使用低排放车辆以及实施废物减量和回收程序。

(4)持续监测和报告:定期监测和报告企业的环境绩效,包括污染物排放、能源消耗和废物管理,提高企业的透明度和可信度。

(5)培训和意识提升:对员工进行环境保护法律和公司环境政策的培训,提高他们的环境保护意识,并鼓励他们采取环保行动。

示例:

一家国际物流公司在处理运输过程中产生的废弃物料时,未能遵守当地的环境保护法规,导致有害物质泄漏到周围环境中。事件被环保机构发现后,该公司面临重罚,包括罚款、清理成本和可能的刑事责任。此外,该事件还对公司的品牌形象造成了严重损害,导致客户流失和市值下降。

【法律实务08】 在装卸搬运中数据保护和隐私法规风险的防范。

数据保护和隐私法规风险指的是运输和物流公司在处理客户、员工和合作伙伴的个人信息时可能违反数据保护和隐私相关法律和规定的风险。随着数字化转型的加速,越来越多的企业依赖于先进的信息技术来优化运营和提高服务效率,这也使得数据安全和隐私保护变得极其重要。违反这些法律和规定可能导致重大的财务罚款、诉讼、信誉损失以及客户信任的下降。

律师建议:

(1)遵守法律和规定:确保了解并遵守所有适用的数据保护法律和隐私规定,如欧盟的通用数据保护条例(GDPR)和其他地区的类似法规。

(2)数据保护政策:制定和实施全面的数据保护政策,明确如何收集、存储、处理和共享个人数据和商业敏感信息。

(3)员工培训:定期对员工进行数据保护和隐私权的培训,确保他们理解公司政策和法律要求,以及他们在保护数据中的角色和责任。

(4)数据加密和安全措施:采取适当的技术措施保护存储和传输的数据,如使用加密技术、防火墙和安全协议,以防止数据泄露和未授权访问。

(5)数据访问控制:实施严格的数据访问控制措施,确保只有授权人员才能访问敏感数据,且根据其工作职责限制访问级别。

(6)数据泄露响应计划:准备一个数据泄露响应计划,以便在数据泄露或安全事件发生时迅速采取行动,减轻损害并履行法律通知要求。

示例:

一家物流公司由于未能妥善保护其客户数据库,导致一个安全漏洞被对家利用,大量客户的个人信息(包括姓名、地址和支付信息)被非法访问和泄露。这一事件迅速引起了媒体的关注,导致公司面临重大的公关危机。此外,公司还因违反数据保护法规而面临高额罚款,并需要支付赔偿给受影响的客户。

【法律实务09】 在装卸搬运中保险风险的防范。

保险风险管理涉及在装卸搬运中,企业可能因未能充分识别、评估和转移潜在风险而导致的财务损失。这包括但不限于货物损失或损坏、第三方责任、员工受伤、资产损失和业务中断等风险。适当的保险覆盖是管理这些风险的关键手段,能够帮助企业在面对不可预见的事件时减轻经济损失。

律师建议:

(1) 风险评估:定期进行全面的风险评估,识别企业面临的所有潜在风险。这包括但不限于财产损失、第三方责任、员工伤害和业务中断等风险。

(2) 保险规划:根据风险评估的结果,制定一套全面的保险规划,包括财产保险、责任保险、货物运输保险、员工补偿保险和业务中断保险等,确保所有关键风险都被相应的保险产品覆盖。

(3) 选择合适的保险产品:通过考虑保险覆盖范围、保险金额、免赔额和保险费用等因素,选择与企业需求相匹配的保险产品和保险公司。

(4) 定期审查和调整保险计划:企业环境和运营情况可能会变化,因此需要定期审查和调整保险计划,以确保保险覆盖始终保持适当和充分。

(5) 员工培训和意识提升:对员工进行保险知识和风险管理的培训,确保他们了解企业的保险覆盖范围,以及如何在发生损失时正确索赔,提高他们对避免和减轻风险的认识。

示例:

一家国际物流公司因为一场突发的洪水导致其一个主要仓库的货物受损。由于公司没有购买足够的物业和货物运输保险,面临巨大的财务损失。此外,由于业务中断,公司还失去了重要的客户和市场份额。

【法律实务10】 在装卸搬运中技术和网络安全风险的防范。

技术和网络安全风险在装卸搬运中指的是企业在使用技术系统和网络进行运营管理时,面临的数据泄露、系统入侵、网络攻击等安全威胁。这些风险不仅威胁到企业的信息安全和数据隐私,还可能导致运营中断、财务损失和声誉损害。

律师建议:

(1) 安全政策和程序:制定和实施全面的信息安全政策和程序,包括数据保护、访问控制、密码管理和安全事件响应计划。

(2) 技术安全措施:使用先进的技术工具和服务,如防火墙、入侵检测系统、数据加密和反恶意软件工具,来保护企业的网络和数据免受攻击。

(3) 员工培训和意识提升:定期对员工进行网络安全培训,提高他们对潜在网络威胁的认识,并教育他们如何安全地处理敏感数据和使用IT资源。

(4) 访问控制和用户身份验证:实施严格的访问控制政策和用户身份验证机制,确保只有授权人员才能访问敏感信息和关键系统。

(5) 数据备份和灾难恢复计划:定期备份关键数据,并制定灾难恢复计划,以确保在发生数据丢失或系统故障时能够快速恢复运营。

(6) 定期安全审计:定期进行安全审计和漏洞扫描,包括对第三方服务提供商的安全评估,以识别和修复潜在的安全漏洞。

示例:

一家提供跨国运输服务的物流公司遭受了一次严重的勒索软件攻击,导致其订单处理和跟踪系统瘫痪,数天无法提供服务。由于没有及时的数据备份和有效的恢复计划,公司不得不支付高额的赎金来解锁其系统,并花费了大量时间和资源来恢复正常运营。这次攻击导致公司不仅遭受了直接的经济损失,还严重损害了其客户信任和品牌声誉。

装卸搬运的法律风险多种多样,企业在日常运营中必须时刻保持警惕,建立健全风险防控机制。通过深入了解法律法规,加强内部管理,完善合同制度,以及提升员工法律素养,企业可以有效地降低法律风险,确保业务的稳健发展。同时,企业还应关注行业动态,及时调整经营策略,以适应不断变化的市场环境。在未来的发展中,装卸搬运和运输服务企业需持续加强风险防控意识,不断提升自身竞争力,为行业的持续健康发展贡献力量。

【思考题03】 货车司机在帮忙装卸货物时意外受伤,谁来赔偿?

案情回顾:

刘某系具备道路货物运输从业资格的带车从事货物运输的货车司机。张某经常找刘某对其相关的货物进行运输活动,并按次向刘某支付相应的运输费。2024年6月30日,刘某经张某通知到甲公司装载货物运往某地,甲公司的工作人员在甲公司货场用航吊往刘某的货车上装货过程中,刘某用手扶着3根并列捆绑的保温管的中间一根保温管,以防止放置不到位,3根保温管在吊装时有一根突然移位到另外两根保温管的上面,刘某的左手被轧伤。刘某将甲公司、张某诉至槐荫法院,要求二被告共同赔偿刘某残疾赔偿金、误工费、护理费、营养费、伙食补助费、医疗费等共计20万元。

甲公司辩称,刘某与甲公司之间不存在任何雇佣关系,刘某也从未向甲公司提供过劳务,刘某受伤是自身原因导致的,且吊装保温管有专门的工作人员进行,不需要刘某的辅助,甲公司不应该向原告承担任何赔偿责任。

张某辩称,事故是现场辅助装卸货物时发生,自己只是介绍刘某干活,不应该承担主要责任,给刘某造成伤害的一方应该承担主要责任。

争议焦点:

本案的争议焦点是:甲公司、张某是否应当承担赔偿责任?

法院审理:

法院经审理认为,作为负责货物运输的货车司机刘某,装卸涉案保温管并不是其工作职责范围,在甲公司的工作人员吊装保温管过程中存在高度危险的情况下,刘某无任何理由地自行站到货车的车头与车厢的连接处,并用手触碰升降过程中的保温管,不符合常理。甲公司未提交确实充分的反驳证据证明刘某不是受其工作人员的指示进行相应的辅助工作,根据证据的高度盖然性原则,对刘某关于在事发时其系受甲公司工作人员的指示对吊装保温管进行相应的辅助工作的意见,本院予以采信。对于甲公司关于刘某在事发时并不是辅助其工作人员吊装工作的辩称意见,本院不予采信。综上,甲公司与刘某之间的关系本院认定为义务帮工关系,刘某是帮工人,甲公司是被帮工人。

《最高人民法院关于审理人身损害赔偿案件适用法律若干问题的解释》第五条规定"无偿提供劳务的帮工人因帮工活动遭受人身损害的,根据帮工人和被帮工人各自的过错承担相应的责任;被帮工人明确拒绝帮工的,被帮工人不承担赔偿责任,但可以在受益范围内予以适当补偿。帮工人在帮工活动中因第三人的行为遭受人身损害的,有权请求第三人承担赔偿责任,也有权请求被帮工人予以适当补偿。被帮工人补偿后,可以向第三人追偿。"本案中，在刘某与甲公司之间形成义务帮工关系，刘某系帮工人，甲公司系被帮工人，甲公司提供的现有证据并不能证明其存在拒绝帮工的情形，故刘某作为帮工人在提供义务帮工的过程中受到损害，应根据其与甲公司各自的过错承担相应的责任。刘某作为一个具有完全民事行为能力的成年人，站在货车车头与车厢的连接处，用手辅助甲公司的工作人员用航吊车往货车上吊装3根并列捆绑的保温管时，应预见到在安全防护措施不到位的情况下有受伤的可能，此时应具有较高的审慎注意义务，而其在该种情况下却未尽到足够的安全注意义务，导致其扶在中间保温管上的左手因为并列捆绑的3根保温管突然变形而被压伤，其对损害的发生具有过错，应减轻赔偿义务人的赔偿责任。甲公司作为具有生产和吊装涉案保温管丰富经验的企业，对于涉案保温管的吊装工作应具有足够的安全防范意识，而其工作人员在吊装涉案3根保温管时未采取足够的安全防护措施防止保温管变形移位产生危险，且亦未为从事辅助吊装工作的刘某配备安全的辅助工具和采取安全的保护措施，其对刘某在提供帮工过程中受伤的损害后果的发生亦有明显的过错，甲公司应对刘某因被保温管压伤造成的损失承担赔偿责任；张某与刘某之间系货物运输合同关系，刘某具备相应的货物运输从业资格证和驾驶资质，张某将涉案货物的运输工作交由刘某完成，不存在过错，张某的行为与刘某的受伤之间亦不存在因果关系，刘某要求张某对其损失与甲公司承担共同赔偿责任，依据不足，本院不予支持。综合本案的案情以及双方当事人的过错程度，本院认为由甲公司对刘某的损失承担90%的赔偿责任为宜。

最终，法院依法判决甲公司赔偿原告刘某残疾赔偿金、误工费、护理费、营养费、伙食补助费、医疗费等各项损失共计14万元。宣判后，原被告双方均未上诉，本判决现已生效。

法官说法：

人与人之间的互相帮助、互相关心是一种道德风尚，是应当提倡的传统美德。但是现实生活中，货车司机在从事货物运输过程中装卸货物环节，存在大量被收发货方要求从事相应装卸货物的辅助工作的情况，而在装卸大件物品或需要专业装卸物品的过程中存在一定的风险，如果发生了意外情况，根据法律规定，无偿提供劳务的帮工人因帮工活动遭受人身损害的，根据帮工人和被帮工人各自的过错承担相应的责任。

法官提醒：

帮工人在帮助他人的过程中应当量力而行，注意自我保护。被帮工人也应当根据具体的工作，判断是否需要他人帮助，在接受他人帮助时应为帮工人提供保护措施，避免意外发生。

第九章　流通加工与配送法律实务

第一节　流通加工概述

一、流通加工的定义

流通加工,是指产品在从生产地到使用地的过程中,根据需要进行包装或分割、计量、分拣、刷标志、挂标签、组装等简单作业。它与生产加工最大的不同是注重物品在生产后、流通或使用前的整理,因此又称加工整理。这是物流中的一项内容。尽管物流中的加工整理只是在生产原料使用前的简单加工和为了配送运输或使用需要而进行的必要整理,但就性质而言,它同样是一种加工承揽性工作。委托此项工作的通常是货主,委托既可以是单项的,也可以包括在整个物流项目管理协议中。《民法典》合同编对于加工承揽合同做了相关规定,后节将详细阐述。

二、流通加工的类型

(一) 为弥补生产领域加工不足所进行的加工

有许多产品在生产领域的加工只能到一定的程度,这是因为存在许多因素限制了生产领域不能完成最终的加工。例如,木材如果在产地加工成木制品,就会造成极大的运输困难,所以原生产领域只能加工到原木、板方材这个程度,进一步的下料、切裁、处理等加工则由流通加工进行。

(二) 为满足需求多样化进行的服务性加工

从经济学视角看,需求存在多样化和善于变化两个特点。满足这种需求的最佳方法就是设置加工环节,通过这种服务性的加工满足各种需求。例如,生产消费型用户的再生产往往从原材料的加工开始。

(三) 为保护产品所进行的加工

在物流过程中,直到用户投入使用前,都存在对产品的保护问题,以防止产品在运输、仓储、装卸、搬运、包装过程中遭到损坏,保障其使用价值能顺利实现。例如,新鲜食品在运输过程中容易变质,通过将之冷冻或经过真空处理可以解决这个问题。

(四) 为提高物流效率,方便物流而进行的加工

在物流过程中,有些产品基于自身特点,其流通的效率较低,如气体的运输。为解决这个问题,就需要对产品进行流通加工。例如,将其液化,这既减小了体积,又可以提高安全性。

三、物流企业在流通加工中的法律地位

流通加工是物流过程中的一个特殊的环节,与其他环节不同的是,流通加工具有生产的性质。物流加工可能改变商品的形态,对物流的影响巨大,但不是每个物流过程都必须进行流通加工,所以不是每个物流合同中都含有关于流通加工的规定。

当双方当事人在物流合同中约定物流企业承担流通加工义务时,根据物流企业履行流通加工义务所采用方式的不同,物流企业会具有不同的法律地位。

(一)物流企业亲自进行物流加工的情形

物流企业如果有加工的能力,并以自身的技术和设备亲自从事加工的,则物流企业就是物流服务合同中的物流提供者,其权利和义务根据物流服务合同和相关法规的规定予以确定。

(二)物流企业不亲自进行流通加工的情形

虽然物流过程中的流通加工与生产加工相比较为简单,但在一些情况下仍然需要一些特殊的技能或者工具。从效率和技术的角度着想,物流企业可能将流通加工转交给有能力的专业加工人进行。此时,物流企业通过与加工人签订加工承揽合同的方式履行其在物流服务合同中的义务。在这种情况下,物流企业一方面针对物流服务合同的需求方而言,为物流服务提供方;另一方面,针对承揽人而言,为定作人。它在流通加工中受物流服务合同和加工承揽合同约束,并根据相关的法律规范享有权利,承担义务。

第二节 承揽合同法条及释义

一、承揽合同的要素

(一)成果

以完成一定工作并交付工作成果为目的。① 有形成果,如装修、加工、修表等;② 无形成果,如宣传、评估、看护、设计等;③ 努力无成果,构成违约。承揽人努力工作,如未形成约定的工程成果,构成违约。这是与劳动合同、雇佣合同、运输合同和技术开发合同的不同之处。

(二)报酬

定作人接收工作成果要支付报酬。

(1) 不需支付报酬的情形:① 承揽人提供材料的承揽,为赠与合同,承揽人向定作人赠与。② 定作人提供材料的承揽,为无偿委托合同,定作人委托承揽人。

(2) 后付报酬原则:① 定作人先履行抗辩权:承揽人未完成工作就主张报酬,定作人可以承揽人未完成工作为由主张先履行抗辩权。② 承揽人先履行抗辩权:如约定定作人预付一部分报酬承揽人才开始工作,承揽人可以该预付款未交付为由主张先履行抗辩权,暂不开展相应的承揽工作。③ 工作完成后启动同时履行抗辩权:承揽人完成工作,主张报酬,定作人不给,承揽人可援用同时履行抗辩权拒绝交付工作成果。

二、承揽合同与劳务合同的差异

(一) 侧重点不同

(1) 承揽合同侧重成果,过程不重要。定作人的目的不是工作过程,不在乎劳务本体,而是工作成果。

(2) 劳务合同侧重过程,只关注服劳务,服劳务本身就是合同的标的。

(二) 报酬支付不同

(1) 承揽人有结果才可请求报酬,仅有服劳务的事实不得请求报酬。(承揽人风险大于劳务人)

(2) 劳务人只要依约服劳务了,就可请求支付报酬。劳务有无结果不影响报酬请求权。

(三) 风险收益不同

(1) 承揽人高风险高收益,收益更高(干出成果才拿钱,可能1天可能2天可能3天)

(2) 劳务人低风险低收益,收益低些(干活了就拿钱,干1天拿1天的钱,干2天拿2天的钱)

(四) 独立与否不同

(1) 承揽人提供劳务,原则上不受定作人的指挥和监督,有独立性。由此发生的致害结果,定作人原则上不负责任,只负过错责任(指示、选任过错责任)

(2) 劳务人原则上受雇主的指挥和监督,不具有独立性,"指哪打哪",致害他人,由雇主负替代责任;致害自己,自己与雇主按过错分担责任。

(五) 亲自完成与否不同

(1) 承揽人亲自完成,但可将辅助工作交由他人完成。

(2) 劳务人亲自完成,专属性很强。

(六) 侵权责任承担不同

1. 承揽人侵权

分两种情形:① 承揽致第三人损害时,承揽人自负+定作人负定作、指示或选任的过错责任。② 承揽人自身受害时,承揽人自负+定作人负定作、指示或选任的过错责任。

2. 劳务侵权

雇主责任比定作人责任更大,因为雇主对劳务人有更强大的控制。① 劳务致第三人损害:雇主全责。② 劳务人自身受害:劳务人和雇主按过错担责。

三、定作人

(1) 支付报酬。一手交货一手交钱;部分交付,部分交钱。

(2) 随时解约权(形成权)+赔偿损失。

(3) 随时改主意(形成权)+赔偿损失。

(4) 协助义务:逾期不履行,承揽人可解约。

（5）成果瑕疵救济：修理、重作、减少报酬、赔偿损失。

① 修理：承揽人不修，定作人可自行修理，并可向承揽人主张必要费用，定作人有自行修改权和修理费用返还请求权。如修理费用过高，则可选择重作，或者解除合同，或请求减少报酬，或损害赔偿。

② 重作：重新制作，"另行给付"。

③ 减少报酬：着眼于物有所值、按质论价、给付与对待给付均衡的产物。A. 减少报酬按照物有所值的规则行事，不受与有过失、损益相抵等规则的限制，可以与违约金并罚，即使违约金为赔偿性违约金。B. 减少报酬请求权，在性质上是一种形成权，其行使应采取定作人向承揽人做出意思表示的方式，属于有相对人的单方行为，不必经承揽人同意。C. 承揽人关于减少数额多少有争议的，可诉请法院予以确认。

关于承揽合同，《民法典》相关条文及释义如下：

第 770 条 【承揽合同定义和承揽主要种类】 承揽合同是承揽人按照定作人的要求完成工作，交付工作成果，定作人支付报酬的合同。

承揽包括加工、定作、修理、复制、测试、检验等工作。

条文注释

承揽合同是承揽人按照定作人的要求完成一定的工作，并将工作成果交付给定作人，定作人接受该工作成果并按照约定向承揽人支付报酬的合同。承揽合同的主体是承揽人和定作人。承揽人和定作人既可以是法人或者非法人组织，也可以是自然人。承揽合同的客体是完成特定的工作。

本章所指的承揽合同主要是指加工承揽合同。根据本条第 2 款的规定，承揽包括加工、定作、修理、复制、测试、检验等工作。需要说明的是，承揽合同作为一种广义上的劳务合同，其范围并不限于本条第 2 款所列举的几类，任何符合本条第 1 款所定义的合同行为，如印刷、洗染、打字、翻译、拍照、冲卷、扩印、广告制作、测绘、鉴定等都属于本章所调整的承揽。

第 771 条 【承揽合同主要内容】 承揽合同的内容一般包括承揽的标的、数量、质量、报酬，承揽方式，材料的提供，履行期限，验收标准和方法等条款。

条文注释

本条规定的是承揽合同的主要内容，当事人可以根据合同性质和双方的需要对上述规定的条款进行增减。

承揽合同的标的是合同的必要条款。双方当事人未约定承揽标的或者约定不明确的，承揽合同不成立。

数量是承揽合同的必备条件之一，当事人未明确标的数量的，承揽合同不成立。

标的质量应当订得详细具体，如标的的技术指标、质量要求、规格、型号等都要明确。

报酬是承揽合同中的主要条款，当事人在订立合同时应当明确报酬。

当事人既可以约定报酬的具体数额，也可以约定报酬的计算方法。

材料是指完成承揽工作所需的原料。当事人应当约定由哪一方提供材料，并且应当明确提供材料的时间、地点、材料的数量和质量等。

承揽合同中的履行期限主要是指双方当事人履行义务的时间，对承揽人而言，是指承揽人完成工作、交付工作成果的时间;对定作人而言,是指定作人支付报酬或者其他价款的时间。

第772条 【承揽人独立完成主要工作】 承揽人应当以自己的设备、技术和劳力,完成主要工作,但是当事人另有约定的除外。

承揽人将其承揽的主要工作交由第三人完成的,应当就该第三人完成的工作成果向定作人负责;未经定作人同意的,定作人也可以解除合同。

条文注释

承揽合同的标的是定作人所要求的、由承揽人所完成的工作成果。

该工作成果既可以是体力劳动成果,也可以是脑力劳动成果;既可以是物,也可以是其他财产。但其必须具有特定性,是按照定作人的特定要求,只能由承揽人为满足定作人特殊需求通过自己与众不同的劳动技能而完成。

承揽合同的本质特点决定了该合同是建立在对承揽人的工作能力信任的基础上的,承揽人应当以自己的设备、技术和劳力完成承揽的主要工作。承揽人的设备、技术和劳力是决定其工作能力的重要因素,也是定作人选择该承揽人完成工作的决定性因素。

本条中的"主要工作",一般是指对工作成果的质量起决定性作用的工作,也可以说是技术要求高的那部分工作。

第773条 【承揽人对辅助性工作的责任】 承揽人可以将其承揽的辅助工作交由第三人完成。承揽人将其承揽的辅助工作交由第三人完成的,应当就该第三人完成的工作成果向定作人负责。

条文注释

根据本条规定,与承揽的主要工作不同,承揽人可以将承揽的辅助工作交由第三人完成,并且可以不经定作人同意。

本条中的辅助工作,是指承揽工作中主要工作之外的部分,是相对于主要工作而言的。即使承揽人根据本条规定将辅助性工作交由第三人完成,也要对整个的工作负责,如果第三人完成的工作不符合定作人的要求,承揽人应当向定作人承担违约责任。

从尊重当事人的意思自治出发,本法合同编允许承揽合同的当事人对辅助工作的完成做出特别约定。关于辅助性工作的责任,当事人的约定一般有三种情况:一是如果当事人有约定,承揽工作必须全部由承揽人独自完成的,承揽人不得将工作交由第三人完成,即使辅助工作也不例外,承揽人违反约定将辅助工作交由第三人完成的,承揽人应当承担违约责任,赔偿定作人损失。二是如果承揽合同中约定,承揽人将辅助性工作交由第三人完成的,承揽人仅对其完成的主要工作负责,第三人对其完成的辅助工作负责。三是承揽合同中约定,承揽人将辅助性工作交由第三人完成的,承揽人与第三人对由第三人完成的辅助工作向定作人承担连带责任。

第774条 【承揽人提供材料时的义务】 承揽人提供材料的,应当按照约定选用材料,并接受定作人检验。

条文注释

根据本条规定,如果当事人在承揽合同中约定由承揽人提供材料,并约定了提供材料的时间、数量和质量,承揽人应当按照约定准备材料。如果合同中未明确由哪一方提供材料,但根据合同条款或者通过补充协议、交易习惯等方式确定应当由承揽人提供材料的,合同中如果约定了材料提供的时间、数量和质量,承揽人应当按照约定提供材料。承揽人准备材料时,还应当备齐发票、质量说明书等说明文件。

如果明确由承揽人提供材料,但是合同中未约定材料提供的时间、数量和质量,事后又未就此达成补充协议的,承揽人应当根据承揽工作的性质和定作人对交付工作成果的要求,及时准备材料。

承揽人准备好材料后,应当及时通知定作人检验,并如实提供发票以及数量和质量的说明文件。定作人发现材料质量不符合约定的,应当及时通知承揽人更换,因此发生的费用,由承揽人承担。

第 775 条 【定作人提供材料时双方当事人的义务】 定作人提供材料的,应当按照约定提供材料。承揽人对定作人提供的材料应当及时检验,发现不符合约定时,应当及时通知定作人更换、补齐或者采取其他补救措施。

承揽人不得擅自更换定作人提供的材料,不得更换不需要修理的零部件。

条文注释

承揽合同中,根据承揽工作性质或者交易习惯,双方当事人可以约定由定作人提供材料,并且应当约定提供材料的时间、数量和质量。该材料主要指承揽工作所必需的原材料,如制作家具的木材、制作衣服的面料等。

根据本条规定,当定作人按约定提供原材料后,承揽人应当立即检验原材料。检验的内容主要包括原材料的数量是否符合合同约定,原材料的质量是否达到合同约定的要求。承揽人经对定作人提供的材料检验之后,如果发现材料不符合约定,应当及时通知定作人。未通知定作人的,视为原材料符合约定,因该原材料数量、质量原因造成承揽工作不符合约定的,由承揽人承担违约责任,定作人有权要求承揽人修理、更换、减少报酬或者解除合同;造成定作人损失的,承揽人应承担赔偿责任。

根据本条第 2 款的规定,定作人提供的原材料符合约定的,承揽人在工作中应当以该原材料完成工作,不得擅自更换。如因承揽人擅自更换材料致使工作成果不符合约定质量的,定作人有权要求承揽人修理、更换、减少报酬或者解除合同;造成定作人损失的,承揽人承担赔偿责任。

第 776 条 【承揽人的通知义务/定作人要求不合理时双方当事人的义务】 承揽人发现定作人提供的图纸或者技术要求不合理的,应当及时通知定作人。因定作人怠于答复等原因造成承揽人损失的,应当赔偿损失。

条文注释

如果承揽人发现定作人提供的图纸或者技术要求不合理,即按此图纸或者技术要求难以产生符合合同约定的工作成果,在此情况下,承揽人应当及时将该情况通知定作人。承揽人未及时通知定作人的,怠于通知期间的误工损失由承揽人自己承担;造成工期拖延、给定作人造成损失的,承揽人应当赔偿定作人损失。如果承揽人发现定作人提供的图纸或者技术要求不合理而未通知定作人,仍然按照原图纸或者技术要求工作致使工作成果不符合合同约定的,由承揽人承担违约责任,定作人有权要求承揽人修理、更换、减少价款或者解除合同。造成定作人损失的,承揽人应当赔偿。

定作人在接到承揽人关于图纸或者技术要求不合理的通知后,应当立即采取措施,修改图纸或者技术要求。在承揽人发出通知至收到定作人答复期间,承揽人可以停止工作,工期顺延,定作人还应当赔偿承揽人在此期间的误工以及其他损失。如果定作人在接到通知后,未能及时答复承揽人并提出修改意见的,承揽人有权要求定作人赔偿其误工等损失。

定作人怠于答复的,承揽人可以催告定作人在合理期限内予以答复并提出修改意见,承揽人在合理期限内仍未收到定作人答复的,有权解除合同,并通知定作人,因此造成的损失,由定作人赔偿。

第 777 条 【定作人中途变更工作要求的责任】 定作人中途变更承揽工作的要求,造成承揽人损失的,应当赔偿损失。

条文注释

根据公平原则,定作人中途变更对承揽工作的要求,造成承揽人损失的,应当赔偿承揽人的损失。承揽人按照原要求完成部分工作的,定作人应当支付该部分工作的报酬。由承揽人提供材料的,定作人应当支付完成该部分工作所耗费的材料的价款和保管费。按照新要求,需增加材料的,由定作人负担费用。新要求使原承揽工作质量、难度提高的,定作人应当增加相应报酬。因定作人中途变更合同,使工期顺延,造成承揽人误工损失的,由定作人赔偿损失。

定作人变更合同的要求应在承揽人履行合同过程中提出,如果承揽人的承揽工作已经完成,只是尚未交付,原则上定作人不能再提出针对承揽工作的变更要求。

第 778 条 【定作人有协助的义务】 承揽工作需要定作人协助的,定作人有协助的义务。定作人不履行协助义务致使承揽工作不能完成的,承揽人可以催告定作人在合理期限内履行义务,并可以顺延履行期限;定作人逾期不履行的,承揽人可以解除合同。

条文注释

如果定作人的协助义务是完成承揽合同的前提条件,定作人不履行的,承揽人应当催告定作人在合理期限内履行,并可以顺延完成工作的期限。如果在合理期限内定作人仍未履行协助义务,将构成本条所称的逾期不履行。定作人的逾期不履行将导致合同不能继续履行,承揽工作无法按约完成,合同目的无法实现,此时,承揽人可以解除合同。承揽人解除合同的,应当通知定作人,通知到达定作人时,解除生效。当然,合同的解除并不能免除定作人不履行协助义务的责任,由此给承揽人造成损失的,定作人应当赔偿损失。

定作人不履行协助义务,无论有无过错,只要是经催告仍未在合理期限内履行,客观上致使承揽工作无法完成的,承揽人就可以解除合同。未经催告的,承揽人不能解除合同。如果定作人不履行协助义务并不会导致工作不能完成,即定作人的不协助并不导致无法实现合同目的时,承揽人不能解除合同,而只能要求定作人赔偿损失;如果因此导致工作成果交付的期限拖延的,定作人应当承担迟延履行的责任。

第 779 条 【定作人监督检验/承揽人接受监督检查的义务】 承揽人在工作期间,应当接受定作人必要的监督检验。定作人不得因监督检验妨碍承揽人的正常工作。

条文注释

根据本条规定,定作人在承揽人工作期间享有监督检验权,但定作人行使这一权利需符合以下两个条件：

一是定作人的监督检验必须是必要的。这里的"必要"是指如果合同中已经约定定作人监督检验的范围的，定作人应当按照约定的内容按时进行检验；如果合同中未约定检验范围的，定作人应当根据承揽工作的性质，对承揽工作质量进行检验，如承揽人是否使用符合约定的材料、是否按照定作人提供的图纸或者技术要求工作等。如果定作人发现承揽人的工作不符合约定，可以要求承揽人返工、修理或者更换。

二是定作人的监督检验行为不得妨碍承揽人的正常工作。具体而言，承揽合同中约定监督检验时间的，定作人应当按照约定的时间进行检验。合同中未约定监督检验的，定作人在监督检验承揽工作前应当与承揽人协商确定监督检验的方式、时间和内容；未达成协议的，定作人在检验前应当通知承揽人监督检验的时间和内容，以便于承揽人对自身工作做出适当的安排。定作人的监督检验行为妨碍承揽人正常工作的，承揽人可以拒绝定作人的监督检验；定作人的监督检验行为给承揽人造成损失的，应当承担损害赔偿责任。

第 780 条 【承揽人工作成果交付/验收质量保证】 承揽人完成工作的，应当向定作人交付工作成果，并提交必要的技术资料和有关质量证明。定作人应当验收该工作成果。

条文注释

为了便于定作人的验收和检验，承揽人在交付工作成果的同时，还应当提交必要的技术资料和有关质量证明。技术资料主要包括使用说明书、结构图纸、有关技术数据。质量证明包括有关部门出具的质量合格证书以及其他能够证明工作成果质量的数据、鉴定证明等。承揽人除交付工作成果、必要的技术资料和质量证明外，还应当交付工作成果的附从物，如工作成果必备的配件、特殊的维护工具等。如果定作人提供的材料尚有剩余，承揽人也应当退还给定作人。

交付工作成果时，由承揽人运送工作成果的，定作人应当积极配合，为承揽人的交付创造条件，提供方便。定作人在接收承揽人交付，也就是实际收到工作成果时，应当对工作成果及时进行验收。验收的目的主要是检验工作成果的质量、数量是否符合合同约定或者定作人的要求。

验收往往是双方当事人进行结算、定作人支付报酬等费用的前提条件。

第 781 条 【工作成果不符合质量要求时的违约责任】 承揽人交付的工作成果不符合质量要求的，定作人可以合理选择请求承揽人承担修理、重作、减少报酬、赔偿损失等违约责任。

条文注释

承揽人应当保证其完成的工作成果符合合同约定，在质量上达到合同约定的标准。承揽人所交付的工作成果不符合质量标准的，应当对工作成果负瑕疵担保责任，定作人有权要求承揽人承担相应的违约责任。

第 782 条 【定作人支付报酬的期限】 定作人应当按照约定的期限支付报酬。对支付报酬的期限没有约定或者约定不明确，依据本法第 510 条的规定仍不能确定的，定作人应当在承揽人交付工作成果时支付；工作成果部分交付的，定作人应当相应支付。

条文注释

这里的"报酬"，是指定作人通过承揽合同获得承揽人技术、劳务所应当支付的对价，一般指金钱。向承揽人支付报酬是定作人最基本的义务。

定作人支付报酬的前提是承揽人交付的工作成果符合合同约定的质量和数量;不符合质量、数量要求的,定作人可以不支付或者相应减少报酬。

定作人应当按照合同约定的期限,以合同约定的币种、数额,向承揽人支付报酬。

如果承揽合同对支付报酬的期限没有约定或者约定不明确的,依照本法第510条的规定,当事人可以协议补充报酬支付期限,定作人按照补充约定的期限向承揽人支付报酬。当事人不能达成补充协议的,定作人按照合同有关条款、合同性质、合同目的或者交易习惯确定的支付期限,向承揽人支付报酬。如果合同对报酬支付期限未做出约定,根据本法第510条仍不能确定的,定作人应当在承揽人交付工作成果的同时支付,也就是承揽人将其完成的工作成果交给定作人占有的时间,为定作人支付报酬的时间。

如果工作成果部分交付的,定作人验收该部分工作成果,并根据已交付部分的工作,向承揽人支付报酬。

第783条 【承揽人的留置权及同时履行抗辩权】 定作人未向承揽人支付报酬或者材料费等价款的,承揽人对完成的工作成果享有留置权或者有权拒绝交付,但是当事人另有约定的除外。

条文注释

承揽人行使留置权应当符合以下两个前提条件:

第一,定作人无正当理由不支付报酬、材料费等费用。

第二,承揽人合法占有本承揽合同的工作成果。承揽人留置的工作成果应当是根据本承揽合同而合法占有的定作人的动产。如果已经将工作成果交付给定作人,承揽人就无法实现留置权;如果工作成果不是动产,承揽人也无法实现留置权;如果定作人同承揽人订有数个承揽合同,定作人未支付其中一个合同的报酬的,承揽人只能留置定作人未付报酬的那个合同的工作成果。

第784条 【材料的保管/承揽人保管责任】 承揽人应当妥善保管定作人提供的材料以及完成的工作成果,因保管不善造成毁损、灭失的,应当承担赔偿责任。

条文注释

本条所谓的"妥善保管",是指承揽人在没有特别约定的情况下,须按照本行业的一般要求,根据物品的性质选择合理的场地、采用适当的保管方式加以保管,防止物品毁损和灭失。在具体的保管方式上,承揽人既可以自己保管材料,也可以将材料交由第三人保管。承揽人将材料交由第三人保管的,不得给定作人增加不合理的费用。由于承揽人未尽妥善保管义务,致使材料毁损、灭失的,承揽人应当承担赔偿责任,自负费用补齐、更换与定作人提供材料同质同量的材料,因此造成定作人损失的,应当赔偿损失;造成迟延交付的,应当承担违约责任。

承揽人妥善保管的对象除定作人提供的材料外,还包括已经完成的工作成果。在承揽合同中,承揽人的主要义务是完成并交付工作成果。

在交付前,工作成果处于承揽人的占有之下,承揽人应当妥善保管工作成果,保证工作成果如期交付。

如果材料及工作成果毁损、灭失的结果系由于意外或者不可抗力所致,则应根据本编有关合同风险负担的规则予以处理,这不属于本条的调整范围,承揽人也不构成违约。

第 785 条 【承揽人的保密义务】 承揽人应当按照定作人的要求保守秘密,未经定作人许可,不得留存复制品或者技术资料。

条文注释

承揽人的保密义务体现在不同方面。关于缔约过程中的保密义务,本法第 501 条已经做出了规定;本条的规定主要侧重于在承揽合同成立后,承揽人在工作中以及工作完成后的保密义务。

承揽合同成立后,定作人可以要求承揽人对承揽的工作保密。保密的内容既包括技术秘密,也包括商业秘密,如具有创造性的图纸、技术数据,或者是专利技术的工作成果;还包括定作人不愿他人知晓的其他信息,如定作人的名称、工作成果的名称等。保密的期限不限于承揽合同履行期间,在承揽合同终止后的一段期间,承揽人仍应当保守有关秘密。

承揽人在工作中,应当妥善保管有关图纸、技术资料及其他应保密的信息,不得将秘密泄露给他人,也不得不正当地利用保密信息。在定作人提供图纸、技术资料、样品的情况下,承揽人未经定作人许可不得擅自复制工作成果。此外,非经定作人许可,承揽人不得保留技术资料和复制品。

承揽工作完成后,承揽人在交付工作成果的同时,也应当把定作人提供的图纸、技术资料返还定作人。如果承揽人根据定作人的要求,在工作中自己制作出图纸、技术资料、模具等,对此是否可以留存,有约定的,按照约定;无约定的,则视情况而定。

承揽人未尽保密义务,泄露秘密,给定作人造成损失的,应承担损害赔偿责任。如果定作人已经公开秘密,承揽人可以不再承担保密义务,但不能不正当地利用已公开的秘密。如定作人将其工作成果申请专利的,承揽人不得未经定作人许可,擅自生产与工作成果同样的产品。

第 786 条 【共同承揽人连带责任】 共同承揽人对定作人承担连带责任,但是当事人另有约定的除外。

条文注释

共同承揽,是指由两个或者两个以上的人共同完成承揽工作的合同。每一个共同承揽人都应当对承揽的全部工作向定作人负责。如果交付的工作成果不符合要求,定作人可以要求共同承揽中的任何一个承揽人承担违约责任,任何一个共同承揽人都应当无条件承担违约责任。承担责任的共同承揽人可以向其他共同承揽人追偿超出其实际应承担的责任份额。

根据权利义务相对等的原则,共同承揽人对定作人承担连带责任,意味着共同承揽人对定作人也享有连带权利,任何一个共同承揽人都可以根据法律规定或者合同约定向定作人主张权利,再根据约定或者工作比例分享。

本条从尊重当事人意思自治出发,规定了当事人可以约定共同承揽的责任承担。如定作人与共同承揽人约定,共同承揽人各自承担责任;也可以约定,指定其中一个承揽人承担合同责任。有当事人约定的,共同承揽人根据约定向定作人承担责任;无约定或者约定不明确的,共同承揽人承担连带责任。

准确理解和适用本条,还需要注意以下两点:一是共同承揽与转承揽不同。转承揽是承揽人将自己承揽的部分工作交由第三人完成。二是本条规定共同承揽人对定作人承担连带责任,这属于法定责任,但是当事人可以通过约定排除。

第787条 【定作人的任意解除权】 定作人在承揽人完成工作前可以随时解除合同,造成承揽人损失的,应当赔偿损失。

条文注释

解除合同,是指在合同成立后,因当事人一方或者双方的意思表示而使合同关系消灭的行为。

定作人解除合同的前提是赔偿承揽人的损失。定作人依据本条行使随时解除权的,应当符合以下要求:

第一,定作人应当在承揽人完成工作前提出解除合同。

第二,定作人根据本条解除合同的,应当通知承揽人。解除通知到达承揽人时,解除生效,合同终止,承揽人可以不再进行承揽工作。

第三,定作人根据本条解除承揽合同造成承揽人损失的,应当赔偿损失。这些损失主要包括承揽人已完成的工作部分所应当获得的报酬、承揽人为完成这部分工作所支出的材料费以及承揽人因合同解除而受到的其他损失。

合同解除后,承揽人应当将已完成的部分工作交付定作人。定作人提供材料的,如有剩余,也应当返还定作人。定作人预先支付报酬的,在扣除已完成部分的报酬后,承揽人也应当将剩余价款返还定作人。

第1193条 【承揽关系中的侵权责任/承揽人、定作人的侵权责任】 承揽人在完成工作过程中造成第三人损害或者自己损害的,定作人不承担侵权责任。但是,定作人对定作、指示或者选任有过错的,应当承担相应的责任。

条文注释

本法规定的承揽合同是承揽人按照定作人的要求完成工作,交付工作成果,定作人给付报酬的合同。承揽包括加工、定作、修理、复制、测试、检验等工作。需要指出的是,本法第1192条个人之间形成劳务关系,个人之间因提供劳务造成他人损害和自己损害的责任的规定,不适用本条因承揽关系产生的纠纷。承揽合同与劳务合同的区别在于:承揽合同的劳动者所交付的标的是劳动成果,而劳务合同的劳动者交付的标的是劳动,定作人与承揽人之间不存在劳务关系。

第1192条 【个人劳务损害责任/个人劳务关系中的侵权责任】 个人之间形成劳务关系,提供劳务一方因劳务造成他人损害的,由接受劳务一方承担侵权责任。接受劳务一方承担侵权责任后,可以向有故意或者重大过失的提供劳务一方追偿。提供劳务一方因劳务受到损害的,根据双方各自的过错承担相应的责任。

提供劳务期间,因第三人的行为造成提供劳务一方损害的,提供劳务一方有权请求第三人承担侵权责任,也有权请求接受劳务一方给予补偿。

接受劳务一方补偿后,可以向第三人追偿。

条文注释

本条第1款在《侵权责任法》的基础上,增加了接受劳务一方承担侵权责任后的追偿权,但仅限于可以向有故意或者重大过失的提供劳务的一方追偿。本款除了明确规定提供劳务过程中,造成他人损害的责任外,还规定了提供劳务一方因劳务受到损害时双方责任的承担。根据本款规定,提供劳务一方因劳务受到损害的,根据双方各自的过错承担相应的责任。

同时,本条第 2 款规定,因第三人的行为造成提供劳务一方损害的,提供劳务一方有权请求第三人承担侵权责任,也有权请求接受劳务一方给予补偿。接受劳务一方补偿后,可以向第三人追偿。

【法律实务 01】 承揽合同任意解除权行使的法律风险防范。
基本要求:
(1) 在承揽合同成立生效后,承揽人交付完成的工作成果之前,定作人可随时解除合同。定作人解除合同,不以承揽人存在违约行为为前提。

(2) 因定作人随时解除承揽合同,给承揽人造成损失的,承揽人有权要求定作人赔偿。

风险提示:
(1) 关于定作人的任意解除权,《民法典》和之前的法律规定并不完全一致,依据《民法典》,定作人的解除权并非不受任何限制,在承揽人完成工作成果后,定作人不得随时解除合同。

(2) 定作人因行使任意解除权给承揽人造成损失的,承揽人有权要求定作人赔偿,但应注意保存证据,避免因举证不能而承担败诉风险。

案例指引:
A 公司为宣传其产品,与 B 公司签订搭建合同,由 B 公司制作宣传舞台。合同签订后,B 公司着手准备搭建宣传舞台的原材料,并进行搭建。后 A 公司因宣传推迟一年,便向 B 公司提出解除合同。B 公司在收到通知后认为 A 公司无理由解除合同,便置之不理,继续进行搭建。搭建完成后,B 公司诉至法院,要求 A 公司支付报酬。

法院经审理认为,A 公司作为承揽合同中的定作人,在承揽人完成工作前,享有任意解除权,A 公司向 B 公司提出解除合同时,B 公司尚未完成工作成果,故应确认涉案合同已于 A 公司解除通知到达 B 公司时解除。在承揽合同解除的情况下,B 公司无权主张报酬,但若 B 公司认为因 A 公司行使任意解除权给其造成了损失,B 公司可就损失另案主张。

【法律实务 02】 承揽人能不能把自己承揽的任务转给别人?出了事谁负责?
法律咨询:
您好,我开了一家物流公司,前段时间由于我想扩大办公门面,便与景天装修公司签订了工程承揽合同,双方约定,由我提供原料和图纸,装修公司按我的要求完成室内的墙壁和地板的装修,1 个月内完成工作。合同约定的期限到了之后,我来查验装修效果,发现并不是完全按照我提供的图纸装修的效果,且使用的材料也被替换成劣质涂料。事后我得知,是景天装修公司由于当月任务量大无法兼顾,擅自将该承揽工作转给另一家装修队。

请问:景天装修公司是否有权擅自转让承揽任务?承揽工作有瑕疵该让谁负责?

律师答疑:
作为承揽人的景天装修公司无权擅自转让承揽工作给他人,其应当对第三人的工作成果负责。合同具有相对性,有效成立的合同一般只约束当事人双方,基于此,承揽合同中的承揽人应当按照合同约定,自己完成承揽任务。《民法典》第772条规定,承揽人应当以自己的设备、技术和劳力,完成主要工作,但是当事人另有约定的除外。承揽人将其承揽的主要工作交由第三人完成的,应当就该第三人完成的工作成果向定作人负责;未经定作人同意的,定作人也可以解除合同。由此可见,承揽人应当自己完成承揽工作,如果将自己承揽的主要工作交由他人完成是要对第三人的工作成果负责的。而且,擅自转让就是违背合同约定的行为,需要承担违约责任,此时定作人可以基于此解除该承揽合同。因此,您与景天装修公司签订承揽合同后,景天装修公司应当自己完成工作,其将工作擅自转让给他人的行为构成违约,此时您可以与其解除合同,同时要求其对装修的后果负责,承担损失。

【思考题01】 *承揽人承担瑕疵担保责任,应该具备什么条件?*

承揽人承担瑕疵担保责任,应具备两个条件:

(1) 承揽人交付的工作成果不符合质量要求。当事人约定了质量标准和要求的,承揽人交付的工作成果质量不符合该约定的,即可认定工作成果不符合质量要求。如果当事人未约定质量标准或者约定不明确的,则工作成果应当符合根据合同有关条款、合同性质、合同目的或者交易习惯所确定的质量标准。根据合同有关条款、合同性质、合同目的或者交易习惯难以确定质量标准的,工作成果应当具备通常使用的效用。

(2) 定作人在合理的期限内提出质量异议。承揽人交付工作成果后,定作人应当及时进行验收,检验工作成果是否符合质量要求。承揽人提供的工作成果不符合质量要求,定作人在合理期限内提出质量异议的,可以请求承揽人承担违约责任。违约责任的类型主要包括修理、重作、减少报酬、赔偿损失。

第三节 物流配送法律概述

一、配送的含义和特点

(一) 配送的含义

配送是现代流通业的一种经营方式。物流是指物品从供应地向接收地实体流动的过程。在物的流动过程中,根据实际需要,它包括运输、储存、装卸、包装、流通加工、配送、信息处理等基本功能活动。

配送指在经济合理区域范围内,根据客户要求,对物品进行拣选、加工、包装、分割、组配等作业,并按时送达指定地点的物流活动。拣选,是指按订单或出库单的要求,从储存场所选出物品,并放置在指定地点的作业。组配,是指配送前,根据物品的流量、流向及运输工具的载重量和容积,组织安排物品装载的作业。

配送和运送、发放、投送概念的区别在于,配送是在全面配货基础上,充分按照用户要求,包括种类、品种搭配、数量、时间等方面的要求所进行的运送。因此,除了各种"运""送"活动外,还要从事大量分货、配货、配装等工作,是"配"和"送"的有机结合形式。

物流与配送关系紧密,在具体活动中往往交结在一起,为此,人们习惯把"物流""配送"连在一起表述。

(二) 配送的特点

1. 配送是面向终端客户的服务

配送作为最终配置是指对客户完成最终交付的一种活动,是从最后一个物流节点到客户之间的物品的空间移动过程。

配送和送货概念的区别在于,配送不是一般概念的送货,也不是生产企业推销产品时直接从事的销售性送货,而是从物流据点至客户的一种特殊送货形式。从送货功能看,其特殊性表现为:一是,从事送货活动的是专业的流通企业,而不是生产企业;二是,配送是"中转型"送货,是客户需要什么送什么,而工厂送货一般是"直达型"送货,是生产什么送什么;三是,送货只是企业的一种营销手段,而配送是实现企业物流战略的重要组成部分,已上升到提升企业竞争力的经济管理活动。

2. 配送是短距离的末端运输

配送是相对于长距离的干线运输而言的概念。从狭义上讲,货物运输分为干线部分的运输和支线部分的配送。与长距离运输相比,配送承担的是支线的、末端的运输,是面对客户的一种短距离的送达服务。从工厂仓库到配送中心之间的批量货物的空间位移称为运输;从配送中心到最终用户之间的多品种小批量货物的空间位移称为配送。

配送和输送、运输概念的区别在于,物流配送不是单纯的运输或输送,而是运输与其他活动共同构成的有机体。物流配送中所包含的那一部分运输活动在整个输送过程中是处于"二次输送""支线输送""末端输送"的位置,其起止点是物流据点至客户,这也是不同于一般输送的特点。

3. 配送强调时效性

配送不是简单的"配货"加送货,它有着特定含义,更加强调在特定的时间、地点完成交付活动,充分体现时效性。

4. 配送强调满足客户需求

配送从客户的利益出发、按用户的要求为客户服务。因此,在观念上必须明确"客户至上""质量为本"。配送企业与客户的关系属于服务地位,而不是主导地位。在满足客户利益基础上取得本企业的利益。

5. 配送强调合理化

对于配送而言,应当在时间、速度、成本、数量、服务水平等方面寻求最优。因为过分强调"按客户要求"是不妥的,受客户本身的局限,要求有时存在不合理性,在这种情况下会损失单方或双方的利益。

6. 配送使企业实现"零库存"成为可能

企业为保证生产持续进行,依靠库存(经常库存和安全库存)向企业内部的各生产工位供应物品。如果社会供应系统既能承担生产企业的外部供应业务,又能实现上述的内部物资供应,那么企业的"零库存"就成为可能。理想的配送恰恰具有这种功能,由配送企业进行集中库存,取代原来分散在各个企业的库存,这是配送的最高境界。

二、配送的流程和类型

(一) 配送的流程

物流配送的一般流程如下:备货→储存→分拣及配货→配装→运输→送达服务→加工。

(1) 备货。备货是配送的准备工作或基础工作,备货工作包括筹集资源、订货或购货、集货、进货及有关的质量检查、结算、交接等。配送的优势之一,就是可以集中用户的需求进行一定规模的备货。

(2) 储存。物流配送中的储存有储备及暂存两种形态。

(3) 分拣及配货。它是完善、支持送货的准备性工作,也是决定整个配送系统水平的关键要素。

(4) 配装。配装是配送系统中有现代特点的功能要素,也是现代配送不同于以往送货的重要区别。

(5) 运输。配送运输属于运输中的末端运输、支线运输,如何组合成最佳路线,如何使装配和路线有效搭配等是配送运输的特点,也是难度较大的工作。

(6) 送达服务。配好的货物运输到用户的手中还不算配送工作的完结,这是因为送货和用户接货往往还会出现不协调,使配送前功尽弃。因此,要圆满地实现货物的移交,有效、方便地处理相关手续并完成结算。送达服务还应考虑卸货地点、卸货方式等。送达服务也是配送的特点。

(7) 加工。配送加工是流通加工的一种,但配送加工有它不同于一般流通加工的特点,即配送加工只取决于用户要求,其加工的目的较为单一。在配送活动中,配送加工具有重要的作用,这主要是因为通过配送加工可以大大提高用户的满意程度。

(二) 配送的类型

按不同划分标准,可以分为如下类型的配送,如表 9-1 所示。

表 9-1 配送的类型

划分标准	类　　型
按配送商品的种类及数量划分	① 少品种、大批量的配送;② 多品种、少批量的配送
按配送时间及数量划分	① 定时配送;② 定量配送;③ 定时定量配送; ④ 定时定量定点配送;⑤ 即时配送
按配送地点划分	① 配送中心配送;② 仓库配送;③ 商业配送

三、配送合同的概念与性质

(一) 配送合同的概念

配送合同是配送人根据客户需要为用户配送商品,用户支付配送费的合同。用户是配送活动的需求者,配送人是配送活动的提供者。

作为配送活动需求者的用户,既可能是销售合同中的卖方,也可能是买方,甚至可能是与卖方或买方签订了综合物流服务合同的物流企业。这类综合物流企业与卖方或买方签订综合物流服务合同后,由于自身不拥有配送中心,需要将配送业务外包给其他具有配送中心的物流企业,因而成为配送的需求者,即用户。

作为配送活动提供者的配送人,则既可能是销售合同中的卖方,也可能是独立于买卖双方的第三方物流企业。自身不拥有配送中心的综合物流企业,虽然相对与之签订配送合同、为其提供配送服务的其他拥有配送中心的物流企业而言,是配送服务的需求者;但相对与之签订综合物流服务合同的买方或卖方而言,则为配送服务的提供者。

配送费是配送人向用户配送商品而取得的对价。根据配送的具体方式不同,配送费可能包括商品价款和配送服务费两个部分。如果配送人为用户提供的是综合性物流服务,配送服务费也可能包含在用户支付的物流服务费中。

(二) 配送合同的性质

(1) 配送合同不是单纯的仓储合同或运输合同。

从事配送业务的企业都有一定规模的可使用仓库。配送人接受用户的指示将货物从工厂或中转站运到自己的仓库,为用户提供仓储保管服务,并将货物送至用户指定的地点。虽然在配送中含有仓储和运输,但配送是一揽子活动,运输和仓储保管仅是这一系列活动中的一个环节,它们不足以涵盖配送的全过程,况且,在销售配送合同中还存在商物合一,商品的所有权发生了变动的情形。因此,不能据此就将配送合同定性为仓储或运输合同。

(2) 配送合同不是买卖合同。

买卖合同是出卖人转移标的物的所有权于买受人,买受人支付价款的合同。而销售配送合同中,配送人除将标的物所有权转移给用户外,还为用户提供专业的配送服务,所收取的配送费中,也不仅仅是商品的价款,还包括因提供配送服务而收取的配送服务费。如果说销售企业为促销商品而提供的配送服务,因为只是一种商品买卖加送货上门,而可以归为买卖合同的话,那么销售—供应一体配送形式中销售企业除在自己销售商品外与长期用户签订的配送合同,以及物流企业所提供的商物合一的销售配送合同,则因为其中显著的服务特征而不能归于买卖合同。

(3) 配送合同不是加工承揽合同。

加工承揽合同是承揽人按照定作人的要求完成工作,交付工作成果,定作人给付报酬的合同。承揽包括加工、定作、修理、复制、测试、检验等工作。配送人虽然也会向用户提供某些加工服务,但这些加工服务是非典型的;同时基于与(1)同样的理由,配送合同也不是单纯的加工承揽合同。

(4) 配送合同不是委托合同。

配送合同是以为用户处理物品配送事务为目的的合同,用户可以只委托配送人运送物品,也可以委托配送人处理货物的分拣、加工、包装、运送等多项事务,因此配送合同具有委托合同的某些特征,但这并不表示配送合同应属于委托合同。

(5) 配送合同是无名合同。

根据法律是否规定一定名称和相应的规范,可将合同分为有名合同和无名合同。有名合同,又称典型合同,是法律规定了一定名称和调整规范的合同,如运输合同、仓储合同、买卖合同、委托合同、租赁合同、融资租赁合同等,在《民法典》中均有明确规定。无名合同则是指法律未确定特定名称和特定规范的合同。我国目前的法律规定中,配送合同不属于一种有名合同,也就是说,配送合同是一种无名合同。

由于配送活动是集装卸、包装、分拣、保管、加工、配货、运输等一系列活动于一身的活动,因此物流配送合同所涉及的法律法规比较综合,它具有仓储合同、运输合同、买卖合同和委托合同的某些特征,是《民法典》合同编中的一种无名合同。签订物流配送合同主要依据《民法典》合同编。综上所述,配送合同是具有仓储、运输、买卖、加工承揽和委托合同的某些特征的一种无名合同。

四、配送合同的种类

在物流实践活动中,一般将物流配送合同分作两种,即配送服务合同与销售配送合同。

(1) 配送服务合同。它是指配送人接受客户的货物,予以仓储,并按客户的要求对货物进行拣选、加工、包装等作业后,在约定的时间送达约定的地点,由客户支付配送费的合同。

(2) 销售配送合同。它是指配送人在将物品所有权转移给用户的同时为用户提供配送服务,由客户支付配送费(包括所售商品价款和配送服务费)的合同。

实践中,销售配送合同又分为第一方销售配送合同和第三方销售配送合同两种。

五、配送合同的主要内容

物流配送合同分为两种,即配送服务合同与销售配送合同。

(一) 配送服务合同的主要内容

配送服务合同主要内容如下:① 配送人与用户的名称或者姓名和住所;② 服务目标条款;③ 服务区域条款;④ 配送服务项目条款;⑤ 交货条款;⑥ 检验条款;⑦ 配送费及支付条款;⑧ 合同期限条款;⑨ 合同变更与终止条款;⑩ 不可抗力和免责条款;⑪ 违约责任条款;⑫ 争议解决条款。

(二) 销售配送合同的主要内容

销售配送合同内容与配送服务合同基本相同,但关于转移标的物所有权部分的条款与买卖合同相似。具体来说,应该包括以下内容:① 当事人的名称和地址;② 商品名称和品质条款;③ 加工条款,双方关于配送人对商品进行挑拣、组配和包装等的约定;④ 送货条款,约定配送人送货的数量、批次、送货的时间、地点等;⑤ 检验条款;⑥ 价格和报酬条款,约定配送人向用户出售商品的价格和配送服务报酬的计算;⑦ 结算条款;⑧ 合同变更与终止条款;⑨ 违约责任条款;⑩ 争议解决条款。

六、配送合同当事人的权利和义务

(一) 配送人的主要权利

(1) 要求客户支付配送费的权利。配送人有权要求客户支付配送费,这是配送人在合同中最主要的权利,也是订立配送合同的目的所在。

(2) 要求客户提供配送货物的权利。在配送服务合同中,客户要求配送人配送的货物都是由客户提供时,配送人有权要求客户按照约定提供原始货物,如果客户没有按约定提供,以至于配送人没有按期送货的,配送人无须承担责任。

(3) 要求客户按时收货的权利。配送人按约定将配送物送达地点时,客户应及时接收货物并办理货物交接手续。客户迟延接收货物造成配送人受损时,应承担赔偿责任。

(4) 要求客户协助的权利。配送人在按合同提供服务时,客户有义务为其提供必要的方便。

(二) 配送人的主要义务

(1) 配送人应按合同的要求提供服务。配送是把货物按合同要求的形态送达指定地点。因此,配送人应保证物品的色彩、大小、形状、重量以及包装等都应符合合同的约定,否则,给客户造成损失的,应承担责任。

(2) 配送人应选择合适的配送方式。配送人应采用合适的运输工具、搬运工具、作业工具,并根据合同的约定提出合适的配送方案,减少客户的成本,并保证配送活动过程的安全和及时。

(3) 配送人应提供配送单证。配送人在送货时应向收货人提供配送单证。

(4) 如实告知义务。配送人在履行配送活动过程中,应将物品的情况定期向客户汇报,并对可能影响客户利益的情况及时告知客户,以便及时采取适当的措施防止或减少损失的发生,否则配送人应承担相应的责任。

(三) 客户的主要权利

(1) 接受配送服务和接收货物的权利。
(2) 检验配送货物和配送服务质量的权利。
(3) 相应的知情权。

(四) 客户的主要义务

(1) 支付费用的义务。
(2) 向配送人提供配送货物的义务。
(3) 及时收货的义务。
(4) 如实告知义务。

第十章 物流保险法律实务

第一节 物流风险

风险的基本含义是损失的不确定性。这种不确定性表现在:发生与否不确定、发生时间不确定、损害对象不确定、发生状况不确定以及损害程度不确定。那么,物流风险有哪些呢?

一、物流企业外部环境风险

物流企业外部环境风险是指因物流企业所处的外部环境因素所引起的风险,主要是指国家法律、政策等宏观经济以及微观经济运行对物流企业所产生的影响,它包括以下四部分,即市场风险、法律政策风险、金融风险、信用风险。

(一) 市场风险

物流市场风险是指未来物流市场价格(如运费价格、油价、人员工资等)的不确定性对企业实现其既定目标的不利影响。物流市场风险既可能直接对企业产生影响,也可能是通过对其竞争者、供应商或者消费者间接地对企业产生影响。有市场就会有竞争,有竞争就会有风险。物流市场风险来自目标客户的需求状况以及整个物流行业的竞争引起的风险。由于物流服务是一种派生服务,是其他生产方式的辅助,当物流需求方的行业不景气时,第三方物流企业极可能会受到物流需求萎缩的影响而遭受损失。定期关注客户所在行业景气程度,不仅有利于全面了解客户的状况,而且有利于物流企业迅速调整经营策略,避免客户所在行业萧条而给自己带来的市场风险。另外,物流行业不是新兴的相对竞争缓和的行业,而是已进入竞争日益激烈阶段的行业,体现出竞争高、利润小、风险高的特点。物流企业是否能在激烈的市场竞争环境下生存发展下去,关键看其能否在物流市场中赢得客户,赢得市场。

(二) 法律政策风险

一个国家和各地区、各物流相关部门的法律政策是否稳定,是否趋好,对于物流企业是非常重要的,如国家和地方对物流行业税收政策的变更,地方政府的优惠保护政策等都有可能对物流企业构成风险。

(三) 金融风险

市场经济的运行轨迹具有明显的周期性,繁荣和衰退交替出现,宏观经济的周期性变化,对物流企业的经济风险影响很大。在经济繁荣时期,客户在市场需求不断升温的刺激下,会增加固定资产投资,进行扩大再生产,增加存货和商品流动,相对地会大量增加物流企业的市场容量。而在经济衰退时期,客户销售额下降,现金流入量减少,固定资产投资势必会减少,也会导致物流企业市场容量的减少。另外,国家宏观调控、金融市场波动等也可能给物流企业带来融资、筹资成本增大的影响。

(四) 信用风险

信用风险是指因交易对手未能履行协议中约定的义务而造成经济损失的风险。物流行业的信用风险,主要产生于物流企业在履行物流合同的过程中,允许物流需求者在获取企业提供的物流服务后以信用为基础、以延后账期或分期偿还的方式延期支付应付的费用。物流信用具有一定的金融信贷功能和资源整合功能,同时也具有帮助客户解决资金问题,促进与交易客户长期合作,提高物流企业自身物流服务水平,扩大物流业务量等许多优点。物流信用是当前新兴的现代物流商业模式对满足客户需求和加强客户关系的一种要求,也已经成为物流企业间竞争的主要手段。但由于物流信用主要依靠对物流需求者的信任和对未来付款的预期,所以一旦交易对手发生信用缺失行为,物流企业就会因预先提供服务、资金、设备等而蒙受经济损失。

二、物流业务合作风险

(一) 合作伙伴选择风险

1. 合作伙伴的业务实力和责任能力风险

物流企业希望所选择的合作伙伴业务实力和责任能力都比较强,其风险转嫁也比较令人满意;反之,如遇到一个物流业务实力弱、资信差的合作伙伴,物流运作风险会更大,甚至会出现合作伙伴突然陷入困境、抑或宣布破产或倒闭,物流企业的风险损失就难以得到弥补。由于物流公司的物流业务组织者的身份,在与物流合作伙伴合作中即物流运作的全程中,当客户发生损失时,无论是物流企业自身的过失还是其合作伙伴的过失,一般都要由物流企业先承担对外赔偿责任。尽管物流企业在赔付后,尚可向负有责任的合作伙伴进行追偿,但由于合作伙伴责任能力差,致使物流企业常常得不到损失补偿。

2. 信息不对称风险

物流业务合作要求各合作伙伴将私有信息完全共享出来,只有掌握物流系统中各个成员的具体信息,才有可能求得物流供应链整体的最优解。但物流合作成员作为独立的经济主体,虽然有长期合作伙伴关系,但相互之间也存在竞争,物流合作成员出于自身利益的考虑有时会故意隐瞒或谎报数据,造成信息的不对称,导致道德风险、物流业务运作风险问题的产生。

3. 相互依赖性风险

物流企业和合作伙伴之间往往是一个比较松散的企业联盟,各合作伙伴之间一般不存在所有权关系。除了合同和协议外,物流企业与合作伙伴的合作更多是依靠对方的信誉和彼此间的信任。随着相互依赖性的增强,物流企业受合作伙伴决策影响日益增大,风险增加。

4. 信息泄露风险

由于物流合作伙伴中,一个企业同时为多个物流合作者提供类似的产品或服务,这些合作伙伴出于市场竞争和发展自身业务的需要,极有可能将合作中获得的各种竞争信息和核心机密(如价格、客户、物流方案、物流线路等)泄露出去的风险。

(二) 合同签订与履行风险

1. 物流企业与客户的合同风险

物流企业与客户之间的风险和法律责任主要体现在双方所签的合同上。由于当前的物流行业竞争激烈,很多时候处于买方市场,在签署物流服务合同时,需求大客户往往凭借自己雄厚的经济实力和有利的市场地位,在谈判中处于优势地位,提出一些特别的要求与条件,物流企业为了在市场上取得一席之地,常常迫于商业上的压力而接受某些苛刻甚至是"无理"的条款。合同中订立此类极不合理的条款,一旦产生纠纷,后果可想而知,有可能会给物流企业带来极大的损失甚至致使其破产。

2. 物流企业与其分包商的合同风险

在实际业务中,现代的许多物流企业往往作为"供应链"的集成者、组织者身份出现,其中有的"供应链"环节由自己负责完成,有的"供应链"环节需要委托给分包商来具体实施。实践中第三方物流企业常常期望与资信好的分包商合作,不仅能降低物流经营的成本,也可使物流中的责任风险降到最低点。

如物流企业往往将运输业务部分全部委托给船公司、铁路、民航、公路零担等分包商完成。由于目前铁路、民航属于国有企业,行业垄断优势明显,在其运输合同中往往实行霸王条款,对赔偿责任、赔偿条件、免责条款普遍规定不太合理。而且从法律的角度看,海运、铁路运输、空运有明确的责任限制规定,但从物流企业的角度看,责任限制的实现难度很大。因此,第三方物流企业选择由这些部门分包时将面临不能有效传递的风险。

而公路零担运输由于运输成本很低,进入门槛低,公路零担运输企业往往采用资质差、风险承担力弱的挂靠形式进行运输,而且转包现象比较多,这些公路运输的分包商在发生货损、灭失时往往出现责任主体难以认定、责任承担能力差等问题,第三方物流企业也很难将风险转嫁出去,尤其是一些缺乏诚实信用的个体户运输业者,配载货物后,有时还会发生因诈骗而致货物失踪的风险。

三、物流业务操作风险

从物流业务的操作实践来看,物流业务操作风险包含人、货物、流程三个方面的风险。

从人的角度看,物流业务操作风险主要指物流作业人员的道德、能力风险和员工的人身安全风险。道德风险方面,由于任用道德不好的员工,故意损坏或盗窃物流货物,势必给物流企业带来风险、造成损失。能力风险方面,由于员工本身性格、学识、经验和公司人员安排不合理、培训不及时不充分等局限性,员工在不具备业务操作能力的情况下,上岗操作,势必增加企业的运营风险。员工人身安全风险方面,主要是在物品的运输过程中,可能因交通事故而发生驾驶人员伤亡的风险;在物品的储存、包装、装卸搬运的过程中,由于机器故障、不当操作可能发生工伤事故的风险。

从货物的角度看,主要是指物流货物自身特性的风险。货物特性与物流企业承担的责任有着密切的关系,其特性直接关系到商品损坏或灭失的风险程度及导致的索赔事故。

而货物特性主要集中于危险品、冷链物品和高价值物品上,如货物的易损坏性、易腐烂性、自燃性、爆炸性、腐蚀性导致的高风险性,高价值货物灭失、损坏导致对货损承担很高的赔偿责任风险等。

从流程的角度看,物流企业的作业流程主要包括运输、储存、装卸搬运、包装、流通加工、配送、信息处理等环节,这些物流环节在操作过程中都可能发生风险。下面主要阐述物流作业流程中的风险。

(一) 运输环节风险

物流的运输环节是物流业务系统中的核心流程,在物流运输环节中,可能发生的风险主要是货物的灭失、损害和延误的风险。货物灭损发生的原因可能有客观因素,也可能有主观因素。客观因素主要包括在运输途中可能发生自然灾害和意外事故等。自然灾害造成的货物运输风险主要包括以下几点:

(1) 由于暴雨、洪水、暴雪、冰冻等灾害造成的道路运输中断,从而造成货物延时到达产生的风险。

(2) 山体滑坡、泥石流、崖崩、地陷等地质灾害,造成运输线路的阻断,产生的运输风险。

(3) 货物遭受雨淋、雪融等灾害,从而造成货物水渍损失。

意外事故造成的货物运输风险包括如下几点:

(1) 运输工具发生碰撞、倾覆、出轨或隧道坍塌所造成的损失。

(2) 货物由于受到震动、碰撞、挤压而造成的货物的破碎、泄漏等风险。

主观因素包括运输人员因违规操作(如公路运输中的违章驾驶),或因本职工作的疏忽,对风险发生的警惕性有所降低,以及偷盗情况的发生(有可能是内部人员偷盗,也有可能是外来的盗窃犯),导致货物处于风险状态并受到一定的损害。

货物延时到达发生的原因主要在于承运人没有按照约定时间发运货物,运输路线选择欠缺或是中途发生事故导致运输时间延长等。在物流行业基本原则的要求下,物流企业延时配送可能会导致托运人对于延迟运输的违约责任索赔。物流企业面临的是延误违约风险。

(二) 装卸、搬运环节风险

装卸、搬运是随运输和保管而产生的必要物流活动,是对运输、保管、包装、流通加工等物流活动进行衔接的中间环节。装卸搬运环节主要包括货物的装(车)船、卸(车)船,货物的进出库以及在库内进行的搬运、清点、查库、转运、换装等活动,使用的装卸机械设备有吊车、叉车、传送带和各种台车等。在这个环节中,因不断地把货物装上卸下,可能会出现操作人员疏忽、野蛮装卸,以及装卸设备质量问题等原因导致的货物毁损风险和装卸安全事故风险。因为装卸、搬运活动是频繁发生在物流过程中,因而是物流操作环节中的一种常见风险。

(三) 仓储环节风险

在仓储环节中,物流企业要提供坚固、合适的仓库,对进入仓储环节的货物进行堆存、管理、保管、保养、维护等一系列活动。仓库本身的损坏、进水、通风不良、没有定期整理和维护,仓储物验收和交货不当,仓储物的保管不善,仓库货物坍塌,仓库火灾等都会导致仓储物变质、损害、灭失等风险。

(四) 流通加工环节风险

在流通加工环节中,使用的加工材料不合理,加工承揽物验收不当,操作人员失误或技术原因等,会造成货物的损失或达不到预期的价值,流通加工人需要承担一定的损害赔偿和违约责任等风险。

(五) 包装环节风险

在包装环节中,对包装的容器、材料、辅助物使用不恰当,也会造成货物灭损,需要承担一定的责任。包装环节还存在包装条款约定不明和履行不当,包装检验检疫不合格等风险。

(六) 配送环节风险

在物流配送环节中,既有可能发生货物损失及延时送达的风险,还有可能发生其他原因导致的分拨路径发生错误、工作人员填写录入失误等情况,从而发生错发错运的现象。

(七) 信息处理、单证传递环节风险

在信息处理、单证传递环节中,信息系统程序出错、操作人员马虎等,造成单据和信息本身不够正确完整,在单据传递过程中也有可能会出现改单、遗失等现象,从而使信息、单证传递出现延迟和差错,增加企业延时配送或发错、运错等风险。

(八) 对第三者的法律责任风险

物流企业由于业务中发生事故或者损害事件而对第三者负赔偿责任的情况也相当多,如物流运输途中的交通事故,货物或者运输工具的自燃、爆炸,仓库存放的危险品发生爆炸,货物发生泄漏等所引起的财产损失、人身伤亡和环境污染等,都有可能要承担对第三者的赔款的责任风险。

(九) 多式联运法律风险

多式联运法律风险有很多,本书将专门设章节来阐述。

综上所述,物流风险如表 10-1 所示。

表 10-1 物流风险主要来源

物流企业外部环境风险	① 市场风险;② 法律政策风险;③ 金融风险;④ 信用风险
物流业务合作风险	① 合作伙伴选择风险,包括合作伙伴的业务实力和责任能力风险,信息不对称风险,相互依赖性风险,信息泄露风险。② 物流企业与其分包商的合同风险
物流业务操作风险	① 运输环节风险;② 装卸、搬运环节风险;③ 仓储环节风险;④ 流通加工环节风险;⑤ 包装环节风险;⑥ 配送环节风险;⑦ 信息处理、单证传递环节风险;⑧ 对第三者的法律责任风险;⑨ 多式联运法律风险

第二节 物流风险管理

一、物流风险识别和评估

物流风险识别是风险管理体系最基础的工作，其他的风险管理工作都是根据这一基础来进行的。由于公司的运作经营、可控资源及所处环境始终在发生变化，所以公司的损失风险也相应地发生变化。

物流风险评估主要针对物流合同风险（包括与客户所签合同责任风险、与其分包商所签合同责任风险）、物流市场风险、物流政策风险、信用风险、物流项目投资与金融风险、物流运营风险（包括操作人员工作失误、员工人身安全、商品特性风险、货物装卸搬运风险、货物仓储风险、货物配送运输风险、货物交接风险、物流信息和单证传递风险、第三者责任风险）等风险指标进行量化性的评估。

通过对物流企业风险的评估可以发现，大部分物流企业主要风险是货物运输风险及与其分包商所签合同责任风险。

二、物流风险控制方法

风险管理人员应该选择适合本企业实际情况的对付风险的方法或综合方案。对付风险的主要方法有以下四种：避免风险、预防风险、自担风险和转移风险。

(一) 避免风险

避免风险有两种方式：一种是完全拒绝承担风险，另一种是放弃原来承担的风险。避免风险就是不承担损失风险，还要消除现存的损失风险，有时不现实，如为了避免公路零担运输风险而改为铁路运输方式，但是铁路运输风险势必替代公路零担运输风险。

(二) 预防风险

物流企业一旦决定保留或转移风险，不是避免风险，物流企业就应该在考虑成本的基础上尽可能地预防风险。物流风险预防措施：首先，对所有操作、设备和设施进行仔细检查；其次，对物流作业流程进行规范和执行；最后，识别潜在风险并把它们消除或减少到最低程度。

(三) 自担风险

通常，物流企业在下述情况下应该考虑自担损失风险：① 当每年潜在的风险损失金额很小，以至于可以用日常营业费用支付处理时。② 当损失发生的可能性非常小，以至于一般谨慎的企业家都不会购买保险时。③ 当保险不可取得，或者只能以很高的费率取得时。

(四) 转移风险

1. 以非保险方式转移风险

例如，在物流外包合同关系中，物流企业一般会考虑把相应的公路运输、铁路运输等损失风险转移给他方。

2. 保险

在下述情况下,物流企业应该考虑购买保险:① 根据法律或合同的规定。② 当潜在风险损失的金额很大,企业难以自担时(用资产、营业收入、利润和现金流量衡量)。③ 当每年风险成本变化很大,而又有条件合适的保险可以取得时。④ 当保险能够更好并经济地提供附带服务时,如检查、理赔和防损服务。

第三节 保险定义与基本原则

一、保险定义

保险,是指投保人根据合同约定,向保险人支付保险费,保险人对于合同约定的可能发生的事故因其发生所造成的财产损失承担赔偿保险金责任,或者当被保险人死亡、伤残、疾病或达到合同约定的年龄、期限时承担给付保险金的商业保险行为。

保险是一种经济补偿手段,运用多数单位的力量,通过科学的数理计算对风险损失进行分摊的制度。作为一种社会经济制度,保险是一种社会化的安排;作为一种法律行为,保险活动是通过保险合同来实现的。

二、保险的基本原则

(一) 最大诚信原则

所谓最大诚信原则,就是指保险合同双方当事人在订立和履行合同时,必须以最大的诚意履行约定义务,恪守承诺,互不欺骗,互不隐瞒。

这是投保人和保险人在签订保险合同时以及在保险合同有效期内必须遵守的一项原则。对被保险人来说,坚持最大诚信原则主要涉及三个方面的内容:① 告知,指被保险人在投保时把其所知道的有关保险标的的重要事项告诉保险人。② 陈述,指被保险人在磋商保险合同或在合同订立前对其所知道的有关保险标的的情况,向保险人所做的说明。③ 保证,指被保险人在保险合同中所做的保证要做或不做某种事情;保证某种情况的存在或不存在;或保证履行某一项条件等。

【法律实务01】 如何确定保险合同中投保人的如实告知义务?

2023 年 1 月 12 日,刘某雇用船舶运送 95 吨重型废钢,并到保险公司对该批货物进行投保,保险公司向刘某签发了保险单,该保险单载明:投保人为刘某,被保险人为刘某,保险的货物为 95 吨重型废钢,保险金额为 99 750 元。保单生效后,该船舶行驶途中沉没,船上货物全部灭失。事故发生后,海事部门无法认定沉船原因,刘某向保险公司报告并请求赔偿保险金,但保险公司认为:刘某雇用的船舶的核定吨位仅为 60 吨,货物严重超载,导致事故的发生,因刘某投保时未履行如实告知义务且违章超载运输,有重大过错,保险公司可以免责,故拒绝理赔。刘某诉至法院,要求保险公司给予赔偿。

原告认为:

(1) 原告刘某向保险公司投保,保险公司同意承保并签发了保险单,表明双方的保险合同成立。保单上所记载的内容是双方协议确定的,包括保险人承保的标的物数量、价值、船舶情况,只要发生合同约定的保险事故,保险人就负有支付赔偿金的责任。

(2) 投保人没有隐瞒事实的故意或过失。投保人在投保时就保险人认为需要了解的情况做了如实回答,使保险人做出了同意承保的决定,对保险人没有问及的事项,投保人没有告知的义务,作为普通投保人一般是不知道哪些事项是可以告知的、哪些是应当告知的以及如果不告知将会产生什么后果,而保险人的认知能力要远远强于投保人,知道对于承保事项的风险应通过哪些参考因素进行预测,从而决定是否承保以及保费的收取。

(3) 保险人在承保时明知运送货物的船舶的情况和承载货物的数量而没有表示异议,说明保险人对因船舶超载而致货物灭失的风险是愿意承担的,该风险属于保险风险。更何况,在发生保险货物灭失的事故后,对于事故发生的原因并没有经有关部门认定,做出明确的结论,即保险人现在还没有证据证明沉船原因是超载,保险人认为因超载导致沉船,是没有根据的推测,是其推脱承担赔偿责任的借口。无论怎样,保险货物在运输途中发生了灭失的事实,符合双方合同约定的保险事故,保险人应承担赔偿责任。

(二) 可保利益原则

(1) 含义。可保利益,又称可保权益或保险利益,是指投保人对保险标的具有法律上承认的利益。保险利益原则,是指在订立和履行保险合同的过程中,投保人或被保险人对保险标的应当具有保险利益。

如果投保人或被保险人对保险标的不具有保险利益,保险合同无效。即要求投保人对货物有一定的利益关系,可能因为货物的损害受到损失,或因为货物的安全运到而得到利益。通常认为拥有货物物权或承担货物灭失的风险或对货物安全运输承担责任的人都具有可保利益。

(2) 作用。防止赌博行为;限制保险保障的最高额度;防止道德风险的发生。

(3) 主体。保险利益的主体,是指对保险标的具有保险利益的人。

我国《保险法》第12条规定:"投保人对保险标的应当具有保险利益。"

(三) 近因原则

近因是指在效果上对损失最有影响的原因,而不是在时间上或空间上最近的原因。

按三种情况分析该原则的应用:① 只有一个单独的损失原因,即为近因;② 多种损失原因组成了因果链,最先发生的原因即近因;③ 多种独立的原因共同存在的情况下,在效果上对损失起主导支配作用的原因即近因。

【案例实务01】

四川省某市某果品公司通过铁路运输给黑龙江某单位一车皮四川甘蔗,计2 000篓,投保了货物运输综合险。货物在约定的15天期限内到达目的地,在卸货前发现左侧车门裂口,靠近车门处有明显的被盗痕迹。卸货后清点实剩货物发现有240篓被盗,还有130篓被冻毁。损失发生后,投保人及时通知保险人,要求对其货物遭受的盗窃损失及冰冻损失给予赔偿。

请问:保险公司应当如何赔偿? 说明理由。

分析:保险公司应当赔偿全部损坏的甘蔗,计370篓。因为被盗240篓甘蔗,属于货物运输综合险的保险责任范围,保险公司理应给予赔偿。而根据近因原则,盗窃是前因,在保险责任范围内,后果是包装破损,不在保险责任范围内。但甘蔗冻损的近因只有一个——盗窃,没有盗窃就没有130娄甘蔗冻损的结果。因此,后因是前因导致的必然结果。所以对于被冻损的130娄甘蔗,保险公司也应进行赔偿。

近因原则的意义在于处理理赔案时,赔偿与给付保险金的条件是造成保险标的损失的近因必须属于保险责任,若造成保险标的损失的近因属于保单承保风险,则保险人承担赔付责任;损失的近因不属于保单承保风险,则保险人不承担赔付责任。

(四) 损失补偿原则

(1) 含义。

损失补偿原则,就是指当保险标的发生了保险责任范围内的损失时,保险人应按照保险合同条款的规定履行赔偿责任,保险人的赔偿金额不能超过保单上的保险金额或被保险人遭受的实际损失,保险人的赔偿不应使被保险人因保险赔偿而获得额外利益。

(2) 基本内容。

保险补偿的限额。我国《保险法》第39条规定:保险金额不得超过保险价值,超过保险价值的,超过的部分无效。

综上所述,保险的基本原则如表10-2所示。

表10-2 保险的四大基本原则及两个派生原则

原则		定义	相关说明
最大诚信原则		要求保险双方在订立与履行保险合同的过程中,应向对方提供实质性重要事实,同时遵守合同的约定与承诺,否则保险合同无效	坚持最大诚信原则,是为了确保保险合同的顺利履行,维护保险双方的利益。主要内容包括告知、保证、弃权与禁止反言
可保利益原则		可保利益是指投保人或被保险人对保险标的具有法律上承认的利益	坚持可保利益原则的意义在于划清保险与赌博的界限,防止道德风险和限制保险赔偿的额度。由于财产保险和人身保险的性质不同,因而可保利益的应用及适用时限也不尽相同
近因原则		近因,是指引起保险标的损失的最直接、最有效、最起作用的原因。只有当承保风险是损失发生的近因时,保险人才负赔偿责任	保险人在处理损失原因较为复杂的索赔时,要遵循近因原则。对近因的分析和判断,是掌握和运营近因原则的关键。在运用近因原则时,应根据实际案情,实事求是地分析,认真辨别,并遵循国际惯例,特别是注重对重要判例的援用
损失补偿原则	代位原则	它是指当保险标的发生保险责任范围内的损失时,被保险人有权按照合同的约定,获得全面、充分的赔偿,但不能由此而获得额外的利益。损失补偿原则的派生原则	
	分摊原则		

第四节 保险合同

一、保险合同的定义、特征和种类

(一) 保险合同的定义

保险合同,又称保险契约。保险合同是投保人与保险人约定保险权利义务关系的协议。

投保人是指与保险人订立保险合同,并按照保险合同负有支付保险费义务的人。保险人是指与投保人订立保险合同,并承担赔偿或者给付保险金责任的保险公司。从这定义可以看出:① 投保人这"人"是指"自然人或者法人",而保险人这人特指保险公司,是法人。② 保险合同是由投保人和保险人签订的。③ 保险人的基本权利是收取保险费;其基本义务是赔偿或给付保险金。④ 投保人的基本义务是交付保险费;被保险人的基本权利是请求赔偿或给付保险金。

(二) 保险合同的特征

保险合同作为一种债权合同,除了具有一般债权合同的共同特征之外,还具有一些基于自身的特殊性而表现出来的法律特征。

1. 保险合同是双务合同

双务合同是指合同双方当事人互负对待给付义务的合同。根据《中华人民共和国保险法》(简称《保险法》)规定,保险合同的投保人负有向保险人支付保险费的义务,而保险人根据保险合同在保险期间因保险事故发生或者在约定的给付保险金的其他条件具备时,承担赔偿或者给付保险金的义务。因保险人和投保人互负义务,因此保险合同是典型的双务合同。

2. 保险合同是有偿合同

有偿合同,是指合同当事人一方在享受权利的同时负有以一定对等价值的给付义务的合同。保险合同是有偿合同,一方面,投保人通过向保险人履行支付保险费的义务获得了向保险人转移风险、要求保险人承担赔付的权利,另一方面,保险人向投保人收取保险费后,相应地承担了消化保险风险的赔偿或给付责任。保险合同的补偿性,主要对财产保险合同而言,即保险人对投保人所承担的义务仅限于损失部分的补偿,赔偿不能高于损失的数额。

3. 保险合同是诺成合同

诺成合同是指仅依当事人的意思表示一致就可成立的合同。又称为诺成性合同,与之对应的是实践性合同,实践性合同是除需要当事人意思表示一致外,还需以交付标的物或者履行其他给付行为为成立要件的合同。

我国《保险法》把保险合同界定为诺成合同。《保险法》第13条明确规定:"投保人提出保险要求,经保险人同意承保,保险合同成立。保险人应当及时向投保人签发保险单或者其他保险凭证。"第14条规定:"保险合同成立后,投保人按照约定交付保险费,保险人按照约定的时间开始承担保险责任。"由此可见,保险合同是诺成性合同,即保险合同的成立与否,主要看合同当事人对合同的条款是否能达成一致,并不以投保人交付保险费作为合同成立的要件,交付保险费只是保险合同成立后投保人的义务而已。

4. 保险合同是射幸合同

"射幸",即"侥幸"或"碰运气"的意思。射幸合同是指法律效果取决于不确定性事件是否发生的合同。即保险合同履行的结果是建立在事件可能发生,也可能不发生的基础之上。

保险合同的射幸性,是指投保人支付保险费的义务虽在合同成立时已经确定,但保险人承保的危险或者保险合同中约定的给付保险金的条件发生与否,却均不能确定,保险人赔付责任的产生与否,取决于保险事故是否发生,而保险事故是否发生或何时发生是具有偶然性和不确定性的。由于保险事故发生的偶然性和不确定性,所以把保险合同归为一种射幸合同。

5. 保险合同是最大诚信合同

诚信原则在民法中被比喻为"帝王规则",任何合同的订立,都应以合同当事人的诚信为基础。但是,由于保险合同当事人双方的信息不对称性,保险合同对诚信的要求远远高于其他合同。

在保险合同中,保险标的在投保前或投保后都是由投保人实际控制的,而保险人通常是根据投保人的告知来决定是否承保以及承保的条件,所以,投保人、被保险人、受益人的道德因素和信用状况对保险经营来说关系极大。另外,保险业务经营过程中的复杂性和技术性使得保险人在保险关系中处于有利地位,而投保人往往处于不利地位。因此,保险合同较一般合同更需要当事人履行诚信义务,因而保险合同是最大诚信合同。

6. 保险合同是不要式合同

根据合同成立是否必须有一定的形式为标准,合同可以分为要式合同和不要式合同。要式合同是指合同的订立必须依法律规定的特定形式进行。不要式合同是指只要当事人意思表示一致,合同就成立,不需要特定的形式。

《保险法》对保险合同采用了不要式说,《保险法》第13条规定:"投保人提出保险要求,经保险人同意承保,并就合同的条款达成协议,保险合同成立。保险人应当及时向投保人签发保险单或者其他保险凭证,并在保险单或者其他保险凭证中载明当事人双方约定的合同内容。"根据该条规定,保险合同成立的时间,为被保险人同意承保并就条款内容达成协议之时,与保险单或其他保险凭证是否签发无关。保险单或其他保险凭证的签发只是合同的内容证明,和保险合同的成立、效力没有关系,因此保险合同属于不要式合同。

7. 保险合同是格式合同

格式合同又称标准合同、附和合同,是指不经当事人双方充分协商,而是由一方提出合同的主要内容,另一方只能在已提出的合同内容基础上选择接受或者拒绝的合同。

保险合同内容通常是标准化格式,由保险人事先拟好,供投保人选择。保险合同的格式化、标准化,主要是为了适应保险事业的发展需要。由于保险合同的专业性,一般是由保险人事先制定好,投保人只能选择投保或者不投保,而保险人已出具的合同内容一般不能变更或修改。

(三) 保险合同的种类

按照不同的类分标准,可以将保险合同分为不同的类型。

(1) 按照保险标的的不同,保险合同分为财产保险合同和人身保险合同。

财产保险合同是以财产及其相关利益为保险标的的保险合同。人身保险合同是以人的寿命和身体为保险标的的保险合同。

(2) 按照保险合同性质的不同,保险合同分为补偿性保险合同和给付性保险合同。

补偿性保险合同是指保险人的责任以补偿被保险人因保险事故所造成的实际经济损失为限,并不得超过保险金额的合同。大多数财产保险,保险人按保险合同的约定对所承保的财产及其有关利益因自然灾害或意外事故造成的损失承担赔偿责任的保险合同和人身保险中的医疗费用等保险合同都属于补偿性保险合同。

给付性保险合同是指保险金额由双方事先约定,在保险事件发生或约定的期限届满时,保险人按照合同规定的标准金额给付的合同。各类寿险合同属于给付性保险合同。

(3) 在财产保险中,依据保险价值在订立合同时是否确定,保险合同分为定值保险合同和不定值保险合同。

定值保险合同是指在订立保险合同时,投保人和保险人已确定保险标的的保险价值,并将其载明于合同中的保险合同。定值保险合同成立后,一旦发生保险事故,保险合同当事人应以事先确定的保险价值作为保险人确定赔偿金数额的计算依据。在保险实务中,定值保险合同多适用于某些不易确定价值的财产,如货物运输保险以及以字画、古玩等为保险标的的财产保险合同。

不定值保险合同是指订立保险合同时不预先约定保险标的的保险价值,仅载明保险金额作为保险事故发生后赔偿最高限额的保险合同。在不定值保险合同条件下,一旦发生保险事故,保险合同当事人需确定保险价值,并以此作为保险人确定赔偿金额的计算依据。大多数财产保险业务均采用不定值保险合同的形式。

(4) 根据保险金额与和保险价值的对比关系,财产保险合同分为足额保险合同、不足额保险合同和超额保险合同。

足额保险合同是指保险价值与保险金额相等的保险合同。对于这种保险合同,当发生保险事故造成保险标的损失时,全部损失按照保险金额赔偿,部分损失则在保险金额范围内按照实际损失赔偿。

不足额保险合同是指保险价值大于保险金额的保险合同。对于这种保险合同,当保险事故发生并造成保险标的损失时,保险人一般根据保险金额与保险价值的比例承担赔偿责任。

超额保险合同是指保险价值小于保险金额的保险合同。对于这种保险合同,当保险事故发生并造成保险标的损失时,保险人仅按照保险价值进行赔偿,高于保险价值的保险金额部分视为无效。

(5) 按照保险承保方式不同,保险合同分为原保险合同和再保险合同。

原保险合同是指投保人直接和保险人订立的保险合同。再保险合同是指保险人为转移其承担的原保险风险和责任,与其他保险人订立的保险合同。财产保险公司和人寿保险公司都可以就其承保的风险责任签订再保险合同予以转移。不过,无论是财产再保险合同还是人寿再保险合同,都属于财产保险合同。

(6) 按照承保人数多少的不同,保险合同分为单保险合同和重复保险合同。

单保险合同,是指投保人就同一保险标的、同一保险利益、同一保险事故与一个保险人订立的保险合同。多数保险合同都是单保险合同。

重复保险合同,是指投保人就同一保险标的、同一保险利益、同一保险事故,与两个或者两个以上的保险人分别订立多个保险合同,这些保险合同相互之间就构成重复保险合同。

(7) 按照保险期限确定与否,保险合同分为定期保险合同和不定期保险合同。

定期保险合同,是指合同载明保险责任有效期限的合同,如一年期企业财产保险合同、五年期人寿保险合同等。

不定期保险合同,是指合同不明确规定保险责任的有效期的合同。合同可按照约定的终止条件终止或者由合同一方提前通知对方终止,如终身人寿保险合同、海上航程保险合同等。

二、保险合同的主体和客体

(一) 保险合同的主体

保险合同的主体是保险合同订立、履行过程中的参与者,也就是根据保险合同的约定,享有相关权利并承担相应义务的人。根据参与者在保险合同订立、履行过程中所发挥的作用不同,通常又将保险合同的主体分为当事人、关系人和辅助人三类。① 合同当事人是指依法订立保险合同并享有相关权利和承担相应义务的利害关系人,包括保险人和投保人;② 合同关系人是指未参与保险合同的订立,但是享有合同约定利益并承担相应义务的人,包括被保险人和受益人;③ 辅助人是指辅助保险合同当事人订立合同、履行合同,并办理有关保险事项的人,包括代理人、经纪人、公证人。

1. 保险合同的当事人

保险合同的当事人是与保险合同具有直接利害关系的人,包括保险人和投保人。

(1) 保险人,又称承保人,指保险公司。

保险人又称承保人,是指与投保人订立保险合同,并按照保险合同约定承担赔偿或者给付保险金责任的保险公司。保险人是一种组织,虽然称为"人",但不包括自然人,而是指保险公司。《保险法》第 6 条规定:"保险业务由依照本法设立的保险公司以及法律、行政法规规定的其他保险组织经营,其他单位和个人不得经营保险业务。"因此,在我国,有资格经营商业保险业务的只能是公司制的保险机构,而既不能是自然人,也不能是其他法人组织。

保险公司在中华人民共和国境内设立分支机构,应当经国务院保险监督管理机构批准。保险公司分支机构不具有法人资格,其民事责任由保险公司承担。

保险公司在中华人民共和国境外设立子公司、分支机构、代表机构,应当经国务院保险监督管理机构批准。外国保险机构在中华人民共和国境内设立代表机构,应当经国务院保险监督管理机构批准,代表机构不得从事保险经营活动。

(2) 投保人,又称要保人/交钱人。

投保人又称要保人,是指与保险人订立保险合同,并按照合同约定负有支付保险费义务的人。按照相关法律规定,作为保险合同的当事人,投保人必须满足以下几个条件:

① 投保人有行为能力。当事人订立合同,应当具有相应的民事权利能力和民事行为能力。限制民事行为能力人订立的合同,经法定代理人追认后,该合同有效;但纯获利益的合同或者与其年龄、智力、精神健康状况相适应而订立的合同,不必经法定代理人追认。因此,没有取得或者已经丧失法定资格无民事权利能力的法人以及没有民事行为能力的未成年人、精神病人作为投保人,同保险人订立的保险合同是无效合同,不受法律的保护。而限制民事行为能力的未成年人、精神病人作为投保人,同保险人订立的保险合同只有经过其法定代理人追认才能生效,否则该合同不能生效。但保险人赠与限制民事行为能力人的纯获利性保险合同,如以限制民事行为能力人为被保险人的生存保险合同,应当属于有效保险合同。

② 投保人对保险标的具有保险利益。投保人对保险标的必须具有保险利益,即指投保人或者被保险人对保险标的具有法律上承认的利益,否则投保人不能与保险人订立保险合同。若保险人在不知情的情况下与不具有保险利益的投保人签订了保险合同,该保险合同无效。

《保险法》第12条规定:"人身保险的投保人在保险合同订立时,对被保险人应当具有保险利益。财产保险的被保险人在保险事故发生时,对保险标的应当具有保险利益。"

由于一般情况下,财产保险的投保人和被保险人是同一人,财产保险要求被保险人在保险事故发生时,对保险标的应当具有保险利益,大部分情况下也是对投保人应该对保险标的具有保险利益的要求。当然,应注意的是,财产保险对保险利益的实质性要求还是被保险人在保险事故发生时,对保险标的应当具有保险利益。人身保险合同就只能是投保人对保险标的应该具有保险利益了。

人身保险中保险利益的主要功能之一便是防止任何人借保险而获取财产的不当得利。人身保险中具有保险利益的主体应该是投保人,因为此时在人身保险中保险标的是被保险人的生命或健康,相对应的保险利益的主体只能是投保人。

③ 投保人具有交付保险费的能力。《保险法》第14条规定:"保险合同成立后,投保人按照约定交付保险费,保险人按照约定的时间开始承担保险责任。"商业保险公司经营保险业务是一种商业逐利行为。一般情况下,投保人要想使保险人在未来能够按照保险合同的约定承担保险责任、向被保险人提供保险保障,就必须在同保险人订立保险合同后,按照合同约定向保险人支付一定的保险费作为代价。当然,如果是保险人赠与的保险合同就不存在这种要求。

2. 保险合同的关系人

保险合同关系人是指与保险合同发生间接关系的人,包括被保险人和受益人。

(1) 被保险人。

财产保险的被保险人可以是自然人,也可以是法人;但人身保险的被保险人只能是自然人。

被保险人是指其财产或者人身受保险合同保障,享有保险金请求权的人。他是保险事故发生时候遭受损失的人,是享有赔偿请求权的人,可以是投保人,也可以是第三人。对被保险人的资格一般没有严格限制。

投保人可以为被保险人。财产保险的被保险人既可以是自然人,也可以是法人。但对于人身保险合同而言,被保险人只能是自然人,不能是法人。当然,并不是所有自然人或法人都能成为保险合同的被保险人。对于财产保险合同而言,被保险人同保险标的之间应该存在保险利益关系;对于人身保险合同而言,合同中一般还存在对被保险人年龄、健康状况和职业等的要求。

被保险人具有以下法律特征:

① 被保险人是受保险合同保障的人。这是一种经济上的保障,当被保险人财产在特定危险事故中受损时,可以依约得到经济补偿;当被保险人自身受特定危险事故伤害时,可以依约得到经济帮助。

② 被保险人是享有保险金请求权的人。在保险合同关系中,投保人虽然是当事人,却并不享有保险金请求权,只有被保险人才享有此项权利。在财产保险中,保险金请求权通常由被保险人亲自行使,只有被保险人在保险事故中死亡时,才可以由继承人行使。在人身保险中,保险事故发生后,被保险人依然生存时,保险金请求权自然由被保险人亲自行使;若不幸身故,则保险金请求权由其指定的受益人行使,无受益人时,由被保险人的法定继承人行使。但保险金请求权是建立在保险事故发生基础上的,由于保险事故的发生具有不确定性,被保险人最终能否行使此项权利,具有不确定性。

③ 被保险人享有一定的同意权。为保护被保险人的利益,《保险法》第34条明确规定,以死亡为给付保险金条件的合同,未经被保险人同意并认可保险金额的,合同无效。按照以死亡为给付保险金条件的合同所签发的保险单,未经被保险人书面同意,不得转让或者质押。父母为其未成年子女投保的人身保险,不受本条第一款规定限制。

④ 被保险人须履行一定合同义务。被保险人虽然不是合同当事人,但保险合同成立后,却需要履行一定合同义务。《保险法》第21、22条规定,投保人、被保险人或者受益人知道保险事故发生后,应当及时通知保险人。故意或者因重大过失未及时通知,致使保险事故的性质、原因、损失程度等难以确定的,保险人对无法确定的部分,不承担赔偿或者给付保险金的责任,但保险人通过其他途径已经及时知道或者应当及时知道保险事由发生的除外。保险事故发生后,按照保险合同请求保险人赔偿或者给付保险金时,投保人、被保险人或者受益人应当向保险人提供其所能提供的与确认保险事故的性质、原因、损失程度等有关的证明和资料。

(2) 受益人。

《保险法》第18条第3款规定:"受益人是指人身保险合同中由被保险人或者投保人指定的享有保险金请求权的人。投保人、被保险人可以为受益人。"在一般财产保险中,保险金请求权通常由被保险人亲自行使,可以说被保险人就是受益人。因此,投保人、被保险人本人可以为受益人。受益人不受民事权利能力及可保利益的限定。

但是,保险实务中,财产保险并非没有受益人问题,如责任保险中,最终受益者不是被保险人,而是受损害第三人,只是订约时无法指定。在人身保险合同中,除被保险人外,往往另有受益人,故人身保险中,受益人有时是投保人,有时是被保险人,有时是指定的投保人和被保险人之外的第三人。

受益人具有以下法律特征:

① 受益人是享受保险金请求权的人。受益人享受保险合同的利益,领取保险金,但他并非保险合同当事人,且不负交付保险费的义务。

② 受益人是由投保人或被保险人在保险合同中指定的人。保险合同生效后,投保人或被保险人可以中途撤销或变更受益人,无须征得保险人的同意,但必须通知保险人,由"保险人"在保险单上做出批准后才能生效。如果投保人与被保险人不是同一人,投保人变更或撤销受益人时,需征得被保险人同意。如果投保人或被保险人没有在保险合同中指明受益人的,则由被保险人的法定继承人为受益人。

受益人,分生存受益人和身故受益人。生存受益人就是活着的时候,可以领钱的那个人,一般是投保人或是被保险人。身故受益人,就是指定的配偶、子女、父母,是被保人身故后,领取这笔钱的人。

3. 保险合同的辅助人(保险中介人)

保险合同的辅助人也称保险中介人,是指为订立、履行保险合同充当中介或提供服务,并收取相应中介费、服务费的人,主要包括保险代理人、保险经纪人和保险公估人。保险代理人代表保险人的利益,保险经纪人代表投保人的利益,而保险公估人既可受保险人委托,也可受投保人或被保险人委托,站在客观公正的立场上对委托事项做出评价,为保险合同当事人提供专业服务。

(1) 保险代理人。

《保险法》第117条规定:"保险代理人是根据保险人的委托,向保险人收取佣金,并在保险人授权的范围内代为办理保险业务的机构或者个人。保险代理机构包括专门从事保险代理业务的保险专业代理机构和兼营保险代理业务的保险兼业代理机构。"

保险代理人具有如下法律特征:

① 保险代理人必须取得权利能力。保险代理人要从事保险代理活动,须取得保险代理的权利能力。具体而言,从事个人代理的自然人,须参加保险代理人统一考试并合格,向保监会申领"保险代理从业人员资格证书"(以下简称"代理资格证书");从事保险代理的单位,须向保监会申请,取得"经营保险代理业务许可证"(以下简称"代理许可证")。从市场准入的角度看,保险代理市场,不是市场主体可以自由进出的市场,经营保险代理业务,必须得到保险主管部门的许可。

② 保险代理人必须具有行为能力。保险代理人取得权利能力后,只是具备保险代理的资格,还必须与保险人签订代理协议,取得保险代理的行为能力。

个人保险代理人在代为办理人寿保险业务时,不得同时接受两个以上保险人的委托。保险人委托保险代理人代为办理保险业务,应当与保险代理人签订委托代理协议,依法约定双方的权利和义务。保险代理人根据保险人的授权代为办理保险业务的行为,由保险人承担责任。保险代理人没有代理权、超越代理权或者代理权终止后以保险人名义订立合同,使投保人有理由相信其有代理权的,该代理行为有效。保险人可以依法追究越权的保险代理人的责任。

(2) 保险经纪人。

《保险法》第118条规定:"保险经纪人是基于投保人的利益,为投保人与保险人订立保险合同提供中介服务,并依法收取佣金的机构。"保险经纪人是投保方的代理人,是基于投保方的利益,为投保人与保险人订立保险合同提供投保、交费、索赔等中介服务,并收取佣金的中介人。

一般情况下,保险经纪人为客户提供投保服务时应该向保险人收取佣金。但需要注意的是,我国法律并没有禁止保险经纪人向投保人收取佣金。根据《保险经纪机构管理规定》,在我国不允许个人从事保险经纪业务。保险经纪机构可以采取合伙企业、有限责任公司和股份有限公司三种组织形式。保险经纪人因过错给投保人、被保险人造成损失的,依法承担赔偿责任。

(3) 保险公估人。

保险公估人是指接受保险当事人或者关系人的委托,专门从事保险标的的评估、勘验、鉴定、估损、理算等业务的单位或个人。保险活动当事人可以委托保险公估机构等依法设立的独立评估机构或者具有相关专业知识的人员,对保险事故进行评估和鉴定。保险公估报酬一般由委托人支付,除非保险人、被保险人为查明和确定保险事故的性质、原因和标的的损失程度所支付的必要的、合理的费用,由保险人承担(见《保险法》第64条规定)。

但保险公估人都是以第三者的立场,凭借其专业知识与技术及客观、公正的态度,处理保险合同当事人双方委托办理的有关保险业务公正事项。接受委托对保险事故进行评估和鉴定的机构和人员,应当依法、独立、客观、公正地进行评估和鉴定,任何单位和个人不得干涉。

由于保险公估活动的技术性和专业性很强,其行为的后果直接对保险合同当事人的权益产生重大的影响,因此,各国对保险公估人都有极其严格的资格认定。在我国,个人不能独立从事保险公估业务。根据《保险公估机构管理规定》,保险公估机构可以采取合伙企业、有限责任公司和股份有限公司三种组织形式。保险公估机构和人员从事公估业务时,因故意或者过失给保险人或者被保险人造成损失的,依法承担赔偿责任。

综上所述,保险合同的主体如表10-3所示。

表10-3 保险合同的主体

项 目	内 容	
当事人	投保人/要保人/交钱人	与保险人订立保险合同,并按照保险合同负有支付保险费义务的人
	保险人/保险公司	与投保人订立保险合同,并承担赔偿或给付保险金责任的保险公司

续 表

项　目		内　容
关系人	被保险人（不一定是投保人）	约定的保险事故可能在其财产或人身上发生的人；当事故发生时，其享有保险金请求权。投保人可以为被保险人
	受益人（保险金受领人），分为生存受益人和身故受益人	又称保险金受领人，是指由投保人或被保险人在保险合同中指定的，在保险事故发生时，享有赔偿请求权的人。仅存在于人身保险中。受益人属于纯获利益的人，因此，无民事行为人/限制行为能力人（无/限人）也可以成为受益人。 生存受益人就是活着的时候，可以领钱那个人，一般是投保人或是被保险人。身故受益人，就是指定的配偶、子女、父母，是被保人身故后，领取这笔钱的人
辅助人/中介人	保险代理人	保险代理人是根据保险人的委托，向保险人收取佣金，并在保险人授权的范围内代为办理保险业务的机构或者个人
	保险经纪人	保险经纪人是基于投保人的利益，为投保人与保险人订立保险合同提供中介服务，并依法收取佣金的机构
	保险公估人	保险公估人是指接受保险当事人或者关系人的委托，专门从事保险标的的评估、勘验、鉴定、估损、理算等业务的单位或个人

理解技巧：记住三句话。

① 你（投保人/交钱人）给我（被保险人）买人身险，受益人为我孩子（受益人）。这种情况：投保人、被保险人和受益人各不相同。即自己给他人买保险，受益人是他人的他人。

② 你（投保人/交钱人）给孩子（被保险人）买人身险，受益人为孩子（受益人）。这种情况：被保险人就是受益人，即被保险人与受益人相同，但与投保人不同。即自己给他人买保险，受益人是他人。

③ 你（投保人/交钱人）给你（被保险人）买人身险，受益人为孩子（受益人）。这种情况：投保人就是被保险人，即投保人与被保险人相同，但与受益人不同。即自己给自己买保险，受益人是他人。

（二）保险合同的客体

保险合同的客体是指保险合同的主体权利义务所共同指向的对象。在一般民事法律关系中客体一般称为标的，包括物、行为和智力成果等。但绝大部分学者认为，保险合同虽然属民事法律关系范畴，但是它的客体不是保险标的本身，而是投保人或者被保险人的保险利益，即对保险标的的具有的法律上承认的利益。因此，要理解保险合同的客体，先要理解两个紧密相关的概念：保险标的和保险利益。

保险标的是保险利益的载体，它既是有可能发生保险事故而由投保人要求转嫁风险并获得保险保障的对象，也是保险人提供保障责任的对象。保险标的包括投保人申请投保的财产及其有关利益或者人的寿命和身体，是确定保险合同关系和保险责任的依据。保险标的的存在形态有物质的，如货物、房屋、汽车、人的身体等；也有非物质的，如被保险人的侵权和违约责任、信用等。在不同的保险合同中，保险人对保险标的的范围都有明确规定，即哪些可以承保，哪些不予承保，哪些一定条件下可以特约承保等。

保险利益也称可保利益，是指投保人或者被保险人对保险标的的具有的法律上承认的利益。保险合同双方当事人订约的目的在于实现对被保险人的经济保障,即在约定条件下因保险事故发生造成保险标的的损害或灭失,这种损害或损失会使被保险人的经济利益受到侵害,保险人依据保险合同约定予以补偿或给付,因此,保险合同当事人权利和义务所共同指向的对象是与保险标的相关的保险利益,而不是保险标的本身。也就是说,保险合同的客体就是投保人或者被保险人对保险标的所具有的保险利益。

为了更好理解保险法中的基本概念,本书做了一个基本概念的说明,如表 10-4 所示。

表 10-4 保险法中基本概念的说明

项 目	内 容
保险标的	作为投保对象的财产及其有关利益或者人身的寿命、身体
保险价值	保险标的的货币价值
保险利益	保险利益也称可保利益,是指投保人或者被保险人对保险标的具有的法律上承认的利益
保险费	投保人交给保险人(保险公司)的费用
保险金	保险公司理赔时实际支付的金钱;除法律另有规定不得转让外,保险金请求权可以转让给第三人
保险金额	保险公司赔偿的最高限额
保单现金价值	带有储蓄性质的人身保险当中的现金数额。合同解除后,投保人主张退费;投保人死亡的,可以继承

三、保险合同的内容

保险合同的内容有广义和狭义之分,狭义保险合同的内容仅指保险合同当事人依法约定的权利和义务;而广义保险合同的内容是指以双方权利义务为核心的保险合同的全部记载事项,保险合同内容是当事人双方履行合同义务、承担法律责任的依据。本书此处介绍的是广义的保险合同内容。后续将介绍狭义的保险合同内容作为保险合同当事人的义务。

保险合同的内容通常也叫保险合同条款,千万别将保险合同条款和保单条款或者保险条款相混淆。保险合同条款一般可以分为基本条款和特约条款两类。基本条款是指按照法律规定通常情况下必须在保险合同中列明的内容,是保险合同必不可少的法定条款,缺少这些条款有时就需要依法推定,更多的是保险合同就不能成立。特约条款是保险法所列举条款以外的条款,特约条款由双方当事人共同拟定。两种条款都具有法律效力,其区别仅在于:前者是根据保险法必须约定的条款;后者则是当事人双方根据实际需要,可约定也可不约定的条款。

(一) 基本条款

根据我国《保险法》第 18 条的规定,保险合同的基本条款应包括以下事项。

1. 保险人的名称和住所

保险人专指保险公司,其名称须与保险监督管理机构和工商行政管理机构批准和登记的名称一致。保险人的住所即保险公司或分支机构的主营业场所所在地。

2. 投保人、被保险人、受益人的姓名或者名称、住所

将保险人、投保人、被保险人和受益人的姓名或者名称、住所作为保险合同基本条款的法律意义在于：明确保险合同的当事人、关系人，确定合同权利义务的享有者和承担者；明确保险合同的履行地点，确定合同纠纷诉讼管辖。

3. 保险标的

保险标的是指作为保险对象的财产及其有关利益或者人的寿命和身体，它是保险利益的载体。保险标的如果是财产及其有关利益，应包括该标的的具体坐落地点，有的还包括利益关系；保险标的如果是人的寿命和身体，还应包括被保险人的性别、年龄，有的还包括被保险人的职业、健康状况，视具体险种而定。

将保险标的作为保险合同的基本条款的法律意义在于：确定保险合同的种类，明确保险人承担责任的范围及保险法规定的适用；判断投保人是否具有保险利益及是否存在道德危险；确定保险价值及赔偿数额；确定诉讼管辖等。

4. 保险责任和免除责任

保险责任是指保险合同约定的保险事故或事件发生后，保险人所应承担的保险金赔偿或给付责任。保险责任的法律意义在于确定保险人承担保险责任的范围。

责任免除是指保险人依照法律规定或合同约定，不承担保险责任的范围，是对保险责任的限制。责任免除条款的内容应以列举方式规定。责任免除的法律意义在于：进一步明确保险责任的范围，避免保险人过度承担责任，以维护公平和最大诚信原则。

5. 保险期间和保险责任开始时间

保险期间是指保险人为被保险人提供保险保障的起止日期，即保险合同的有效期间。保险期间可以按年、月、日计算，也可按一个运程期、一个工程期或一个生长期计算。保险责任开始时间即保险人开始承担保险责任的时间，通常以年、月、日、时表示。《保险法》第13条规定："依法成立的保险合同，自成立时生效。投保人和保险人可以对合同的效力约定附条件或者附期限。"《保险法》第14条规定："保险合同成立后，投保人按照约定交付保险费，保险人按照约定的时间承担保险责任。"根据上述规定，保险责任开始的时间应为合同成立时或由双方在保险合同中约定。

在保险实务中，一般以约定起保日的零点为保险责任开始时间，以合同期满日的24点为保险责任终止时间。

6. 保险价值

保险价值是指保险标的的实际价值。即投保人对保险标的所享有的保险利益的货币估价额。

保险价值的确定主要有三种方法：① 由当事人双方在保险合同中约定，当保险事故发生后，无须再对保险标的估价，就可直接根据合同约定的保险标的价值额计算损失。② 按照事故发生后保险标的市场价格确定，即保险标的的价值额随市场价格变动，保险人的赔偿金额不超过保险标的在保险事故发生时的市场价格。③ 依据法律具体规定确定保

险价值。例如,《中华人民共和国海商法》第219条就对船舶、货物、运费等保险标的的保险价值的确定做出了具体规定。

7. 保险金额

保险金额是指保险人承担赔偿或者给付保险金责任的最高限额。

(二) 保险合同的特约条款

根据保险实务,保险合同的特约条款主要有两类:① 扩大或限制保险人承担的保险责任的条款;② 约束投保人或被保险人行为的条款。

四、保险合同的订立、解除、转让和无效

(一) 保险合同的订立

被保险人提出保险要求,经保险人同意,并就保险合同的条款达成协议后,合同即告成立。合同成立后保险人应当及时签发保险单或其他保险单证,并在其中载明约定的内容,以作为合同的证明。当合同内容与上述保险单证上载明的内容相矛盾时,应以合同内容为准,因为合同的法律地位优于保险单或保险单证的地位。

(二) 保险合同的解除

被保险人违反最大诚信原则,即没有如实告知有关重要情况时,保险人可以解除合同。如果被保险人是故意不如实告知的,即存在隐瞒或欺诈,保险人可解除合同且不退还保险费;对合同解除前发生保险事故造成的损失不负赔偿责任。如果不是出于被保险人的故意,保险人可解除合同或要求相应增加保险费,并对解除合同前发生保险事故造成的损失负赔偿责任,但是,未告知或者错误告知的重要情况对保险事故的发生有重大影响除外。

保险责任发生前,被保险人可以要求解除合同,但应当向保险人支付手续费,由保险人退还保险费。保险责任发生后,除非合同另有约定,双方均不得解除合同;依合同约定解除合同的,保险费按实际保险期间收取,余额应退还被保险人。

(三) 保险合同的转让

保险合同可以由被保险人在保险单上背书或者以其他方式转让,合同的权利和义务随之转移。合同转让时尚未支付保险费的,被保险人和合同受让人负连带责任。背书转让方式在保险中经常被采用,保险单经转让后成为正式的保险合同,并随货物所有权的转移而转移,无须征得保险人的同意。

(四) 物流保险合同的无效

物流保险合同的无效是指因法定原因或者约定原因,物流保险合同的全部或部分内容不产生法律约束力。物流保险合同可由以下原因归于无效。

(1) 因具备保险法上的无效原因而无效。

超额保险是保险金额高于保险价值的保险合同。各国保险立法均认同,对于损失补偿性保险合同,因受"损失补偿原则"的制约,需防止被保险人获不当得利引发道德风险。《保险法》第55条规定:"保险金额不得超过保险价值,超过部分无效,保险人应当退还相

应的保险费。"

（2）物流保险合同因其他的法定无效原因而无效。

物流保险合同作为民事合同，应当符合《民法典》所规定的合同的一般生效要件。内容违反法律、行政法规的强制性规定的，无权代理，违反国家利益和社会公众利益都可导致物流保险合同无效。

第五节 货物运输保险

一、货物运输保险的概念和特征

(一) 货物运输保险的概念

货物运输保险是以各种被运输货物作为保险标的，保险人依照合同对于在保险期间由各种自然灾害或意外事故所造成的货物损失承担赔偿责任的保险。货物运输保险的保险标的是在水路、铁路、公路、航空和多式联运等运输过程中的货物，主要是指具有商品性质的贸易货物，还包括货物的包装和容器等。随着物流货物运输方式的需求和发展，货物运输保险逐渐涵盖运输前后和途中的临时仓储、装卸、分拆和包装等环节。

(二) 货物运输保险的特征

1. 被保险人的多变性

在货物运输保险中，大多数情况下被保险人是在变化的。货物运输保险的保险标的是运输过程中的货物，货物由卖方运送到买方，有时甚至已经运送的货物还会经过多次转卖，不断变换其所有人，随着货主的变更，必然会引起货物运输保险被保险人的不断变化，往往最终受保险合同保障的人不是保险单上注明的被保险人，而是保单合法持有人。

2. 保险标的的流动性

货物运输保险所承保的标的，通常是具有商品性质的动产。流动中或运动状态下的货物不受固定地点的限制，这与有固定地址的企业财产险、家庭财产险及工程险等是不同的。

3. 保险利益的转移性

运输中的货物通常为国内贸易或国际贸易的商品，买卖双方对于货物的保险利益是随着物权和风险的转移而转移的。

4. 承保风险的综合性

与一般财产保险相比，货物运输保险承保的风险范围远远超过一般财产保险承保的风险范围。

从性质上看，既有财产和利益上的风险，又有责任上的风险。从范围上看，既有海上、陆上和空中的风险，又有途中仓储、装卸、换装的风险。从风险种类上看，既有自然灾害和意外事故引起的客观风险,又有外来原因引起的主观风险。从形式上看,既有静止状态中的风险,又有流动状态中的风险。因此,货物运输保险承保的风险具有明显的综合性和广泛性。

5. 保险合同的可转让性

货物运输保险是以贸易货物为保险标的的,因此货物的买卖转让及风险交割也会引起保险利益的转移,保险合同也自然从卖方转向买方。由于运输中的货物面临的风险大小及出险概率的高低主要取决于承运人而非被保险人,所以货物运输保险的保险合同可以随着货物所有权的转移而自由转移,而无须通知保险人,无须事先征得保险人的同意。货物运输保险合同可以用背书或者其他方式转让。例如,在以 CIF 为条件的买卖合同中,一般做法是卖方在保单上背书,保险利益即从卖方转给买方,保险合同上的权利和义务一同转移给买方。

6. 保险期限的空间性

由于货物运输途程具有不固定性,所以货物运输保险的保险期限通常不是采取 1 年期的定期制,而是以约定的运输途程为准,即"仓至仓条款"作为一个保险责任期限。这一特征使得货物运输保险的保险期限具有空间性特征。

7. 合同解除的严格性

对于保险合同的解除,法律一般都采取任意性规定,《保险法》第 15 条规定,"因本法另有规定或者保险合同另有约定外,保险合同成立后,投保人可以解除合同。保险人不得解除合同"。但是,对于货物运输保险,由于它属于航次保险,因此《保险法》第 50 条和《海商法》第 228 条都做了"货物运输保险,保险责任开始后合同当事人不得解除合同"的规定。

二、货物运输保险的险种

为适应被保险人对货物运输保险的具体要求,根据不同的标的和采用不同的运输方式所可能遭受到的不同危险,规定了不同的险种和险别。现行的货运险主要险种有以下几种。

(一) 国内货物运输保险

1. 国内水路货物运输保险

国内水路货物运输保险承保标的为国内江、河、湖泊和沿海经水路运输的货物,分为基本险和综合险两种。基本险承保货物在运输过程中因遭受自然灾害或意外事故造成的损失;综合险除承保基本险责任外,还负责包装破裂、破碎、渗漏、盗窃和雨淋等危险。

2. 国内铁路货物运输保险

国内铁路货物运输保险承保标的为国内经铁路运输的货物,分为基本险和综合险两种。基本险的责任范围是被保险货物在运输过程中因遭受自然灾害或意外事故造成的损失;综合险的责任范围是除基本险责任外,还负责包装破裂、破碎、渗漏、盗窃、提货不着手、雨淋等造成的损失。

3. 国内公路货物运输保险

国内公路货物运输保险承保标的为国内经公路运输的货物,其保障范围包括自然灾害和意外事故,还综合承保雨淋、破碎、渗漏等危险。

4. 国内航空货物运输保险

国内航空货物运输保险承保标的为国内经航空运输的货物,其保障范围除自然灾害和意外事故外,还综合承保雨淋、破碎、渗漏、盗窃和提货不着等危险。

5. 鲜、活、易腐货物运输保险

鲜、活、易腐货物运输保险承保鲜、活、易腐货物在运输过程中可能遭受的特殊危险。

(二) 国际货物运输保险

国际货物运输保险包括海上、陆上、航空和邮递货物运输保险。我国货物运输保险的种类与国际保险市场上的规定基本一致。

1. 海上货物运输保险

海上货物运输保险是指以海上运输的货物作为保险标的的保险。具体可分为以下几种:

(1) 海洋货物运输保险。承保进出口货物在运输过程中遭受自然灾害或意外事故时发生的损失。世界上许多国家和地区大都使用英国伦敦保险人协会制定的"协会条款"(Institute Cargo Clauses,ICC)。该条款1963年的基本险别分主险和附加险,主险为平安险、水渍险和一切险三种,附加险包括一般附加险、特别附加险、特殊附加险三种。从1982年1月1日起该"协会条款"基本险别改为 ICC(A)、ICC(B)、ICC(C)。我国参照过去伦敦协会条款制定的海洋运输条款,仍相应采用一切险、水渍险和平安险三种主险险别和一般附加险、特别附加险、特殊附加险三种附加险险别。

① 一般附加险有偷窃、提货不着险,淡水雨淋险,短量险,混杂、沾污险,渗漏险,碰损、破碎险,串味险,受潮、受热险,钩损险,包装破裂险,锈损险 11 种,一般附加险别属于"一切险"范围内。在已报一切险的条件下,即使再加一般附加险也不另收保险费。但一般附加险不能离开主要险别而单独投保,要在主要险别基础上加保。

② 特别附加险也属附加险类内,但不属于一切险的范围之内。它往往与民主政治、国家行政管理规章所引起的风险相关联。目前,中国人民保险公司承保的特别附加险别有交货不到险、进口关税险、黄曲霉素险等。

③ 特殊附加险。特殊附加险包括战争险和罢工险。海洋货物运输战争保险及罢工险,作为特殊附加险,只有在投保基本险的基础上才能加保。但 1982 年 1 月 1 日起实行的新"协会条款"中的战争险和罢工险均可按独立险别投保。

(2) 海洋运输冷藏货物保险。某些鲜肉、鱼、虾和蔬菜、果园等货物对温度变化很敏感,因而在运输过程中需始终储存在冷冻容器或冷藏舱内。对于这类货物,可以投保冷藏货物保险。

(3) 海洋运输散装桐油保险。这是一种专门保险,其责任范围包括不论任何原因所致的运输桐油的短少、渗漏、沾污、变质以及由此引起的施救费用等。

2. 陆上货物运输保险

陆上运输以火车、汽车为主要运输工具,陆上货物运输保险有路运险和陆运一切险两种。

3. 航空货物运输保险

航空货物运输保险是以空运过程中的风险作为保险责任范围的保险。航空货物运输保险有空运险和空运一切险两种。

4. 邮递货物运输保险

邮递货物运输保险也称邮包保险,主要承保通过邮局以邮包递运的货物,因邮包在运输过程中遭到自然灾害、意外事故或外来原因造成的货物损失。邮包保险有邮包险和邮包一切险两种。

【思考题01】 保险合同的当事人包括被保险人和受益人,是否正确?

律师解答:

错误。保险合同的当事人包括保险人和投保人。与保险合同发生间接关系的是保险合同的关系人,包括被保险人和受益人。

【思考题02】 当事人的权利义务是什么?

律师解答:

民事诉讼中的当事人的权利义务包括当事人有权委托代理人,提出回避申请,收集、提供证据,进行辩论,请求调解,提起上诉,申请执行。且在诉讼过程中有遵守法庭纪律,提交法庭需要的材料和证据的义务。

法律依据:《中华人民共和国民事诉讼法》第49条。

当事人有权委托代理人,提出回避申请,收集、提供证据,进行辩论,请求调解,提起上诉,申请执行。当事人可以查阅本案有关材料,并可以复制本案有关材料和法律文书。查阅、复制本案有关材料的范围和办法由最高人民法院规定。当事人必须依法行使诉讼权利,遵守诉讼秩序,履行发生法律效力的判决书、裁定书和调解书。

【思考题03】 被保险人和受益人必须是同一个人吗?

在人们投保的人生意外险的保单上,被保险人与受益人并不一定要是同一个人,大部分情况下被保险人与受益人并不是一个人。那么,为什么人们购买的人生意外险的保单上的被保险人与受益人并不是同一个人呢?

一般情况下,当人们遭遇意外之后,最好的结果只会造成轻微的伤害,而最差的结果便是当事人当场死亡。如果当事人事先已经投保了人生意外险,那么在遭遇意外事故之后,便能够获得相应的赔偿。如果是轻微的伤害,那么便可以进行医疗费用的保险,此时保险的受益人是谁并没有什么太大的关系。

但是,如果被保险人因为遭遇意外事故而死亡,那么在这种情况下,如果被保险人仍然是保险的受益人,那么在进行索赔的时候便会遇到非常大的麻烦,保险公司也会以此为借口来拒赔。因此,大家在购买人生意外险的时候,最好将保险的受益人设定为自己的丈夫或者妻子,儿女也是可以的。

【思考题04】 投保人、被保险人、受益人的区别。

投保人是交钱的人,投保人和被保险人可以是同一人,投保人和受益人也可以是一个人,就是自己给自己交钱买保险。被保险人是受保护的人,受益人是被保险人身故了,保险金的被受与的人。这是只有被保险人身故才会发生的。

当投保人和被保险人不是同一个人时受益人可以是投保人,但当投保人和被保险人是同一人时,则受益人不可以是投保人了。一般来说,当医疗报销、重疾等发生理赔时被保险人才是受益人。

　　被保人,就是受保障的那个人,也就是指根据保险合同,其财产利益或人身受保险合同保障,在保险事故发生后,享有保险金请求权的人。受益人,分生存受益人和身故受益人。生存受益人就是活着的时候,可以领钱的那个人,一般是投保人或是被保险人。身故受益人,就是指定的配偶、子女、父母,是被保人身故后,领取这笔钱的人。

　　所以,投保人是指与保险人订立保险合同,并按照保险合同负有支付保险费义务的人。受益人是指人身保险合同中由被保险人或者投保人指定的享有保险金请求权的人。投保人和受益人可以是同一个人。

第十一章　其他物流法律实务

第一节　代理法条及释义

一、代理关系

代理是一种行为,代理人独立为意思表示,本质为法律行为。代理也是一种法律关系,代理人、被代理人(本人)和第三人共同组成三方、三种法律关系。代理关系实质是三方关系。

代理具有社会分工、无限人保护(无民事行为能力人和限制行为能力人)功能。代理制度使得法人制度真正成为可能。

典型代理的三方当事人和三方法律关系如下:

(1) 内部关系:代理人和被代理人(本人)的协议关系(委托代理)或身份关系(法定代理)。

(2) 外部关系:代理人与第三人的表意关系,为法律行为。

(3) 结果关系:被代理人与第三人的权利义务关系,代理行为的权利义务直接由被代理人(本人)和第三人承受。

评论:行为人不是结果承受人,不是民法的本质使然,而是民法创设的一种特别制度,目的就是使行为结果归属他人,这恰恰是代理制度的价值。

二、冒名行为的处理思路

冒名行为,本质上是双方结构,不是三方结构。

(1) 姓名不具有特殊的区别意义。

法律关系直接发生在冒名行为和相对人之间。行为人为自己订立合同而假冒他人之名,相对人也愿意与行为人订立合同,而对法律效果究竟归属谁在所不问,即姓名不具有区别性意义。该合同关系发生在冒名行为人和相对人之间。

如明星甲向乙承租乡间小屋休闲,为避免干扰,使用其弟丙的姓名订立合同,则甲与乙之间成立租赁合同关系,而不是丙与乙之间成立租赁合同关系。

(2) 适用无权处分规则的冒名行为。

如甲将乙的电脑卖给丙,甲对丙说自己就是乙,并在买卖合同中签署了乙的姓名。① 甲侵犯了乙的姓名权。② 进行笔迹鉴定即可知买卖合同的出卖人就是甲,而不是乙。③ 甲无权处分了乙的财产,适用无权处分规则。④ 买卖合同有效。如果乙追认,丙正常取得所有权;如果乙不追认,则检索丙是否构成善意取得。⑤ 类似的还如冒名出卖他人门店、冒名出租他人门店、冒名出借他人物品、冒名赠与他人物品、冒名抵押他人物品、冒名出质他人物品等。

(3) 类推适用无权代理规则的冒名行为(有观点认为适用欺诈订立合同规则)。

相对人对被冒名之人有一定联想,而意在与其发生法律关系。例如,甲冒某收藏家乙之名向丙订购某画,丙因慕乙之名而同意出售该画,则原则上类推无权代理之规定。又如,某人冒用某歌星之名签订演出合同,则属于无权代理。

有学者不同意这种处理办法,认为应适用欺诈订立合同规则:因为行为人没有将行为后果归属于他人的意思,即使是无权代理,也是有这种归属意思的。因此,凡是没有效果归属他人意思,均应视为行为人自己的行为,不适用代理规则,应适用欺诈订立合同规则。

三、委托代理与法定代理

代理包括委托代理和法定代理。

(1) 委托代理。可以用书面形式,也可用口头形式。法律规定用书面形式的,应当用书面形式。书面委托代理的授权委托书应当载明代理人的姓名或者名称、代理事项、权限和期间,并由委托人签名或者盖章。

(2) 法定代理。无民事行为能力人和限制行为能力人(简称"无限人")的监护人是他的法定代理人。可以被代理人的名义进行一切法律所不禁止的行为。产生原因为保护无限人;一旦无限人成为完人(完全民事行为能力人),法定代理权即消灭。

关于代理,《民法典》相关法条及释义如下:

第 161 条 【代理的适用范围】 民事主体可以通过代理人实施民事法律行为。

依照法律规定、当事人约定或者民事法律行为的性质,应当由本人亲自实施的民事法律行为,不得代理。

条文注释

代理的适用范围原则上限于民事法律行为。但一般认为,一些与合同密切相关的准民事法律行为、事实行为和程序行为,如要约邀请、要约撤回、订约时样品的交付和受领、办理合同公证等,也允许代理。

第 162 条 【代理的效力】 代理人在代理权限内,以被代理人名义实施的民事法律行为,对被代理人发生效力。

条文注释

根据本条规定,代理行为发生代理效力必须符合下列两个条件:

(1) 代理人在代理权限内实施民事法律行为。代理人超越代理权限实施民事法律行为的,除符合本法第 172 条规定的表见代理的构成要件外,为无权代理,须经被代理人追认才能对被代理人产生效力。

(2) 代理人必须以被代理人的名义实施民事法律行为。代理人在实施民事法律行为时,必须以被代理人的名义进行,即明确向相对人表明是替被代理人来实施该民事法律行为。

第 163 条 【代理的类型】 代理包括委托代理和法定代理。

委托代理人按照被代理人的委托行使代理权。法定代理人依照法律的规定行使代理权。

条文注释

根据代理权产生依据的不同,代理可以分为委托代理和法定代理。委托代理是代理的主要类型。法定代理是依照法律的规定来行使代理权的代理。法定代理人的代理权来自法律的直接规定,无须被代理人的授权,也只有在符合法律规定条件的情况下才能取消代理人的代理权。

法定代理人的类型主要有:监护人;失踪人的财产代管人;清算组。

第 164 条 【代理人不当行为的法律后果】 代理人不履行或者不完全履行职责,造成被代理人损害的,应当承担民事责任。

代理人和相对人恶意串通,损害被代理人合法权益的,代理人和相对人应当承担连带责任。

条文注释

本条第 1 款是关于代理人不当履行职责的民事责任的规定。代理人行使代理权完全是为了被代理人的利益,应当在代理权限内忠实履行代理职责,如果不履行或者不完全履行代理职责,造成被代理人损害的,应当承担民事责任。

本条第 2 款是关于代理人和相对人恶意串通的民事责任的规定。代理人和相对人恶意串通,损害被代理人合法权益时,代理人的行为属于本条第 1 款规制的范围,应当承担民事责任,但此时相对人也应承担责任。

根据本款规定,代理人和相对人承担连带责任的前提是恶意串通。如果双方当事人或者一方当事人不知且不应知其行为的损害后果,就不构成恶意串通,不能适用本款规定,应当根据各自的行为来承担相应的民事责任。

第 165 条 【委托代理授权的形式要求】 委托代理授权采用书面形式的,授权委托书应当载明代理人的姓名或者名称、代理事项、权限和期限,并由被代理人签名或者盖章。

条文注释

委托代理,是指按照被代理人的委托来行使代理权的代理。此时,代理人行使的代理权称为委托代理权,是基于被代理人的意思而产生的。

被代理人授予代理人委托代理权的行为,称为授权行为。

根据本法第 135 条的规定,在法律、行政法规没有特别规定或者当事人没有约定的情况下,委托代理授权可以采取书面形式、口头形式或者其他形式中的任何一种。其中,书面形式是最主要的一种授权形式,称为授权委托书。

第 166 条 【共同代理】 数人为同一代理事项的代理人的,应当共同行使代理权,但是当事人另有约定的除外。

条文注释

共同代理,是指数个代理人共同行使一项代理权的代理。共同代理具有以下几个特征:① 有数个代理人;② 只有一个代理权;③ 共同行使代理权。共同行使,是指只有经过全体代理人的共同同意才能行使代理权,即数人应当共同实施代理行为,享有共同的权利义务。

第 167 条 【违法代理的责任承担】 代理人知道或者应当知道代理事项违法仍然实施代理行为,或者被代理人知道或者应当知道代理人的代理行为违法未做反对表示的,被代理人和代理人应当承担连带责任。

条文注释

代理违法造成第三人损害的,应当承担民事责任,但由被代理人承担还是代理人承担

应当区分不同情形加以确定:

(1) 代理事项违法,但代理人不知道或者不应当知道该代理事项违法,此时应由被代理人承担民事责任。

(2) 代理事项违法,代理人知道或者应当知道该代理事项违法仍然实施了代理行为,此时代理人与被代理人应当承担连带责任。

(3) 代理事项不违法,但代理人实施了违法的代理行为,被代理人不知道或者不应当知道该行为违法,或者知道后表示反对的,此时应由代理人承担民事责任。

(4) 代理事项不违法,但代理人实施了违法的代理行为,被代理人知道或者应当知道该行为违法未做反对表示的,此时被代理人应与代理人承担连带责任。

第 168 条 【禁止自己代理和双方代理及例外】 代理人不得以被代理人的名义与自己实施民事法律行为,但是被代理人同意或者追认的除外。

代理人不得以被代理人的名义与自己同时代理的其他人实施民事法律行为,但是被代理的双方同意或者追认的除外。

条文注释

自己代理,是指代理人以被代理人的名义与自己实施民事法律行为。

实践中,自己代理主要有两种情况:① 代理人以自己的名义向被代理人发出要约且代理人以被代理人的名义予以承诺;② 代理人以被代理人的名义向自己发出要约且以自己的名义予以承诺。

双方代理,是指代理人同时代理被代理人和相对人实施同一民事法律行为。构成双方代理,必须符合两个条件:① 代理人必须既获得被代理人的委托代理授权,又获得相对人的委托代理授权;② 代理人同时代理的双方为同一民事法律行为的当事人。

法律规定了禁止自己代理和双方代理,同时均规定了例外情况:① 如果被代理人事先同意,或者被代理人虽然没有事先同意,但事后经权衡后,追认了代理人的自己代理行为,法律自然要尊重被代理人的选择,认可自己代理行为的效力;② 如果当事双方都觉得没有损害其利益或者愿意承受这种利益,法律也没有必要强行干预。

第 169 条 【复代理/再代理/转代理/次代理/转委托代理】 代理人需要转委托第三人代理的,应当取得被代理人的同意或者追认。

转委托代理经被代理人同意或者追认的,被代理人可以就代理事务直接指示转委托的第三人,代理人仅就第三人的选任以及对第三人的指示承担责任。

转委托代理未经被代理人同意或者追认的,代理人应当对转委托的第三人的行为承担责任;但是,在紧急情况下代理人为了维护被代理人的利益需要转委托第三人代理的除外。

复代理,又称再代理、转代理或者次代理,是指代理人为了实施其代理权限内的行为,以自己的名义为被代理人选任代理人的代理。

本条明确只有在两种情况下才允许复代理:① 被代理人允许。被代理人的允许,包括事先同意和事后追认。② 出现紧急情况。

第 170 条 【职务代理】 执行法人或者非法人组织工作任务的人员,就其职权范围内的事项,以法人或者非法人组织的名义实施的民事法律行为,对法人或者非法人组织发生效力。

法人或者非法人组织对执行其工作任务的人员职权范围的限制,不得对抗善意相对人。

条文注释

职务代理,是指根据代理人所担任的职务而产生的代理,即执行法人或者非法人组织工作任务的人员,就其职权范围内的事项,以法人或者非法人组织的名义实施的民事法律行为,无须法人或者非法人组织的特别授权,对法人或者非法人组织发生效力。

理解职务代理制度,应注意以下几点:① 被代理人须是法人或者非法人组织;② 代理人须是执行法人或者非法人组织工作任务的人员;③ 代理事项须是职权范围内的事项。

第171条 【无权代理】 行为人没有代理权、超越代理权或者代理权终止后,仍然实施代理行为,未经被代理人追认的,对被代理人不发生效力。

相对人可以催告被代理人自收到通知之日起三十日内予以追认。被代理人未做表示的,视为拒绝追认。行为人实施的行为被追认前,善意相对人有撤销的权利。撤销应当以通知的方式做出。

行为人实施的行为未被追认的,善意相对人有权请求行为人履行债务或者就其受到的损害请求行为人赔偿。但是,赔偿的范围不得超过被代理人追认时相对人所能获得的利益。

相对人知道或者应当知道行为人无权代理的,相对人和行为人按照各自的过错承担责任。

条文注释

无权代理有以下三种类型:① 没有代理权的无权代理;② 超越代理权的无权代理;③ 代理权终止后的无权代理。

对于无权代理行为,被代理人可以追认,使之确定地发生法律效力,也可以拒绝追认使之确定地不发生法律效力;善意相对人可以在被代理人追认前行使撤销权使之确定地不发生效力,如果相对人希望尽早确定其效力,可以催告被代理人予以追认。

催告权,是指相对人催促被代理人在一定期限内明确答复是否承认无权代理行为的权利。撤销权,是指相对人在被代理人未追认无权代理行为之前,可撤回其对行为人所做出的意思表示的权利。

第172条 【表见代理】 行为人没有代理权、超越代理权或者代理权终止后,仍然实施代理行为,相对人有理由相信行为人有代理权的,代理行为有效。

条文注释

表见代理,是指行为人无代理权而实施代理行为,如果相对人有理由相信其有代理权,该代理行为有效。

构成表见代理需要满足以下两个条件:

(1) 行为人没有获得被代理人的授权就以被代理人的名义与相对人实施民事法律行为。本条规定了没有代理权、超越代理权和代理权终止三种情形。

(2) 相对人在主观上必须是善意、无过失的。如果相对人明知或者应知行为人没有代理权、超越代理权或者代理权已终止,而仍与行为人实施民事法律行为,那么就不构成表见代理,而成为无权代理。

第 173 条　【委托代理终止的情形】　有下列情形之一的,委托代理终止:
(一)代理期限届满或者代理事务完成;
(二)被代理人取消委托或者代理人辞去委托;
(三)代理人丧失民事行为能力;
(四)代理人或者被代理人死亡;
(五)作为代理人或者被代理人的法人、非法人组织终止。

条文注释

委托代理终止,是指被代理人与代理人之间的代理关系消灭。

第 174 条　【委托代理终止的例外】　被代理人死亡后,有下列情形之一的,委托代理人实施的代理行为有效:
(一)代理人不知道且不应当知道被代理人死亡;
(二)被代理人的继承人予以承认;
(三)授权中明确代理权在代理事务完成时终止;
(四)被代理人死亡前已经实施,为了被代理人的继承人的利益继续代理。

作为被代理人的法人、非法人组织终止的,参照适用前款规定。

条文注释

被代理人死亡,其继承人知道代理人的存在后,对其代理人地位予以承认的,代理人可以继续实施代理行为。

被代理人的委托授权中明确了代理权直到代理事务完成时才终止的,即使被代理人死亡,也应当尊重其意思,代理人可以继续从事代理活动,其实施的代理行为仍然有效。

如果被代理人是法人、非法人组织,其终止类似于自然人的死亡,因此,本条第 2 款规定,作为被代理人的法人、非法人组织终止的,参照适用前款规定。

第 175 条　【法定代理终止的情形】　有下列情形之一的,法定代理终止:
(一)被代理人取得或者恢复完全民事行为能力;
(二)代理人丧失民事行为能力;
(三)代理人或者被代理人死亡;
(四)法律规定的其他情形。

条文注释

法定代理是依据法律规定而产生代理权的代理,主要是为保护无民事行为能力人和限制行为能力人而设立的制度。法定代理的产生和终止,均是基于法律的规定。

对于法定代理的理解,需要与《民法典》监护制度相结合。法律之所以为被代理人规定代理人,是因为特定情形下被代理人本身因为年幼、精神疾病等原因缺乏相应的民事行为能力。

由监护人(法定代理人)代其作出和受领意思表示,可以弥补被监护人(被代理人)能力的不足,有利于保护被监护人(被代理人)的合法权益。

相应地,当被代理人行为能力的瑕疵消除,或者代理人不能继续从事代理行为时,法定代理也应终止。本条规定了法定代理终止的四种情形。

(1) 被代理人取得或者恢复完全民事行为能力。

法定代理的被代理人均为无民事行为能力或者限制民事行为能力人，即法定代理是以被代理人无民事行为能力或者限制民事行为能力为前提条件的。

当被代理人取得完全民事行为能力（年满十八周岁），或者恢复了民事行为能力（如精神疾病痊愈），设定法定代理的原因消失，法定代理当然终止。

(2) 代理人丧失民事行为能力。

法定代理的代理人职责，是代理无民事行为能力人或限制民事行为能力人为民事法律行为，故法定代理人必须具有民事行为能力。

缺乏行为能力，意味着法定代理人不能辨认自己的行为，自然难以保障被代理人的合法权益，法定代理也应相应中止。

此处的"丧失行为能力"，应与《民法典》第173条作同一理解，即法定代理人成为无民事行为能力人。

(3) 代理人或者被代理人死亡。

被代理人或者代理人死亡，意味着代理关系的一方主体消灭，故而引起法定代理关系的终止。

(4) 法律规定的其他情形。

为防止列举不全，本条规定了兜底条款。这主要是考虑到除以上情形外，还可能有其他情况导致法定代理关系消灭。

特别注意：① 法定代理和委托代理终止情形的区别。法定代理和委托代理均属于代理，但其终止事由存在区别。例如代理人或者被代理人死亡，在委托代理和法定代理中产生的法律效果并不完全相同。无论是在委托代理还是法定代理中，代理人死亡均导致代理终止；但被代理人死亡后，委托代理人仍有可能继续实施代理行为并发生代理的效果，但法定代理中并没有类似规则，代理必然终止。② 法定代理终止的其他情形。本条为法定代理终止规定了兜底条款。法定代理的产生基于法律规定的监护制度等专门制度，在有关这些制度的法律规定中，也可能存在法定代理终止的情形。例如，依照《民法典》第23条规定，监护人是无民事行为能力人、限制民事行为能力人的法定代理人。如其监护资格被依法撤销，则法定代理也相应终止，并由依法指定的监护人成为新的法定代理人。

【思考题01】 哪些民事法律行为不得代理？

律师答疑：

下列三类民事法律行为不得代理：① 依照法律规定应当由本人亲自实施的民事法律行为；② 依照当事人约定应当由本人亲自实施的民事法律行为；③ 依照民事法律行为的性质，应当由本人亲自实施的民事法律行为。这主要是指具有人身性质的身份行为，如结婚、离婚、收养、遗嘱、遗赠等。

【思考题02】 出现哪些情形，委托代理终止？

出现下列五种情形之一的，委托代理终止：

(1) 代理期限届满或者代理事务完成。如果授权时明确了具体的代理期限，期限届满，没有继续授权，委托代理就应当终止。同时，代理人完成了全部代理事务，即使代理期限没有届满,代理关系也已失去继续存在的理由,也应当终止。

(2) 被代理人取消委托或者代理人辞去委托。被代理人授予代理人委托代理权,该委托被代理人可以依法取消,代理人也可以依法辞去,此两种情形之下,委托代理终止。

(3) 代理人丧失民事行为能力。代理人要以被代理人的名义实施民事法律行为,必须具有行为能力。如果代理人丧失民事行为能力,委托代理当然终止。

(4) 代理人或者被代理人死亡。委托代理关系建立在被代理人与代理人之间信任的基础之上,具有严格的人身属性;如果代理人或者被代理人死亡,委托代理也应终止。但应注意的是,《民法典》第174条规定了一些例外情形,在这些情形下,代理人实施的代理行为仍然有效。

(5) 作为代理人或者被代理人的法人、非法人组织终止。如果代理人或者被代理人是法人或者非法人组织,该法人或者非法人组织由于种种原因终止,此时,委托代理也当然终止。

【思考题03】 复代理有哪些特征?

复代理具有以下四个特征:① 以本代理的存在为前提;② 复代理人是原代理人以自己的名义选任的代理人;③ 复代理人行使的代理权是原代理人的代理权,但原代理人的代理权并不因此丧失;④ 复代理人是被代理人的代理人,而不是原代理人的代理人。

第二节 委托合同法条及释义

一、委托合同与委托代理关系

(一) 委托合同和委托代理的相同点:都是为他人服务

委托合同中受托人为委托人处理事务,为委托人服务。委托代理是代理人代本人为意思表示或受意思表示,为被代理人服务。

(二) 委托合同和委托代理的牵连

委托合同通过法律行为处理委托事务,一般都有代理权的授予,产生委托代理。在此场合,委托合同成为委托代理的基础。例如,客户与律所签订委托合同,客户与律师通过授权委托书进行代理权授予。

(三) 委托合同和委托代理的不牵连

有委托合同而无委托代理,如委托会计师核查账簿而不发生对外关系;超越事项范围处理委托事务,如诉讼代理律师代当事人和解,但无特别委托授权,也可准用《民法典》无权代理的规定。

无委托合同而有委托代理,如雇用或承揽而授予受雇人、承揽人以代理权。

(四) 委托合同和委托代理的不同点

(1) 事务范围不同。① 委托合同中的事务无限广泛,包括事实行为。② 委托代理中的代理人的代理行为不能包括事实行为。

(2) 内外关系不同。① 委托合同是对内关系,存在于委托人和受托人之间。② 委托代理属于对外关系,存在于被代理人和相对人之间,不对外也就无所谓代理了,言外之意,代理必须对外。

(3) 单双方行为不同。① 委托合同是双方行为,诺成性合同。② 委托代理关系的成立,被代理人授予代理人代理权属于单方行为。

(4) 是否发生债不同。① 委托合同引发债的关系。② 代理权授予本身在被代理人和代理人之间不发生债的关系。

(5) 限人效力不同。① 委托合同受托人为限人,委托合同效力待定。② 代理权授予中被授予人是限制民事行为能力人,代理权授予仍有效。

(6) 有因无因不同。① 委托合同是有因行为。② 委托代理权授予是无因行为,即使委托合同无效,只要授权行为本身有效,则委托代理权授予效力不受委托合同无效的影响。

二、间接代理

(一) 显名间接代理

显名间接代理,合同直接约束委托人与第三人。

(1) 受托人以自己的名义,在委托人的授权范围内与第三人订立的合同,第三人在订立合同时知道受托人与委托人之间的代理关系的,该合同直接约束委托人和第三人,但有确切证据证明该合同只约束受托人和第三人的除外。

(2) 委托人自动介入,合同直接约束委托人和第三人。《民法典》的措辞不是用"该合同也约束委托人和第三人",故体现了委托人的自动介入,委托人取代了受托人的合同地位。

(3) 破除合同相对性,自动介入的意思就是当然发生,无须委托人权利的行使。

(4) 受托人仍有权要求委托人按约定支付报酬。

(二) 隐名间接代理

隐名间接代理,受托人披露之后,委托人有介入权或者第三人有选择权。

(1) 第三人"违约",受托人向委托人"告状"(披露谁违约),则委托人介入,向第三人主张权利,第三人可援用其对受托人的抗辩对抗委托人。

(2) 委托人"违约",受托人向第三人"告状"(披露谁违约),则第三人可选择让受托人还是委托人承担责任,选定后不得变更。如第三人选定委托人承担责任,委托人可援用其对受托人的抗辩以及受托人对第三人的抗辩。

三、委托合同的任意解除权

双方都享有任意解除权。因解除合同给对方造成损害的,除不可归责于该当事人的事由以外,应当赔偿损失。

关于委托合同,《民法典》相关法条及释义如下:

第 919 条 【委托合同的定义】 委托合同是委托人和受托人约定,由受托人处理委托人事务的合同。

条文注释

委托合同又称委任合同,是指当事人双方约定一方委托他人处理事务,他人同意为其处理事务的协议。在委托合同关系中,委托他人为自己处理事务的人称委托人,接受委托的人称受托人。

第 920 条 【委托权限/特别委托与概括委托】 委托人可以特别委托受托人处理一项或者数项事务,也可以概括委托受托人处理一切事务。

条文注释

受托人在处理委托事务时,应以委托人指示的委托事务范围为准。

以受托人处理委托事务的范围为标准把委托划分为两大类,即特别委托和概括委托。特别委托是指双方当事人约定受托人为委托人处理一项或者数项事务的委托。概括委托是指双方当事人约定受托人为委托人处理某个方面或者范围内的一切事务的合同。例如,委托人委托受托人处理其买卖业务或租赁业务的所有事宜。

第 921 条 【委托费用的预付和垫付/处理委托事务的费用】 委托人应当预付处理委托事务的费用。受托人为处理委托事务垫付的必要费用,委托人应当偿还该费用并支付利息。

条文注释

无论委托合同是否有偿,或者委托事务是否完成,委托人都有义务事先提供处理委托事务的费用和补偿受托人为处理委托事务所垫付的必要的费用。

第 922 条 【受托人应当按照委托人的指示处理委托事务/受托人服从指示的义务】 受托人应当按照委托人的指示处理委托事务。需要变更委托人指示的,应当经委托人同意;因情况紧急,难以和委托人取得联系的,受托人应当妥善处理委托事务,但是事后应当将该情况及时报告委托人。

条文注释

受托人按照委托人的指示处理委托事务,这是受托人首要的义务。

受托人只有在具备以下条件的情况下才可以不按这些指示办事:① 因情况紧急,需要立即采取新的措施;② 由于客观上的原因,难以和委托人取得联系;③ 变更指示办理是为了委托人的利益所必需。

第 923 条 【受托人亲自处理委托事务的义务和转委托】 受托人应当亲自处理委托事务。经委托人同意,受托人可以转委托。转委托经同意或者追认的,委托人可以就委托事务直接指示转委托的第三人,受托人仅就第三人的选任及其对第三人的指示承担责任。转委托未经同意或者追认的,受托人应当对转委托的第三人的行为承担责任;但是,在紧急情况下受托人为了维护委托人的利益需要转委托第三人的除外。

条文注释

委托合同强调当事人的人身属性。这就要求受托人应当亲自办理委托事务,不得擅自将自己受托的事务转托他人处理。

在特殊情况下,受托人可以进行转委托,但须满足以下条件:第一,转委托须事先取得委托人的同意。委托人对于转委托的同意也包括追认,追认具有与事先同意一样的法律效果。第二,在紧急情况下受托人为了维护委托人的利益,也可以进行转委托。

第 924 条　【受托人的报告义务】　受托人应当按照委托人的要求,报告委托事务的处理情况。委托合同终止时,受托人应当报告委托事务的结果。

条文注释

受托人在办理委托事务的过程中,应当根据委托人的要求,向委托人报告事务处理的进展情况、存在的问题和应对措施等,以使委托人及时了解事务的状况。

委托合同终止,不论委托事务是否完成,委托合同的目的是否实现,委托人都有权全面了解有关委托合同的所有情况;不论委托人是否提出受托人进行报告的要求,受托人都负有报告委托事务结果的义务。

第 925 条　【受托人以自己名义从事受托事务的法律效果】　受托人以自己的名义,在委托人的授权范围内与第三人订立的合同,第三人在订立合同时知道受托人与委托人之间的代理关系的,该合同直接约束委托人和第三人;但是,有确切证据证明该合同只约束受托人和第三人的除外。

条文注释

依照本条的规定,在下列条件下,受托人以自己的名义与第三人订立的合同,该合同不是直接约束受托人和第三人,而是直接约束委托人和第三人:① 委托人和受托人之间应当存在代理关系,这是前提。从代理的角度看,受托人是委托人的代理人,则受托人基于代理权与第三人订立的合同,法律效果直接由委托人承担。② 受托人与第三人订立合同,必须在委托人的授权范围内。③ 第三人清楚地知道受托人与委托人之间的代理关系。这是受托人与第三人订立的合同可以产生直接约束委托人与第三人之法律效力、突破合同相对性原则的关键。④ 第三人"知道"应当以订立合同时间为准,即第三人是在订立合同时就知道受托人与委托人之间的代理关系。

如果有确切证据证明该合同只约束受托人与第三人的,则不能适用本条的一般规定。

第 926 条　【委托人介入权和第三人选择权】　受托人以自己的名义与第三人订立合同时,第三人不知道受托人与委托人之间的代理关系的,受托人因第三人的原因对委托人不履行义务,受托人应当向委托人披露第三人,委托人因此可以行使受托人对第三人的权利。但是,第三人与受托人订立合同时如果知道该委托人就不会订立合同的除外。

受托人因委托人的原因对第三人不履行义务,受托人应当向第三人披露委托人,第三人因此可以选择受托人或者委托人作为相对人主张其权利,但是第三人不得变更选定的相对人。

委托人行使受托人对第三人的权利的,第三人可以向委托人主张其对受托人的抗辩。第三人选定委托人作为其相对人的,委托人可以向第三人主张其对受托人的抗辩以及受托人对第三人的抗辩。

条文注释

委托人的介入权,指的是在受托人与第三人的合同关系中,委托人取代受托人的地位,介入原本是受托人与第三人的合同关系中。

第三人的选择权,指的是在受托人与第三人的合同关系中,因委托人的原因造成受托人不履行义务,受托人应当向第三人披露委托人,第三人因此可以选择受托人或者委托人作为相对人主张其权利,即第三人可以选择请求委托人承担违约责任,也可以请求仍然由受托人承担违约责任。

但第三人只能选择其一,而且选定后不得变更。

委托人行使介入权或者第三人行使选择权后,权利义务的相对人发生变化,就会产生相应的法律效果。委托人行使介入权的,委托人取代受托人的地位,成为第三人的相对人。除了委托人可以行使受托人对第三人的权利外,第三人自然也可以向委托人主张其对受托人的抗辩。第三人行使选择权,选择委托人作为其相对人的,委托人取代受托人的地位,则第三人可以向委托人主张权利,而委托人也可以向第三人主张其对受托人的抗辩以及受托人对第三人的抗辩。委托人对受托人的抗辩,是基于双方之间的委托合同;受托人对第三人的抗辩,是基于受托人与第三人之间的合同关系。

第 927 条 【受托人转移利益】 受托人处理委托事务取得的财产,应当转交给委托人。

条文注释

这里所说的"取得的财产",包括取得的金钱、实物、金钱与实物所生的孳息以及其他财产。受托人在处理委托事务的过程中,不论其是否以自己的名义从事活动取得财产,权利人都是委托人,受托人应当将该财产转交给委托人。受托人转移利益的义务不仅适用于受托人,还适用于转委托的第三人。

第 928 条 【委托人支付报酬】 受托人完成委托事务的,委托人应当按照约定向其支付报酬。

因不可归责于受托人的事由,委托合同解除或者委托事务不能完成的,委托人应当向受托人支付相应的报酬。当事人另有约定的,按照其约定。

条文注释

在有偿委托中,按照约定向受托人支付报酬,是委托人的主要义务。

本条第 2 款中所规定的"相应的报酬",具体来说,就是委托人根据受托人处理委托事务所付出的工作时间的长短或者所处理事务的大小及完成情况,向受托人支付相应的报酬。不过此规定是任意性规定,当事人可以另行约定这种情况下受托人的报酬请求权。

第 929 条 【受托人的赔偿责任】 有偿的委托合同,因受托人的过错造成委托人损失的,委托人可以请求赔偿损失。无偿的委托合同,因受托人的故意或者重大过失造成委托人损失的,委托人可以请求赔偿损失。

受托人超越权限造成委托人损失的,应当赔偿损失。

条文注释

在有偿的委托合同中,受托人负有较高的注意义务,其在处理委托事务时只要有过错,即存在故意、重大过失或者一般过失,并给委托人造成损失的,就要承担赔偿责任。

在无偿的委托合同中,受托人没有报酬,因此,其承担责任相比有偿委托合同要轻一些。受托人在一般过失下并不承担赔偿责任,只有在故意和重大过失的情况下才对损害承担赔偿责任。在无偿委托合同中,所谓"超越权限",包括没有相应的权限、超出委托人的授权以及权限终止后继续处理委托事务。受托人超越权限给委托人造成损失的,无论委托合同是否有偿,都应当赔偿损失。

第 930 条 【委托人的赔偿责任/受托人的求偿权】 受托人处理委托事务时,因不可归责于自己的事由受到损失的,可以向委托人请求赔偿损失。

条文注释

本条规定的受托人的损失,不仅包括上述可归责于委托人的事由(例如,委托人在受托人无过错的情况下,解除委托合同的;委托人未经受托人同意,又委托第三人处理同一事务,致使受托人报酬减少的;等等),还应当包括意外事故等不可归责于受托人的事由而导致受托人受到损害的情形。

受托人向委托人请求赔偿其损失,需要具备以下条件:一是受托人受到损失。二是受托人的损失基于不可归责于受托人的原因。三是受托人的损失发生在处理委托事务的过程中。

第931条 【委托人另行委托他人处理事务/委托第三人处理委托事务的处理】 委托人经受托人同意,可以在受托人之外委托第三人处理委托事务。因此造成受托人损失的,受托人可以向委托人请求赔偿损失。

条文注释

委托人如果要把委托事务再委托他人处理,需要征得受托人的同意。

如果受托人不同意,委托人或者受托人都可以解除合同,因解除合同给对方造成损失的,需要承担相应的赔偿责任。当然,如果委托人未经受托人同意,擅自将委托事务重复委托给第三人的,需要向受托人支付全部报酬,如果给受托人造成损失的,受托人亦可以向委托人请求赔偿。

本条规定的委托人在受托人之外委托第三人处理的委托事务,应当与受托人处理的委托事务内容相同,也就是委托人将同一事项先后委托两个受托人,存在两个委托合同。

第932条 【共同委托/受托人的连带责任】 两个以上的受托人共同处理委托事务的,对委托人承担连带责任。

条文注释

共同委托,是指委托人委托两个以上的受托人共同行使代理权处理事务。

共同委托的特点如下:第一,共同委托的代理权必须是由数个受托人共同行使的。所谓共同行使,是指数个受托人享有共同的权利义务,即平等享有、共同享有代理权,处理事务时只有经过全体受托人的共同同意,才能行使代理权。第二,受托人承担连带责任。共同委托中的一个受托人与其他受托人协商后或者数个受托人共同协商后,单独或者共同实施的委托行为,应该被认为是全体受托人的共同行为,由此造成损失的,若干个受托人依法应当对委托合同的履行承担连带责任。如果共同受托人中的一个受托人或者数个受托人没有经过协商而擅自行使代理权,对于由此造成的损失,若干个受托人仍然承担连带责任。当然,委托人与各受托人事先约定了按份责任的除外,即合同中无特别规定,他们应对委托人承担连带责任。

第933条 【委托合同解除/任意解除权】 委托人或者受托人可以随时解除委托合同。因解除合同造成对方损失的,除不可归责于该当事人的事由外,无偿委托合同的解除方应当赔偿因解除时间不当造成的直接损失,有偿委托合同的解除方应当赔偿对方的直接损失和合同履行后可以获得的利益。

条文注释

本条规定赋予了委托人和受托人对委托合同的任意解除权,即只要一方想终止合同,就可以随时解除合同,而且无须任何理由。

一方当事人在行使任意解除权时,给对方造成损失的,除不可归责于解除一方的事由外,所要承担的赔偿责任范围在有偿委托和无偿委托中是不同的。在无偿委托中,解除方的责任范围仅限于直接损失;而在有偿委托中,解除方的责任范围不仅包括直接损失,还包括间接损失,即可以获得的利益。

第 934 条 【委托合同终止】 委托人死亡、终止或者受托人死亡、丧失民事行为能力、终止的,委托合同终止;但是,当事人另有约定或者根据委托事务的性质不宜终止的除外。

条文注释

本条规定的委托合同终止的原因从当事人的角度可以分为两类:第一,委托人死亡或者终止。第二,受托人死亡、丧失民事行为能力或者终止。之所以对委托人和受托人做出不同规定,是因为受托人一旦死亡、丧失民事行为能力或者终止,就无法再继续处理委托事项,委托关系只能终止。

根据本条规定,委托人死亡、终止或者受托人死亡、丧失民事行为能力、终止这几种法定事由发生时合同应当终止,但也有例外情况:第一,当事人可以另行约定,即使有委托人死亡、终止或者受托人死亡、丧失行为能力、终止的情况发生,委托关系仍不消灭。第二,因委托事务的性质不宜终止的。在一些特殊的委托合同中,根据委托事务的性质,不能因以上事由的发生而终止,受托人或者其继承人、遗产管理人、法定代理人应当继续处理委托事务。

第 935 条 【受托人继续处理委托事务/委托人的后合同义务】 因委托人死亡或者被宣告破产、解散,致使委托合同终止将损害委托人利益的,在委托人的继承人、遗产管理人或者清算人承受委托事务之前,受托人应当继续处理委托事务。

条文注释

委托人发生死亡或者被宣告破产、解散的事由时,一般来说,委托关系终止。但是,委托合同终止将损害到委托人的利益时,委托合同不能终止,受托人还应当负有继续处理委托事务的义务,应当采取必要的措施保护对方当事人的利益,直至委托人的继承人、遗产管理人或者清算人承受了委托事务为止。

第 936 条 【受托人死亡后其继承人等的义务】 因受托人死亡、丧失民事行为能力或者被宣告破产、解散,致使委托合同终止的,受托人的继承人、遗产管理人、法定代理人或者清算人应当及时通知委托人。因委托合同终止将损害委托人利益的,在委托人做出善后处理之前,受托人的继承人、遗产管理人、法定代理人或者清算人应当采取必要措施。

条文注释

因受托人死亡、丧失民事行为能力或者被宣告破产、解散,致使委托合同终止的,受托人的继承人、遗产管理人、法定代理人或者清算人负有两项义务:一是及时通知委托人。二是在委托合同终止将损害委托人利益的情况下,受托人的继承人、遗产管理人、法定代理人或者清算人不仅应当及时告知委托人,还应当采取必要的措施保护委托人的利益。委托人在知道受托人死亡、丧失民事行为能力或者被宣告破产、解散后,需要有一段时间进行善后处理,如需要找新的受托人代替前一受托人的工作,寻找的过程需要时间等。在委托人做出善后处理之前,受托人的继承人、遗产管理人、法定代理人或者清算人有义务采取必要的、有效的措施,以维护委托人的利益。

【法律实务01】 受托人与第三人签订合同,该合同对委托人有约束力吗?

法律咨询:

您好,半年前,张某把自己的一块名牌手表交给了我,委托我卖出去。不久前,我联系了一位买主,我当时向该买主讲明手表是张某委托我为其出售的,买主考虑之后,与我就手表的价格以及交付日期达成一致意见。当我通知张某时,张某却说不想卖手表了,然而我已经与买主达成了协议。我认为,我与买主签订的合同是受到张某的委托,张某也应该受到该合同的约束。请问:我的观点正确吗?

律师答疑:

您与张某之间成立委托合同关系,你与买主的合同对张某有约束力,因此您的观点是正确的。根据《民法典》第925条规定,受托人以自己的名义,在委托人的授权范围内与第三人订立的合同,第三人在订立合同时知道受托人与委托人之间的代理关系的,该合同直接约束委托人和第三人;但是,有确切证据证明该合同只约束受托人和第三人的除外。也就是说,如果第三人知道委托人与受托人之间存在委托合同关系,那么在一般情况下,受托人与第三人之间签订的合同就直接约束委托人和第三人。您和张某成立委托合同关系(无论是无偿还是有偿,都不影响该委托合同的成立),您是受托人,张某是委托人,您二人约定由您负责将张某的手表转手出去。您与买主签订买卖合同时,您已经言明张某为手表的所有人,您只负责联系卖家。因此,买主此时是知道您和张某之间存在委托合同关系的,所以您与买主签订的委托合同就直接约束张某和该买主,张某应该承认您与买主签订的合同,不能违背合同内容。

【思考题04】 委托合同具有哪些特征?

律师答疑:

委托合同具有以下四个特征:① 委托合同的标的是劳务;② 委托合同是诺成、非要式合同;③ 委托合同既可以是有偿的,也可以是无偿的;④ 委托合同既可以是双务合同,也可以是单务合同。

【思考题05】 特别委托一般有哪些情况?

特别委托一般有以下五种情况:① 不动产出售、出租或者就不动产设定抵押权。② 赠与。由于赠与属于无偿行为,所以需要有委托人的特别授权。③ 和解。在发生纠纷后,有关人员在处理问题时需要双方当事人彼此做出一定的妥协与让步,以终止争执或者防止争执的扩大。④ 诉讼。⑤ 仲裁。

第三节　行纪合同法条及释义

一、行纪合同与行纪行为

行纪合同与行纪行为是两个不同的概念,它们之间存在明显的区别。

行纪行为是指经纪机构受委托人的委托,以自己的名义与第三方进行交易,并承担规定的法律责任的商业行为。这种行为强调的是一种具体的商业活动或交易过程,其中行纪机构代表委托人与第三方进行交易,但法律效果直接归属于行纪人,间接归属于委托人。

行纪合同则是行纪人以自己的名义为委托人从事贸易活动,委托人支付报酬的合同。这一定义强调的是一种合同关系,其中行纪人接受委托人的委托,以自己的名义进行贸易活动,并且这种活动是基于双方之间的合同关系,委托人需要支付给行纪人一定的报酬。

简而言之,行纪行为侧重于描述一种具体的商业活动或过程,而行纪合同则侧重于描述这种活动所基于的法律关系和合同条款。行纪行为可能涉及多个交易过程,而行纪合同则是这些交易过程的基础和依据。此外,行纪行为通常涉及有偿服务,而行纪合同则明确规定了服务的内容、报酬等具体条款。

二、行纪人相关事项

(1) 行纪人自负行纪费用,除非另有约定。

(2) 行纪人未服从价格指示的处理。① 亏了:卖"便宜"了或者买"贵"了,必须经委托人同意,或者行纪人自己贴钱,该买卖才对委托人发生效力。② 赚了:卖"贵"了或者买"便宜"了,归委托人;如果无约定,受托人不能要求增加报酬。

(3) 行纪人享有介入权。① 又叫自约权、自己签约权,属于形成权。② 行纪合同并不消灭,行纪人仍有权请求委托人支付报酬。

(4) 行纪人的提存权。① 行纪人买入,委托人要及时受领,为不真正义务,否则行纪人可提存。② 行纪人卖不掉(压仓),委托人及时取回或处分,否则行纪人可提存。③ 委托人任意解除权或"撤回出卖"委托物,委托人应及时取回或处分,否认行纪人可提存。

(5) 行纪人报酬请求权和留置权。报酬是行纪人实施行纪行为的对价。多以行纪人所为交易价额的一定比例提取,证券交易中尤为常见。

关于行纪合同,《民法典》相关法条及释义如下:

第 951 条 【行纪合同定义】 行纪合同是行纪人以自己的名义为委托人从事贸易活动,委托人支付报酬的合同。

条文注释

行纪合同,是指行纪人接受委托人的委托,以自己的名义,为委托人从事贸易活动,委托人支付报酬的合同。接受委托的一方为行纪人,另一方则为委托人。

第 952 条 【行纪人承担费用的义务/行纪人处理委托事务的费用负担】 行纪人处理委托事务支出的费用,由行纪人负担,但是当事人另有约定的除外。

条文注释

在行纪合同中,如果当事人对行纪人处理委托事务所支出费用负担问题有约定的,应依当事人的约定。如果当事人对此约定不明,则该费用应由行纪人承担。由于委托人所支付的报酬中一般已包括各项费用的支出,行纪人除要求委托人支付报酬外,不得再要求委托人支付费用。但是,如果当事人对费用承担问题做了特别约定的,即约定报酬不包括费用支出部分,则行纪人有权要求委托人支付费用。该费用应当是为了委托人的利益,并且是必要的费用。

第 953 条　【行纪人的保管义务/行纪人妥善保管委托物的义务】　行纪人占有委托物的,应当妥善保管委托物。

条文注释

在行纪合同中,有的委托人自行保管委托物,也有的将委托物交由行纪人保管。只有行纪人实际占有委托物,行纪人才负有妥善保管义务。

本条规定的"委托物"不仅包括一般意义上的物,还应当包括委托人交付给行纪人的金钱和权利凭证等。

寄售商品通常以积压商品、旧物品等居多,行纪人有义务尽心尽力尽职地妥善保管好,如果因保管不善造成物品损坏、灭失、缺少、变质、污染,造成委托物的价值贬损,甚至导致委托物无法出售的,行纪人应承担赔偿责任。除非行纪人能证明已经尽了善良管理人的注意。对于灭失、毁损的财物,如果是由于不可抗力或物品本身的自然损耗等不可归责于行纪人的事由造成损失,行纪人可以免除责任,由委托人自己承担损失。

第 954 条　【行纪人处置委托物的义务/委托物有瑕疵或者容易腐烂、变质的处分】　委托物交付给行纪人时有瑕疵或者容易腐烂、变质的,经委托人同意,行纪人可以处分该物;不能与委托人及时取得联系的,行纪人可以合理处分。

条文注释

紧急情况下行纪人进行合理处分需要具备几个要件:① 发现委托物有瑕疵,或者容易腐烂、变质。委托物的瑕疵应该是可能影响委托物价值,或者将导致委托物毁损、灭失瑕疵。② 应当是委托物交付给行纪人时就存在的瑕疵,或者委托物容易腐烂、变质,而不是在交付后出现的情况。③ 行纪人欲通知委托人做出指示,但是不能及时与委托人取得联系。所谓"合理",即应以善良管理人的标准来衡量,根据委托物的实际情况决定处分的价格和方式等,尽量减少委托人的损失,维护委托人的利益,而不能随意处分。

紧急情况下行纪人对委托物进行处分,既是法律赋予的权利,也是行纪人应当履行的义务。这是行纪人负有善良管理人之注意义务的具体表现。

第 955 条　【行纪人依照委托人指定价格买卖的义务】　行纪人低于委托人指定的价格卖出或者高于委托人指定的价格买入的,应当经委托人同意;未经委托人同意,行纪人补偿其差额的,该买卖对委托人发生效力。

行纪人高于委托人指定的价格卖出或者低于委托人指定的价格买入的,可以按照约定增加报酬;没有约定或者约定不明确,依据本法第 510 条的规定仍不能确定的,该利益属于委托人。

委托人对价格有特别指示的,行纪人不得违背该指示卖出或者买入。

条文注释

行纪人应当依照委托人已明确指定的价格操作,行纪人违反委托人指示的交易而进行买卖的,委托人可以拒绝承受,因此而造成的损害,由行纪人赔偿。

一般情况下,行纪人低于委托人指定的价格卖出或者高于委托人指定的价格买入的,将给委托人带来损失,委托人不会同意。如果行纪人以高于委托人指定的价格卖出或者低于委托人指定的价格买入,如无特别约定,额外获得的利益归属于委托人,委托人自然愿意接受。但是,在委托人对价格有特别指示时,行纪人就不得违背委托人的指示卖出或者买入。

第 956 条 【行纪人的介入权/卖出或买入具有市场定价的商品行纪人的介入权】 行纪人卖出或者买入具有市场定价的商品,除委托人有相反的意思表示外,行纪人自己可以作为买受人或者出卖人。

行纪人有前款规定情形的,仍然可以请求委托人支付报酬。

条文注释

行纪人的介入权,即行纪人按照委托人的指示实施行纪行为时,有权以自己作为买受人或者出卖人与委托人进行交易活动。如果在订立行纪合同或者行纪人在履行义务时告知委托人自己想作为买受人或者出卖人,委托人明确表示不同意的,行纪人便不能实施该行为。

第 957 条 【行纪人对委托物的提存/委托人及时受领、取回和处分委托物及行纪人提存委托物】 行纪人按照约定买入委托物,委托人应当及时受领。经行纪人催告,委托人无正当理由拒绝受领的,行纪人依法可以提存委托物。

委托物不能卖出或者委托人撤回出卖,经行纪人催告,委托人不取回或者不处分该物的,行纪人依法可以提存委托物。

条文注释

(1) 委托人无正当理由拒绝受领买入商品时,行纪人拥有提存权。

(2) 委托人不处分、不取回不能出卖的委托物时,行纪人的提存权。委托行纪人出卖的委托物,如果不能卖出或者委托人撤回出卖委托物,行纪人应当通知委托人取回,行纪人虽然可以暂时代为保管,但没有继续保管委托物的义务。行纪人代为保管期间产生的相关费用应当由委托人负担。经过行纪人的催告,在合理期限内委托人逾期仍不取回或者不处分委托物的,行纪人可以依法行使提存权。

(3) 行纪人享有拍卖权。

拍卖权,是指委托人无故拒绝受领或者不取回出卖物时,法律赋予行纪人依照法定程序将委托物予以拍卖的权利,并可以优先受偿,即从拍卖后的价款中扣除委托人应付的报酬、偿付的费用以及损害赔偿金等。如果还有剩余,行纪人应当交给有关部门进行提存。

第 958 条 【行纪人的直接履行义务/行纪人与第三人订立合同的效力】 行纪人与第三人订立合同的,行纪人对该合同直接享有权利、承担义务。

第三人不履行义务致使委托人受到损害的,行纪人应当承担赔偿责任,但是行纪人与委托人另有约定的除外。

条文注释

行纪人是为委托人的利益,受委托人的委托以自己的名义与第三人订立合同,委托人与第三人并不发生直接的法律关系。在因委托人的原因发生合同违约行为、追究违约责任时,第三人不得直接对委托人主张损害赔偿权,而只能向行纪人主张权利,而且行纪人也不得以自己没有过错为由而拒绝承担违约责任,行纪人只能先承担责任后,再向委托人行使追偿权。同样地,如果第三人违约,委托人不得直接对第三人行使请求权,而只能向行纪人主张权利,行纪人此时也不得以自己无过错为由而拒绝承担自己的责任。行纪人承担责任向委托人履行后,再行使向第三人的追偿权。

第 959 条 【行纪人的报酬请求权及留置权】 行纪人完成或者部分完成委托事务的,委托人应当向其支付相应的报酬。委托人逾期不支付报酬的,行纪人对委托物享有留置权,但是当事人另有约定的除外。

条文注释

(1) 行纪人请求报酬的权利。

行纪合同是双务有偿合同,行纪人负有完成委托事务的义务,与之相对应,委托人则负有向行纪人支付相应报酬的义务。一般而言,有以下三种情况:① 行纪人按照委托人的指示和要求履行了全部合同的义务,有权请求全部报酬;② 因委托人的过错使合同义务部分或者全部不能履行而使委托合同提前终止的,行纪人可以请求支付全部报酬;③ 行纪人完成部分委托事务的,可以按已履行的部分的比例请求给付报酬。委托人和行纪人也可以另行约定,比如双方约定,只要因非可归责于行纪人的原因导致委托事务不能完成的,委托人都应当支付全部报酬。

(2) 行纪人享有留置权。

委托人不按照约定支付报酬时,行纪人对其占有的委托物可以行使留置权。留置期届满后,以留置物折价或者从变卖留置物所得价款中优先受偿。

第 960 条 【行纪合同参照适用委托合同的规定】 本章没有规定的,参照适用委托合同的有关规定。

条文注释

行纪合同与委托合同有许多共同点,行纪关系中委托人与行纪人的关系就是委托关系,只不过委托的事项特殊固定。但是,行纪合同与委托合同又有诸多不同之处,在本章没有规定的情况下,也不能一概直接适用委托合同的有关规定,应视具体情况参照适用。

【法律实务 02】 行纪人与第三人订立合同,第三人不履行义务导致委托人利益受损的,由谁承担赔偿责任?

法律咨询:

您好,半年前我公司接受了甲公司的一个订单,对方要求我方于半年内制作完成一批新型生产设备。为了完成任务,我公司需要进口大量零部件,因此我公司与乙行纪公司签订了一份行纪合同。随后,乙公司与国外的丙零部件生产公司签订了一份买卖合同。到了乙公司向我们交付货物的日期后,乙公司却称因国外丙公司的原因导致其无法按时向我方交付货物。现如今,我公司面临巨大的违约责任。

请问:因国外丙公司的原因导致我方利益受损,由谁对我公司进行赔偿呢?

律师答疑:

您是委托人,乙行纪公司是行纪人。针对您公司的损失,乙行纪公司应当对此承担赔偿责任。《民法典》第 958 条规定,行纪人与第三人订立合同的,行纪人对该合同直接享有权利、承担义务。第三人不履行义务致使委托人受到损害的,行纪人应当承担赔偿责任,但是行纪人与委托人另有约定的除外。也就是说,如果行纪人与委托人没有在合同中明确做出其他约定的,在第三人没有履行义务给委托人造成损失时,行纪人有义务承担损害赔偿责任。虽然你的公司的损失是因为国外的丙零部件生产公司未及时提供生产设备的零部件导致的,但是,在您与乙行纪公司在行纪合同中没有做出特别约定的情况下,该损失应该由乙行纪公司承担。此外,在乙公司承担了损害赔偿责任后,其可以向国外的丙公司提出赔偿请求。

【思考题 06】 *行纪合同具有哪些特征?*

行纪合同具有以下四个特征:① 行纪人从事的活动限于贸易行为,这是行纪合同和委托合同的重要区别。② 行纪人应当具有相应的资质。行纪人一般专门从事贸易活动,其开业和经营往往需要经过国家有关部门的审批或者登记,并不是所有民事主体都可以无条件地成为行纪人从事行纪业务。③ 行纪人必须以自己的名义为委托人从事贸易行为,而非委托人的名义。这也是行纪人和受托人、代理人的重要区别。④ 行纪合同为诺成合同、不要式合同、有偿合同、双务合同。

【思考题 07】 *行纪人行使提存权的条件是什么?*

行纪人行使提存权的条件是:① 行纪人应当催告委托人在一定期限内受领,催告期应当与委托人进行约定,或者行纪人根据委托物的性质决定催告期的时间。催告是提存的前置程序,如果没有进行催告,不得直接将委托物提存。② 委托人无正当理由逾期仍拒绝受领买入物。如果行纪人没有按照约定买入委托物,或者违反委托人的指示,买入的委托物不符合约定的,委托人可以拒绝受领。③ 行纪人应当依法提存买入物,主要是按照本法合同编通则分编中关于提存的规定行使提存权。

【思考题 08】 *行纪人留置委托物需具备哪些条件?*

行纪人留置委托物需具备以下三个条件:① 已合法占有委托物。② 必须具有委托人不按照约定支付报酬的事实存在。③ 如果委托人与行纪人在行纪合同订立时已经约定,不得将委托物进行留置的,行纪人就不得留置委托物,但是,行纪人可以要求委托人提供其他担保。

第四节　中介合同法条及释义

关于中介合同,《民法典》相关法条及释义如下:

第 961 条　【中介合同的定义】　中介合同是中介人向委托人报告订立合同的机会或者提供订立合同的媒介服务,委托人支付报酬的合同。

条文注释

中介合同,传统理论一般将其称为居间合同,是指当事人双方约定一方接受他方的委托,并按照他方的指示要求,为他方报告订立合同的机会或者为订约提供媒介服务,委托人给付报酬的合同。中介的宗旨是中介人把同一商品的买卖双方联系在一起,以促成交易后取得合理佣金的服务。无论何种中介,中介人都不是委托人的代理人,而只是居于交易双方当事人之间起介绍、协助作用的中间人。

第 962 条　【中介人如实报告的义务】　中介人应当就有关订立合同的事项向委托人如实报告。

中介人故意隐瞒与订立合同有关的重要事实或者提供虚假情况,损害委托人利益的,不得请求支付报酬并应当承担赔偿责任。

条文注释

中介人的报告义务是中介人在中介合同中承担的主要义务,中介人应依诚信原则履行此项义务。

所谓"如实报告",就是中介人所报告的情况应当是客观真实的。这就要求中介人尽可能了解更多的情况,必要时可能还要进行深入的调查,对了解到的信息进行核实,再将掌握的实际情况向委托人进行报告,以便委托人做出判断是否订立合同。

本条第 2 款规定故意隐瞒有关事实或者提供虚假情况的后果,应当从以下两个方面理解:① 中介人主观上具有故意;② 中介人客观上没有将与订立合同有关的重要事实向委托人报告,或者提供了虚假的情况。

除上述义务外,基于诚信原则,中介人还负有其他一些义务。例如,中介人不得对交易双方订立合同实施不利影响,从而影响合同的订立或损害委托人的利益;在中介活动中应当遵守法律、法规和国家政策,遵循商事惯例和交易习惯,不得从事违法的中介活动等。

第 963 条　【中介人的报酬请求权】　中介人促成合同成立的,委托人应当按照约定支付报酬。对中介人的报酬没有约定或者约定不明确,依据本法第 510 条的规定仍不能确定的,根据中介人的劳务合理确定。

因中介人提供订立合同的媒介服务而促成合同成立的,由该合同的当事人平均负担中介人的报酬。

中介人促成合同成立的,中介活动的费用,由中介人负担。

条文注释

在中介合同中,向中介人支付报酬是委托人的主要义务。中介人的报酬,通常也被称为"佣金"或者"中介费",是中介人完成中介服务后委托人向中介人支付的酬劳。委托人和中介人应当在中介合同中约定报酬的数额和支付方式等。

如果委托人与第三人没有订立合同,或者合同并非因中介人的活动而成立,或者中介人最终促成的合同并非中介合同约定之合同,中介人都不能请求委托人支付报酬。

第 964 条　【中介人必要费用请求权/中介人未促成合同时的中介费用】　中介人未促成合同成立的,不得请求支付报酬;但是,可以按照约定请求委托人支付从事中介活动支出的必要费用。

条文注释

中介活动费用是中介人在促使合同成立的活动中支出的必要费用,与报酬不是一个概念。所谓"按照约定",就是在合同未成立的情况下,中介人向委托人请求支付从事中介活动的必要费用,须以中介人和委托人之间存在合同未成立中介人亦享有费用请求权的约定为前提。反过来理解,在委托人与中介人没有约定委托人与第三人合同未成立而中介人仍可以主张返还从事中介活动的必要费用的情况下,中介人无权向委托人请求返还,委托人也没有义务向中介人支付该费用。结合本条规定和本法第 963 条第 2 款的规定可知,中介活动的费用原则上由中介人自己负担。在没有特别约定的情况下,不论中介人是否促成合同成立,中介人都要自己负担从事中介活动的费用。

第 965 条　【委托人"跳单"应支付中介报酬/委托人私下与第三人订立合同后果】

委托人在接受中介人的服务后,利用中介人提供的交易机会或者媒介服务,绕开中介人直接订立合同的,应当向中介人支付报酬。

条文注释

本条规定的是委托人实施"跳单"行为须承担向中介人支付报酬的法律后果。"跳单",是指委托人接受中介人的服务后,利用中介人提供的订约信息或者媒介服务,绕开中介人直接与第三人签订合同的行为,其目的是规避向中介人支付报酬义务。

第966条 【参照适用委托合同/中介合同参照适用委托合同的规定】 本章没有规定的,参照适用委托合同的有关规定。

条文注释

中介合同和委托合同有很多共同之处,都是当事人接受委托人委托从事一定事务的合同,只不过中介合同委托的事项特殊固定。但是,中介合同也有一些区别于委托合同的特点,所以委托合同的规定,有的也不适用于中介合同。在本章没有规定的情况下,可以参照适用委托合同的有关规定。例如,中介人应当亲自处理中介事务,不得擅自将中介事务交给他人处理;两个以上的中介人共同处理委托事务的,对委托人承担连带责任等。

【思考题09】 中介合同的法律特征有哪些?

中介合同的法律特征主要有:① 中介合同以促成委托人与第三人订立合同为目的。② 中介人在合同关系中处于介绍人的地位。③ 中介合同具有诺成性、双务性和不要式性。④ 中介合同具有有偿性。

第五节 买卖合同法条及释义

一、标的物交付

(一) 交付的方式

(1) 现实交付和观念交付(简易交付、占有改定、指示交付、拟制交付)。

(2) 交付人:出卖人交付或第三人代为交付。

(二) 交付的时间

(1) 从约定:约定交付期间的,出卖人可以在该交付期间的任何时间交付。

(2) 从推定:当事人没有约定标的物的交易期限或者约定不明确,适用《民法典》第510条、第511条的规定。

(三) 交付的地点

(1) 从约定:出卖人应当按照约定的地点交付标的物。

(2) 从推定:当事人没有约定交付地点或者约定不明确,依照《民法典》第510条的规定仍不能确定的,适用下列规则:① 要运输:货交第一承运人。② 不要运输。一是共知地,双方订立合同时知标的物在某一地点,出卖人应当在该地点交付标的物。二是出卖地,不知道标的物在某一地点的,应当在出卖人订立合同时的营业地交付标的物。

(四) 交付的标准(交付标的物的数量)

(1) 少交：出卖人少交标的物，除不损害买受人利益以外，买受人无权拒绝接收。

(2) 多交：出卖人多交标的物的，买受人可以接收或者拒绝接收多交的部分。① 被接收：买受人接收多交的部分，按照原合同的额价格支付价款。② 被拒绝：买受人拒绝接收多交部分的，应当及时通知出卖人。买受人主张保管合理费用，或买受人主张损失赔偿。

关于买卖合同，《民法典》相关法条及释义如下：

第 595 条 【买卖合同概念】 买卖合同是出卖人转移标的物的所有权于买受人，买受人支付价款的合同。

条文注释

买卖合同的法律特征主要包括以下几个方面：① 买卖合同是典型合同。② 买卖合同是卖方转移财产所有权，买方支付价款的合同。③ 买卖合同是双务合同。出卖人与买受人互为给付，双方都享有一定的权利，又都负有相应的义务。④ 买卖合同是有偿合同。出卖人与买受人有对价关系，卖方取得价款是以转移标的物的所有权为代价的，买方取得标的物的所有权是以给付价款为代价的。⑤ 买卖合同多是诺成合同。一般当事人就买卖达成合意，买卖合同即成立，而不以标的物或者价款的现实交付为成立的要件。但是，买卖合同当事人也可以在合同中做出这样的约定，标的物或者价款交付时，买卖合同始为成立。此时的买卖合同即为实践合同或者称要物合同。⑥ 买卖合同为要式或者不要式合同，法律对合同的形式一般不做要求。

第 596 条 【买卖合同条款/买卖合同的内容】 买卖合同的内容一般包括标的物的名称、数量、质量、价款、履行期限、履行地点和方式、包装方式、检验标准和方法、结算方式、合同使用的文字及其效力等条款。

条文注释

买卖合同当事人在订立买卖合同时，通常应包括该法条所列内容。此条款主要涉及涉外合同。涉外合同常用中外文两种文字书写，且两种文本具有同等效力。

第 597 条 【无权处分效力/无权处分的违约责任；特别法上禁止或限制转让标的物的优先适用】 因出卖人未取得处分权致使标的物所有权不能转移的，买受人可以解除合同并请求出卖人承担违约责任。

法律、行政法规禁止或者限制转让的标的物，依照其规定。

条文注释

无权处分，是指没有处分权而处分他人财产。依据买卖合同的定义，出卖人负有交付买卖标的物并移转所有权的义务，因此，出卖人为保证买卖合同的履行，应当对买卖标的物具有处分权。当出卖人对买卖合同的标的物不具有处分权时，意味着买受人无法获得标的物的所有权，也就不能实现合同的目的，根据本法第 563、566 条的规定，买受人可以解除其与出卖人之间订立的买卖合同并要求出卖人承担违约责任。

第 598 条 【出卖人基本义务/标的物所有权转移：交付】 出卖人应当履行向买受人交付标的物或者交付提取标的物的单证，并转移标的物所有权的义务。

条文注释

交付标的物并转移标的物所有权是出卖人最基本的义务。交付,是指标的物占有的转移。标的物的交付一般分为两种:① 现实的交付,是指出卖人将标的物的占有直接转移给买受人,使标的物处于买受人的实际控制之下。② 拟制的交付,是指出卖人将对标的物占有的权利转移给买受人,以替代现实的交付。

买卖合同中买受人的目的是取得标的物的所有权,因此,将标的物的所有权转移给买受人,同样是出卖人的基本义务。

第 599 条 【出卖人交付有关单证和资料义务】 出卖人应当按照约定或者交易习惯向买受人交付提取标的物单证以外的有关单证和资料。

条文注释

《买卖合同解释》第 4 条对"标的物单证以外的有关单证和资料"做了明确释义,主要包括保险单、保修单、普通发票、增值税专用发票、产品合格证、质量保证书、质量鉴定书、品质检验证书、产品进出口检疫书、原产地证明书、使用说明书、装箱单等。出卖人向买受人交付提取标的物单证以外的有关单证和资料如果仅是基于约定才需要交付的,则不具有普遍约束力。如果基于交易习惯,抑或国际贸易中的国际惯例,出卖人向买受人交付提取标的物单证以外的有关单证和资料是合同履行过程中诚信原则的要求,依据本法第 10 条以及第 509 条第 2 款的规定,则具有普遍约束力,出卖人不能抗辩为交易习惯而拒绝履行。

第 600 条 【知识产权归属/买卖合同知识产权保留条款】 出卖具有知识产权的标的物的,除法律另有规定或者当事人另有约定外,该标的物的知识产权不属于买受人。

条文注释

依据本法第 123 条第 2 款的规定,知识产权是权利人依法就下列客体享有的专有的权利:① 作品;② 发明、实用新型、外观设计;③ 商标;④ 地理标志;⑤ 商业秘密;⑥ 集成电路布图设计;⑦ 植物新品种;⑧ 法律规定的其他客体。在买卖合同中,有些标的物本身就是知识产权的载体,如计算机软件等。本条规定意在说明作为知识产权的载体的买卖与知识产权转让有所不同。知识产权转让是权利买卖的一种。涉及权利主体转变的合同法律关系,在有关法律中一般称为权利的转让。如果一个买卖合同的标的物本身体现着一定的知识产权,除非当事人明确表示或者法律有相关规定,否则,该标的物所体现的知识产权就不转移至买受人。

第 601 条 【出卖人义务:交付时间/标的物交付期限】 出卖人应当按照约定的时间交付标的物。约定交付期限的,出卖人可以在该交付期限内的任何时间交付。

条文注释

出卖人具体交付标的物的时间,可以区分两种情况:① 合同约定在某确定时间交付。除非对交付标的物的时间有精确要求的合同,一般落实到日即是合理的,出卖人应当按照约定的时间履行标的物交付义务。迟于此时间,即为迟延交付,属于违约;早于此时间,即为提前履行,严格意义上也是一种违约。按照本法合同编通则部分的规定,买受人可以拒绝出卖人提前履行债务,但提前履行不损害买受人利益的除外。出卖人提前履行债务给债权人增加的费用,由出卖人承担。② 合同约定了一个交付的期限。交付期限,通常指的是一个时间段。这种情况下,依照本条规定,出卖人就可以在该交付期限内的任何时间交付标的物。

第 602 条 【标的物交付期限不明时的处理】 当事人没有约定标的物的交付期限或者约定不明确的,适用本法第 510、第 511 条第 4 项的规定。

条文注释

依据本法第 510 条的规定,合同生效后,当事人就标的物的交付期限没有约定或者约定不明确时,可以重新协商达成补充协议;不能达成补充协议的,按照合同相关条款或者交易习惯确定。如果仍然不能确定,按照本法第 511 条第 4 项的规定,出卖人可以随时履行,买受人也可以随时要求出卖人履行,但应当给对方必要的准备时间。

如果买卖合同当事人没有约定交付时间,根据我国的司法实践,通常可以依据下列情形进行判断:① 合同约定由买受人自提货物的,以出卖人通知买受人提货时间为交付时间。② 合同约定由出卖人送货的,出卖人在交货地点将标的物交付买受人实际占有并点收完毕,即视为交付。但是,如果买受人对货物的质量或者数量等提出异议而拒绝接受的,则不能视为交付。③ 出卖人因买受人无正当理由拒绝接受而将标的物提存的,提存时间即为交付时间。④ 出卖人提前交付而买受人接受的,以买受人实际接受的时间为交付时间。⑤ 当事人约定由出卖人代办托运或者邮寄货物的,出卖人将货物交给第一承运人或者邮局的时间为交付时间。

第 603 条 【标的物交付地点】 出卖人应当按照约定的地点交付标的物。

当事人没有约定交付地点或者约定不明确,依据本法第 510 条的规定仍不能确定的,适用下列规定:

(一)标的物需要运输的,出卖人应当将标的物交付给第一承运人以运交给买受人。

(二)标的物不需要运输,出卖人和买受人订立合同时知道标的物在某一地点的,出卖人应当在该地点交付标的物;不知道标的物在某一地点的,应当在出卖人订立合同时的营业地交付标的物。

条文注释

根据本法第 510 条的规定,即合同生效后,当事人就标的物的交付地点没有约定或者约定期限不明确的,可以重新协商达成补充协议;不能达成补充协议的,按照合同相关条款或者交易习惯确定。如果仍不能确定的,首先应当适用本条第 2 款的规定;在本条第 2 款无法适用或者没有规定时,适用本法第 511 条第 3 项的规定。

本条所确定的规则可以从以下三个层次把握:① 如果买卖合同标的物需要运输,无论运输以及运输工具是出卖人安排联系的,还是买受人安排联系的,出卖人的交付义务就是将标的物交付给第一承运人。② 如果标的物不需要运输,即合同中没有涉及运输事宜,这时如果出卖人和买受人订立合同时知道标的物在某一地点的,出卖人应当在该地点交付标的物。③ 在不属于以上两种情况的其他情况下,出卖人的义务是在其订立合同时的营业地将标的物交付给买受人。

第 604 条 【标的物的风险承担/标的物毁损、灭失风险承担的基本规则】 标的物毁损、灭失的风险,在标的物交付之前由出卖人承担,交付之后由买受人承担,但是法律另有规定或者当事人另有约定的除外。

条文注释

风险承担,是指买卖的标的物在合同生效后因不可归责于当事人双方的事由,如地震、火灾、飓风等致使发生毁损、灭失时,该损失应当由哪方当事人承担。需要说明的是,本条确立的规则属于买卖合同风险承担的一般性规则,如果特别法或者本法另有特别的规定,则应当适用该特别规定。

第605条 【因买受人交付期限违约标的物意外灭失风险承担】 因买受人的原因致使标的物未按照约定的期限交付的,买受人应当自违反约定时起承担标的物毁损、灭失的风险。

条文注释

依据本法第604条的规定,标的物的风险自交付时起,由出卖人转移至买受人。在合同履行中发生交付迟延的情况下,本条规定由于买受人的原因致使标的物不能按约定时间交付,买卖标的物自买受人违反约定时起发生风险转移。其条件可以概括为四个方面:一是须有买受人的原因。这里的原因,一般来讲是指买受人的过错,该过错包括故意和过失两种情况。二是须有出卖人不能按照约定的期限交付标的物的事实存在。如果没有这一事实的存在,也不会出现本条的情况。三是出卖人不能按照约定的期限交付标的物的事实是买受人引起的。也就是说,必须有因果关系。四是买受人承担风险的期限为自约定交付之日至实际交付之时。

第606条 【路货买卖中的标的物风险承担/在途标的物买卖合同的风险转移】 出卖人出卖交由承运人运输的在途标的物,除当事人另有约定外,毁损、灭失的风险自合同成立时起由买受人承担。

条文注释

路货买卖,是指标的物已在运输途中,出卖人寻找买主,出卖在途中的标的物。它可以是出卖人先把标的物装上开往某个目的地的运输工具(一般是船舶)上,然后再寻找适当的买主订立买卖合同;也可以是一个买卖合同的买受人未实际收取标的物前,再把处于运输途中的标的物转卖给另一个买受人。本条的适用范围:一是出卖人出卖的标的物为"运输的在途标的物";二是当事人没有对运输途中的标的物毁损、灭失的风险做出特别约定,如果有特别约定,则应适用特别约定,不能适用本条的规定。

第607条 【需要运输的标的物风险承担/当事人是否约定交付地点的风险转移规则】 出卖人按照约定将标的物运送至买受人指定地点并交付给承运人后,标的物毁损、灭失的风险由买受人承担。

当事人没有约定交付地点或者约定不明确,依据本法第603条第2款第1项的规定标的物需要运输的,出卖人将标的物交付给第一承运人后,标的物毁损、灭失的风险由买受人承担。

条文注释

本条规定解决的是标的物在运输中的风险由谁承担的问题。根据本法第604条的规定,标的物毁损、灭失的风险,在标的物交付之前由出卖人承担,交付之后由买受人承担,但是法律另有规定或者当事人另有约定的除外。该条只是一个原则性的规定,核心是交付确定风险承担。本条针对经常出现的运输途中货物的风险承担划分问题做出了规定,

第608条 【买受人不收取标的物的风险承担】 出卖人按照约定或者依据本法第603条第2款第2项的规定将标的物置于交付地点,买受人违反约定没有收取的,标的物毁损、灭失的风险自违反约定时起由买受人承担。

条文注释

本条规定解决的是标的物在非运输途中的风险由谁承担的问题。同时,本条也是细化第604条规定,针对货物的风险承担划分问题做出具体规定,确定法定的交付界限。

这里需要说明的是,本法第605条和本条规定的法律后果均是买受人应当自违反约定时起承担标的物毁损、灭失的风险,但是两者却存在四点不同之处:① 两者承担风险的适用原则不同。前者是交付转移风险原则的例外,而本条适用交付转移风险原则。② 买受人的主观原因不同。前者要求买受人存在故意或者过失的原因,而本条无此要求。③ 出卖人履行交付义务的状态不同。在前者的规定中,出卖人没有也无法履行交付义务,而本条的出卖人已经履行了部分交付行为。④ 买受人开始承担风险责任的时间点不同。前者的时间点是出卖人交付标的物行为之前,本条的时间点是出卖人履行部分交付标的物的行为之后。

第609条 【未交付单证、资料不影响风险转移】 出卖人按照约定未交付有关标的物的单证和资料的,不影响标的物毁损、灭失风险的转移。

条文注释

本条内容主要包括两个方面:一方面,出卖人已经将标的物交付给买受人并由买受人占有,只是没有按照约定履行交付有关标的物的单证和资料的义务;另一方面,没有交付有关单证和资料,不影响标的物毁损、灭失风险的转移,即此时的风险由买受人承担。需要说明的是,本条中所称的"有关标的物的单证和资料",既可能是提取标的物的单证,也可能是提取标的物单证以外的有关单证和资料。

第610条 【出卖人根本违约的风险负担】 因标的物不符合质量要求,致使不能实现合同目的的,买受人可以拒绝接受标的物或者解除合同。买受人拒绝接受标的物或者解除合同的,标的物毁损、灭失的风险由出卖人承担。

条文注释

根据本条规定,对于买卖合同交付的标的物质量不合格而导致标的物毁损、灭失的风险,由出卖人承担,应当具备以下三个条件:① 出卖人交付的标的物不符合质量要求。如果当事人虽然就标的物质量发生了争议,但是并不能确定交付的产品不符合质量要求,则不适用本条规定。② 因标的物质量不合格致使不能实现合同目的。③ 买受人拒绝接受标的物或者解除合同。另外,本条关于风险负担的规则属于任意性规范,当事人可以通过协议加以改变,如果当事人之间没有特别约定,则应当适用本条的规定。

第611条 【买受人承担标的物损毁、灭失的风险不影响出卖人承担违约责任/买受人承担风险与出卖人违约责任关系】 标的物毁损、灭失的风险由买受人承担的,不影响因出卖人履行义务不符合约定,买受人请求其承担违约责任的权利。

条文注释

本条规定表明,在出卖人违约的情况下,买受人虽然按照本法的规定承担了标的物毁损、灭失的风险,但并不影响因出卖人的违约行为,买受人有请求其承担违约责任的权利,如请求损害赔偿。需要特别说明的是,本条规定可能与前条的规定存在交叉。比如,在出卖人向买受人交付的标的物不符合质量要求,致使不能实现合同目的的情况下,买受人可以依据前条的规定主张权利。即买受人既可以通过拒收标的物或者解除合同而不承担标的物毁损、灭失的风险,同时也可以进一步要求出卖人承担相应的违约责任。

第612条 【出卖人的权利瑕疵担保义务】 出卖人就交付的标的物,负有保证第三人对该标的物不享有任何权利的义务,但是法律另有规定的除外。

条文注释

买卖合同中出卖人对标的物的权利担保义务,是指出卖人应当保证对标的物享有合法的权利,没有侵犯任何第三人的权利,并且任何第三人就该标的物不享有任何权利。根据本条规定,出卖人的权利担保义务包括以下几个方面:① 出卖人对出卖的标的物享有合法的权利,对标的物具有所有权或者处分权。② 出卖人应当保证标的物上不存在他人实际享有的权利,如抵押权、租赁权等。③ 出卖人应当保证标的物没有侵犯他人的知识产权。

出卖人未能履行权利担保义务,使合同订立后标的物上的权利缺陷没有去除,应当承担相应的法律责任。首先,买受人可以依照本法合同编第8章"违约责任"的有关规定,请求出卖人承担违约责任。其次,在标的物的部分权利属于他人的情况下,也可以认为出卖人的行为构成根本违约,买受人可以单方解除合同。如果买受人不想解除合同,则可以请求出卖人减少标的物的价款。

至于本条所规定的"但是法律另有规定的除外",主要包括以下三个方面:① 如果有关专门立法对有权利缺陷标的物的买卖做出特别规定,则首先要依照其规定。② 如果有关涉及知识产权的立法就出卖人的权利有特殊规定的,应当按该特殊规定处理。③ 如果买受人明知第三人对标的物享有权利的,应当受其约束。

第613条 【权利瑕疵担保责任之例外/出卖人权利担保义务免除】 买受人订立合同时知道或者应当知道第三人对买卖的标的物享有权利的,出卖人不承担前条规定的义务。

条文注释

根据本条规定,出卖人不承担权利担保义务须具备两个条件:① 买受人须了解情况。也就是说,买受人订立合同时知道或者应当知道存在权利瑕疵。这里的权利包括所有权及其与所有权有关的其他权利,如抵押权、质权和租赁权等。② 买受人了解情况应在订立合同时。买受人知道或者应当知道第三人对买卖的标的物享有权利,应当在订立合同时,包括订立合同过程中和合同签字之时。如果在合同订立后,则不属于本条所规定的情况。

另外,需要注意的是:① 如果就买受人是否知情发生争议,出卖人如果主张买受人在订立合同时明知标的物的权利缺陷,则对此举证的责任在出卖人,而非买受人。② 出卖人不承担权利担保义务,意味着买受人无权请求出卖人就其不能取得完整的标的物所有权承担违约责任。③ 本条规定只是一个原则性的规定,并没有否定当事人以协议的方式排除这一规定。也就是说,买卖合同当事人如果在合同中约定应当由出卖人承担权利瑕疵担保责任的,出卖人就应当承担。

第614条 【买受人的中止支付价款权/买受人有确切证据证明标的物存在权利瑕疵的处理】 买受人有确切证据证明第三人对标的物享有权利的,可以中止支付相应的价款,但是出卖人提供适当担保的除外。

条文注释

本条规定的买受人可以中止支付相应价款的权利,是指暂时不支付还没有支付的价款,等到权利瑕疵不存在时再予以支付。依据本条的规定,买受人中止支付相应价款必须符合如下条件:① 买受人必须有确切证据,不能凭猜疑认为第三人对标的物享有权利,就中止支付价款。这里所说的证据包括买卖标的物的所有权凭证、他项权证、租赁合同书等。② 买受人有丧失标的物部分权利的可能。也就是说,第三人所提供的证据或者买受人自己查到的证据,均表明第三人对标的物享有权利。③ 中止支付与受影响的标的物之间具有牵连性。也就是说,买受人中止支付的,应当是标的物的"相应"价款,并非一定是全部价款,具体要根据证据所能反映的第三人就标的物享有的权利大小而定。④ 出卖人未提供适当担保。也就是说,如果出卖人提供了相应的担保,足以消除买受人的疑虑,那么买受人自然不能再中止价款的支付。实践操作中,在买受人要求提供担保之后,出卖人拒绝提供的,买受人方可中止支付价款。

第615条 【标的物的质量要求/出卖人的质量瑕疵担保义务】 出卖人应当按照约定的质量要求交付标的物。出卖人提供有关标的物质量说明的,交付的标的物应当符合该说明的质量要求。

条文注释

按照约定的质量要求交付标的物,是出卖人的一项基本义务。需要说明的是,本条是一个原则性的规定,究竟何为按照要求履行了义务,还需要看当事人的具体约定。这里需要强调说明的有两点:① 要求交付质量说明的,当事人应当交付质量说明并符合要求。② 没有要求交付质量说明的,当事人可以不交付质量说明。这是指没有法律规定和没有约定的情形,在这种情形下,当事人可以不交付标的物质量说明。但是交付的标的物的质量,必须符合合同的具体要求。

第616条 【标的物质量要求不明时的处理/标的物质量要求没有约定或约定不明时的认定规则】 当事人对标的物的质量要求没有约定或者约定不明确,依据本法第510条的规定仍不能确定的,适用本法第511条第1项的规定。

条文注释

本条规定的出卖人法定质量担保义务是,质量要求不明确的,按照强制性国家标准履行;没有强制性国家标准的,按照推荐性国家标准履行;没有推荐性国家标准的,按照行业标准履行;没有国家标准、行业标准的,按照通常标准或者符合合同目的的特定标准履行。在实践中的适用则要结合所遇到的个案进行具体的分析,以确定"通常标准"或者"特定标准"的内容,即在具体问题的处理过程中体现出法律规定的原则和精神。比如,标的物属于《产品质量法》规范的产品的,产品的质量应当符合该法第26、27条等的规定。

第617条 【质量瑕疵担保责任/出卖人违反质量瑕疵担保义务的违约责任】 出卖人交付的标的物不符合质量要求的,买受人可以依据本法第582条至第584条的规定请求承担违约责任。

条文注释

本条是关于出卖人交付标的物质量不符合要求应当承担违约责任的规定,其构成应当具备以下四个构成要件:① 交付的标的物有瑕疵。② 标的物瑕疵在标的物风险转移时存在。③ 买受人为善意且无重大过失。④ 买受人须在异议期间履行瑕疵的通知义务。

根据本条规定,买受人有权请求出卖人对交付的不符合质量要求的标的物承担违约责任。买受人行使这一权利须注意以下四点:① 买卖合同为有效合同。② 出卖人交付的标的物不符合质量要求。③ 买受人应当及时向出卖人提出。④ 买受人没有处置或者使用该标的物。

第618条 【故意或重大过失不告知瑕疵的责任承担/减轻或者免除瑕疵担保责任的例外】 当事人约定减轻或者免除出卖人对标的物瑕疵承担的责任,因出卖人故意或者重大过失不告知买受人标的物瑕疵的,出卖人无权主张减轻或者免除责任。

条文注释

本条中的出卖人的过错包括故意或者重大过失两类。另外,需要指出的是,在适用本条的过程中,主张出卖人存在故意或者重大过失的情形,应当由买受人承担举证责任。对于特约免除瑕疵担保责任的形式,由于该约定对双方的权利义务都存在重大影响,因此无论采取什么形式约定,都应当以明示的方式做出,而不能以默示的方式做出。

第619条 【标的物的包装方式】 出卖人应当按照约定的包装方式交付标的物。对包装方式没有约定或者约定不明确,依据本法第510条的规定仍不能确定的,应当按照通用的方式包装;没有通用方式的,应当采取足以保护标的物且有利于节约资源、保护生态环境的包装方式。

条文注释

出卖人应当按照约定的包装方式交付标的物,这是本条规定的出卖人的义务,如果出卖人不履行或者不正确履行这一义务,则属于违约行为,应当依法承担违约责任。

对于包装方式,合同中没有约定或者约定不明确时如何履行义务,本条规定了两种解决方案:一是按照本法第510条的规定确定。即由当事人协商重新订立包装条款或者按照交易习惯确定包装方式,一经重新协商确定,则应照此执行。二是依据本法第510条的规定不能确定的,本条直接规定了解决方案——采用通用的方式或者采取足以保护标的物且有利于节约资源、保护生态环境的包装方式。至于何为"通用的包装方式",一般理解为,有强制性国家标准、推荐性国家标准、行业标准的,这些标准应当理解为"通用的包装方式"。至于何为"足以保护标的物的包装方式",则需根据具体的买卖合同的标的物做出判断。

第620条 【买受人的检验义务】 买受人收到标的物时应当在约定的检验期限内检验。没有约定检验期限的,应当及时检验。

条文注释

本条要求买受人收到标的物后应当及时进行检验。此处的"及时",通常应当理解为:有法定时间的,依据法定时间进行检验;没有法定时间的,应在收货时或者收货后的合理时间内进行检验。

第621条 【买受人的异议通知义务/当事人约定检验期限】 当事人约定检验期限的,买受人应当在检验期限内将标的物的数量或者质量不符合约定的情形通知出卖人。买受人怠于通知的,视为标的物的数量或者质量符合约定。

当事人没有约定检验期限的,买受人应当在发现或者应当发现标的物的数量或者质量不符合约定的合理期限内通知出卖人。买受人在合理期限内未通知或者自收到标的物之日起两年内未通知出卖人的,视为标的物的数量或者质量符合约定;但是,对标的物有质量保证期的,适用质量保证期,不适用该两年的规定。

出卖人知道或者应当知道提供的标的物不符合约定的,买受人不受前两款规定的通知时间的限制。

条文注释

当事人如果约定检验期限,买受人就应当在检验期限内将标的物的数量或者质量不符合约定的情形通知出卖人。买受人怠于通知的,视为标的物的数量或者质量符合约定。在"视为标的物的数量或者质量符合约定"的情况下,即使标的物实际上不符合合同约定,出卖人也不用承担违约责任,其不利后果由买受人承担。

对于没有约定检验期限的情况,法律没有对数量或者质量违约的情形进行分类并相应地规定买受人提出异议的期限,而是规定了买受人在收取标的物开始检验之后发现或者应当发现标的物的数量或者质量不符合约定之日起的合理期限。这个时间段,需要根据商业习惯和具体的标的物来确定。此外,本条规定了买受人的两年最长异议通知时间。买受人自标的物收到之日起两年内未通知出卖人的,视为标的物的数量或者质量符合约定。如果合同对标的物的质量保证期做了约定,就应当认为构成了当事人对最长的异议通知时间的约定,这时就不适用本条"两年"法定期限的规定。

另外,出卖人故意提供不符合约定的标的物属于一种欺诈行为,对于存在欺诈行为的人,不应当让其享有这种法律规定的利益,这实际上是对出卖人欺诈行为的一种惩罚,是民法的公平原则和诚信原则在买卖合同履行中的具体体现。

第622条 【检验期限或质量保证期过短时的处理】 当事人约定的检验期限过短,根据标的物的性质和交易习惯,买受人在检验期限内难以完成全面检验的,该期限仅视为买受人对标的物的外观瑕疵提出异议的期限。

约定的检验期限或者质量保证期短于法律、行政法规规定期限的,应当以法律、行政法规规定的期限为准。

条文注释

判断当事人约定的检验期限是否过短,应主要从三个方面加以考虑:一是应当根据标的物的性质和交易习惯,在综合考虑的情况下,判断约定的检验期限对于隐蔽瑕疵的检验是否过短。二是买受人是否存在怠于通知的行为。如果买受人在约定检验期限发现隐蔽瑕疵却没有及时通知出卖人的,应当视为标的物质量符合约定。三是买受人对不能及时检验隐蔽瑕疵是否存在过失。买受人依法应当在收货后及时检验标的物,但是其没有采取适当的措施发现隐蔽瑕疵的存在的,则不能认定检验期限过短。

在实践中,对于检验期限和质量保证期,除了当事人的约定之外,法律、行政法规或者部门规章等也可能对此做出了规定。在当事人约定的检验期限或者质量保证期短于法律、行政法规等规定的期限时,应当以法定期限为准。从另一角度来看,如果约定的检验期限或者质量保证期长于法律、行政法规等规定的期限,这是出卖人自愿加重义务,且不违反法律或者行政法规等的规定,故应当尊重约定的期限。

第 623 条　【检验期限未约定时的处理/标的物数量和外观瑕疵检验】　当事人对检验期限未做约定,买受人签收的送货单、确认单等载明标的物数量、型号、规格的,推定买受人已经对数量和外观瑕疵进行检验,但是有相关证据足以推翻的除外。

条文注释

本条规定签收即推定为检验合格的一般原则,可以避免实践中发生一些没有实际意义的抗辩或者反诉。当事人未约定检验期限的,签收载明标的物数量、型号、规格的收货单据即推定对数量和外观瑕疵进行了检验,有相反证据足以证明当事人没有对数量和外观瑕疵进行检验的除外。

另外,需要明确以下三点:① 为实现敦促买卖双方尽快结算的宗旨,买受人负有的异议和通知义务原则上不受交付数量和约定偏离程度的影响;② 出卖人明知或者应知实际交付的标的物数量或外观与约定不符的,买受人则不负有异议和通知义务;③ 买受人对出卖人的部分履行行为可以接受或者拒绝,但是并不影响买受人可以追究出卖人违约责任的权利。

第 624 条　【向第三人履行情形的检验标准】　出卖人依照买受人的指示向第三人交付标的物,出卖人和买受人约定的检验标准与买受人和第三人约定的检验标准不一致的,以出卖人和买受人约定的检验标准为准。

条文注释

本条规定的内容,属于经由被指令人而为交付的情形,属于合同履行的一种常见的特殊形式,即出卖人应买受人的要求,将合同标的物向第三人交付。对于交付的标的物质量的判断标准,有六个层次的质量判断标准:一是当事人约定的标的物质量标准;二是样品或者有关质量说明;三是协商一致的标的物质量标准;四是有关条款或交易习惯所确定的标准;五是国家或者行业标准;六是通常标准或符合合同目的的特定质量标准。

第 625 条　【出卖人回收义务/法定或约定情形下出卖人的回收义务】　依照法律、行政法规的规定或者按照当事人的约定,标的物在有效使用年限届满后应予回收的,出卖人负有自行或者委托第三人对标的物予以回收的义务。

条文注释

本法第 9 条规定了绿色原则,本条规定是该原则在买卖合同中的具体体现。出卖人对于买卖标的物在有效使用年限后的回收义务,需要基于法律、行政法规的规定或者当事人的约定。

第 626 条　【买受人支付价款的数额和方式】　买受人应当按照约定的数额和支付方式支付价款。对价款的数额和支付方式没有约定或者约定不明确的,适用本法第 510 条、第 511 条第 2 项和第 5 项的规定。

条文注释

买卖合同当事人未就价款的支付方式做出约定或者约定不明确的,一旦发生纠纷,当事人之间的补充协议或者交易惯例可以解决。如果交易惯例解决不了,则需要法律规定出解决的原则,以便维护交易秩序和提高交易效率。根据本条规定,买受人应当按照约定的数额和支付方式支付价款,对价款的数额和支付方式没有约定或者约定不明确的,适用本法第510条、第511条第2项和第5项的规定。

第627条 【买受人支付价款的地点】 买受人应当按照约定的地点支付价款。对支付地点没有约定或者约定不明确,依据本法第510条的规定仍不能确定的,买受人应当在出卖人的营业地支付;但是,约定支付价款以交付标的物或者交付提取标的物单证为条件的,在交付标的物或者交付提取标的物单证的所在地支付。

条文注释

买受人应按约定的地点支付价款。本条规定了两种为当事人可以操作的具体原则:第一,依据本法第510条的规定确定。依据该规定,当事人重新订立补充条款或者买受人按照合同的有关条款、交易习惯自行确定。第二,在依据第510条规定不能确定支付地点的前提下,本条规定了两种情况:一是买受人应当在出卖人的营业地支付,这与本法第511条第3项规定的"给付货币的,在接受货币一方所在地履行"是一致的;二是如果约定支付价款以交付标的物或者交付提取标的物单证为条件,那么买受人应当在交付标的物或者交付提取标的物单证的所在地支付。

第628条 【买受人支付价款的时间】 买受人应当按照约定的时间支付价款。对支付时间没有约定或者约定不明确,依据本法第510条的规定仍不能确定的,买受人应当在收到标的物或者提取标的物单证的同时支付。

条文注释

买受人应当按照约定的时间支付价款。本条规定了两种为当事人可以操作的具体原则:第一种原则,依据本法第510条的规定确定。依据该规定,当事人重新订立补充条款或者买受人按照合同的有关条款、交易习惯自行确定。根据目前的规定,买受人可以随时支付价款;出卖人也可以随时请求买受人支付,但是应当给买受人一定的准备时间。第二种原则,在依据第510条规定不能确定支付时间的前提下,买受人应当在收到标的物或者提取标的物单证的同时支付,也就是人们平常所说的"一手交钱,一手交货"。

第629条 【出卖人多交标的物的处理】 出卖人多交标的物的,买受人可以接收或者拒绝接收多交的部分。买受人接收多交部分的,按照约定的价格支付价款;买受人拒绝接收多交部分的,应当及时通知出卖人。

条文注释

对于出卖人多交标的物的情况,除当事人有约定具体处理方法外,本条规定了两种法定处理方法:一是买受人接收多交的部分。出卖人多交,买受人接收,在一定程度而言系在原买卖合同的基础上,就产品的数量达成了事实的补充条款。也就是说,在执行原合同其他条款的基础上,可以收取多交的部分。由于买受人接收了多交的部分,又对多收部分价款没有提出异议,等于同意以原价格购买该部分标的物。二是买受人拒绝接收多交的部分。对于拒绝接收的,买受人应当履行通知和保管的义务,至于通知的具体方式,既可以是书面的,也可以是非书面的,如电话通知等。

第630条 【买卖合同标的物孳息的归属】 标的物在交付之前产生的孳息,归出卖人所有;交付之后产生的孳息,归买受人所有。但是,当事人另有约定的除外。

条文注释

本条规定是和本法第 604 条"标的物毁损、灭失的风险,在标的物交付之前由出卖人承担,交付之后由买受人承担"的规定相联系的。第 604 条规定的是交付划分风险的原则,根据这一原则,本条也将孳息和风险联系在一起,对买卖合同标的物的孳息归属做了规定。同时,本条还规定了"当事人另有约定的除外"的情形。

第 631 条 【从物与合同解除/标的物的主物、从物不符约定解除合同的效力】 因标的物的主物不符合约定而解除合同的,解除合同的效力及于从物。因标的物的从物不符合约定被解除的,解除的效力不及于主物。

条文注释

本条规定分为两个方面:一方面,因主物不符合约定而解除的合同,涉及从物的合同,自然也就解除,当事人不必在从物问题上再做明确的意思表示,除非法律另有规定或者当事人另有约定。这就是主物决定从物理论的具体体现。另一方面,当合同标的物中涉及从物的合同被解除时,并不影响到涉及主物的合同,涉及主物的合同仍然具有法律效力。当事人不能因为涉及从物不符合合同要求的合同解除,而提出涉及主物的合同解除。

第 632 条 【数物买卖合同的解除/数物同时出卖时的合同解除】 标的物为数物,其中一物不符合约定的,买受人可以就该物解除。但是,该物与他物分离使标的物的价值显受损害的,买受人可以就数物解除合同。

条文注释

本条规定的买受人有权解除合同分为两种情形:一是买受人解除一物不影响数物的解除。在标的物为数物的买卖合同中,出卖人交付的标的物中的一物不符合约定,不被买受人接受,而出卖人交付的作为标的物的其他物符合要求又被买受人所接受时,买受人可以仅仅就不符合约定的物解除合同,但不影响到符合要求的其他物的解除。二是买受人解除一物影响到数物的解除。买受人购买了数物,其中一物的质量不符合约定,而该物又不宜与数物中的其他物分离,否则将明显受到损害,那么买受人可以要求就数物解除合同,即解除合同的全部。

本条作为买受人的一项权利,使用了"可以"二字,出现依法可以解除合同的情形时,是否解除合同完全由买受人自己决定。

第 633 条 【分批交付标的物的合同解除】 出卖人分批交付标的物的,出卖人对其中一批标的物不交付或者交付不符合约定,致使该批标的物不能实现合同目的的,买受人可以就该批标的物解除。

出卖人不交付其中一批标的物或者交付不符合约定,致使之后其他各批标的物的交付不能实现合同目的的,买受人可以就该批以及之后其他各批标的物解除。

买受人如果就其中一批标的物解除,该批标的物与其他各批标的物相互依存的,可以就已经交付和未交付的各批标的物解除。

条文注释

对于长期供货合同分批交付标的物的情况,如果出现出卖人不适当履行的情况,买受人要求解除合同的,应当受本条规定调整,表现为以下三个层次:

第一,一般情况下,出卖人不适当履行某一批标的物的交付,买受人可以针对该批标的物不适当履行的情况,要求出卖人承担违约责任。

第二,出卖人就某批标的物的交付构成根本违约,即交付的结果将导致该批以及之后其他各批标的物的交付不能实现合同目的的,买受人有权以该批标的物的交付违约为由,解除长期供货合同该部分及之后应当交付部分的内容。需要明确指出的是,某批标的物交付的根本违约,将致使今后各批的交付也构成根本违约的情况必须是十分明显的,才能适用这一规定。

第三,某批标的物的交付与整个长期供货合同的其他各批标的物的交付可能是相互依存的,或者说是不可分的,即某批标的物的不适当履行导致整个合同无法实现合同目的。在这种情况下,买受人如果依法可以对该批标的物解除,那么他就有权解除整个长期供货合同。

第 634 条 【分期付款买卖合同出卖人的法定解除权】 分期付款的买受人未支付到期价款的数额达到全部价款的五分之一,经催告后在合理期限内仍未支付到期价款的,出卖人可以请求买受人支付全部价款或者解除合同。

出卖人解除合同的,可以向买受人请求支付该标的物的使用费。

条文注释

分期付款买卖合同,是指由出卖人先向买受人交付标的物,买受人将应付的总价款在一定期限内分次向出卖人支付的买卖合同。法律对出卖人请求支付全部价款的特别约定的限制,属于法律强制性规定。当事人在合同中不得排除或者违反这些限制,否则合同无效。

在合同解除后,买卖当事人应当将从对方取得的财产进行返还,违约的一方应当赔偿对方因此而受到的损失。一般情况下,出卖人因买受人的原因解除合同时,出卖人向买受人请求支付或者抵扣的金额,不得超过相当于该标的物的使用费的金额。如果标的物有毁损,那么出卖人当然还可以请求相应的赔偿。

第 635 条 【凭样品买卖合同】 凭样品买卖的当事人应当封存样品,并可以对样品质量予以说明。出卖人交付的标的物应当与样品及其说明的质量相同。

条文注释

凭样品买卖合同,又称货样买卖,是指买卖双方根据货物样品而订立的由出卖人按照样品交付标的物的合同。本条对样品的要求有两个:一是凭样品买卖的当事人应当封存样品;二是凭样品买卖的当事人可以对样品质量予以说明。

凭样品买卖合同的一个基本特点是加强出卖人的责任,视为出卖人担保交付的买卖标的物与样品具有同一品质。这是对出卖人的一项义务性规定,出卖人必须履行这一义务。如果出卖人未履行这项义务,会出现下列法律后果:一是出卖人应承担违约责任;二是因出卖人的交付行为使买受人的合同目的不能实现,买受人将有权解除合同。

第 636 条 【凭样品买卖合同样品存在隐蔽瑕疵的处理】 凭样品买卖的买受人不知道样品有隐蔽瑕疵的,即使交付的标的物与样品相同,出卖人交付的标的物的质量仍然应当符合同种物的通常标准。

条文注释

本条是针对前条规定而做出的特别规定,即加重出卖人对标的物的质量担保责任。

这里需要特别指出两点：一是为了减少纠纷，合同中应当将买受人了解样品的程序做出规定，特别是对于买受人所了解到的样品存在的隐蔽瑕疵的情况规定清楚；如果合同中没有规定，则需要由出卖人提供证据证明买受人知道该情况。二是本条所讲的"同种物的通常标准"，应理解为同种物的强制性国家标准、推荐性国家标准、行业标准或者同种物的通常标准、符合合同目的的特定标准，若出现这几类标准竞合的情况，原则上应适用对标的物质量要求更高的标准。

第 637 条 【试用买卖合同/试用买卖的试用期限】 试用买卖的当事人可以约定标的物的试用期限。对试用期限没有约定或者约定不明确，依据本法第 510 条的规定仍不能确定的，由出卖人确定。

条文注释

试用买卖合同，也称试验买卖合同，是指出卖人和买受人约定，由买受人对标的物进行试用，并由买受人决定是否购买标的物的一种特殊的买卖合同。标的物的试用期限是试用买卖合同中的重要条款，基于合同的自愿原则，合同当事人可以就标的物的试用期限进行约定。如果当事人在试用买卖合同中对试用期限没有约定或者约定不明确，自然应当依据本法第 510 条的规定，通过重新协商或者根据合同的条款、交易习惯来确定。如果还不能确定，则由出卖人来确定试用的期限。

第 638 条 【试用买卖的效力/试用买卖合同买受人对标的物购买选择权】 试用买卖的买受人在试用期内可以购买标的物，也可以拒绝购买。试用期限届满，买受人对是否购买标的物未做表示的，视为购买。

试用买卖的买受人在试用期内已经支付部分价款或者对标的物实施出卖、出租、设立担保物权等行为的，视为同意购买。

条文注释

本条第 1 款第 1 句明确了试用买卖合同中买受人享有选择权。本条第 1 款第 2 句明确了视为购买的情形。本条第 2 款规定了视为同意购买的情形。值得注意的是，买受人虽未支付价金，但对标的物从事了试用或者检验以外的一些活动，如在试用期内对标的物实施出卖、出租、设立担保物权等行为，因为买受人在试用期间对标的物并无处置的权利，其从事试用以外的出卖、出租等行为，显然是将标的物视为自己之物，自然也可以视为其对标的物表示了认可。

第 639 条 【试用买卖使用费的负担/试用买卖合同中标的物使用费的承担】 试用买卖的当事人对标的物使用费没有约定或者约定不明确的，出卖人无权请求买受人支付。

条文注释

理解本条需注意，即使出卖人无权请求买受人支付使用费，但是，如果买受人在试用期限内没有尽到一般注意义务，未能按照规定的用途或者标的物通常性能进行试用，导致标的物发生毁损、灭失的，由于当事人在试用期间并不存在权利义务关系，因此，出卖人无法向买受人主张违约责任。

但是，出卖人可以依据本法侵权责任编的相关规定，在买受人的行为符合侵权责任构成要件的前提下，要求买受人承担赔偿损失等侵权责任。

第 640 条 【试用买卖中的风险承担/试用期间标的物灭失风险的承担】 标的物在

试用期内毁损、灭失的风险由出卖人承担。

条文注释

在试用期间,标的物发生不可归责于买卖双方当事人的原因而毁损、灭失时,应当由出卖人承担该风险,出卖人无权要求买受人承担赔偿责任。在此需要特别指出的是,本条是原则性的规定,允许存在例外。如果买卖双方约定标的物在试用期内毁损、灭失的风险由出卖人和买受人共同承担,自然应当得到尊重。在本条规定的前提下,买受人向出卖人做出同意购买标的物的意思表示时,标的物的风险才发生转移。

第641条 【标的物所有权保留】 当事人可以在买卖合同中约定买受人未履行支付价款或者其他义务的,标的物的所有权属于出卖人。

出卖人对标的物保留的所有权,未经登记,不得对抗善意第三人。

条文注释

本条实际上是一个提示性的条款,当事人可以根据实际情况运用这样的约定确定相互的权利义务关系,而这种约定是当事人根据合同自愿原则确定合同内容的表现,是受法律保护的。本条第2款规定明确了必须登记才能取得对抗第三人的效力。需要特别指出的是,按照《买卖合同解释》第25条的规定,本条关于所有权保留的规定不适于不动产。

第642条 【出卖人的取回权/所有权保留中出卖人的取回权】 当事人约定出卖人保留合同标的物的所有权,在标的物所有权转移前,买受人有下列情形之一,造成出卖人损害的,除当事人另有约定外,出卖人有权取回标的物:

(一)未按照约定支付价款,经催告后在合理期限内仍未支付;

(二)未按照约定完成特定条件;

(三)将标的物出卖、出质或者做出其他不当处分。

出卖人可以与买受人协商取回标的物;协商不成的,可以参照适用担保物权的实现程序。

条文注释

出卖人取回权,是指在所有权保留买卖合同中,当买受人出现违约情形时,出卖人享有取回标的物的权利。本条第2款规定表明取回标的物首先尊重当事人之间的协商结果;在协商不成的前提下,出卖人可以参照《民事诉讼法》第15章"特别程序"第7节"实现担保物权案件"的规定行使取回权。

第643条 【已取回标的物的回赎与再出卖/买受人的回赎权及出卖人的再出卖权】 出卖人依据前条第1款的规定取回标的物后,买受人在双方约定或者出卖人指定的合理回赎期限内,消除出卖人取回标的物的事由的,可以请求回赎标的物。

买受人在回赎期限内没有回赎标的物,出卖人可以以合理价格将标的物出卖给第三人,出卖所得价款扣除买受人未支付的价款以及必要费用后仍有剩余的,应当返还买受人;不足部分由买受人清偿。

条文注释

买受人回赎权,是指所有权保留买卖中出卖人对标的物行使取回权后,在一定期间,买受人可以通过履行支付价款义务或者完成其他条件后享有的重新占有标的物的权利。回赎期是出卖人可以行使回赎权的期间,一般包括法定期间和意定期间。法定期间由法律明确规定。意定期间是当事人确定的期间,包括买卖双方约定的期间和出卖人指定的期间。

本条同时规定出卖人单方指定的回赎期限必须是合理期限,即主要根据标的物性质来确定期限,应当具体情况具体分析。

如果买受人在双方约定的回赎期限内或者出卖人指定的回赎期间没有履行相应义务而丧失回赎权的,出卖人就取得了对标的物的再出卖权,可以再次出卖标的物。本条就出卖人的再出卖权规定,出卖人可以以合理价格出卖标的物,出卖所得价款扣除买受人未支付的价款以及必要费用后仍有剩余的,应当返还买受人;不足部分由买受人清偿。

第644条 【招标投标买卖合同】 招标投标买卖的当事人的权利和义务以及招标投标程序等,依照有关法律、行政法规的规定。

条文注释

招标投标买卖,是指招标人公布买卖标的物的出卖条件,投标人参加投标竞买,招标人选定中标人的买卖方式。招标投标买卖的程序,一般经过招标、投标和中标三个阶段。

《招标投标法》第46条第1款规定:"招标人和中标人应当自中标通知书发出之日起三十日内,按照招标文件和中标人的投标文件订立书面合同。招标人和中标人不得再行订立背离合同实质性内容的其他协议。"

这意味着,在投标人中标以后,并非投标书的所有内容都自然转化为合同条款。在协商签订正式合同的过程中,双方可能会进一步修改投标文件的内容,也可能完全保留投标书的内容,这就涉及投标文件和正式书面合同的关系问题。依照《招标投标法》第48条第1款规定:"中标人应当按照合同约定履行义务,完成中标项目。中标人不得向他人转让中标项目,也不得将中标项目肢解后分别向他人转让。"因此,在投标文件和合同不一致的情况下,应当以合同为准。当然,当事人通过中标后协商签订合同,可以对投标文件进行适当修改,但不得实质性地改变招标投标文件的内容。另外,如果合同中明确规定有关价款等内容以投标文件为准的,则应当以投标文件确定价款。

第645条 【拍卖合同】 拍卖的当事人的权利和义务以及拍卖程序等,依照有关法律、行政法规的规定。

条文注释

拍卖,是指以公开竞价的形式,将特定物品或者财产权利转让给最高应价者的买卖方式。根据《拍卖法》的相关规定,拍卖合同的成立应当经过出卖人出价、竞买人应价和拍定三个阶段。拍定,是指拍卖成交,即拍卖人以拍板、击槌或者其他惯用方式确定拍卖合同成立或者宣告竞争终结的一种行为,这种行为在性质上属于承诺。一经拍定,竞买人和出卖人之间就成立买卖合同关系,出卖人负有交付标的物并转移标的物所有权的义务,竞买人负有向出卖人支付价款的义务。相对于一般买卖合同而言,拍卖合同的效力有三个特殊之处:一是出卖人对标的物的瑕疵担保责任具有特殊性,如《拍卖法》第61条第2款的规定。二是出卖人对标的物风险的转移具有特殊性。根据本法第604条的规定,买卖标的物风险原则上随交付而转移。具体到拍卖合同,出卖人对标的物通常是先交付给拍卖人,拍定之后再由拍卖人交付给买受人,即经历两次交付。根据拍卖实践,第一次交付并不发生风险承担责任的转移,第二次交付给买受人后才发生转移。三是买受人承担违约责任方式的特殊性,如《拍卖法》第 39 条的规定。

第 646 条 【买卖合同准用于有偿合同】 法律对其他有偿合同有规定的,依照其规定;没有规定的,参照适用买卖合同的有关规定。

条文注释

以当事人享有合同权利是否需偿付代价为标准,可以把合同分为有偿合同和无偿合同。当事人享有合同权利时必须向对方支付一定代价的合同,称为有偿合同。依据本条的规定,除买卖合同外其他有偿合同的法律适用,分为两种情况:第一种情况是,法律对其他有偿合同有规定的,依照其规定。对于其他有偿合同,本法和其他法律有特别规定的,适用本法和其他法律的特别规定,而不适用"买卖合同"一章的规定。这是特别法优先适用原则在法律适用中的具体体现。第二种情况是,法律对其他有偿合同没有规定的,参照适用买卖合同的有关规定。

对于本条的具体法律适用,应当注意准确理解"参照"二字的具体含义。一是参照适用并不是全部能够适用。也就是说,即使其他法律没有就有偿合同的具体规则做出明确规定,也不一定都可以适用"买卖合同"一章的全部内容。二是参照适用并不是直接能够适用。也就是说,如果买卖合同之外的其他有偿合同当事人发生纠纷,人民法院不能直接适用"买卖合同"一章中规定具体权利义务的条文。依据《买卖合同解释》的有关规定,正确的做法是:权利转让或者其他有偿合同参照适用买卖合同的有关规定的,人民法院应当首先引用本条的规定,再引用买卖合同的有关规定。

第 647 条 【易货交易合同/互易合同参照买卖合同的规定】 当事人约定易货交易,转移标的物的所有权的,参照适用买卖合同的有关规定。

条文注释

易货交易合同又称互易合同,一般是指当事人相互交换货币以外的标的物,转移标的物所有权的合同。互易人包括自然人、法人或者非法人组织,互易人各自享有取得对方互易标的物的权利,负有将本人的标的物转移交付对方的义务。因此,互易是双务、有偿合同。易货交易合同的当事人可以是双方,也可以是三方以上的当事人,如三角互换。易货交易合同的当事人互为互易人。

【法律实务 03】 买卖合同标的物的验收的法律风险防范。

基本要求:

(1) 买受人收到标的物后,应当在约定的检验期限内检验。买受人应当在买卖合同约定的检验期限内将标的物的数量或者质量不符合约定的情形通知出卖人。买受人没有在约定的检验期限内通知出卖人的,视为标的物的数量或者质量符合合同约定,标的物验收合格。

(2) 买卖合同没有约定检验期限的,买受人应当及时检验。买受人应当在发现标的物的数量或者质量不符合约定的合理期限内通知出卖人。买受人没有在合理期限内通知出卖人,或者没有自收到标的物之日起两年内通知出卖人,视为标的物的数量或者质量符合合同约定,标的物验收合格。标的物有质量保证期的,应适用质量保证期,不适用该两年的规定。

(3) 买卖合同所约定的检验期限过短,根据标的物的性质和交易习惯,买受人难以在检验期限内完成全面检验的,合同所约定的检验期限应视为买受人对标的物外观瑕疵进行检验的期限。

风险提示：

（1）买卖合同应约定检验标准、检验期限，对须经运行才能进行验收的标的物，还须区分约定外观瑕疵和隐蔽瑕疵的检验期限。尽量避免对检验标准、检验期限等产生争议，以及在产生争议时没有合同依据。

（2）买受人应在合同约定的检验期限内，或者没有约定检验期限的合理期限内对标的物进行检验，并及时将检验发现的数量或者质量问题通知出卖人，避免因怠于通知而承担不利后果。

（3）买受人购买标的物转售第三人的，若第三人对标的物检验标准有特殊要求，买受人应将该检验标准约定在其与出卖人之间的买卖合同中，避免出现其与第三人约定的检验标准对出卖人不具有约束力。

案例指引：

2020年6月，A公司从B公司购买一批建材，双方买卖合同约定了标的物名称、价款、支付方式、检验标准、违约责任等内容，但未约定检验期限。合同签订后，B公司将货物送到A公司工地现场，A公司员工在收货单上签字。一年后，因A公司未支付全部货款，B公司将A公司诉至法院，要求A公司支付剩余货款，A公司辩称B公司交付的货物数量和型号与合同约定不一致，不同意支付剩余货款。

B公司则称其依约交付了货物，A公司员工当场清点了货物，货物数量、型号是否与合同约定一致，A公司在签收时就能发现，现已经过了一年，A公司从未向其提出过异议，应视为其交付的货物符合合同约定。

法院经审理认为，数量是否短缺、型号是否一致属于外观瑕疵，合同虽未约定检验期限，A公司应在合理期限内进行检验，并及时通知B公司，现A公司在长达一年内未就此提出过异议，应视为B公司交付的货物符合合同约定，A公司应支付剩余货款。

【思考题10】 出卖人可以行使取回权的具体条件是什么？

律师答疑：

出卖人可以行使取回权的具体条件如下：① 买受人未按照约定支付价款。本条在买受人未按照约定支付价款的同时增加规定出卖人的催告程序，即出卖人在决定行使对标的物的取回权时，应当先向买受人催告，在催告期满后买受人仍不支付价款的，出卖人才可以实施取回权。② 买受人未按照约定完成特定条件。③ 买受人在占有标的物期间擅自处分标的物且标的物未被第三人善意取得。在买卖双方未就出卖人何时可以取回标的物做出约定时，买受人就标的物实施了转卖、出质等行为的，严重侵害了出卖人的所有权，故出卖人依法有权行使取回权。但是，如果第三人依据本法第311条的规定已经善意取得标的物所有权或者其他物权的，出卖人无权取回标的物。

第六节　借款合同法条及释义

关于借款合同，《民法典》相关法条及释义如下：

第 667 条　【借款合同的定义】　借款合同是借款人向贷款人借款,到期返还借款并支付利息的合同。

条文注释

本法第 668 条第 1 款规定:"借款合同应当采用书面形式,但是自然人之间借款另有约定的除外。"据此表明,采用书面形式的借款合同为要式合同;自然人之间的借款如果未采用书面形式的,为不要式合同。

第 668 条　【借款合同的形式和内容】　借款合同应当采用书面形式,但是自然人之间借款另有约定的除外。

借款合同的内容一般包括借款种类、币种、用途、数额、利率、期限和还款方式等条款。

条文注释

对于金融借款合同,我国《商业银行法》第 37 条规定:"商业银行贷款,应当与借款人订立书面合同。合同应当约定贷款种类、借款用途、金额、利率、还款期限、还款方式、违约责任和双方认为需要约定的其他事项。"据此表明,订立借款合同已成为金融机构贷款业务的必经程序。

考虑到借款合同的特殊性质,其主要内容应当包括以下几个方面:① 借款种类。这主要是指金融机构作为贷款人的情况下,根据国家有关规定和资金市场的需求创设的货币商品种类。借款人可以根据自己的需要向贷款人申请某种特定形式的贷款。② 币种。这主要是指借款合同标的是哪一种货币,是人民币还是其他国家或地区的货币。③ 用途。这主要是指借款使用的目的和范围。④ 数额。这是指借款数量的多少。数量是借款合同的重要内容,在订立借款合同时,没有数额或者数额不清,合同便不能成立。因此,当事人应当在合同中明确借款的总金额以及在分批支付借款时,每一次支付借款的金额,以便于合同的具体履行。⑤ 利率。这是指借款人和贷款人约定的应当收的利息的数额与所借出资金的比率。⑥ 期限。这是指借款人在合同中约定能使用借款的时间。⑦ 还款方式。这是指贷款人和借款人约定以什么结算方式偿还借款给贷款人。

第 669 条　【借款人的告知义务/借款人应当提供真实情况义务】　订立借款合同,借款人应当按照贷款人的要求提供与借款有关的业务活动和财务状况的真实情况。

条文注释

依据本条规定,借款人在提出借款申请的同时,应当按照借款人的要求如实提供以下三方面资料:一是与借款人资格有关的基本情况。二是与借款有关的业务活动的真实情况。三是借款人财务状况的真实情况。

需要说明的是,对于非金融机构的法人、非法人组织和自然人之间的借款合同,借款人应当向贷款人提供哪些情况,由当事人协商确定,不一定必须提供本条所规定的"与借款有关的业务活动和财产状况的真实情况"。

第 670 条　【借款利息不得预先扣除】　借款的利息不得预先在本金中扣除。利息预先在本金中扣除的,应当按照实际借款数额返还借款并计算利息。

条文注释

本条明确规定,贷款人在提供借款时不得预先将利息从本金中扣除。如果贷款人违反法律规定,仍在提供借款时将利息从本金中扣除,那么,借款人只需按照实际借款数额返还借款并计算利息。《民间借贷规定》第 26 条规定:"借据、收据、欠条等债权凭证载明的借款金额,一般认定为本金。预先在本金中扣除利息的,人民法院应当将实际出借的金额认定为本金。"据此,在借款人对贷款人出借款项时即已收取利息的事实提出证据后,人民法院便不会以借据等证据载明的借款金额为本金,而会以该本金减去贷款人已收取的利息后的数额为本金。

第 671 条 【支付及收取借款延迟责任/贷款人未按照约定提供借款以及借款人未按照约定收取借款的后果】 贷款人未按照约定的日期、数额提供借款,造成借款人损失的,应当赔偿损失。

借款人未按照约定的日期、数额收取借款的,应当按照约定的日期、数额支付利息。

条文注释

对于贷款人来说,自借款合同成立后,按照约定的日期、数额向借款人提供借款,是其主要的合同义务。贷款人的违约责任,可以在借款合同中约定;如果没有约定,贷款人违约逾期放款造成借款人损失的,那么贷款人应当赔偿损失,损失赔偿额应当相当于因其违约所造成的损失,包括合同履行后可以获得的利益,但不得超过违反合同一方订立合同时预见到或者应当预见到的因违反合同可能造成的损失。

对于借款人来说,自借款合同成立后,应当按照约定的日期和数额收取借款,也是其主要的合同义务。无论借款人是否按照约定的日期及数额收取借款,都必须按照合同约定向贷款人支付利息。

需要特别指出的是,本条的规定,主要是针对金融机构作为贷款人的情况。由于自然人之间借款是贷款人实际交付借款时,借款合同才成立,所以自然人之间借款的,不适用本条的规定。

第 672 条 【贷款人的监督、检查权】 贷款人按照约定可以检查、监督借款的使用情况。借款人应当按照约定向贷款人定期提供有关财务会计报表或者其他资料。

条文注释

贷款人对借款人贷款资金的使用情况进行监督、检查,应当严格在合同约定的范围内进行,不得干预借款人正常的生产经营活动、内部经营管理等。同时,借款人应当按照约定向贷款人定期提供有关的财务会计报表等资料,主要包括资产负债表、损益表、财务状况变动表、现金流量表、附表及会计报表附注和财务状况说明书等。

第 673 条 【借款人未按照约定用途使用借款的责任(的后果)】 借款人未按照约定的借款用途使用借款的,贷款人可以停止发放借款、提前收回借款或者解除合同。

条文注释

本条明确规定,借款人违反合同约定的借款用途使用借款的,贷款人可以采取以下三种措施:① 停止发放借款。这主要是针对分期提供贷款或者根据资金使用进度提供贷款而采取的措施。实际上也就是停止履行合同中约定的尚未履行完毕的义务。② 提前收回借款。这种做法在贷款业务中称为"加速到期条款",这是金融机构的通行做法。贷款人不必等到借款合同约定的还款日期,就有权要求借款人提前履行还款的义务。③ 解除合同。根据本法第 563 条第 1 款第 4 项的规定,构成根本违约时,贷款人有权解除借款合同。根据本法第566条第1、2款的规定,一旦解除借款合同,贷款人可以对尚未履行的贷款终止履行(停止发放借款),对已经履行的贷款要求恢复原状(收回已经贷出的借款),而且还可以要求借款人承担相应的违约责任。

第674条 【借款人支付利息的期限/借款利息支付期限的确定】 借款人应当按照约定的期限支付利息。对支付利息的期限没有约定或者约定不明确,依据本法第510条的规定仍不能确定,借款期间不满一年的,应当在返还借款时一并支付;借款期间一年以上的,应当在每届满一年时支付,剩余期间不满一年的,应当在返还借款时一并支付。

条文注释

根据本条的规定,当事人对支付利息的期限没有约定或者约定不明确的,首先应当依据本法第510条的规定来确定,即当事人可以就支付利息的期限进行协议补充;不能达成协议的,则依据合同其他条款或者双方当事人之间的交易习惯来确定。如果依据以上原则仍不能确定支付利息的期限,那么,借款人按照以下规定的期限向贷款人支付利息:① 借款合同在一年以内的,在返还借款时一并支付。② 借款合同在一年以上的,在每届满一年时支付,剩余期间不满一年的,在返还借款时一并支付。

第675条 【借款期限的认定/借款人返还借款的期限】 借款人应当按照约定的期限返还借款。对借款期限没有约定或者约定不明确,依据本法第510条的规定仍不能确定的,借款人可以随时返还;贷款人可以催告借款人在合理期限内返还。

条文注释

根据本条的规定,当事人未约定还款期限的:第一,应当依据本法第510条的规定来确定,即当事人可以就还款期限一事进行协商,达成补充协议,确定还款期限;第二,对于不能达成补充协议的,可以按照合同有关条款或者当事人之间的交易习惯来确定还款期限;第三,按照上述两种方式仍无法确定的,依据本法第511条第4项的规定,借款人可以随时返还借款,贷款人也有权向借款人发出催告,要求其在合理期限内返还借款。

第676条 【借款合同违约责任承担/借款人逾期返还借款的责任】 借款人未按照约定的期限返还借款的,应当按照约定或者国家有关规定支付逾期利息。

条文注释

本条规定借款人逾期返还借款的,应当按照约定或者国家规定支付逾期利息;这种约定既可以是自然人之间对是否收取逾期利息或者逾期利率为多少的约定,也可以是金融机构与借款人在国家规定的幅度内对逾期利率的确定。

就民间借贷的逾期利息问题,2020年12月29日最高人民法院最新修改的《民间借贷规定》第28条规定,借贷双方对逾期利率有约定的,从其约定,但是以不超过合同成立时1年期贷款市场报价利率4倍为限。

未约定逾期利率或者约定不明的,人民法院可以区分不同情况处理:① 既未约定借期内利率,也未约定逾期利率,出借人主张借款人自逾期还款之日起参照当时1年期贷款市场报价利率标准计算的利息承担逾期还款违约责任的,人民法院应予支持;② 约定了借期内利率但是未约定逾期利率,出借人主张借款人自逾期还款之日起按照借期内利率支付资金占用期间利息的,人民法院应予支持。第29条规定,出借人与借款人既约定了逾期利率,又约定了违约金或者其他费用,出借人可以选择主张逾期利息、违约金或者其他费用,也可以一并主张,但是总计超过合同成立时1年期贷款市场报价利率4倍的部分,人民法院不予支持。

第677条 【借款人提前返还借款】 借款人提前返还借款的,除当事人另有约定外,应当按照实际借款的期间计算利息。

条文注释

根据本条规定,对于提前还款应当按照以下原则确定双方的权利和义务:首先,当事人可以在借款合同中对提前还款问题做出约定,按照约定确定是否经贷款人同意及利息如何计算等问题。其次,当事人在合同中对提前还款没有约定的,提前还款不损害贷款人利益的,可以不经贷款人同意,利息按照实际借款期间计算;提前还款损害贷款人利益的(该利益不应当仅仅是指剩余借款期间的利息,而主要是指对贷款人经营秩序破坏超过利息损失的内容),贷款人有权拒绝借款人提前还款的要求。贷款人同意提前还款的,等于贷款人同意变更合同的履行期,因此,借款人应当按照变更后的实际借款期间向贷款人支付利息。

第678条 【借款展期】 借款人可以在还款期限届满前向贷款人申请展期;贷款人同意的,可以展期。

条文注释

申请展期,是指借款人在借款合同约定的还款期限不能履行还款义务,在还款期限届满前向贷款人申请变更原合同约定的借款期限的行为。

由于延长借款期限直接涉及贷款人的利益,因此,允许贷款人自行决定是否同意借款人延长借款期限。贷款人同意的,借款人才可以延期向贷款人返还借款。

根据本法第695条第2款的规定,在借款人有保证人提供担保的情况下,贷款人如果要求保证人继续承担保证责任,还应当征得保证人的同意。

第679条 【自然人之间借款合同的成立时间】 自然人之间的借款合同,自贷款人提供借款时成立。

条文注释

自然人之间的借款合同与金融机构作为主体的借款合同有所区别,其中最主要的一点就是金融借款合同是诺成合同,而自然人之间的借款合同为实践合同。自然人之间借款的,自贷款人交付借款时成立。需要指出的是,本条规定的是自然人之间的借款,是指借贷双方均为自然人的情况,如果有一方当事人并非自然人,则不适用本条的规定。

第680条 【自然人之间借款合同利息的规制/禁止高利放贷以及对借款利息的确定】 禁止高利放贷,借款的利率不得违反国家有关规定。

借款合同对支付利息没有约定的,视为没有利息。

借款合同对支付利息约定不明确,当事人不能达成补充协议的,按照当地或者当事人的交易方式、交易习惯、市场利率等因素确定利息;自然人之间借款的,视为没有利息。

条文注释

本条第1款明确规定禁止高利放贷,借款的利率不得违反国家有关规定。

本条第2款将没有约定支付利息的借贷情形,拓展到了所有借贷领域,即所有类型或者当事人之间订立的借贷合同,只要没有约定支付利息,就一律视为没有利息。

本条第3款规定,借款合同对支付利息约定不明确,当事人不能达成补充协议的,按照当地或者当事人的交易方式、交易习惯、市场利率等因素确定利息;自然人之间借款的,视为没有利息。对于借款合同当事人就支付利息约定不明确时的处理规则是:首先,应当允许当事人就支付利息问题进行重新协商,经重新协商能够达成补充协议的,按补充协议的内容执行。其次,不能达成补充协议的,依据本法第142条第1款的规定,如果通过合同的文义解释和整体解释能够确定利息的,可据此确定的利息标准执行。再次,如果通过上述两种方式均无法确定借款合同的利息标准,可以按照合同履行地或者当事人之间的交易方式、交易习惯补充确定利息。对于交易习惯,由提出主张的一方当事人承担举证责任。最后,如果按照上述三种方法仍然无法确定利息标准的,应当依据本法第511条第2项的规定,价款或者报酬不明确的,按照订立合同时履行地的市场价格履行;依法应当执行政府定价或者政府指导价的,依照规定履行,以此最终确定借款合同的利息计付标准。实践中,法院或者仲裁机构在当事人就利息问题约定不明时,可以以订立借款合同时合同履行地的商业银行同期同类贷款利率计算利息。

【法律实务04】 一张完整的借条应该有哪些内容?

律师解答:

出具借条时,首先对借款人与贷款人、借款数额、用途、利息、借期、出借方式(现金或转账)等都应做明确的说明。另外,借条中的措辞、表达要准确明了,避免一些有歧义或模棱两可词语的出现。例如,"现还欠款×元"就有两种不同的理解。切忌出具类似"今收到某某×元"等过于简单的借条或收据,这类单据有时连借贷双方是谁都证明不了。另外,对于年利率来说,一厘是百分之一,一分是十分之一;对于月利率来说,一厘是千分之一,一分是百分之一。这点务必约定清楚,实践中建议采用百分数和阿拉伯数字更加准确清晰。

这里给贷款人提出一项建议,为了方便后期追讨和实现债权,可以加上"借款人应如期足额还款,否则贷款人可以向××法院起诉(可以在原被告所在地、借款支付或接收地择一,也可以具体约定某一地市法院,应当具体到区一级行政区划),诉讼费、律师费等实现债权的费用由借款人承担"。当然,上述文字可能引起借款人的反感甚至拒签,但鉴于出借当时,借款人较为容易接受贷款人的条件,本建议仅在情形合适时考虑采用。

注意: 如签署打印好的格式借条文本,则双方当事人签字时应将格式文本空白处全部填写完成或者将不适用条款划去,如果只在落款处签名而未对空白填写处进行关注,后期填写的内容可能会出现对一方当事人不利的情况。

写借条一定要注意以下两点:

第一,借条一定要让借款人写上自己的身份证号码,因为身份证号码具有唯一性,并且写上身份证号码有利于后续起诉查询借款人信息;

第二,借条一定要让借款人按手印,因为手印具有唯一性,而笔迹是可能会改变的。

【法律实务05】 "借条"与"欠条"有什么区别?

律师解答:

欠条≠借条!借条是指借款人向出借人借钱出具的借款凭证,它证明的是借贷关系,可证明双方存在借贷合意。欠条既可以是借款人向出借人出具的凭证,也可以是拖欠的工资、拖欠的工程款或者拖欠货款等而由欠款人出具的欠付款项的证明,它既可能是借贷关系,也可能是劳动关系、买卖合同关系等其他法律关系。换言之,欠条往往是对以往双方经济往来的一种结算,欠条所反映的债权债务关系并不一定是借贷关系。

此外,诉讼时效不同。对于没有还款期限的借条,贷款人可以随时向借款人请求还款,诉讼时效从权利人主张权利之时开始计算,借条的效力最长可达 20 年。而没有履行期限的欠条是对双方以往经济往来的一种结算,权利人应当在欠条出具之日起三年内向人民法院主张权利。

【法律实务 06】 "砍头息"(即预先在本金中扣除利息)的借款本金及利息如何认定?
律师解答:
《民法典》第 670 规定:"借款的利息不得预先在本金中扣除。利息预先在本金中扣除的,应当按照实际借款数额返还借款并计算利息。"

《最高人民法院关于审理民间借贷案件适用法律若干问题的规定》(法释〔2020〕17号)第 26 条规定:"借据、收据、欠条等债权凭证载明的借款金额,一般认定为本金。预先在本金中扣除利息的,人民法院应当将实际出借的金额认定为本金。"

【思考题 11】 借款合同的法律特征有哪些?
借款合同的法律特征主要包括以下几个方面:① 借款合同的主体是贷款人和借款人。贷款人也称出借人,是指将金钱贷与借款人的人。借款人是指接受贷款人贷款的人,可以是自然人、法人或者非法人组织。② 借款合同的标的是货币,包括可流通的各种货币。③ 借款合同是转移标的物所有权的合同。货币一经借出,所有权即转移于借款人。④ 借款合同既可以是单务、无偿合同,也可以是双务、有偿合同。在借款合同中,如果当事人之间没有约定利息或者自然人之间约定的利息不清晰,那么就是没有利息,即借款人无须向贷款人支付利息,故此类借款合同是单务、无偿合同。如果借款合同当事人之间明确约定了支付利息,那么支付利息便是借款人向贷款人贷款的对价,双方当事人在合同中都享有一定的权利,又都负有相应的义务,故该类借款合同是双务、有偿合同。⑤ 借款合同既可以是诺成合同,也可以是实践合同。所谓诺成合同,是指当事人意思表示一致即成立的合同。所谓实践合同,是指除当事人之间的意思表示一致外,还需实际交付标的物才能成立的合同。⑥ 借款合同既可以是要式合同,也可以是不要式合同。

第七节 租赁合同法条及释义

关于租赁合同,《民法典》相关法条及释义如下:

第 703 条 【租赁合同的定义】 租赁合同是出租人将租赁物交付承租人使用、收益,承租人支付租金的合同。

条文注释
租赁合同具有以下特征:① 租赁合同是转移财产使用权的合同。在租赁的有效期内,承租人可以对租赁物占有、使用、收益,而不能任意处分租赁物。② 承租人取得租赁物的使用权以支付租金为代价。③ 租赁合同的标的物是有体有形的财产、非消耗物。④ 租赁合同是双务、有偿合同。在租赁合同中,出租人和承租人均享有权利和承担义务。⑤ 租赁合同具有临时性。租赁合同是出租人将租赁物有限期地交给承租人使用,承租人按照约定使用该租赁物并获得收益。

第704条 【租赁合同的内容】 租赁合同的内容一般包括租赁物的名称、数量、用途、租赁期限、租金及其支付期限和方式、租赁物维修等条款。

条文注释

本条是一个指导性条款,是指在一般情况下,租赁合同应当具备的主要条款,包括如下事项:① 有关租赁物的条款。一是租赁物的名称;二是租赁物的数量;三是租赁物的用途。约定租赁物的用途也可以明确承租人对租赁物使用过程中消耗的责任归属问题。② 有关租赁期限的条款。租赁期限的长短由当事人自行约定,但不能超过本法规定的最高期限。③ 有关租金的条款。租金同租赁物一样是租赁合同中必不可少的条款。租金的多少,支付的期限和方式,这些问题都应当在订立合同时明确,以免事后发生争议。④ 有关租赁物维修的条款。对租赁物的维修义务应当由出租人承担,这是出租人在租赁合同中的主要义务。但并不排除在有些租赁合同中承租人负有维修义务。

第705条 【租赁最长期限/租赁期限的规定】 租赁期限不得超过二十年。超过二十年的,超过部分无效。

租赁期限届满,当事人可以续订租赁合同;但是,约定的租赁期限自续订之日起不得超过二十年。

条文注释

二十年实际上并不是一个绝对的最长期限,因为如果租赁合同双方当事人在二十年期满时,仍然希望保持租赁关系,可以采取两个办法:一是不终止原租赁合同,承租人仍然使用租赁物,出租人也不提出任何异议。这时法律规定视为原租赁合同继续有效,但租赁期限为不定期,如果一方当事人想解除合同随时都可以为之,这种情况被称为合同的"法定更新"。二是双方当事人根据原合同确定的内容再续签一份租赁合同,如果需要较长的租期,当事人仍然可以再订一份租期为二十年的合同,这种情况被称为"约定更新"。

第706条 【租赁合同登记备案对合同效力影响/租赁合同未登记备案不影响合同效力】 当事人未依照法律、行政法规规定办理租赁合同登记备案手续的,不影响合同的效力。

条文注释

对租赁合同进行登记的规定主要体现在房屋租赁关系中,即当事人订立、变更、终止房屋租赁合同,应当向房屋所在地直辖市、市、县人民政府建设(房地产)主管部门办理登记备案。房屋租赁登记的对象是租赁合同的内容及变动情况。

本条规定否认了登记备案作为租赁合同生效要件的观点,确认未登记不影响合同效力。这不仅是出于对合同当事人意思自治的尊重,而且与租赁权的债权性质保持一致。

第707条 【租赁合同形式】 租赁期限六个月以上的,应当采用书面形式。当事人未采用书面形式,无法确定租赁期限的,视为不定期租赁。

条文注释

本条对租赁合同的形式做了以下几个层次的规定:① 租赁期限不满六个月的租赁合

同,既可以采用口头形式也可以采用书面形式。② 租赁期限在六个月以上的应当采用书面形式。③ 租赁期限六个月以上的,当事人没有采用书面形式,并非导致合同无效,而是产生约定的期限不予承认的效果,双方可以随时解除合同。

在本条规定中,即使应采用书面形式而未采用,也有可以视为定期租赁的情况。① 如果租赁合同虽未采用书面形式,但双方当事人对租赁期限无争议的,应为定期租赁。② 即使双方当事人对租赁期限有争议,但一方如果能举证证明约定有确切的租赁期限的,应为定期租赁。③ 若双方对租赁期限有争议,可以参照本法第510条确定租赁期限,也可以适用本法第730条关于租赁期限"没有约定或者约定不明确"情形下的规定。

第708条 【出租人交付租赁物义务和对租赁物的瑕疵担保责任】 出租人应当按照约定将租赁物交付承租人,并在租赁期限内保持租赁物符合约定的用途。

条文注释

本条规定,出租人应当按照约定将租赁物交付承租人。如果租赁物分主物和从物时,在交付主物的同时应将从物一并交付。

关于约定的用途:首先,出租人应保证租赁物具备应有的使用价值。其次,若双方约定了租赁物特殊使用目的下的用途,出租人也应尽到相应的瑕疵担保义务。

本条规定出租人对租赁物的瑕疵担保责任在合同履行的两个阶段都有要求:一是在租赁物交付时保证交付的租赁物符合约定的用途,具有品质完整的使用价值,使承租人能够正常使用。二是在租赁期限内,保持租赁物符合约定的用途。在租赁期限内,如果租赁物本身出现问题,承租人请求出租人进行维修时,出租人应及时维修,以保证承租人的正常使用。出租人如不能及时予以维修,承租人可以自行维修,维修的费用应由出租人负担。

因维修租赁物影响承租人使用时,承租人有权请求减少租金或延长租期。

第709条 【承租人按约定使用租赁物的义务】 承租人应当按照约定的方法使用租赁物。对租赁物的使用方法没有约定或者约定不明确,依据本法第510条的规定仍不能确定的,应当根据租赁物的性质使用。

条文注释

承租人按约定使用租赁物是承租人的一项义务。承租人履行此项义务的条件是:① 租赁物已由出租人按约定交付承租人,承租人对租赁物已实际占有,因此,取得了对该租赁物的使用权。② 出租人交付的租赁物符合约定中的质量、数量、用途的要求,不存在瑕疵。③ 双方当事人能够约定租赁物的使用方法或者根据租赁物的性质可以确定其使用方法。如果难以确定其使用方法,很难要求承租人履行此项义务。

按约定的方法使用租赁物,应注意以下几个方面:首先,约定租赁物用途的,必须按约定的用途使用租赁物。其次,在按照约定的用途使用的情形下,当事人还可就具体的利用方式、利用手段等做出约定限制。例如,房屋租赁中,双方还可以就是否对入住人数加以限制、是否允许对房屋转租等利用方式的具体内容进行约定。承租人如果违反了按约定使用租赁物的义务,就要承担相应的违约责任。

第710条 【承租人合理使用租赁物正常损耗不负赔偿责任】 承租人按照约定的方法或者根据租赁物的性质使用租赁物,致使租赁物受到损耗的,不承担赔偿责任。

条文注释

对租赁物的使用可以分两种不同情况:其一,双方约定的使用方法符合租赁物性质或依据租赁物性质使用租赁物,该租赁物的损耗乃正常使用不可避免,即该损耗不因承租人的不同而有所改变增减。其二,由于尊重意思自治,则双方可以约定不依据租赁物的性质使用租赁物。在该种情况下,可能会造成租赁物非按照通常使用方式下的额外损耗。但依据本条,此种损耗依然是按照约定的方法进行所必然产生,因出租人已经允许以该种方式进行,故需承担额外损耗的后果。

本条所称的"损耗"应当与"损失、损毁"相区分。从语义上理解,损耗应当不包括严重损毁以致毁灭的程度。因此,该条与租赁物在租赁期内毁损灭失情形下责任承担与赔偿的问题应当有所区分。

第711条 【承租人未按约定使用租赁物的责任/承租人使租赁物致损的法律后果】 承租人未按照约定的方法或者未根据租赁物的性质使用租赁物,致使租赁物受到损失的,出租人可以解除合同并请求赔偿损失。

条文注释

未按照约定的方法,既包括合同有约定情形下,未按照租赁合同约定的用途使用租赁物,未按照双方约定的具体使用方式使用租赁物;也包括合同未约定,或约定不明的情形下,未按照本法第510条确定的方法使用租赁物,以及无法确定情形下未依据租赁物本身性质使用租赁物的情况。具备其中的情形,即认为承租人对租赁物的损失具有过错,对造成的损失负有赔偿损失的责任。

本条中的"损失"应当包括直接损失和间接损失。直接损失是指承租人不按约定的方法或未依据租赁物性质使用的行为造成租赁物本身价值减少、灭失或损毁,以及出租人因此所需要增加的支出。间接损失是指因承租人的行为造成出租人就该租赁物既得利益的减少。

本条还规定了出租人对承租人违约行为的救济手段,即可以解除合同并请求赔偿损失。在租赁期限尚未届满时,出租人有权解除合同并要求承租人赔偿损失;在租赁期限届满时,出租人无须解除合同,可直接要求承租人赔偿损失。

第712条 【出租人的维修义务】 出租人应当履行租赁物的维修义务,但是当事人另有约定的除外。

条文注释

维修义务是指在租赁物出现不符合约定的使用状态时,出租人须对该租赁物进行修理和维护,以保证承租人能够正常使用该租赁物。维修义务也包括对租赁物的正常保养。出租人的维修义务并不是绝对的、无限的,应当满足如下要件:其一,有维修的正当理由,即限于租赁物本身的缺陷造成,对承租人增添于租赁物的缺陷无维修的义务。如果是因为承租人保管使用不善,造成租赁物损坏的,出租人不负有维修的义务。其二,租赁物有维修的必要。有维修的必要是指租赁物已出现影响正常使用、发挥效用的情况,不进行维修就不能使用,出租人应对租赁物进行及时的维修,以保证其正常使用。其三,租赁物有维修的可能。有维修的可能是指租赁物损坏后能够将其修好以恢复或达到损坏前的状态。维修不能,包括事实不能与经济不能。无论事实不能还是经济不能,出租人皆无维修义务。此时出租人的维修义务就转化为承担一定的民事责任的义务,如减少租金等。其四,当事人无相反的约定。基于租赁合同债权相对性,尊重当事人意思自治,允许当事人对维修义务的分配做出约定,即另有约定时也存在承租人承担维修义务的情况。

第713条 【租赁物的维修和维修费负担】 承租人在租赁物需要维修时可以请求出租人在合理期限内维修。出租人未履行维修义务的,承租人可以自行维修,维修费用由出租人负担。因维修租赁物影响承租人使用的,应当相应减少租金或者延长租期。

因承租人的过错致使租赁物需要维修的,出租人不承担前款规定的维修义务。

条文注释

出租人履行维修义务,既可以由出租人主动做出,也可以由承租人提出。承租人请求出租人履行维修义务的,以租赁物有维修的必要及维修的可能为要件。租赁物有维修的必要及可能时,承租人可以向出租人发出维修的请求,催告出租人在合理的期限内对租赁物进行维修。该合理期限应当根据租赁物的损坏程度、承租人需要维修的紧迫程度以及出租人的维修能力等具体情况确定。

出租人无正当理由在催告确定的合理期限内没有对租赁物进行维修的,构成不履行维修义务,承租人可以自行修理。由此支出的费用应当由出租人负担,承租人已经垫付的,有权要求出租人偿还,或要求抵扣租金。

同时,出租人不履行维修义务,任凭租赁物部分或全部毁损、灭失,致使承租人无法实现合同目的的,构成根本违约,承租人可依据本法的有关规定,解除合同并请求出租人承担违约责任。

第714条 【承租人妥善保管租赁物义务】 承租人应当妥善保管租赁物,因保管不善造成租赁物毁损、灭失的,应当承担赔偿责任。

条文注释

妥善保管租赁物也是承租人的主要义务之一。承租人的保管义务应包括以下几项内容:第一,按照约定的方式或者租赁物的性质所要求的方法保管租赁物。第二,按照租赁物的使用状况进行正常的维护。第三,通知和协助。租赁期限内,租赁物有瑕疵并影响承租人正常使用时,承租人应及时通知出租人,并采取积极措施防止损坏的扩大。有时租赁物发生故障来不及要求出租人维修,如果承租人有能力,也可先行对其进行维修,维修的费用由承租人先垫付,之后可向出租人追偿或者在租金里扣除。承租人绝不能因维修义务应由出租人负担而对租赁物坐视不管,这样就没有尽到善良管理人的义务。

承租人如果没有对租赁物尽到上述妥善保管的义务,造成租赁物毁损、灭失的,应当承担损害赔偿责任。

第715条 【承租人对租赁物进行改善或增设他物】 承租人经出租人同意,可以对租赁物进行改善或者增设他物。

承租人未经出租人同意,对租赁物进行改善或者增设他物的,出租人可以请求承租人恢复原状或者赔偿损失。

条文注释

承租人在征得出租人同意后对租赁物进行改善或者增设他物,使其使用效用和本身的价值增加,在租赁的有效期限内是可行的,但如果租赁期限届满,承租人须将租赁物返还出租人时就有一个与原租赁物的状况发生变化如何处理的问题,一般应遵循以下规则:第一,可以要求出租人偿还由于改善或增设他物使租赁物价值增加部分的费用。但仅限于合同终止时租赁物增加的价值额,而不能以承租人实际支付的数额为准。第二,对于增设他物的,如果拆除不影响租赁物的原状,承租人有权拆除。

承租人未经出租人同意对租赁物进行改善、增设他物的,承租人不但不能要求出租人返还所支付的费用,反过来出租人可以要求承租人恢复原状或者赔偿损失。

第716条 【承租人对租赁物转租】 承租人经出租人同意,可以将租赁物转租给第三人。承租人转租的,承租人与出租人之间的租赁合同继续有效;第三人造成租赁物损失的,承租人应当赔偿损失。

承租人未经出租人同意转租的,出租人可以解除合同。

条文注释

转租,是指承租人将租赁物转让给第三人使用、收益,承租人与第三人形成新的租赁合同关系,而承租人与出租人的租赁关系继续合法有效的一种交易形式。转租包括经出租人同意和未经出租人同意两种情况。

(1)经出租人同意的转租。经出租人同意的转租包括两种情形:一是在租赁合同订立时明确约定承租人有权转租租赁物;二是在租赁期限内承租人征得出租人同意将租赁物转租。

(2)未经出租人同意的转租,出租人可以解除合同。擅自将租赁物转租他人造成多层次的对租赁物的占有关系,增加了出租人要求返还租赁物的困难或使租赁物的毁损程度加重,所以出租人有权解除合同。

第717条 【转租期限】 承租人经出租人同意将租赁物转租给第三人,转租期限超过承租人剩余租赁期限的,超过部分的约定对出租人不具有法律约束力,但是出租人与承租人另有约定的除外。

条文注释

承租人经出租人同意将租赁物转租给第三人后,出租人与承租人的原租赁合同仍然有效,承租人同样需要承担原租赁合同中约定的权利义务;转租人(承租人)与次承租人之间按照新租赁合同中的约定行使自己的权利义务。

本条规定转租合同中约定的转租期限超过承租人剩余租赁期限的,该约定只要不存在本法规定的无效事由即为有效,次承租人也因此取得相应权利,但该权利对出租人不产生法律约束力。原租赁合同期限届满后,出租人可以要求次承租人限期返还租赁物,次承租人则可依据转租合同的约定向承租人主张违约责任。

第718条 【出租人未提出异议的推定规则/视为出租人同意转租】 出租人知道或者应当知道承租人转租,但是在六个月内未提出异议的,视为出租人同意转租。

条文注释

出租人同意承租人转租后,将对出租人、承租人和次承租人都产生一定的法律后果,因此出租人将该同意的意思表示于外的行为,属于意思表示。根据本法第140条第1款的规定,行为人可以明示或者默示做出意思表示。所谓默示的意思表示,是指行为人虽没有以语言或文字等明示方式做出意思表示,但通过其行为可以推定出其做出一定的意思表示。

在现实生活中也会出现以沉默的方式做出的意思表示。沉默是一种既无语言表示也无行为表示的纯粹的缄默,是一种完全的不作为。沉默只有在有法律规定、当事人约定或者符合当事人之间的交易习惯时,才可以视为意思表示。本条规定的出租人明知承租人转租,但在六个月内不提出任何异议的不作为,就是一项法律关于沉默的意思表示的特殊规定。

第 719 条 【次承租人代为清偿权/次承租人代为支付租金和违约金情形】 承租人拖欠租金的,次承租人可以代承租人支付其欠付的租金和违约金,但是转租合同对出租人不具有法律约束力的除外。

次承租人代为支付的租金和违约金,可以充抵次承租人应当向承租人支付的租金;超出其应付的租金数额的,可以向承租人追偿。

条文注释

承租人经出租人同意转租的,次承租人与出租人之间不存在合同关系,故而次承租人本不应向出租人支付租金。但是,根据本法第 524 条第 1 款的规定,第三人对债之履行有利害关系时,无须债务人或债权人的同意即可代为履行债务,债权人不得拒绝。并且租金属于金钱之债,不具有只能由承租人履行的性质,因此次承租人有权向出租人代为履行,出租人不得拒绝。

当然,未经出租人同意转租的,在租赁合同未解除的情况下,转租合同对出租人不具有法律约束力。第三人对租赁物的占有属于无权占有,作为所有权人的出租人有权随时要求该第三人返还租赁物,故该第三人对租赁物并不具有合法权利,对该租金债务的履行不具有合法利益,出租人有权拒绝其代为履行的请求。

第 720 条 【租赁物收益归属/承租人的租赁物收益权】 在租赁期限内因占有、使用租赁物获得的收益,归承租人所有,但是当事人另有约定的除外。

条文注释

本条中的收益是指承租人因占有、使用租赁物而获得的效益。收益包括两类:一类是因为占有租赁物而产生的收益;另一类是使用租赁物而产生的收益,如承租人从房屋租赁的转租中收取的超额租金等。除当事人在合同中另有约定外,租赁期限内承租人因占有、使用租赁物获得的收益归承租人所有。

第 721 条 【租金支付期限/租金支付期限的确定规则】 承租人应当按照约定的期限支付租金。对支付租金的期限没有约定或者约定不明确,依据本法第 510 条的规定仍不能确定,租赁期限不满一年的,应当在租赁期限届满时支付;租赁期限一年以上的,应当在每届满一年时支付,剩余期限不满一年的,应当在租赁期限届满时支付。

条文注释

支付租金是承租人的主要义务。在实际生活中,一些当事人在订立合同时,未约定租金支付期限或约定不明确,可以进行进一步协商、达成协议。如果不能达成协议,且依据合同的有关条款和交易习惯也不能确定的,按照本条的规定可依据下述方法确定支付期限:① 租赁期限不满一年的,租金应当在租赁期限届满时支付。② 租赁期限一年以上的,应当在每届满一年时支付,剩余期限不满一年的,应当在租赁期限届满时支付。

第722条 【承租人的租金支付义务/承租人违反支付租金义务的法律后果】 承租人无正当理由未支付或者迟延支付租金的,出租人可以请求承租人在合理期限内支付;承租人逾期不支付的,出租人可以解除合同。

条文注释

本条规定,承租人在租赁期限内无正当理由不得拒付和迟延支付租金。所谓正当理由包括以下几种情况:一是因不可抗力或意外事件,使租赁物部分或者全部毁损、灭失的,承租人已无法对租赁物使用、收益,承租人可以请求不支付租金。二是因出租人没有履行义务或不完全履行义务。例如,交付的租赁物不符合约定的使用要求;在租赁期限内租赁物出现质量问题,出租人不尽维修义务的。三是因承租人本身发生一些意外事件致使其暂时无力支付租金。

承租人不支付租金虽然是一种根本违约行为,但出租人并不一定要马上解除合同,为了保持合同的稳定性,可以给承租人补救的机会。因此,本条规定,出租人可以请求承租人在合理期限内支付。承租人经催告后在合理的期限内仍不支付租金的,出租人可以解除合同。租赁合同被解除后,租赁期限尚未届满的,合同终止履行,承租人应返还租赁物,承租人欠付的租金以及对出租人造成的损害,应当进行清算。

第723条 【出租人的权利瑕疵担保责任】 因第三人主张权利,致使承租人不能对租赁物使用、收益的,承租人可以请求减少租金或者不支付租金。

第三人主张权利的,承租人应当及时通知出租人。

条文注释

出租人的权利瑕疵担保,是指出租人担保第三人不能就租赁物主张任何权利。权利瑕疵担保责任是指当第三人对租赁物主张权利时,出租人所应承担的责任。

出租人承担权利瑕疵担保责任的条件为:① 因第三人向承租人主张权利。第三人主张权利既可以是第三人作为租赁物的所有人主张出租人对租赁物无处分权,该租赁合同无效;也可以是第三人作为租赁物的抵押权人,在义务人不履行义务时,要求实现其抵押权。② 第三人主张权利妨碍承租人对租赁物的使用和收益。③ 承租人在订立合同时不知有权利瑕疵。如果承租人在订立合同时明知出租人对该租赁物没有处分权,而自愿承担第三人主张权利的风险,出租人不负瑕疵担保责任。

在第三人主张权利时,除出租人已经知道第三人主张权利外,承租人应当及时通知出租人,如果承租人怠于通知致使出租人能够救济而未能及时救济的,则出租人对承租人的损失不负赔偿责任。承租人及时通知出租人,出租人对第三人主张权利不能排除的,承租人事实上对租赁物已无法使用、收益,这时,承租人有权请求减少租金或不支付租金。

第724条 【非承租人原因致使租赁物无法使用时承租人解除权】 有下列情形之一,非因承租人原因致使租赁物无法使用的,承租人可以解除合同:

(一)租赁物被司法机关或者行政机关依法查封、扣押;

(二)租赁物权属有争议;

(三)租赁物具有违反法律、行政法规关于使用条件的强制性规定情形。

条文注释

租赁合同中,根据解除权行使主体不同分为承租人享有法定解除权和出租人享有法定解除权的情形,本条规定的是承租人享有法定解除权的情形。

所谓"无法使用",是指无法按照租赁物的约定用途使用,或者无法按照租赁物的性质使用。

第 725 条 【买卖不破租赁】 租赁物在承租人按照租赁合同占有期限内发生所有权变动的,不影响租赁合同的效力。

条文注释

"买卖不破租赁",是指当出租人在租赁合同有效期内将租赁物的所有权转让给第三人时,租赁合同对新所有权人有效。

"买卖不破租赁"并不限于出租人出售租赁物的行为,还应包括赠与以及遗赠、互易甚至将租赁物作为合伙投资等情况,上述情况都会涉及租赁物的所有权变动问题。本条规定中"不影响租赁合同的效力"是指承租人依据租赁合同占有期限内发生所有权变动后,其设定在该租赁物上的租赁权仍然存在,承租人与受让人之间无须另行订立租赁合同,受让人继承原出租人的权利和义务,受让人要受该租赁合同的约束。如果出租人没有将所有权变动的事项通知承租人,承租人向原出租人支付的租金效力及于受让人。

第 726 条 【房屋承租人优先购买权】 出租人出卖租赁房屋的,应当在出卖之前的合理期限内通知承租人,承租人享有以同等条件优先购买的权利;但是,房屋按份共有人行使优先购买权或者出租人将房屋出卖给近亲属的除外。

出租人履行通知义务后,承租人在十五日内未明确表示购买的,视为承租人放弃优先购买权。

条文注释

房屋承租人优先购买权的适用条件包括以下几个方面:第一,存在合法有效的房屋租赁合同关系,即两者之间的房屋租赁合同依法成立并生效。第二,在同等条件下行使。在非同等条件下,承租人不能享有优先购买权。第三,必须在一定期限内行使。如果出租人通知承租人其将要出卖租赁的房屋,而承租人在十五日内没有购买的意思表示,则承租人优先购买权丧失。

同时,本条也规定了房屋承租人优先购买权行使的限制情形:第一,共有人的优先购买权与承租人优先购买权行使的竞合。本法第 306 条规定,按份共有人在同等条件下也享有优先购买权。本条将按份共有人行使优先购买权作为承租人行使优先购买权的例外。第二,本条确认出租人将租赁房屋出卖给近亲属的,承租人不得主张优先购买权。

第 727 条 【承租人对拍卖房屋的优先购买权】 出租人委托拍卖人拍卖租赁房屋的,应当在拍卖五日前通知承租人。承租人未参加拍卖的,视为放弃优先购买权。

条文注释

拍卖的特质导致其与承租人的优先购买权存在一定冲突,由于优先购买权有一定的优先效力,在拍卖程序中亦不例外。《最高人民法院关于人民法院民事执行中拍卖、变卖财产的规定》第 13 条第 1 款规定:"拍卖过程中,有最高应价时,优先购买权人可以表示以该最高价买受,如无更高应价,则拍归优先购买权人;如有更高应价,而优先购买权人不作表示的,则拍归该应价最高的竞买人。"在拍卖负担有优先购买权的租赁房屋时一般遵循如下程序:① 拍卖通知。出租人在拍卖五日前以书面或者其他能够确认收悉的适当方式,通知优先购买权人于拍卖日到场。② 优先购买权人应按照拍卖通知或拍卖公告的要求,与其他竞买人一样进行竞买登记、缴纳竞买保证金,在拍卖日到场参加竞拍。③ 举牌应价。若优先购买权人在出现最高应价时表示以该最高价买受,如无更高应价,则拍归优先购买权人。

第 728 条 【侵害承租人优先购买权的赔偿责任】 出租人未通知承租人或者有其他妨害承租人行使优先购买权情形的,承租人可以请求出租人承担赔偿责任。但是,出租人与第三人订立的房屋买卖合同的效力不受影响。

条文注释

本条所说的赔偿的范围是实际损失,即优先购买权人要获得类似房屋所多支出的价款损失,以及在购买房屋过程中支出的费用损失。这些损失都是因为出租人侵害承租人优先购买权而造成的,所以出租人应当赔偿。另外,如果承租人确有足够证据证明买受人与出租人恶意串通,则可以按照合同无效的相关规定主张合同无效。

第 729 条 【租赁物毁损、灭失的承租人的请求权】 因不可归责于承租人的事由,致使租赁物部分或者全部毁损、灭失的,承租人可以请求减少租金或者不支付租金;因租赁物部分或者全部毁损、灭失,致使不能实现合同目的的,承租人可以解除合同。

条文注释

不可归责于承租人的事由有下列几种情况:第一,因不可抗力的原因造成租赁物毁损、灭失的。第二,因意外事件造成租赁物毁损、灭失的。第三,因出租人不履行义务造成租赁物毁损、灭失的。

在上述三种情况下,由于承租人对租赁物已不能使用或使用的效能受到了影响,本条规定承租人可行使以下权利:第一,要求减少租金或不支付租金。减少租金一般适用于租赁物部分毁损,但还能够使用;或者是承租人已经支付了部分租金,租赁物全部毁损、灭失的,已支付的租金不再返还,未支付的租金不再支付。不支付租金一般是指租赁物虽然部分毁损,但已失去其效用或者租赁物全部毁损、灭失,承租人已不能使用该租赁物,当然可以要求不支付租金。第二,解除合同。解除合同的条件是不能实现合同目的。只要承租人没有过错,租赁物毁损、灭失的,实际上已经不可能再履行合同了,这时承租人可以行使解除权。这种解除权不同于协议解除,它是法定解除,也不是请求权,而是一种形成权,即承租人主张解除合同的,只要通知到达出租人,合同即行解除。如果出租人对此有异议,提请诉讼或仲裁,人民法院或者仲裁机构也只是对承租人行使解除权的效力进行确认。

第 730 条 【租期不明的处理】 当事人对租赁期限没有约定或者约定不明确,依据本法第 510 条的规定仍不能确定的,视为不定期租赁;当事人可以随时解除合同,但是应当在合理期限之前通知对方。

条文注释

根据本条规定,当事人对租赁期限没有约定或者约定不明确时,应首先依照本法第 510 条的规定进行协议补充。如果合同双方当事人既不能就租赁期限达成补充协议,又不能根据合同有关条款或者交易习惯加以确定,只要出租人没有收回租赁物的意思,同时也没有收回行为并且继续收取租金的,就表明租赁关系仍然存在,但这时的租赁视为不定期租赁,双方当事人可以随时解除合同。如果承租人在使用租赁物后已达到了其预期目的,同时履行了其义务,可以提出终止合同的履行;如果出租人对租赁物有客观原因需要利用,而非出于其他恶意,可以在保障承租人利益不受损害的情况下,收回租赁物。但出租人解除合同时,应依诚信原则,在一个合理期限之前通知承租人。

第731条 【租赁物质量不合格时承租人的解除权】 租赁物危及承租人的安全或者健康的,即使承租人订立合同时明知该租赁物质量不合格,承租人仍然可以随时解除合同。

条文注释

出租人的瑕疵担保责任包括权利瑕疵担保责任和物的瑕疵担保责任(也称质量瑕疵担保责任)。构成出租人物的瑕疵担保责任的条件有两个:第一,租赁物有瑕疵。租赁物有瑕疵,即标的物的品质或者数量不符合约定的标准,或者不符合标的物的通常使用状态。租赁物无论是在交付前还是交付后发生瑕疵的,出租人均负有瑕疵担保责任。第二,承租人于合同订立时不知租赁物有瑕疵,也不存在可以免除出租人责任的情形。

根据本条规定,租赁物危及承租人的安全或者健康的,即使承租人订立合同时明知该租赁物质量不合格,承租人仍然可以随时解除合同。

第732条 【共同居住人的继续承租权/房屋承租人死亡的租赁关系的处理】 承租人在房屋租赁期限内死亡的,与其生前共同居住的人或者共同经营人可以按照原租赁合同租赁该房屋。

条文注释

在住房租赁中,承租人取得的只是房屋使用权,原则上其承租权不得继承。承租人死亡后,生前未与其共同生活的亲属或者法定继承人,如果确需继续租用住房的,享有优先承租权,可以与出租人另行签订房屋租赁合同。但是,在租赁期限内,与承租人共同居住的人有在租赁的房屋内居住的权利,出租人不得干涉。承租人死亡后,生前与承租人共同居住的人可以继续租赁原住房,但应与出租人办理续租手续,变更承租人。承租人死亡后无共同居住之人的,租赁关系终止。

第733条 【租赁物的返还/租赁期限届满承租人返还租赁物】 租赁期限届满,承租人应当返还租赁物。返还的租赁物应当符合按照约定或者根据租赁物的性质使用后的状态。

条文注释

租赁期限届满,承租人应向出租人返还租赁物,这是租赁合同中承租人的一项主要义务。承租人未经出租人同意对租赁物改建、改装或者增加附着物的,于返还租赁物时应当恢复原状;如果承租人的行为是经出租人同意的,承租人可以不恢复原状,并可以在现有增加价值的范围内向出租人请求偿还费用。

第734条 【续租/租赁期限届满承租人继续使用租赁物及房屋承租人的优先承租权】 租赁期限届满,承租人继续使用租赁物,出租人没有提出异议的,原租赁合同继续有效,但是租赁期限为不定期。

租赁期限届满,房屋承租人享有以同等条件优先承租的权利。

条文注释

根据本条第1款的规定,租赁期限届满,承租人仍继续使用租赁物,出租人亦不反对的,即可以推定双方有继续租赁关系的意向,租赁期限视为更新。但在这种情况下,当事人之间的定期租赁更改为不定期租赁,任何一方当事人均可以随时解除合同。

本条第2款是关于承租人的优先承租权的规定。法定优先承租权的行使包括以下几个要件:第一,存在合法有效的租赁关系。应注意的是,对于转租而言,基于合同的相对性,次承租人仅与承租人存在租赁关系,因此只能向承租人而非出租人主张优先承租权。第二,出租人继续出租房屋。第三,满足同等条件。承租人行使该权利时续租的租赁条件应当与第三人同等。第四,在合理期限内主张。为保障承租人在合理期限内能够主张权利,出租人应当承担通知义务。

【法律实务08】 出租人没有按时交付租赁物,导致承租人受到损失,应由谁来承担责任?

法律咨询:

您好,我是某物流公司的经理。2024年6月,因为我们公司的业务非常多,而公司的3辆货车都送去维修了。为了能够保证及时将客户的货物送到目的地,我们就向某汽车租赁公司租了5辆货车。我们在签订租赁合同时,约定租赁公司在6月7日将货车交给我们。然而,汽车租赁公司并没有按时将车交给我们,而是延迟了2天,导致我们无法及时送货,给我们造成严重的损失。请问,在此种情况下,应该由谁来承担责任?

律师答疑:

《民法典》第578条规定,当事人一方明确表示或者以自己的行为表明不履行合同义务的,对方可以在履行期限届满之前要求其承担违约责任。同时,该法第708条规定,出租人应当按照约定将租赁物交付承租人,并在租赁期限内保持租赁物符合约定的用途。由此可见,按照约定将租赁物交给承租人是出租人的义务,同时其应当确保租赁物在承租人使用期间符合约定的用途。如果其没有按照约定履行义务,承租人可以在履行期限届满之前要求其承担违约责任。根据您所说的情况,汽车公司没有按时将汽车交给您,导致您的公司遭受损失,您完全可以要求汽车租赁公司承担损害赔偿责任。

【思考题13】 权利瑕疵担保责任的构成要件是什么?

律师答疑:

权利瑕疵担保责任的构成要件为:① 权利瑕疵在合同成立时已存在;② 相对人不知有权利瑕疵的存在。如果在订立合同时相对人明知行为人对该物无处分权而与之订立合同,相对人不能作为善意相对人而享受对对方的权利瑕疵担保的要求;③ 权利瑕疵在合同成立后仍未能排除。如果在合同成立时,虽有权利瑕疵,但在合同成立后,行为人取得了该物的处分权,则应视为权利瑕疵已经除去。

【思考题14】 承租人享有法定解除权的情形有哪些?

律师答疑:

承租人享有法定解除权的情形如下:一是因不可抗力致使不能实现合同目的的;二是出租人未按约定交付租赁物,经承租人催告在合理期限内仍拒不交付租赁物的;三是因不可归责于承租人的事由导致租赁物部分或全部毁损、灭失,致使合同目的不能实现的;四是不定期租赁,承租人有权随时解除合同;五是租赁物危及承租人安全或健康的,即使承租人订立合同时明知该租赁物质量不合格,承租人仍有权随时解除合同;六是司法机关或者行政机关依法查封租赁房屋导致承租人不能使用的;七是租赁物权属有争议导致承租人不能使用的;八是不符合《中华人民共和国建筑法》《中华人民共和国消防法》等法律关于房屋使用条件的强制性规定并导致承租人不能使用的;九是"一物数租"之有效合同不能实际履行的。

第八节 融资租赁合同法条及释义

关于融资租赁合同,《民法典》相关法条及释义如下:

第735条 【融资租赁合同概念】 融资租赁合同是出租人根据承租人对出卖人、租赁物的选择,向出卖人购买租赁物,提供给承租人使用,承租人支付租金的合同。

条文注释

融资租赁是一种贸易与信贷相结合,融资与融物为一体的综合性交易。典型的融资租赁合同具有以下三方面的含义:第一,出租人须根据承租人对出卖人和租赁物的选择出资购买租赁物。第二,出租人须将购买的租赁物交付承租人使用收益。第三,承租人须向出租人支付租金。也正是在这种意义上,该种合同的名称中含有"租赁"一词。

第736条 【融资租赁合同内容和形式】 融资租赁合同的内容一般包括租赁物的名称、数量、规格、技术性能、检验方法、租赁期限、租金构成及其支付期限和方式、币种、租赁期限届满租赁物的归属等条款。

融资租赁合同应当采用书面形式。

条文注释

典型的融资租赁交易涉及三方当事人(出租人、承租人、出卖人)和两个合同(融资租赁合同和买卖合同)。在实践中,由于租赁方式的不同,融资租赁合同的内容往往也不同,融资租赁合同采用书面形式主要有四个原因:第一,当事人人数较多。第二,法律关系较为复杂。第三,履行期限较长。第四,可能具有涉外因素。

第737条 【融资租赁合同无效的情形/融资租赁虚假表示合同无效】 当事人以虚构租赁物方式订立的融资租赁合同无效。

条文注释

本条是本法总则编虚假表示规定的具体化,根据本法总则编第146条第1款的规定,行为人与相对人以虚假的意思表示实施的民事法律行为无效。虚构租赁物,不构成融资租赁法律关系,因此融资租赁合同无效。

第738条 【租赁物经营许可对合同效力影响/特定租赁物经营未经行政许可对合同效力影响】 依照法律、行政法规的规定,对于租赁物的经营使用应当取得行政许可的,出租人未取得行政许可不影响融资租赁合同的效力。

条文注释

在传统租赁中,对租赁物的经营使用需要取得行政许可的,应由出租人取得行政许可,即法律、法规要求的是租赁物的所有权人即出租人取得行政许可,方可进行相关经营使用行为。在融资租赁中,租赁物的所有权和使用权几乎是永久性地分离,出租人表面上是租赁物的所有权人,实质上只是满足承租人融资的需要,只享有观念上的所有权,而承租人是租赁物的占有、使用、收益人,租赁物主要发挥的是担保功能。因此,法律法规限制租赁物的经营使用活动的主体应该是承租人,承租人对于租赁物的经营使用应当依法获得行政许可,出租人未取得行政许可不影响融资租赁合同的效力。

第739条 【融资租赁标的物交付】 出租人根据承租人对出卖人、租赁物的选择订立的买卖合同,出卖人应当按照约定向承租人交付标的物,承租人享有与受领标的物有关的买受人的权利。

条文注释

出卖人按照约定向承租人交付标的物,承租人享有与受领标的物有关的买受人的权利,是融资租赁与传统租赁的一个重要区别。在传统租赁中,出租人是将自己现有的物或者根据自己的意愿购买的物出租给承租人,承租人与出卖人之间不存在任何法律关系,出租人对租赁物负有瑕疵担保责任。在融资租赁中,融资租赁合同的租赁物即是买卖合同的标的物。融资租赁合同最重要的法律特征就是融资与融物相结合,融资为融物服务。买卖合同是出租人根据承租人对出卖人和租赁物的选择订立的,作为买受人的出租人只负支付货款的义务,而承租人是租赁物的占有、使用、收益人,且了解租赁物。出租人实质上是为承租人购买租赁物提供资金,真正的买卖双方是承租人和出卖人,因此,出卖人应直接向承租人交付标的物。

出卖人不仅应向承租人直接交付标的物,而且应承担租赁物的瑕疵担保责任。承租人应当按照合同约定的时间、地点、验收方法接收标的物。

第740条 【承租人拒绝受领权/承租人拒绝受领租赁物的情形】 出卖人违反向承租人交付标的物的义务,有下列情形之一的,承租人可以拒绝受领出卖人向其交付的标的物:

(一)标的物严重不符合约定;

(二)未按照约定交付标的物,经承租人或者出租人催告后在合理期限内仍未交付。

承租人拒绝受领标的物的,应当及时通知出租人。

条文注释

在实践中,出租人往往将选择由谁来提供何种品质、规格的租赁物的决定权赋予承租人,由承租人与出卖人就租赁物直接进行交流,由承租人负责收货验收。因此,对由于租赁物的质量瑕疵或交付瑕疵,需要对租赁物行使拒绝受领权的,由承租人行使更为合适。

承租人依照本条规定拒绝受领标的物的,应当及时通知出租人。承租人迟延通知或无正当理由拒绝受领租赁物造成出租人损失的,出租人有权请求承租人承担损害赔偿责任。

第741条 【承租人的索赔权】 出租人、出卖人、承租人可以约定,出卖人不履行买卖合同义务的,由承租人行使索赔的权利。承租人行使索赔权利的,出租人应当协助。

条文注释

承租人直接向出卖人行使索赔权的内容主要有以下两种:

(1)出卖人交付的标的物质量不符合约定时,承租人可以要求:① 减少价金。如果出卖人交付的标的物虽不符合合同约定,但不影响使用,而承租人也愿意继续使用的,可以按质论价,要求出卖人减少价金。② 修理、调换。当出卖人交付的标的物不能使用时,根据标的物的具体情况,承租人可以请求出卖人负责修理或者另行交付无瑕疵的标的物,并承担因修理、调换而支付的实际费用。③ 支付违约金。在出卖人交付的标的物不符合质量要求时,承租人可以请求出卖人支付约定的或者法定违约金。在违约金不足以抵偿损失时,承租人还可以要求出卖人支付损害赔偿金。④ 解除合同并赔偿损失。当出卖人交付的标的物由于质量问题无法使用时,承租人不仅可以要求解除合同,而且可以要求赔偿损失。

(2) 出卖人未交付或者迟延交付标的物的,承租人可以请求出卖人继续履行交付义务,并请求因迟延履行导致的损害赔偿,构成本法第563条第1款的情形之一的,可以解除合同并请求替代履行的损害赔偿。

第742条 【承租人行使索赔权的租金支付】 承租人对出卖人行使索赔权利,不影响其履行支付租金的义务。但是,承租人依赖出租人的技能确定租赁物或者出租人干预选择租赁物的,承租人可以请求减免相应租金。

条文注释

在租赁物存在瑕疵时,承租人可以依照约定向出卖人请求其承担瑕疵担保责任,但即使因租赁物有瑕疵致使承租人不能使用、收益,也不影响承租人向出租人承担支付租金的义务,承租人仍应按照约定支付租金。

在例外情形下,即在承租人依赖出租人的技能确定租赁物或出租人干预选择租赁物(由承租人负举证责任)的情况下,租赁物不符合约定或不符合使用目的的,出租人承担瑕疵担保责任,因此承租人有权主张减轻或者免除相应的租金支付义务。具体来说,在出租人存在以下情形时,承租人可以请求减免相应租金:① 在承租人选择出卖人、租赁物时,出租人利用自己的专业技能、经验判断对承租人提供帮助,并对租赁物的选定起决定作用的;② 出租人直接干预或要求承租人按照出租人意愿选择出卖人或者租赁物的;③ 出租人擅自变更承租人已经选定的出卖人或者租赁物的。

但是,出租人根据承租人的要求,提供与供应商、租赁物有关的信息,但未对相关信息进行筛选或未给承租人选定供应商、租赁物提供意见,承租人无权要求减免相应租金。

第743条 【承租人索赔失败的责任承担】 出租人有下列情形之一,致使承租人对出卖人行使索赔权利失败的,承租人有权请求出租人承担相应的责任:

(一)明知租赁物有质量瑕疵而不告知承租人;

(二)承租人行使索赔权利时,未及时提供必要协助。

出租人怠于行使只能由其对出卖人行使的索赔权利,造成承租人损失的,承租人有权请求出租人承担赔偿责任。

条文注释

出租人有以下情形之一,致使承租人对出卖人行使索赔权利失败的,承租人有权请求出租人承担相应的责任:

第一,明知租赁物有质量瑕疵而不告知承租人。在融资租赁关系存续期间,承租人的权利的行使都有赖于出租人的协助,这实际上是基于诚信原则所产生的附随义务。如果出租人明知租赁物有质量瑕疵,而没有告知承租人,则违反了附随义务。

第二,承租人行使索赔权利时,未及时提供必要协助。在融资租赁关系存续期间,如果承租人按照约定向出卖人行使索赔权,出租人应当协助,如出租人应提供买卖合同的文本、提供出卖人的地址和联系方式等。

依据本法第741条的规定,对出卖人的索赔权可由承租人主张,但如果当事人未做出由承租人行使索赔权的约定,或约定相关的索赔权只能由出租人主张而出租人怠于主张索赔,则按照合同相对性原则,出卖人可以拒绝承租人主张的索赔权利,承租人因而无法直接向出卖人主张索赔权。规定出租人怠于行使只能由其行使的索赔权时应承担赔偿责任,同时赋予承租人对出租人怠于行使索赔权利造成损害的求偿权,可以促使出租人积极配合承租人主张其基于租赁物的索赔权。

第744条 【出租人不得擅自变更买卖合同内容】 出租人根据承租人对出卖人、租赁物的选择订立的买卖合同,未经承租人同意,出租人不得变更与承租人有关的合同内容。

条文注释

为融资租赁而订立的融资租赁合同和买卖合同,不同于传统的租赁合同与买卖合同。在融资租赁交易中,先签订的买卖合同是租赁物的依据,后签订的融资租赁合同是买卖合同成立的前提。两者缺一不可,构成联立联动关系。与承租人有关的买卖合同的内容的变更主要涉及以下几个方面:

第一,主体的变更。买卖合同的主体是出租人与出卖人。由于出卖人是由承租人预先选择并在融资租赁合同中指定的,因此,未经承租人同意,出租人不得擅自变更买卖合同的另一方当事人。

第二,标的物的变更。由于买卖合同的标的物是融资租赁合同的租赁物,两者是一致的,它也是由承租人预先选择并在融资租赁合同中约定的,它必须符合承租人指定的条件,因此,未经承租人同意,出租人不得擅自变更买卖合同的标的物。

第三,标的物的交付。由于买卖合同的标的物是由出卖人直接交付于承租人的,如果出租人与出卖人协商变更标的物的交付时间、地点和方式的,应当征得承租人的同意。由此而增加承租人的费用的,应由出租人和出卖人协商分担。

出租人按照承租人要求与出卖人订立的买卖合同,未经承租人同意擅自变更与承租人有关的合同内容的,即构成对承租人的违约。首先,承租人可以要求出租人支付违约金。其次,承租人还可以拒收租赁物,并通知出租人解除合同。如果因此给承租人造成损失的,承租人还有权要求出租人赔偿。

第745条 【租赁物的所有权/租赁物的登记对抗效力】 出租人对租赁物享有的所有权,未经登记,不得对抗善意第三人。

条文注释

出租人对租赁物虽然享有名义上的所有权,但是这个名义上的所有权却产生了一个真正所有权的效果,使出租人在承租人破产的时候可以行使取回权。这种做法使这种没有公示的权利取得了一个强大的效力,必然会给交易安全造成巨大的影响,尤其是在同一标的物上可能同时存在动产抵押、浮动抵押、融资租赁、所有权保留、动产质押等各种竞存的担保物权情形。当发生以上权利冲突时,按照相关法律规定,出租人借助于未公示的所有权即可享有一个最强大、最完整的权利,这样就会使其他按照现有法律规范进行真正公示的权利的当事人反而得不到保障。所以,基于实现优化营商环境、消灭隐性担保的总目标,本条规定出租人对租赁物享有的所有权未经登记不得对抗善意第三人,明确了必须登记才能取得对抗第三人的效力。

第 746 条 【租金的确定规则/融资租赁合同租金构成】 融资租赁合同的租金,除当事人另有约定外,应当根据购买租赁物的大部分或者全部成本以及出租人的合理利润确定。

条文注释

与商品价格概念相对应,租金以出租人消耗在租赁物上的价值为基础,同时依据租赁物的供求关系而波动。通常情况下,出租人消耗在租赁物上的价值包括三部分:第一,租赁物的成本。租赁物成本包括租赁物购买价金及其运输费、保险费等。第二,利息。出租人为购买租赁物向银行贷款而支付的利息,是租金构成的又一重要因素。利息按租赁业务成交时的银行贷款利率计算且一般以复利率来计算。第三,营业费用。营业费用是指出租人经营租赁过程中所支出的费用,包括业务人员工资、办公费、差旅费和必要的盈利。

在融资租赁交易中,当事人经常根据承租人对租赁物的使用或者通过使用租赁物所获得的收益来确定支付租金的多少和方式,也可以按承租人现金收益的情况形成一个计算公式来确定租金,或由当事人约定并在融资租赁合同中规定以其他方式来确定租金。

第 747 条 【租赁物质量瑕疵担保责任】 租赁物不符合约定或者不符合使用目的的,出租人不承担责任。但是,承租人依赖出租人的技能确定租赁物或者出租人干预选择租赁物的除外。

条文注释

租赁物瑕疵分为物的瑕疵(也称质量瑕疵)和权利瑕疵两种。对于租赁物质量瑕疵,在传统租赁中,出租人与买卖合同中的出卖人一样负有质量瑕疵担保责任。在融资租赁合同中,一般都明确规定,出卖人迟延交付租赁物或者租赁物的规格、式样、性能等不符合合同约定或者不符合使用目的的,出租人不承担责任,由承租人直接向出卖人索赔,并承担索赔不成时的损害后果。此即所谓出租人瑕疵担保的免责特约。

当然,并不是在任何情况下,出租人都能免除其质量瑕疵担保责任。

当承租人完全依赖出租人的技能和判断选择租赁物,或者出租人干预选择租赁物时,如出租人为承租人确定租赁物或者擅自变更承租人已选定的租赁物的,出租人应承担全部或者部分租赁物的质量瑕疵担保责任。

此外,在以下几种特殊情况下,租赁物的质量瑕疵担保责任也应由出租人负担:① 出租人明知租赁物有瑕疵而未告知或者因重大过失不知有瑕疵的;② 出租人与出卖人有密切关系的;③ 承租人无法或者不能直接向出卖人索赔的。

第 748 条 【出租人保证承租人占有和使用租赁物】 出租人应当保证承租人对租赁物的占有和使用。

出租人有下列情形之一的,承租人有权请求其赔偿损失:

(一)无正当理由收回租赁物;

(二)无正当理由妨碍、干扰承租人对租赁物的占有和使用;

(三)因出租人的原因致使第三人对租赁物主张权利;

(四)不当影响承租人对租赁物占有和使用的其他情形。

条文注释

在出卖人将租赁物交付给承租人后,出租人应当保障承租人能够持续、和平地占有和使用租赁物。具体而言,应当包括以下几个方面:第一,出租人不得妨碍承租人依照融资租赁合同所拥有的承租权,也不得擅自变更原承租条件。第二,承租人在租赁期限内,对租赁物拥有独占使用权。在租赁期限内,承租人对租赁物享有独占使用权,对使用租赁物所取得的收益可以独立处分。第三,出租人应保证承租人在租赁期限内对租赁物的占有和使用,不受第三人的干扰。

当然,如果在融资租赁合同期间出现本条第2款列举的因出租人原因,不当影响承租人对租赁物占有和使用的,承租人有权请求出租人赔偿损失。

第749条 【租赁物致人损害的责任承担】 承租人占有租赁物期间,租赁物造成第三人人身损害或者财产损失的,出租人不承担责任。

条文注释

依据本条规定,承租人应当承担租赁物造成第三人损害的赔偿责任。

其构成要件包括以下两个方面:

第一,租赁物造成了第三人的损害。这种损害既包括人身损害,也包括财产损害。严格地说,租赁物造成的损害包括两类情况:一是租赁物在正常使用过程中对第三人造成了损害。二是租赁物自身固有的缺陷造成了第三人的损害。

第二,租赁物造成损害发生于承租人占有租赁物期间。通常来说,它是指租赁物自交付承租人之日起至租赁期限届满租赁物被返还给出租人之日止。承租人的占有既包括直接占有,也包括间接占有。

如果租赁物是因为他人原因对第三人造成损害,则应由他人负责。

第750条 【承租人对租赁物的保管、使用和维修义务】 承租人应当妥善保管、使用租赁物。

承租人应当履行占有租赁物期间的维修义务。

条文注释

本条第1款是关于承租人妥善保管和合理使用义务的规定。所谓"妥善"保管,是指应当根据善良管理人的标准来进行保管,它要求比处理自己的事务更为谨慎。所谓"合理使用",是指承租人应当按照租赁物的性质和通常方法进行使用。在融资租赁合同中,如果标的物在租赁期限内毁损、灭失,应当由承租人承担损失,且不能免除其支付租金的义务。

本条第2款是关于承租人维修义务的规定。在融资租赁合同中,出租人并不负有维修义务,而应当由承租人承担该义务。承租人的维修义务限于占有租赁物期间,如果在租赁期限内,租赁物被出租人取回或因其他原因而丧失占有,承租人不再负有维修义务。

第751条 【融资租赁风险负担规则/承租人占有租赁物毁损、灭失的租金承担】 承租人占有租赁物期间,租赁物毁损、灭失的,出租人有权请求承租人继续支付租金,但是法律另有规定或者当事人另有约定的除外。

条文注释

所谓融资租赁中的风险负担,是指租赁物意外毁损、灭失的风险应当由何人承担的问题。对这一问题,首先应当考虑当事人是否通过合同做出约定,如果做出了约定,就应当尊重当事人的约定。在当事人没有约定,而在租赁期限内发生租赁物毁损、灭失的情况下,承租人仍然负有继续支付租金的义务。

法律做出此种考虑的主要理由在于:① 出租人享有的所有权主要具有担保功能,不能因此要求其承受标的物毁损、灭失的风险。② 在融资租赁关系存续期间,标的物置于承租人的占有、控制和管领之下,承租人更容易知悉标的物所面临的风险,以及如何消除此种危险。③ 在融资租赁的情形下,承租人实际上享有了相对于所有人的权益,仅仅是缺少名义上的所有权。因此,要求承租人承担风险,符合权利义务对等的原则。④ 从比较法的经验来看,有关的国际公约和示范法对此也做出了同样的规定。

第752条 【承租人支付租金的义务】 承租人应当按照约定支付租金。承租人经催告后在合理期限内仍不支付租金的,出租人可以请求支付全部租金;也可以解除合同,收回租赁物。

条文注释

承租人未按照约定支付租金时,出租人可以规定一个合理期限,要求承租人支付。经出租人催告,承租人在规定的期限内仍不支付租金的,即构成违约,出租人可以采取以下两种救济措施:

第一,要求承租人支付全部租金。所谓"全部租金",是指融资租赁合同中所规定的全部已到期而承租人未支付的租金,以及其他依约定未到期的租金。在承租人违约不支付租金时,出租人有权要求承租人支付全部租金,这有利于保护出租人的利益;同时,承租人丧失了期限利益,也是对承租人违约行为的一种惩罚,有利于促使承租人更好地履行自己的义务。

第二,解除合同,收回租赁物。出租人不选择要求承租人支付全部租金的,可以解除合同,收回租赁物。因为出租人对租赁物享有所有权,这一所有权具有担保其租金债权的功能,所以当承租人违约、出租人解除合同时,出租人可以收回租赁物。

第753条 【出租人解除融资租赁合同/承租人擅自处分租赁物时出租人的解除权】 承租人未经出租人同意,将租赁物转让、抵押、质押、投资入股或者以其他方式处分的,出租人可以解除融资租赁合同。

条文注释

本条规定出租人一方可以解除融资租赁合同的情形,以承租人违约作为解约的前提条件。承租人擅自处分租赁物的行为对出租人的租赁物所有权和租金债权的实现均构成严重威胁,属于承租人的严重违约。

承租人未经出租人同意,将租赁物转让、抵押、质押、投资入股或者以其他方式处分的,侵犯了出租人对租赁物的所有权,符合本法第563条第1款第4项可以解除合同的规定,出租人有权解除合同。

第754条 【融资租赁合同的解除情形/出租人或承租人解除融资租赁合同】 有下列情形之一的,出租人或者承租人可以解除融资租赁合同:

（一）出租人与出卖人订立的买卖合同解除、被确认无效或者被撤销，且未能重新订立买卖合同；

（二）租赁物因不可归责于当事人的原因毁损、灭失，且不能修复或者确定替代物；

（三）因出卖人的原因致使融资租赁合同的目的不能实现。

条文注释

本条是基于本法第563条合同法定解除的情形针对融资租赁合同做出的特别规定。

出租人或者承租人可以解除融资租赁合同的三种情形具体分析如下：

第一，出租人与出卖人订立的买卖合同解除、被确认无效或者被撤销，且未能重新订立买卖合同。在典型的融资租赁交易中，买卖合同系为融资租赁合同而订立，融资租赁合同是买卖合同订立的前提，因此，买卖合同与融资租赁合同的效力、履行与解除必然影响到另一个合同。一方面，融资租赁交易中的涉及买卖合同的诉争应当依据本法"买卖合同"章的规定予以解决。另一方面，若出租人与出卖人订立的买卖合同解除、被确认无效或者被撤销，承租人与出租人之间的融资租赁合同可能即因此丧失履行的基础和意义，因此，出租人与承租人均可解除融资租赁合同。

第二，租赁物因不可归责于当事人的原因毁损、灭失，且不能修复或者确定替代物。在上述情形下，融资租赁合同不再具有履行的可能性及意义，承租人及出租人均可解除融资租赁合同。不可归责于当事人的事由有下列三种情况：其一，因不可抗力的原因造成租赁物毁损、灭失的。其二，因意外事件造成租赁物毁损灭失的。第三，因出卖人的原因致使融资租赁合同的目的不能实现。因出卖人的原因致使融资租赁合同的目的不能实现，与不可归责于融资租赁合同当事人的不可抗力、意外事件致使不能实现合同目的的合同解除事由系依照相似事务相同处理的原则进行规定。

第755条 【承租人承担赔偿责任/承租人承担出租人损失赔偿责任情形】 融资租赁合同因买卖合同解除、被确认无效或者被撤销而解除，出卖人、租赁物系由承租人选择的，出租人有权请求承租人赔偿相应损失；但是，因出租人原因致使买卖合同解除、被确认无效或者被撤销的除外。

出租人的损失已经在买卖合同解除、被确认无效或者被撤销时获得赔偿的，承租人不再承担相应的赔偿责任。

条文注释

融资租赁合同因买卖合同解除、被确认无效或者被撤销而解除的，属于因融资租赁合同当事人以外的原因导致合同解除，承租人虽无违约行为，但如果买卖合同的出卖人、租赁物系由承租人选择，承租人亦应当对选择的后果负责，即对由此而给出租人造成的损失承担赔偿责任。

本条在适用过程中应当注意以下问题：

第一，出租人求偿的适用条件。出租人主张损失赔偿的前提是其对买卖合同的无效、被撤销或被解除均不具有可归责事由，否则，其不享有求偿权。

第二，出租人赔偿损失的抵扣。由于融资租赁合同解除对出租人造成的损失与买卖合同解除、被撤销或被确认无效对出租人造成的损失往往存在一定的交叉和重合。为保护承租人的合法权益，避免出租人通过在不同法律关系中分别求偿而获得双重利益，本条规定出租人在买卖合同中已经获得赔偿的,则此部分受偿金额应当在其以此为由再向承租人主张时予以抵减。

第756条 【合同解除时对租赁物的折旧补偿】 融资租赁合同因租赁物交付承租人后意外毁损、灭失等不可归责于当事人的原因解除的,出租人可以请求承租人按照租赁物折旧情况给予补偿。

条文注释

当租赁物意外毁损、灭失,融资租赁合同可以解除时,法律赋予当事人可以自由选择的两种处理方式:如果当事人不行使解除权,则按风险负担规则处理,承租人应当继续支付租金,实际上是承担了租金的风险,但可以避免合同解除后一次性补偿出租人的资金压力,从而获得分期支付的期限利益;如果当事人行使解除权,则风险负担规则不再适用,而代之以合同解除制度的登场,承租人应承担返还租赁物的义务,并承担返还不能时的代物清偿义务,即按租赁物的价值对出租人给予补偿。

合同解除时,承租人补偿出租人的租赁物价值中包含剩余租赁期限内租赁物的价值和租赁期届满后租赁物的残值两部分。如果融资租赁合同事先约定租赁期满后租赁物的残值属于承租人所有,则承租人可以在支付的补偿金额中扣除应属于自己的残值部分。

第757条 【租赁期限届满租赁物的归属】 出租人和承租人可以约定租赁期限届满租赁物的归属;对租赁物的归属没有约定或者约定不明确,依据本法第510条的规定仍不能确定的,租赁物的所有权归出租人。

条文注释

如果当事人双方对于租赁物的归属没有约定或者约定不明确,可以依照本法第510条的规定补充协议;不能达成补充协议时,应依照合同有关条款或者交易习惯加以确定。如果合同双方当事人既不能就租赁物的归属达成补充协议,又不能根据合同有关条款或者交易习惯确定时,租赁物的所有权归出租人享有。这是因为,融资租赁与传统租赁一样,在租赁期限内,租赁物的所有权归出租人。租赁期限届满时,如果承租人未支付名义货价,即使名义货价只值一分钱,承租人也不能取得租赁物所有权,租赁物所有权仍归出租人享有。

第758条 【租赁期限届满租赁物归属及处理办法】 当事人约定租赁期限届满租赁物归承租人所有,承租人已经支付大部分租金,但是无力支付剩余租金,出租人因此解除合同收回租赁物,收回的租赁物的价值超过承租人欠付的租金以及其他费用的,承租人可以请求相应返还。

当事人约定租赁期限届满租赁物归出租人所有,因租赁物毁损、灭失或者附合、混合于他物致使承租人不能返还的,出租人有权请求承租人给予合理补偿。

条文注释

鉴于出租人对租赁物享有的权利实质为担保物权,仅在形式上表现为所有权,出租人于承租人不能支付租金的情形下,解除融资租赁合同、收回租赁物无须经过人民法院同意,但应当进行强制清算。租赁物的价值超过剩余欠款的,出租人应当予以返还。因为在融资租赁实践中,损害赔偿金是以相当于残存租金额或者以残存租金额减去中间利息计算的。

这样出租人不仅收回了租赁物,而且可以获得一笔相当于残存租金额的损害赔偿金。在融资租赁合同完全履行时,出租人仅可取得全部租金及期满后取得租赁物的残余价值。由此可以看出,如果不进行强制清算,出租人中途解约取得的利益,比合同全部履行本应得到的利益还要多。这不仅不公平,而且由于利益驱动,会使出租人尽量使用解除合同的办法,不利于融资租赁合同关系的稳定。

当事人约定了租期届满后租赁物归属于出租人的,租赁物在承租人处因毁损、灭失或者附合、混合于他物致使承租人不能返还的,承租人应该向出租人补偿租赁物的残值。

第 759 条 【租赁物所有权归承租人所有的推定/支付象征性价款后租赁物归属】 当事人约定租赁期限届满,承租人仅需向出租人支付象征性价款的,视为约定的租金义务履行完毕后租赁物的所有权归承租人。

条文注释

在融资租赁中,鉴于租赁物对于出租人和承租人的价值不同,合同双方通常会约定租赁期限届满租赁物的归属。合同双方未约定的,承租人一般可以有三种选择权:留购、续租或退租。其中留购即指租期届满,承租人支付给出租人象征性价款,于租赁义务履行完毕后取得租赁物的所有权。在上述三种租赁物的处理方式中,出租人更愿意选择留购这一处理方式。

所以,这种租赁期限届满,承租人仅需向出租人支付象征性价款的约定,实际上是在租赁物归属约定不明的情形下,在依照本法第 757 条规定判断顺序之前,承租人即通过支付象征性价款的方式于租金义务履行完毕后取得租赁物的所有权。

第 760 条 【融资租赁合同无效时租赁物的归属】 融资租赁合同无效,当事人就该情形下租赁物的归属有约定的,按照其约定;没有约定或者约定不明确的,租赁物应当返还出租人。但是,因承租人原因致使合同无效,出租人不请求返还或者返还后会显著降低租赁物效用的,租赁物的所有权归承租人,由承租人给予出租人合理补偿。

条文注释

鼓励融资租赁双方当事人以市场化的方式对合同的履行和解除、租赁物的风险负担、租赁物清算等问题做出约定,以减少诉讼风险和损失的不确定性。融资租赁合同无效的,应当依照当事人间就租赁物归属的约定履行。当事人没有约定或约定不明的,出租人作为租赁物的所有权人应当收回租赁物。但是,实践中,租赁物通常为承租人所选,且为承租人生产经营所需,租赁物在出租人手中不能发挥其效用,不利于租赁物价值的实现和承租人、出租人利益的最大化。因此,在融资租赁合同无效的事由系承租人导致的情形下,可以由承租人取得租赁物的所有权,并由承租人根据合同履行情况和租金支付情况就租赁物向出租人做出经济补偿。

【法律实务07】 出租人可以不经承租人的同意就变更买卖合同吗?

法律咨询:

您好,我自己开了一家物流公司,为拓展业务于 2024 年 6 月与 A 租赁公司签订了租赁合同,约定由 A 租赁公司从 B 汽车销售公司购买 6 辆某大型运输车后租给我使用,我们约定了租金及租期等事项。但是 A 租赁公司与 B 公司签订买卖合同时,没有经过我的同意就接受了 B 公司建议,购买了另一型号运输汽车。我对此非常不满,认为 A 租赁公司不能擅自变更买卖合同。但是 A 租赁公司辩称这种汽车更符合我拓展业务的需求。

请问:A 租赁公司是否有权擅自变更买卖合同?

律师答疑:

融资租赁合同中的买卖合同是出租人 A 租赁公司和出卖人 B 公司之间订立的合同,但 A 租赁公司之所以买受汽车,并不是为了自己使用,而是为了将汽车出租给您使用。所以,A 租赁公司买受标的物,并不是按照自己需要进行买受,而是依照承租人您的需要进行买受的。你的相关要求是 A 租赁公司和 B 公司之间订立买卖合同的重要条件和有效前提。所以,A 租赁公司和 B 公司变更与您有关的合同内容时,应当经您同意。

正因如此,《民法典》第 744 条规定,出租人根据承租人对出卖人、租赁物的选择订立的买卖合同,未经承租人同意,出租人不得变更与承租人有关的合同内容。因此,A 租赁公司在没有与您商议的情况下,没有取得您的同意就擅自变更了买卖合同,这是不合法的。您可以主张 A 租赁公司违约,并要求其承担违约责任。

【思考题12】 *典型的融资租赁合同的内容有哪些?*

律师答疑:

典型的融资租赁合同的内容主要包括以下几方面:

(1) 有关租赁物的条款。此条款应写明租赁物的名称、数量、规格、技术性能、检验方法等。

(2) 有关租金的条款。合同对租金的规定包括租金总额、租金构成、租金支付方式、支付地点和次数、租金支付期限、每期租金额、租金计算方法、租金币种等。

(3) 有关租赁期限的条款。租赁期限一般根据租赁物的经济寿命、使用及利用设备所产生的效益,由双方当事人商定。此条款应当明确租赁起止日期。

(4) 有关租赁期限届满租赁物的归属的条款。租赁期限届满,租赁物的所有权归出租人享有。租赁期限届满,承租人一般有三种选择权,即留购、续租或退租。在留购情况下,承租人取得租赁物的所有权。在续租和退租情况下,租赁物仍归出租人所有。

除上述条款外,融资租赁合同一般还应包括租赁物的交付、使用、保养、维修和保险、担保、违约责任、合同发生争议时的解决方法、合同签订日期和地点等条款。

第九节 保证合同法条及释义

一、保证合同的附从性

保证合同是主债权债务合同的从合同,保证合同具有附从性。保证债务以主合同的存在或将来可能存在为前提,随主合同的消灭而消灭。其范围不得超过主合同中的债务,不得与主合同债务分离而移转,其具体表现在以下几个方面:① 成立上的附从性。保证合同以主合同的成立为前提。② 范围和强度上的附从性。保证债务与主合同债务分属于两个债务,保证债务不得超过主合同债务的范围和强度,如有超过,应随着主合同债务额的降低而降低。③ 移转上的附从性。在保证期间,债权人依法将主债权转让给第三人的,保证人在原担保的范围内继续承担保证责任。保证合同另有约定的,按照约定。在保证期间,债权人许可债务人转让部分债务,保证人书面同意的,应当对此承担保证责任;未经保证人书面同意的,保证人对未经其同意转让的部分债务,不再承担保证之责任。但保证人仍应对未转让部分的债务承担保证责任。④ 变更、消灭上的附从性。在主合同债务消灭时,保证债务也随之消灭。在主合同变更时,保证债务一般随之变更,但不得增加其范围和强度。

二、保证人享有先诉抗辩权

在一般保证的情况下,保证人享有先诉抗辩权,即一般保证的保证人在就债务人的财产依法强制执行仍不能履行债务前,对债权人可以拒绝承担保证责任。先诉抗辩权既可以通过诉讼方式行使,也可以在诉讼外行使。但在下列四种情况下不得行使先诉抗辩权:① 债务人下落不明,且无财产可供执行。② 人民法院已经受理债务人破产案件。人民法院受理了债务人的破产案件后,应当依法中止执行程序,在这种情况下,债务人的财产实际上处于冻结状况,债权人在此期间不能从主债务人处实现其债权,且将来也极有可能如此,只有保证人实际承担保证责任才能实现债权,故法律不允许保证人行使先诉抗辩权,如果破产的债务人有保证人提供保证的,债权人可以不向破产组织申报债权,而直接要求保证人承担保证责任。为了保护保证人的利益,保证人可以在债权人未向人民法院申报债权的情况下,向人民法院申报债权,直接参加破产财产的分配,预先行使追偿权。③ 债权人有证据证明债务人的财产不足以履行全部债务或者丧失履行债务能力。此种情况下,债权人在一定期间无法从主债务人处实现债权,故只能要求保证人承担保证责任。④ 保证人书面表示放弃本款规定的权利。

三、共同保证的特点

共同保证,是指两个或两个以上的保证人为同一债务而向债权人所提供的担保。其特点主要表现在:① 数个保证人为主债务人提供担保。② 数个保证人必须为同一债务提供担保。共同保证强调债务的同一性,就债务人而言,既可以是单个债务人,也可以是数个债务人,但债务应当是同一债务。③ 共同保证人的责任既可以是连带的,也可以是按份的。共同保证既可以是按份共同保证,也可以是连带共同保证。

关于保证合同,《民法典》相关法条及释义如下:

第 681 条 【保证合同的定义】 保证合同是为保障债权的实现,保证人和债权人约定,当债务人不履行到期债务或者发生当事人约定的情形时,保证人履行债务或者承担责任的合同。

条文注释

在保证合同中,只有保证人承担债务,债权人不负对待给付义务,故而保证合同为单务合同。在保证合同中,保证人对债权人承担保证债务,债权人对此不提供相应代价,所以保证合同为无偿合同。保证合同因保证人和债权人协商一致而成立,无须另交标的物,所以它为诺成合同。保证合同是附从性合同,除涉外的不可撤销的保函等独立保证以外,主合同有效成立或将要成立,保证合同才发生效力。所以主合同无效,不论什么原因使然,保证合同均为无效,从而表现出附从性。正因这种主从关系,保证合同无效,并不必然导致主合同无效,但当事人另有约定的,依其约定。

关于保证合同的当事人的界定,是保证人和债权人之间的合同关系。据此,解决保证合同纠纷,应当适用保证合同规范,不应适用法律关于委托合同、无因管理等的规定。只有在处理保证人和主债务人之间的关系时,若有委托合同,才适用法律关于委托合同的规定;若无委托合同,则适用法律关于无因管理的规定,也可能适用本法侵权责任编的规定。

第682条 【保证合同的附从性及保证合同无效的法律后果/保证合同性质和主合同与从合同效力关系】 保证合同是主债权债务合同的从合同。主债权债务合同无效的,保证合同无效,但是法律另有规定的除外。

保证合同被确认无效后,债务人、保证人、债权人有过错的,应当根据其过错各自承担相应的民事责任。

条文注释

保证合同是主债权债务合同的从合同,保证合同具有附从性。保证债务以主合同的存在或将来可能存在为前提,随主合同的消灭而消灭。其范围不得超过主合同中的债务,不得与主合同债务分离而移转。

根据本条第2款的规定,保证合同被确认无效后,债务人、保证人、债权人有过错的,应当根据其过错各自承担相应的民事责任。关于各个主体应当承担责任的具体份额,可以参照《担保制度解释》第17条的相关规定,即主合同有效而第三人提供的担保合同无效,人民法院应当区分不同情形确定担保人的赔偿责任:① 债权人与担保人均有过错的,担保人承担的赔偿责任不应超过债务人不能清偿部分的1/2;② 担保人有过错而债权人无过错的,担保人对债务人不能清偿的部分承担赔偿责任;③ 债权人有过错而担保人无过错的,担保人不承担赔偿责任。主合同无效导致第三人提供的担保合同无效,担保人无过错的,不承担赔偿责任;担保人有过错的,其承担的赔偿责任不应超过债务人不能清偿部分的1/3。

第683条 【不得担任保证人的主体范围】 机关法人不得为保证人,但是经国务院批准为使用外国政府或者国际经济组织贷款进行转贷的除外。

以公益为目的的非营利法人、非法人组织不得为保证人。

条文注释

机关法人等非以营利为目的的法人以及以公益为目的的非营利法人并不是市场上的主体,不适合作为保证人。但是,经国务院批准为使用外国政府或者国际经济组织贷款进行转贷的除外。

以公益为目的的事业单位、社会团体也不得作为保证人。对事业单位法人可否充任保证人,不可一概而论。对那些领取企业法人营业执照或国家政策允许从事经营活动的事业单位法人,应当认为其有从事保证活动的权利能力,可以充任保证人,如无其他导致保证合同无效的情况,所签订的保证合同应当认定为有效。

第684条 【保证合同的内容】 保证合同的内容一般包括被保证的主债权的种类、数额,债务人履行债务的期限,保证的方式、范围和期间等条款。

条文注释

保证合同的内容包括以下几个方面:① 被保证的主债权种类和数额。被保证的主债权种类,如借款合同中的还本付息债权、买卖合同中的请求交付标的物或支付价款的债权等均属此类。② 债务人履行债务的期限。它有两种情形:一为期日,二为期间。③ 保证的方式。④ 保证担保的范围。⑤ 保证期间。⑥ 双方认为需要约定的其他事项。主要指赔偿损失的范围及计算方法、是否设立反担保等。

在一个具体的保证合同中,没有完全具备上述条款的,尚可补正,不影响保证合同的效力。

第 685 条 【保证合同形式/保证合同的订立】 保证合同可以是单独订立的书面合同,也可以是主债权债务合同中的保证条款。

第三人单方以书面形式向债权人做出保证,债权人接收且未提出异议的,保证合同成立。

条文注释

保证合同为要式合同。此要式为书面形式,即保证合同既可以是单独订立的书面合同,也可以是书面订立的主债权债务合同中的保证条款。

保证合同的成立方式也可以有所变通,债权人和保证人可以协议约定保证合同的成立方式和时间。但当第三人单方以书面形式向债权人做出保证时,只要债权人接收第三人的保证书或主债权债务中的保证条款且未提出异议的,保证合同也可成立,此时法律推定债权人默示同意。

值得注意的是,本法物权编第 388 条对于担保合同的一般规定没有要求书面形式,但这并不代表具有担保功能的合同都不要求书面形式。

从物权编和合同编规定的各种担保物权以及具有担保功能的制度来看,抵押合同要求书面形式,质押合同要求书面形式,融资租赁合同要求书面形式,法律明文规定的具有担保功能的制度中,只有所有权保留的买卖合同没有强制要求书面形式。

第 686 条 【保证方式】 保证的方式包括一般保证和连带责任保证。

当事人在保证合同中对保证方式没有约定或者约定不明确的,按照一般保证承担保证责任。

条文注释

保证的方式被分为一般保证和连带责任保证。

当事人之间没有特别约定或者约定不明时,以一般保证来处理。同时,本条是任意性规范,如果当事人选择加强对债权实现的保护时,可以特别约定保证人的保证方式为连带责任保证。

第 687 条 【一般保证及先诉抗辩权/一般保证的责任承担】 当事人在保证合同中约定,债务人不能履行债务时,由保证人承担保证责任的,为一般保证。

一般保证的保证人在主合同纠纷未经审判或者仲裁,并就债务人财产依法强制执行仍不能履行债务前,有权拒绝向债权人承担保证责任,但是有下列情形之一的除外:

(一)债务人下落不明,且无财产可供执行;

(二)人民法院已经受理债务人破产案件;

(三)债权人有证据证明债务人的财产不足以履行全部债务或者丧失履行债务能力;

(四)保证人书面表示放弃本款规定的权利。

条文注释

一般保证是指当事人在保证合同中约定，在债务人不能履行债务时，保证人承担保证责任的保证。一般保证与连带责任保证之间最大的区别在于保证人是否享有先诉抗辩权。

第688条 【连带责任保证的责任承担】 当事人在保证合同中约定保证人和债务人对债务承担连带责任的，为连带责任保证。

连带责任保证的债务人不履行到期债务或者发生当事人约定的情形时，债权人可以请求债务人履行债务，也可以请求保证人在其保证范围内承担保证责任。

条文注释

连带责任保证是指当事人在保证合同中约定保证人与债务人对债务承担连带责任的保证。债务履行期限届满债务人没有履行债务的，债权人既可以要求债务人履行债务，也可以要求保证人在其保证范围内履行债务。故在连带责任保证中，保证责任已届承担期，债权人请求保证人实际承担保证责任的，保证人没有先诉抗辩权，但有主债务已适当履行或相应责任已经承担的抗辩权。

值得注意的是，本条的连带责任保证（理论上简称为"连带保证"）要与本法第699条规定的共同保证中的多个保证人之间承担连带责任的情形（理论上简称为"保证连带"）进行区分。本条解决的是保证人和债务人之间的关系是不是连带责任的问题；本法第699条解决的是多个保证人之间是否是连带责任的问题。

第689条 【反担保的设立】 保证人可以要求债务人提供反担保。

条文注释

反担保，是指在商品贸易、工程承包和资金借贷等经济往来中，为了换取担保人提供保证、抵押或质押等担保方式，由债务人或第三人向该担保人新设担保，以担保该担保人在承担了担保责任后易于实现其追偿权的制度。

需要注意的是，并不是所有担保常见的五种方式均可作为反担保的方式。首先，留置权不能为反担保方式。反担保产生于约定，而留置权却发生于法定。其次，定金虽然在理论上可以作为反担保的方式，但是因为支付定金会进一步削弱债务人向债权人支付价款或酬金的能力，加之往往形成原担保和反担保不成比例的局面，所以在实践中极少采用。在实践中运用较多的反担保形式是保证、抵押权，然后是质权。不过，在债务人亲自向原担保人提供反担保的场合，保证就不得作为反担保的方式。

设立反担保的行为是法律行为，必须符合本法总则编关于民事法律行为有效的条件。每种反担保的方式又各有其特定的成立条件，因此，尚需符合本法物权编和合同编相应条款规定的特定成立要件。此外，依反担保设立的目的要求，反担保的实行应于原担保实行之后。

第690条 【最高额保证合同】 保证人与债权人可以协商订立最高额保证的合同，约定在最高债权额限度内就一定期间连续发生的债权提供保证。

最高额保证除适用本章规定外，参照适用本法第二编最高额抵押权的有关规定。

条文注释

最高额保证，是指保证人和债权人签订一个总的保证合同，为一定期限内连续发生的借款合同或同种类其他债权提供保证,只要债权人和债务人在保证合同约定的期限内且债权额限度内进行交易,保证人则依法承担保证责任的保证行为。值得注意的是,最高额保证与最高额抵押权的区别。最高额抵押,指为担保债务的履行,债务人或者第三人对一定期间将要连续发生的债权提供担保财产的,债务人不履行到期债务或者发生当事人约定的实现抵押权的情形,抵押权人有权在最高债权额限度内就该担保财产优先受偿的情形。本条第 2 款规定,最高额保证除适用本章规定外,参照适用本法物权编最高额抵押权的有关规定。也就是说,最高额保证的债权的范围、确定、转让等方面的规定与最高额抵押权保持一致。

第 691 条 【保证担保的范围】 保证的范围包括主债权及其利息、违约金、损害赔偿金和实现债权的费用。当事人另有约定的,按照其约定。

条文注释

保证范围一般包括以下几个方面:① 主债权。即主合同所确立的债权,这是保证范围的主要部分。② 利息。即主债权所产生的利息,有法定利息和约定利息两种。法定利息是法律直接规定的利息,如迟延履行所生之利息,它由主债权所派生,当属保证范围之内。约定利息是当事人专门约定的利息,它也从属于主债权,并以主债权作为计息基础。当事人虽然可以自行约定利率,但是该利率必须符合法律规定,超过法律规定部分的利息无效,对于超出法定幅度的高利贷,法律不能予以保护,也不能成为保证的对象。③ 违约金。④ 损害赔偿金。在担保关系中,担保的对象也包括损害赔偿金。⑤ 实现债权的费用。包括诉讼费用,申请扣押、执行等的费用。

保证范围是保证合同的一项内容,保证人可以随意约定保证范围。约定范围与法定范围不一致的,适用约定范围,即约定范围优于法定范围。

第 692 条 【保证期间】 保证期间是确定保证人承担保证责任的期间,不发生中止、中断和延长。

债权人与保证人可以约定保证期间,但是约定的保证期间早于主债务履行期限或者与主债务履行期限同时届满的,视为没有约定;没有约定或者约定不明确的,保证期间为主债务履行期限届满之日起 6 个月。

债权人与债务人对主债务履行期限没有约定或者约定不明确的,保证期间自债权人请求债务人履行债务的宽限期届满之日起计算。

条文注释

保证期间为确定保证人承担保证责任的期间,事关保证人和债权人之间的债权债务能否行使或履行,也是确定保证债务和诉讼时效关系的依据,既可以是法定期间,也可以是约定期间。如果债权人请求保证人承担保证责任超过该期间,则保证人无须再承担保证责任。如果当事人没有就保证期间做出特别约定,则可以适用法定期间。

保证期间具有如下特征:第一,保证期间是就保证责任的承担所设定的期间。第二,保证期间由当事人约定或法律规定,在当事人没有约定或约定不明时,才适用法律规定的保证期间。第三,保证期间是保证合同的组成部分。只要不违反法律的强制性规定,该保证期间的约定就是有效的,其应当成为保证合同的重要组成部分。

本条对于约定的保证期间早于主债务履行期限或者与主债务履行期限同时届满的

"视为没有约定"的情形与"约定不明确"的情形做了统一处理,两种情况下保证期间均为主债务履行期限届满之日起六个月。

本条第 3 款规定了主债务履行期限没有约定或约定不明确的情况下保证期间的起算问题,此时保证期间自债权人请求债务人履行债务的宽限期届满之日起计算。

第 693 条　【保证期间届满的法律效果/保证人免于承担保证责任的情形】　一般保证的债权人未在保证期间对债务人提起诉讼或者申请仲裁的,保证人不再承担保证责任。

连带责任保证的债权人未在保证期间请求保证人承担保证责任的,保证人不再承担保证责任。

条文注释

对于一般保证而言,由于保证人依法享有先诉抗辩权,因而法律将债权人在保证期间要求债务人偿债(提起诉讼或者申请仲裁)作为要求保证人承担保证责任的法定方式。如果债权人在合同约定的保证期间或没有约定及约定不明时在六个月内不向主债务人提起诉讼或者申请仲裁,则保证人的保证责任免除。

在连带责任保证中,主债务履行期间届满后,债权人可以直接请求保证人承担保证责任,保证人也必须承担保证责任,因而在连带责任保证期间,债权人未对保证人提出请求,保证期间经过的,保证责任将消灭。

由此可见,保证期间和诉讼时效的区别在于,保证期间的届满会导致权利本身的消灭,而不仅仅是导致抗辩权的产生。诉讼时效届满的后果仅仅是义务人可以据此提出抗辩。无论是一般保证还是连带责任保证,保证期间的经过都发生保证责任消灭的后果。

第 694 条　【保证债务的诉讼时效】　一般保证的债权人在保证期间届满前对债务人提起诉讼或者申请仲裁的,从保证人拒绝承担保证责任的权利消灭之日起,开始计算保证债务的诉讼时效。

连带责任保证的债权人在保证期间届满前请求保证人承担保证责任的,从债权人请求保证人承担保证责任之日起,开始计算保证债务的诉讼时效。

条文注释

保证债务的诉讼时效,是指债权人请求保证人履行保证债务,经过法定的时效期间即丧失获得法院强制执行保证人承担保证责任的权利。该时效期间适用本法关于诉讼时效的规定。

不同于一般保证,连带责任保证中债权人对债务人或保证人主张债权并无先后次序之分,债权人既可以要求债务人履行主债务,也可以要求保证人履行其保证责任,保证人不能以债权人尚未对债务人主张债务而拒绝履行保证责任。所以在连带责任保证中,债权人在保证期间届满前要求保证人履行保证责任之时,才是保证责任的诉讼时效开始之日。但此处有两点值得注意:其一,债权人要求保证人履行保证责任的方式,并不仅限于诉讼与仲裁,还包括其他的非司法途径,如口头催告、书面告知等,实务中一般采用书面的方式请求保证人履行保证责任,因为书面的方式更加易于举证;其二,债权人需要向保证人要求履行保证责任,才构成保证债务诉讼时效的开始,而债权人向债务人要求履行债务,并不构成保证债务诉讼时效的开始。

**第 695 条　【主合同变更对保证责任影响/债权人与债务人协议变更主合同时保证的